Sattler
Aktienkursprognose

Aktienkursprognose

Professionelles Know-how zur Vermögensanlage

von

Dr. Ralf R. Sattler

Verlag Franz Vahlen München
Helbing & Lichtenhahn Basel

Die Deutsche Bibliothek – CIP-Einheitsaufnahme

Sattler Ralf R.:
Aktienkursprognose : profossionelles Know-how zur Vermögensanlage / von Ralf R. Sattler. – München : Vahlen ; Basel : Helbing und Lichtenhahn, 1999
  ISBN 3-8006-2436-2 (Vahlen)
  ISBN 3-7190-1817-2 (Helbing und Lichtenhahn)

ISBN 3 8006 2436 2 (Verlag Vahlen)
ISBN 3 7190 1817 2 (Helbing & Lichtenhahn)

© 1999 Verlag Franz Vahlen GmbH, München
Satz: Fotosatz Buck, Kumhausen
Druck und Bindung: Kösel GmbH, Kempten
Umschlag: Jana Cerno, München
Gedruckt auf säurefreiem, alterungsbeständigem Papier
(hergestellt aus chlorfrei gebleichtem Zellstoff)

Vorwort

Dieses Buch zeigt Ihnen, was Wissenschaftler und seriöse Praktiker mit umfangreichem Datenmaterial und vielfach überprüft über Aktien herausgefunden haben.

Nach seiner Lektüre **kennen** Sie
- Den P/E-Effekt,
- den Cash-flow/Kurs-Effekt,
- den Größeneffekt,
- die Januar-Effekte,
- den Marktwert/Buchwert-Effekt,
- den Verschuldungseffekt,
- den Rating-Effekt,
- den Preis/Umsatz-Effekt,
- den Dividendenrendite-Effekt,
- den Winner-Loser-Effekt,
- die Stock Split- und Stock Dividends-Effekte,
- den Rückkaufeffekt,
- den Value-Line-Effekt,
- den Kundenzufriedenheitseffekt und
- den Momentum-Effekt.

Sie **lernen,**
- wie Sie diese Effekte und die „Überreaktionsfalle" für sich ausnützen können,

und bekommen bestmögliche **Auskunft,**
- mit welchen Erfolgen sie realistisch rechnen dürfen und was ins Reich der Börsenmärchen gehört.

Und sie werden das gute Gefühl haben, bei ihrer Investmentstrategie das Bestmögliche getan zu haben. Und das mit vertretbarem Aufwand!

Die Börse übt eine Faszination aus: Für viele ist sie ein Tummelplatz der Reichen, der Risikofreudigen, der Verwegenen, um nicht zu sagen der Spieler, der Hasadeure. Es geht um riesige Unternehmen, deren Wert sozusagen jeden Tag vielfach auf's neue festgelegt wird. Firmen werden feindlich übernommen („hostile takeover"), und ein Börsencrash kann die Wirtschaft von Ländern, Kontinenten, ja der ganzen Welt in Unruhe bringen. „Börsengurus" werden bewundert und sorgen für hohe Einschaltquoten. Der Markt wird von einer Flut von Börsenbriefen überschwemmt. Das Internet bietet Informationen in Hülle und Fülle. Die Frage stellt sich: Wie geht man damit um?

Das Wissen aus hundert Jahren Aktienbeobachtung

Häufig wirkt es so, als ob es hunderte, ja tausende von Geheimnissen, Regeln und Tips gäbe, die beim Umgang mit dem geheimnisvollen Thema Aktie zu beachten sind. In Wirklichkeit ist es (leider) deutlich weniger, was sich nach systematischer Beobachtung als quasi „sicheres" Wissen herauskristallisiert. Aber genau dieses Wissen – und es widerspricht vielfach dem, was man bisher zu wissen *glaubte* – wird Ihnen hier vermittelt.

Aktien sind hochrentabel, aber riskant

Das Wichtigste ist jedoch gleich zu Anfang: Wir kennen praktisch keine andere Geldanlageform, die in diesem Jahrhundert systematisch so hohe Renditen gebracht hat wie die Geldanlage in Aktien. Aktien sind nicht erst seit ein paar Jahren eine gute Wahl. Sie sind nur in der jüngeren Vergangenheit auch in Deutschland besonders in den Blickpunkt des Interesses gerückt; sicherlich auch wegen einer publizitätsträchtigen, besonders hohen Rendite des DAX in den letzten Jahren, dem Börsengang der *Telekom* und dem Erfolg des Neuen Marktes.[1] Auf den langfristigen Renditedurchschnitt haben die vergangenen Jahre allerdings keinen dramatischen Einfluß gehabt.

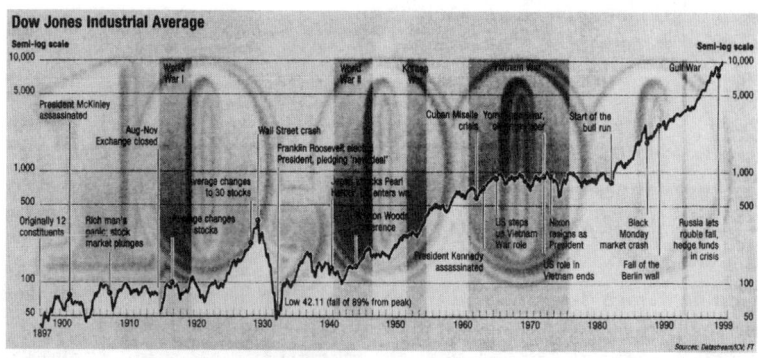

Quelle: Financial Times vom 17.3.1999

Abbildung 1: Chance und Risiko am Beispiel des bekanntesten Börsenbarometers der Welt: Der Dow Jones von 1897 bis 1999

Das Faszinierende an Aktien ist, daß sie praktisch jeder erwerben kann – und zwar schon mit relativ kleinen Geldbeträgen. Sicherlich gab es in der Vergangenheit – und wird es in Zukunft immer geben –

auch andere Möglichkeiten, hohe Renditen zu erwirtschaften. Aber um z.B. aussichtsreiche Grundstücke oder Immobilien zu erwerben ist ein großer finanzieller Einsatz nötig. Man ist daher gezwungen, viel Geld auf eine Karte zu setzen. Wird der unscheinbare Acker am Stadtrand tatsächlich Bauland, hat man Glück gehabt. Wird er es nicht – wie viele andere Grundstücke hat man dann noch gekauft, bei denen es vielleicht noch klappen könnte?

Die Deutschen lieben es, ihr Geld vor allem in Immobilien und festverzinslichen Anlageformen wie Bundesanleihen oder dem guten alten Sparbuch anzulegen.

	Fonds	Festverzinsliche Wertpapiere	Lebensversicherungen	sonstige Wertpapiere	sonst. Anlagen bei Banken	Aktien
1970	2 %	6,8 %	14,8 %	6,2 %	60 %	10,2 %
1996	8 %	15,5 %	21,5 %	6,5 %	42,5 %	6 %

Anmerkung: 1970: 524 Mrd. DM, 1996 4955 Mrd. DM

Quelle: Investor 3/1998, S. 6

Tabelle 1: Wie investieren die Deutschen?

Interessant wird die Tabelle 1 erst, wenn man sieht, wie sich die Endvermögen von zwei Personen entwickeln, die ein Sparerleben lang in unterschiedliche Anlageformen investiert haben:

Vergleichen wir dazu zwei Geschwister, die am 1. Januar 1966 angefangen haben, jedes Jahr 10.000 DM zu sparen. Der eine legte das Geld regelmäßig auf sein Sparbuch, der andere kaufte deutsche Aktien – ohne eine besondere Strategie, einfach nur die jeweils 30 größten Gesellschaften. Das machen sie 30 Jahre lang, von der ersten Einzahlung am 1. Januar 1966 bis letzten am 1. Januar 1995 (die besonders guten Aktien-Jahre in der zweiten Hälfte der neunziger Jahre sind bewußt außen vor geblieben). Während der erste eine Durchschnittsrendite von 3 % empfangen hat, hat der zweite eine von rd. 12 % erzielt.

Ergebnis: Das Sparbuch weist nach der letzen Einzahlung eine Summe von rd. 476.000 DM auf. Das Aktiendepot ein Vermögen von über 2,33 Millionen DM, beinahe das fünffache!

Aus Abbildung 2 kann man eigentlich nur eines folgern: Das Gros der Deutschen hat bisher einen großen Bogen um Aktien gemacht – und dabei auf viel Geld verzichtet.

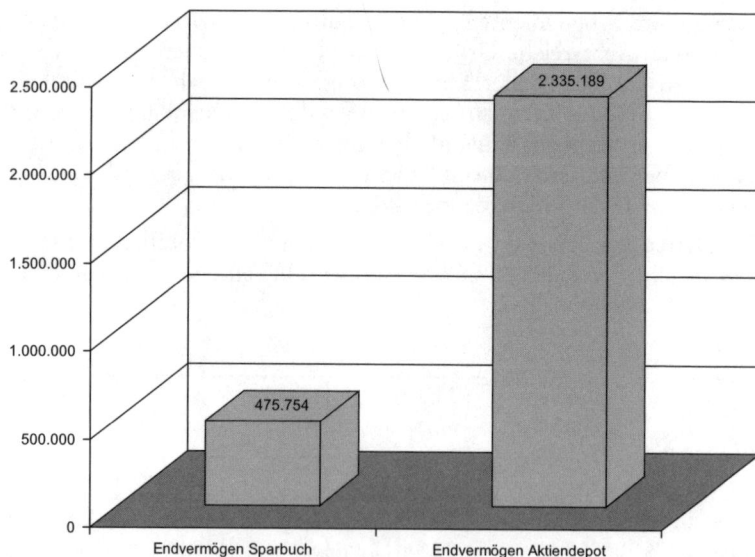

Abbildung 2: Jedes Jahr 10.000 DM gespart: Endvermögen nach 30 Jahren bei Anlage auf dem Sparbuch bzw. am Aktienmarkt (Deutschland, 1.1.1966 bis 1.1.1995)

Das hat mit seine Ursache in der Unsicherheit speziell der deutschen Anleger. Sie sind nämlich besonders risikoscheu. Und es wäre vermessen, Aktien ein Risikopotential abzusprechen:

Die Abbildung 3 zeigt die 4-Jahres-Renditedurchschnitte aus Sicht von Anlegern, die in amerikanische Aktien investiert haben. 4 Jahres-Durchschnitte wurden deswegen gewählt, weil sie aus Sicht eines Menschenalters eine deutlich spürbare Zeitspanne darstellen, vielleicht sogar so etwas wie ein persönlicher „long run". Negative Renditedurchschnitte über mehrere Jahre treffen einen Zwecksparer erheblich. Das ist eine deutliche Form von Risiko![2]

Nichtsdestotrotz ist ein Renditedurchschnitt von rd. 10 % von 1936 bis 1997, also im wesentlichen die Nachkriegsperiode, ein an sich nicht nur gut klingendes, sondern auch wirklich gutes Ergebnis. Es kommt eben auf die Sichtweise an!

Viele Anleger wollen aber nicht einfach ein großes Bündel verschiedener Aktien halten, das (in etwa) die Rendite des Marktes widerspiegelt. Sie wollen selektieren, möglichst *besser* als der Markt sein. Bei dieser Selektion kann man sehr unterschiedlich vorgehen. Man braucht ein „Konzept". Stellt sich nur die Frage: An welchen („Geheim")-Tips, Konzepten oder Strategien soll man sich orientieren? Die empirische Kapitalmarktforschung klärt genau diese Frage.

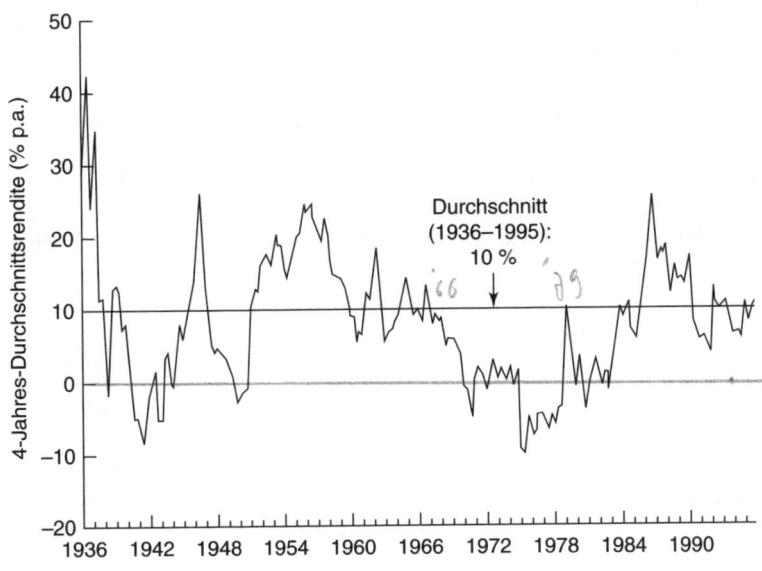

Quelle: *Bernstein, P.*, 1997, S. 22

Abbildung 3: Aktien vereinen Chancen und Risiken: Auch längerfristig können negative Mehrjahresrenditen auftreten (USA, 1936–1997)

Was ist empirische Kapitalmarktforschung?

Die *empirische Kapitalmarktforschung* zeigt, daß und wie man mit *systematischer* Vorgehensweise am Aktienmarkt sehr viel mehr als mit festverzinslichen Anlagen verdienen kann – und auch mehr, als wenn man (was als sehr modern verkauft wird) in einen Index, ein Indexzertifikat oder einen Fonds investiert. Zur Information: Bestenfalls 10 % der Fonds schaffen es, besser als ein Index wie der DAX zu sein – auf längere Frist sind es eher noch weniger.

Sie können also besser sein – und das sogar noch mit relativ wenig Risiko. Das einzige, was Sie brauchen ist *Durchhaltevermögen*.

Und damit bekommt das langweilig erscheinende Forschungsgebiet „Kapitalmarkt" eine ganz besondere Aura. Sollte es wirklich einen Blick in die Zukunft der künftig erfolgreichen Unternehmen geben?

Aus dieser Aura entwickelt sich seit Ende der sechziger Jahre eines der faszinierendsten Forschungsgebiete unserer Zeit. In kaum einem anderen Gebiet tummelt sich so eine Vielfalt menschlichen Knowhows – von betriebs- oder volkswirtschaftlich orientierten Ökonomen über Mathematiker und Physiker, Soziologen und Psychologen. Alle sind getrieben von nur einer Idee: Zu verstehen, was Aktienrenditen ausmacht.

Anleger waren und sind fasziniert von sagenhaften Erfolgsstories erfolgreicher Investoren. Das Problem: Hat die Systematik, die hinter der Anlage steckte, Bestand? Oder war einfach nur Glück im Spiel? Denken Sie daran: Regelmäßig gibt es neue Lotto-Millionäre. Würden Sie auf einen Gewinner hören, der ihnen sagt, wie Sie Ihre Kreuzchen machen sollen?

Basis der empirischen Kapitalmarktforschung sind große, teilweise über hundert Jahre weit zurückreichende Datenbanken, die mit massiver Computerunterstützung systematisch analysiert werden. Das Ergebnis: *Wir wissen jetzt viel mehr als jede andere Generation vor uns, wie sich Aktienkurse verhalten, was sie ausmacht. Und zwar statistisch abgesichert. Wir sollten dieses Wissen nutzen. Es lohnt sich!*

Letztlich spiegeln alle Daten nur das Verhalten der Börsenteilnehmer wider – also menschliches Verhalten. Wir haben und werden noch eine Menge über uns lernen!

Augsburg, im August 1999 *Ralf R. Sattler*

Zum Aufbau des Buches

Der Einstieg geschieht mit einer (scheinbar) ganz einfachen Kennziffer – dem Kurs/Gewinn-Verhältnis und den erstaunlichen Renditebeobachtungen, die damit verbunden sind. An diesem Fall zeigt sich dann, daß man sich dem Thema *Risiko* von Aktien widmen muß, bevor es weitergehen kann: Erst dann wird man mit Profis diskussionsfähig, erst dann kann man wirklich sagen, auf was man sich mit welcher Strategie einläßt, was *Überrenditen* wirklich sind und wie man z.B. die Performance von Profis und Fonds wirklich *fair beurteilen* kann.

Wenn Sie lediglich einen schnellen Überblick über ausbeutbare Effekte (Strategien) wünschen, können Sie auch direkt in den Hauptteil gehen. Für Sie wird es dann ab Kapitel 3 „Wie Sie den Markt schlagen können: Überrenditeeffekte" besonders interessant.

Dort werden sie mit allen ausbeutbaren Strategien bekanntgemacht: P/E-Effekt, Größeneffekt, Buchwert-Marktwert-Effekt, Winner-Loser-Effekt und einer Reihe anderer, wie dem January-, der Verschuldungs-, der Rating-, der Value-Line-, dem Umsatz/Kurs-, oder dem Dividendenrendite-Effekt. Daneben gibt es wichtige Erkenntnisse zu Stock Splits, Stock Dividends, dem Aktienrückkauf, kurz- und langfristigen Renditekorrelationen sowie sog. Überreaktionseffekte.

Am Ende jedes Kapitels sind die wichtigsten Ergebnisse jeweils so zusammengefaßt, daß sie als Tips für eine Investmentstrategie Anwendung finden können. Es sind quasi statistisch abgesicherte Anlageregeln. Man sollte gute Gründe haben, wenn man sich genau *gegen* diese Regeln verhält!

Inhaltsverzeichnis

Vorwort V

Zum Aufbau des Buches XI

Abbildungsverzeichnis XVII

Tabellenverzeichnis XXIII

1. **Womit alles begann: Der P/E-Effekt** 1
   - 1.1 Eine überraschende Entdeckung 1
   - 1.2 Exkurs: Warum unterschiedliche KGV's bei gleicher Berechnung? 4
   - 1.3 P/E-Ratio und Risiko 7

2. **„Überrenditen" müssen im Zusammenhang mit dem Risiko gesehen werden** 9
   - 2.1 Ein erster Schritt: Risikoprämie pro Standardabweichung oder: Das Sharpe-Maß 10
   - 2.2 Die Grundlage moderner Überlegungen zum Thema Risiko: Der Diversifikationseffekt 17
   - 2.3 Die Geburt des Nobelpreisträgermodells „CAPM" .. 21
   - 2.4 Noch einmal kurz zusammengefaßt: Risikomessung alt und neu 30
   - 2.5 Das CAPM als Auslöser der Anomalie- bzw. Effekteforschung 33

3. **Wie Sie den Markt schlagen können: „Überrenditeeffekte"** 35
   - 3.1 Noch einmal: Der P/E-Effekt – international und aktuell 35
   - 3.2 P/E-Effekt auch in Deutschland 37
   - 3.3 Die Cash-flow/Kurs-Anomalie 39
   - 3.4 Der Größeneffekt 44
   - 3.5 Was ist das? Der Januar-Größen-Effekt und der Turn-of-the-Year-Effekt 53

3.6	Auch in Zukunft ein Größeneffekt?	56
3.7	Exkurs: Renditedurchschnitt ist nicht gleich Renditedurchschnitt	57
3.8	Die Marktwert/Buchwert-Anomalie	61
3.9	Verschuldungs- bzw. Leverage-Effekt	68
3.10	Rating-Effekte	75
3.11	Preis/Umsatz-Effekt	81
3.12	Der Dividendenrendite-Effekt	84
3.13	Der Winner-Loser-Effekt	90
3.14	Stock Split-Effekte und Stock Dividends	94
3.15	Aktien-Rückkauf-Effekte	97
3.16	Der Value-Line-Effekt	100
3.17	Der Kundenzufriedenheits-Effekt	102
3.18	Der Momentum-Effekt	103

4. Hängen die Effekte zusammen? Kann man sie kombinieren, um die Renditen zusätzlich zu verbessern? 105

4.1	Erste Hinweise auf einen Zusammenhang: Zeitlich paralleles Auftreten	105
4.2	Wie trennt man die Effekte?	108
4.3	Marktwert/Buchwert-Effekt und Größeneffekt	109
4.4	Marktwert/Buchwert- und Winner-Loser-Effekt	111
4.5	Winner-Loser-Effekt und Größeneffekt	113
4.6	P/E-Effekt und Größeneffekt	115
4.7	Preis/Umsatz-Effekt vs. MW/BW-, Verschuldungs- und Size-Effekt	119
4.8	Erklärungsversuche für die „Anomalien"	121

5. Darum können Sie den Markt auf Dauer schlagen: Es gibt systematische Ineffizienzen! 129

5.1	Was spricht für effiziente Märkte?	129
5.2	Was spricht für ineffiziente Märkte?	140

6. Die Bewertung von Unternehmen mit „Fundamentalanalyse" 165

6.1 Der Wert eines Unternehmens 165

6.2 Exkurs: Das Kurs/Gewinn-Verhältnis (KGV) im Wandel der Zeit 170

6.3 Zusammenfassung: Kriterien für die sichere Aktienanlage 179

6.4 Exkurs: Zyklische und nicht-zyklische Aktien: Wann welche halten? 182

7. Die Bewertung von Märkten – oder: Wann ist ein Markt ausgereizt, wann bietet er Chancen? 185

7.1 Die Marktbewertung 1999 – Teil 1: Der US-Markt ist gemessen an bisher aussagekräftigen Bewertungskennzahlen überteuert 187

7.2 Die Marktbewertung 1999 – Teil 2: Bei Überbewertung gemessen an traditionellen Bewertungskennzahlen passen sich die Kurse an, nicht die Dividenden oder Gewinne 197

7.3 Die Marktbewertung 1999 – Teil 3: Solange die den Index bestimmenden fundamentalen Faktoren in die richtige Richtung zeigen, ist auch die historisch extreme Bewertung in Ordnung: Wachstum, Inflation, Zinsniveau und Beschäftigung 204

7.4 Ist eine neue Bewertungs-Zeit abgebrochen? Werden historische „Abnormalitäten" normal? 210

8. Ein letztes: Investorenpsychologie oder: Werden Sie reif für Investitionen am Aktienmarkt! 219

Anmerkungen 223

Glossar 251

Literaturverzeichnis 265

Abbildungsverzeichnis

Abbildung 1: Chance und Risiko am Beispiel des bekanntesten Börsenbarometers der Welt: Der Dow Jones von 1897 bis 1999 VI

Abbildung 2: Jedes Jahr 10.000 DM gespart: Endvermögen nach 30 Jahren bei Anlage auf dem Sparbuch bzw. am Aktienmarkt (Deutschland, 1.1.1966 bis 1.1.1995) VIII

Abbildung 3: Aktien vereinen Chancen und Risiken: Auch längerfristig können negative Mehrjahresrenditen auftreten (USA, 1936–1997) IX

Abbildung 4: Denkbare Zusammenhänge zwischen Risiko und Rendite: Linear, progressiv, dergressiv 9

Abbildung 5: Rendite dreier Anlagen: Festverzinsliche Anlage mit gleichbleibendem Zins (Sparbuch oder Anleihe) und zwei Aktien mit unterschiedlicher Rendite-Streuung 10

Abbildung 6: Wertentwicklung einer Investition von 1.000 Euro in die drei Anlagen der Abbildung 5 11

Abbildung 7: Empirische Verteilung der Marktrendite, Normalverteilung und σ-Bereiche 15

Abbildung 8: Kein Zusammenhang zwischen Streuung und Durchschnittsrendite am Beispiel Deutschlands (1957–1991) . 16

Abbildung 9: Risikominderung durch einfache (internationale) Streuung 18

Abbildung 10: Der „Efficient Set" 19

Abbildung 11: Der „Efficient Set" mit einer festverzinslichen Anlage 20

Abbildung 12: Das CAPM 22

Abbildung 13: Die ersten CAPM-Überprüfungen: Die Schätzung der Wertpapiermarktlinie ergibt: Das CAPM „stimmt" (USA, 1926–1965) 24

Abbildung 14: CAPM und Jensens Alphas am Beispiel der Basu'schen Ergebnisse 29

Abbildung 15: Jährliche Renditen von P/E-Portefeuilles: Die Basu-Studie 30

Abbildung 16: Sharpe-Maß für die P/E-Portefeuilles von Basu (Basis: Jahresdaten) 31

Abbildung 17: Treynor-Maß für P/E-Portefeuilles von Basu (Basis: Jahresdaten) 31

Abbildung 18: Jensens Alpha für die P/E-Portefeuilles von Basu (jährliche „Überrenditen") 32

Abbildung 19: Der internationale P/E-Effekt 36

Abbildung 20: Der P/E-Effekt unterliegt Schwankungen im Zeitablauf 36

Abbildung 21: Cash-flow/Kurs-Verhältnis und Rendite (USA, 1972–1989) 39

Abbildung 22: Cash-flow/Kurs-Effekt in Deutschland (1967–1994) 40

Abbildung 23: Der Size-Effekt in den USA (1941–1990) 45

Abbildung 24: Size-Effekt und ß-Risiko in den USA (1941–1990) 47

Abbildung 25: Der empirische Zusammenhang von ß und Rendite in den USA (1941–90) 48

Abbildung 26: Was ist für die Rendite wichtiger: ß oder der Marktwert? 49

Abbildung 27: Size-Effekt, CAPM und Jensens Alpha in Deutschland (1969–1991) 52

Abbildung 28: Size-Effekt und „Risiko" in Deutschland (1957–1991) 52

Abbildung 29: Der Size-Effekt tritt von Jahr zu Jahr unterschiedlich stark auf (USA, 1962–1989) 54

Abbildung 30: Der Januar-Größen-Effekt (USA, 1938–1988) . 54

Abbildung 31: Der internationale Januar-Größen-Effekt 55

Abbildung 32: Der Turn-of-the-Year-Effekt (USA, 1963–1979) 56

Abbildung 33: Hypothetische Entwicklung eines Kleinaktien-Portefeuilles vs. den S&P 500 (USA, 1926–1991) 60

Abbildung 34: Der Marktwert/Buchwert-Effekt in den USA (1963–1990) 63

Abbildung 35: Der MW/BW-Effekt tritt von Jahr zu Jahr unterschiedlich stark auf (USA, 1962–1989) 64

Abbildung 36: Die Marktwert/Buchwert-Anomalie in Deutschland (1969–1991): Ein klarer Widerspruch zum CAPM 65

Abbildung 37: Der MW/BW-Effekt ist besonders stark zu Jahresanfang (Deutschland, 1969–1991) 66

Abbildung 38: Eigenkapital-, Fremdkapital- und Gesamtkapitalkosten in Abhängigkeit des Verschuldungsgrades 69

Abbildung 39: Bilanzen und Überschuldung 71

Abbildung 40: Auf die Art der Messung kommt es an:
Leverage und Aktienrendite 72

Abbildung 41: Verschuldung und Rendite in Deutschland
(1967–1994) 73

Abbildung 42: ß- und Streuungsrisiko in Abhängigkeit von der
Verschuldung in Deutschland (Portefeuilledaten, 1967 – 1994) 74

Abbildung 43: Rendite und Risiko einer Aktienanlage von
1986–1996 nach Rating von 1986 75

Abbildung 44: Rendite und Risiko einer Aktienanlage von
1986–1996 nach Rating von 1996 (keine real mögliche Strategie!) 79

Abbildung 45: Der Preis/Umsatz-Effekt. Wertentwicklung von
$ 10.000 Anfangsinvestment (USA, 1951–1994) 82

Abbildung 46: Wertentwicklung von Portefeuilles aus Aktien
mit hoher und niedriger Dividendenrendite und weitere
wichtige Anomalien 86

Abbildung 47: Dividendenrenditestrategie nach *Eli Ofek* 86

Abbildung 48: Endvermögen einer Investition von $ 10.000 in
den Dow-Jones, das Top-10- und das Low-5-Depot (1976 bis
1995) 87

Abbildung 49: Der Januar-Dividendenrendite-Effekt 88

Abbildung 50: Der Winner-Loser-Effekt (USA, 1933–1978) .. 90

Abbildung 51: Durchschnittliche Monatsrenditen und Risiko
von Winnern und Losern (5-Jahres-Auswahl- und 1-Jahres-
Testperiode, Deutschland, 1961–1991) 92

Abbildung 52: Ein Januar-Effekt bei ehemaligen Losern?
(Deutschland, 1961–1991) 93

Abbildung 53: Überrenditen vor und nach Stock-Splits (USA,
1945–1965) 96

Abbildung 54: Renditeunterschied von Aktien von Unternehmen, die Rückkaufprogramme durchgeführt haben, zu vergleichbaren Aktien (USA, 1980–1990) 99

Abbildung 55: Der Momentum-Effekt: Performancevergleich
Dow Jones EURO STOXX vs. „EuroMomentum Index"-
Zertifikat 104

Abbildung 56: Vergleichbare Muster im monatlichen Auftreten
von Größen-, P/E- und MW/BW-Effekt (USA, 1962–1989) .. 105

Abbildung 57: Vergleichbare Muster im jährlichen Auftreten
von P/E- und MW/BW-Effekt (USA, 1962–1989) 106

Abbildung 58: In den Extremen ähnlich: Größen-, MW/BW- und Winner-Loser-Effekt (Deutschland, 1969–1991) 107

Abbildung 59: Zusammenhang von MW/BW- und Größeneffekt (Deutschland, 1969–1991) 110

Abbildung 60: Der MW/BW-Effekt und der Winner-Loser-Effekt (Deutschland, 1969–1991) 111

Abbildung 61: Winner-Loser und Größeneffekt (Deutschland, 1969–1991) 114

Abbildung 62: P/E- und Größen-Effekt: Scheinbar parallel existierende Effekte 116

Abbildung 63: Nur mäßig ähnliche Muster im jährlichen Auftreten von Größen- und P/E-Effekt (USA, 1962–1989) 117

Abbildung 64: Die Wirkung des *Dimson-β* am Beispiel deutscher Größenportefeuilles 122

Abbildung 65: Die Wirkung des *Dimson-β* im internationalen Bereich: Korrektur der Risikofehlschätzung bei Portefeuilles aus kleinen Aktien 123

Abbildung 66: Die Renditen von Aktien mit niedriger Marktkapitalisierung und unterschiedlichem Streubesitz: Die Börsenliquidität hat nichts mit dem Größeneffekt zu tun (Deutschland, 1969–1991) 126

Abbildung 67: Mögliche Reaktionsmuster auf neue Informationen 131

Abbildung 68: Aktienkursreaktionen auf Stock-Splits (USA) . 132

Abbildung 69: Preisreaktionen auf Stock-Splits mit Dividendenanstieg (USA) 134

Abbildung 70: Preisreaktionen auf Stock-Splits ohne Dividendenanstieg (USA) 135

Abbildung 71: Kursreaktionen auf unerwartete Gewinnbekanntmachungen (USA) 136

Abbildung 72: Zusammenhang von Aktienrenditen aus aufeinanderfolgenden Monaten 139

Abbildung 73: 1-Jahres- und 5-Jahres-Rendite-Korrelationskoeffizienten für verschiedene Größenportefeuilles (USA) ... 140

Abbildung 74: Überrenditen um den Zeitpunkt der Ankündigung von Rückkaufprogrammen (USA) 142

Abbildung 75: Renditen von Aktien, die zurückgekauft werden, nach Marktwert zu Buchwert sortiert (USA) 143

Abbildung 76: Durchschnittliche Tagesrenditen 145

Abbildungsverzeichnis XXI

Abbildung 77: Eine Überreaktions-Falle: Finanzcharakteristika von hervorragenden und schlechten Unternehmen (USA, 1976–1980) 147

Abbildung 78: Die Überreaktionsfalle schnappt zu: Performance ehemals hervorragender Unternehmen vs. schlechte Unternehmen (USA, 1981–1985) 148

Abbildung 79: Winner-Loser-Test: Das Vorgehen von *Jegadeesh* und *Titman* 149

Abbildung 80: Nur kurzfristig folgen auf gute weitere gute und auf schlechte weitere schlechte Nachrichten – dann folgt wieder die „Überreaktionsfalle" 150

Abbildung 81: Der Winner-Loser-Effekt ist ein Überreaktionseffekt: Nach 17 Monaten ist der Vorsprung der Winner eliniert (USA) 151

Abbildung 82: Ein Gedankenexperiment: Wie schaut eine Kursentwicklung bei Trendumkehr, wie eine bei Trendverstärkung aus? 152

Abbildung 83: Volatilität relativ zu einem Preisbildungsprozeß ohne Trendverstärkung und ohne Trendumkehr: Die kurzfristige Perspektive 153

Abbildung 84: Volatilität relativ zu einem Preisbildungsprozeß ohne Trendverstärkung und ohne Trendumkehr: Die langfristige Perspektive 154

Abbildung 85: Das vergangene Wachstum der Gewinne pro Aktie hatte auch früher nichts mit dem künftigen Wachstum der Gewinne pro Aktien zu tun! 156

Abbildung 86: Der „Weihnachtsbaum" oder die Frage „Wie gut prognostizieren P/E-Verhältnisse künftige Wachstumsraten der Gewinne?" 158

Abbildung 87: 2 Sichtweisen bestimmen den Wert eines Unternehmens: Eine scheinbar bilanz- und eine ertragsorientierte .. 166

Abbildung 88: Handelsbilanz, Steuerbilanz oder US-Gaap: Die Bewertungsvorschrift ist ausschlaggebend für das Ergebnis .. 168

Abbildung 89: Marktwert und Buchwert des Eigenkapitals am Beispiel von DaimlerChrysler (1988–1997) 168

Abbildung 90: Welche Reihe ist der „echte" S&P500 und welche die simulierte Renditereihe? 186

Abbildung 91: Der Dow Jones von 1910 bis 1998 und seine 2 größten Crashs 188

Abbildung 92: Die Dividendenrendite als Marktbewertungsindikator (USA, 1872–1997) 189

Abbildung 93: Markt-Dividendenrendite und durchschnittlich realisierte Marktgesamtrendite im Folgejahr (USA, 1927–1994) 190

Abbildung 94: Markt-Dividendenrendite und Wahrscheinlichkeit für eine überdurchschnittliche Entwicklung des S&P 500 im Folgejahr (USA, 1927–1994) 190

Abbildung 95: Markt-Dividendenrendite mit und ohne Berücksichtigung von Aktienrückkaufeffekten (USA, 1965–1994) ... 192

Abbildung 96: Das Marktwert/Buchwert-Verhältnis als Marktbewertungsindikator (USA, 1950–1995) 193

Abbildung 97: Markt-Marktwert/Buchwert-Verhältnis und durchschnittliche realisierte Marktgesamtrendite im Folgejahr (USA, 1950–1995) 194

Abbildung 98: Das Markt-P/E-Verhältnis als Marktbewertungsindikator (USA, 1872–1997) 195

Abbildung 99: Das geglättete Markt-P/E-Verhältnis als Marktbewertungsindikator (USA, 1882–1997) 195

Abbildung 100: Markt-P/E-Verhältnis und durchschnittlich realisierte Marktgesamtrendite im Folgejahr (USA, 1927–1995) 196

Abbildung 101: Die Kurse und nicht die Dividenden passen sich an, wenn die Markt-Dividendenrendite vom langfristigen Mittel abweicht (USA) 199

Abbildung 102: Dividendenwachstumsraten passen sich nicht an, wenn die Markt-Dividendenrendite vom langfristigen Mittel abweicht (USA) 199

Abbildung 103: Kurzfristig (1 Jahr) passen sich die Dividenden an, wenn die Markt-Dividendenrendite vom langfristigen Mittel abweicht (USA) 200

Abbildung 104: Längerfristig (10 Jahre) passen sich die Kurse an, wenn die Markt-Dividendenrendite vom langfristigen Mittel abweicht (USA) 201

Abbildung 105: Es passen sich die Kurse an, wenn das geglättete Markt-P/E-Verhältnis vom langfristigen Mittel abweicht (USA) 203

Abbildung 106: Die Ausschüttungsquote (USA, 1975–1995) . 213

Abbildung 107: Stabile Wirtschaftslage seit dem 2. Weltkrieg am Beispiel von 4-Jahres-Marktdurchschnittsrenditen (USA, 1805–1995) 215

Abbildung 108: Das erhöhte Renditeniveau seit der Weltwirtschaftskrise ist nicht stabil zu halten: Vier-Jahres-Marktdurchschnittsrenditen (USA, 1936–1995) 216

Tabellenverzeichnis

Tabelle 1: Wie investieren die Deutschen? VII
Tabelle 2: Der P/E-Effekt (USA, 1939–1959) 1
Tabelle 3: Die Berechnung des KGV von Daimler Benz (1997) 2
Tabelle 4: Unterschiedliche Berechnungsmethoden führen zu unterschiedlichen KGV's 3
Tabelle 5: Das Kurs/Gewinn-Verhältnis der ausländischen Euro-Stoxx-50-Werte (April 1999) 4
Tabelle 6: Wachstumsraten bedingen P/E-Verhältnisse 5
Tabelle 7: Rendite, Streuungsrisiko und Sharpe-Maß von P/E-Portefeuilles (USA, 1963–1980) 12
Tabelle 8: Volatiliäten (Standardabweichungen) der 30 DAX-Werte (auf Jahresbasis!) 14
Tabelle 9: Das ß-Risiko der 30 DAX-Werte 23
Tabelle 10: Die zentralen Aussagen des CAPM 23
Tabelle 11: Die wichtigsten Annahmen des CAPM 25
Tabelle 12: Was nach dem CAPM nicht wichtig für eine Aktie ist 26
Tabelle 13: Der P/E-Effekt und das ß-Risiko: Eine „Anomalie" zeichnet sich ab (USA, 1963–1980) 27
Tabelle 14: Der P/E-Effekt in Deutschland (1967–1994) 37
Tabelle 15: Durchschnittliche Cash-flow/Kurs-Werte in den USA (*Hawawini/Keim*, 1993) 41
Tabelle 16: Durchschnittliche Cash-flow/Kurs-Verhältnisse in Deutschland (*Wallmeier*, 1997) 41
Tabelle 17: Zum Vergleich: P/E- vs. CF/K-Effekt in Deutschland (1967–1994) 41
Tabelle 18: CF/K- und P/E-Verhältnisse in USA und Japan .. 43
Tabelle 19: Der Effekt der Gleichgewichtung am Beispiel P/E-Portefeuilles: Erste Hinweise auf einen Größeneffekt 44
Tabelle 20: Der Size-Effekt am Beispiel von Indizes: Hinweise auf Risikounterschiede 46

Tabelle 21: Der internationale Size-Effekt 51

Tabelle 22: Arithmetische und geometrische Mittelwertbildung: Zusammenhänge 60

Tabelle 23: Der internationale MW/BW-Effekt (1981–1992) .. 67

Tabelle 24: Der MW/BW-Effekt in Deutschland, 1969–1991 *(Sattler)* und 1967–1991 *(Wallmeier)* 67

Tabelle 25: Die Bedeutung des Langfrist-Ratings von S&P 500 sowie von Moody's 76

Tabelle 26: Zusammenhang von Rating und versprochener Zinszahlung (am Beispiel von im März 1999 neu emittierten Anleihen) 77

Tabelle 27: Eine erste Quelle für Ratings: Das Handelsblatt .. 78

Tabelle 28: Dividendenrendite 85

Tabelle 29: Renditeeffekte von Stock Splits (USA, 1975–1990) 96

Tabelle 30: Zusammenhang von MW/BW- und Größeneffekt (Deutschland, 1969–1991) 109

Tabelle 31: Die MW/BW-Variable und die Firmengröße hängen nicht zusammen (Deutschland, 1969–1991) 110

Tabelle 32: Die MW/BW-Variable und die Winner-Loser-Eigenschaft hängen zusammen (Deutschland, 1969–1991) ... 112

Tabelle 33: Größe und Winner-Loser-Eigenschaft hängen nur im Extrem zusammen (Deutschland, 1969–1991) 113

Tabelle 34: Was ist wichtiger: Der Marktwert, die Verschuldung, das MW/BW-Verhältnis oder das Preis/Umsatz-Verhältnis? .. 120

Tabelle 35: Die Top-Kriterien nach *Peters* und *Waterman* 146

Tabelle 36: Eigenschaften von Wachstums- und Substanzaktien 160

Tabelle 37: Historische KGV, Dividendenrenditen und Wachstumsraten (USA, 1901–1970) 171

Tabelle 38: Hohe P/E-Verhältnisse auch in alten Zeiten: Beispiele aus den zwanziger und sechziger Jahren 173

Tabelle 39: 5-Jahres Wachstum und P/E-Verhältnis der 20 größten amerikanischen Aktien sowie der S&P 500 Gesamtheit: 1964 vs. 1998 174

Tabelle 40: Internationale Kurs-Gewinn-Verhältnisse (Juli 1998) 175

Tabelle 41: Zu welchen Gewinnvielfachen Unternehmen verkauft werden 176

Tabelle 42: Was sind zyklische, was nicht-zyklische Branchen?	183
Tabelle 43: Bewertungsdaten des S&P 500 von 1926–1994 bzw. von 1872–1997	189
Tabelle 44: Internationale Ergebnisse: Was paßt sich bei einer vom Mittelwert abweichenden Markt-Dividendenrendite an: Das Kursniveau, die Dividende oder beides? (Anpassungszeitraum 4 Jahre)	202
Tabelle 45: Die Wirkung makroökonomischer Daten auf das Kursniveau	209
Tabelle 46: Die Wirkung einer Zunahme der Beschäftigung auf Cash-flows und Inflation	209
Tabelle 47: Die Veränderung von Markt-Bewertungskennzahlen, Durchschnittswerte für Aktienrenditen, Gewinnwachstum und die Rendite am Anleihenmarkt (USA, 1981–1995)	217

1. Womit alles begann: Der P/E-Effekt

1.1 Eine überraschende Entdeckung

1960 veröffentlicht *Nicholson* eine Arbeit, deren Wichtigkeit und Einfluß zunächst unterschätzt wird. Trotzdem ist diese Arbeit eine der ersten empirischen Studien überhaupt und beinhaltet ein spektakuläres und daher für lange Zeit beinahe unglaubliches Ergebnis:

Bildet man ein Portefeuille[3] aus Aktien von Unternehmen, die ein *kleines* Verhältnis von Kurs zu Gewinn pro Aktie (kurz: KGV) aufweisen, weist dieses eine ungewöhnlich *hohe* durchschnittliche Rendite auf. Demgegenüber führt ein Portefeuille bestehend aus Aktien mit einem *hohen* KGV zu *niedrigen* Renditen. Und diese Renditeunterschiede sind eklatant – siehe Tabelle 2:

	20 Aktien mit den kleinsten P/E-Ratios	20 Aktien mit den größten P/E-Ratios	Zum Vergleich: Gesamtmarkt
Rendite (% p.a.)	13,5 %	7,43 %	7,46 %

Bem.: Die Renditen beinhalten keine Dividenden, sondern nur Kursveränderungen; eine damals übliche Berechnungsmethode. Das P/E-Verhältnis ist jeweils als Durchschnittspreis im vergangenen Jahr zu Gewinn des vergangenen Jahres gemessen.

Quelle: *Nicholson, S.F.*, 1960 (Portefeuillerenditen) und Ibbotson Associates (Gesamtmarktrendite)

Tabelle 2: Der P/E-Effekt (USA, 1939–1959)

Ergebnis: Die Renditen von Aktien mit niedrigem P/E-Ratio (der auch in Deutschland gebräuchliche amerikanische Ausdruck für KGV) sind in dem untersuchten Zeitraum beinahe doppelt so hoch gewesen, wie die durchschnittliche Marktrendite!

Stellen Sie sich vor, was dieser Renditeunterschied bedeutet: 30 Jahre jedes Jahr 10.000 DM mit einer Verzinsung von 13,5 % investiert führt zu einem Endvermögen von über 3,2 Mio. DM.[4] Bei demselben

Sparverhalten kommt man bei einer Verzinsung von 7,43 % auf nur etwas über 1 Mio. DM.

Nach 30 Jahre bei gleichem Sparverhalten ein Vermögensunterschied von weit über 100 %? Nur durch Selektion von Aktien mit einem unterschiedlichen KGV? Bevor wir darüber nachdenken, wie nachhaltig und universell dieser Effekt ist, müssen wir uns die scheinbar simple Rechenmechanik ansehen.

Wie werden Kurs-Gewinn-Verhältnisse berechnet?

Mit KGV oder P/E-Ratio ist gemeint:

$$\frac{\text{Kurs}}{\text{Gewinn pro Aktie}} \quad \text{bzw.} \quad \frac{\text{Price}}{\text{Earnings per Share}}$$

Gleichung 1: Berechnung von Kurs/Gewinn-Verhältnissen bzw. Price/Earning-Ratios

Letztlich handelt es sich hauptsächlich um einen sprachlichen Unterschied – einmal werden englische, einmal deutsche Begriffe verwandt.[5] Wichtig ist, daß es sich beim „Gewinn" (einen Begriff, der rein umgangssprachlich ist!) um den *Jahresüberschuß* handelt! Wie ein P/E-Ratio für eine Aktie ausgerechnet wird, wird am Beispiel von Daimler Benz (jetzt DaimlerChrysler) demonstriert:

Unternehmensebene		Ebene der Einzelaktie	
Jahresüberschuß (= „Gewinn") in Mio. DM: 5.795	→ P/E Ratio = 65.100/5.795 = 11,23	Jahresüberschuß pro Aktie (bei 516,7 Mio. Stück) in DM (= „Gewinn pro Aktie"): 11,22	→ P/E Ratio = 126/11,22 = 11,23
Marktwert des Eigenkapitals in Mio. DM: 65.100		Kurs der Aktie (Jahresendstand, DM): 126	

Tabelle 3: Die Berechnung des KGV von Daimler Benz (1997)

Achtung: Welchen Gewinn und welchen Kurs soll man heranziehen?

Nirgends ist normiert, *welcher* Jahresüberschuß herangezogen werden muß, wenn ein P/E-Ratio berechnet wird. So nimmt die Süddeutsche Zeitung den *aktuellen* Kurs und dividiert ihn durch den *geschätzten* Gewinn des laufenden Geschäftsjahres – also letztlich eine unsichere Größe. Dahinter verbirgt sich die folgende Philosophie: Da Aktienkurse wahrscheinlich kommende Erfolge repräsentieren, macht es Sinn, sie auf künftige Gewinne zu basieren.[6]

Legt man Wert auf die *Vergleichbarkeit* von KGV's, könnte es jedoch sinnvoller sein, den *letzten realisierten* Gewinn zu verwenden: Denn Gewinn*schätzungen* hängen stark davon ab, wer sie macht! So aber wird jeder Analyst, der auf Gewinnschätzungen zurückgreift, für dieselben Unternehmen quasi seine individuellen KGV's ausrechnen.

Solche Unterschiede können eklatant sein: Nehmen wir an, der Kurs einer Aktie beträgt DM 200. Der Jahresüberschuß pro Aktie war im letzten Jahr 10. Die durchschnittliche Analystenmeinung über den Jahresüberschuß pro Aktie im kommenden Jahr sei 20. Analyst Schmitt rechnet jedoch mit 25, Wagner mit nur 15.

KGV	Was dient als JÜ?
200/10 = 20	JÜ des Vorjahres
200/20 = 10	*durchschnittliche* Schätzung für das kommende Jahr
200/25 = 8	Schätzung Schmitt für kommendes Jahr
200/15 = 13,33	Schätzung Wagner für kommendes Jahr

Tabelle 4: Unterschiedliche Berechnungsmethoden führen zu unterschiedlichen KGV's

Die unterschiedliche Datenbasis führt zu KGV's, die sich um über 100 % unterscheiden.

Investmenttip:

Wenn Sie KGV's vergleichen, achten Sie darauf, ob sie mit vergleichbaren Daten berechnet wurden! Und wenn Sie Wert auf die *absolute* Höhe eines KGV legen, versuchen sie herauszufinden, was die Eingangsdaten sind.

1.2 Exkurs: Warum unterschiedliche KGV's bei gleicher Berechnung?

Werfen Sie einen Blick auf die folgende Tabelle der Süddeutschen Zeitung. Die KGV's der ausländischen Euro-Stoxx-50-Werte sind berechnet als aktueller Kurs dividiert durch den geschätzten Gewinn des laufenden Jahres.

Die ausländischen Euro-Stoxx-50-Werte

18:02	Gesch. jahres Ende*	07.04. Kassa Frankfurt	06.04. Kassa Frankfurt	Veränd. in %	Heimatbörsenkurse Eröffng.-Hoch-Tief-Zuletzt	Platz	Kurs 31.12.	Veränd. seit 31.12.	Jahres Hoch	Jahres Tief	Div.	KGV **
ABN AMRO	12	19,45	19,00	+2,37	19,05-19,35-19,05-19,35	A	17,92	+7,98	19,55	16,40	0,58 hfl	15,00
Aegon	12	88,40	85,70	+3,15	85,95-88,65-85,60-88,25	A	104,64	-15,66	108,15	82,30	1,01 hfl	35,73
Ahold, Kon.	12	37,50 bG	35,90	+4,46	35,85-37,95-35,75-37,70	A	31,49	+19,72	37,70	32,40	0,39 hfl	34,27
Air Liquide	12	141,00	141,50 B	-0,35	141,30-143,00-140,70-141,10	P	156,26	-9,70	160,00	128,50	2,40 FF	20,27
Akzo Nobel	12	34,50	34,30	+0,58	33,95-35,15-33,70-34,20	A	38,80	-11,86	37,90	31,00	0,98 hfl	12,62
Alcatel	12	112,00	112,00	0,00	112,20-113,20-109,40-110,40	P	104,28	+5,87	119,80	92,00	2,00 FF	19,82
Allied Irish Bk.	12	15,85	15,90	-0,31	16,10-16,25-16,10-16,12	Du	15,26	+5,64	17,58	14,82	0,00 IE	18,96
AXA-UAP	12	129,00	127,00	+1,57	126,90-130,70-126,20-129,80	P	123,48	+5,12	129,80	110,50	1,70 FF	26,49
Banco Bilbao Vizc.	12	14,38	14,25	+0,91	14,04-14,26-14,03-14,24	Ma	13,52	+5,33	14,43	11,69	0,04 €	23,73
Carrefour	12	720,00 G	719,00	+0,14	724,00-729,50-715,00-715,00	P	643,18	+11,17	716,00	554,00	4,88 FF	38,96
Electrabel	12	342,50	339,50	+0,88	337,00-343,00-335,50-339,90	Bü	374,32	-9,20	415,60	316,00	9,42 bf	22,14
Elf-Aquitaine	12	126,00	125,00	+0,80	125,80-128,90-125,80-127,30	P	98,48	+29,26	131,00	91,30	2,29 FF	24,77
Elsevier	12	13,60	13,70	-0,73	13,15-13,60-13,10-13,45	A	11,93	+12,74	15,25	11,85	0,39 hfl	21,35
Endesa	12	23,65 G	23,60	+0,21	23,49-23,70-23,32-23,65	Ma	22,60	+4,65	25,21	22,33	0,49 Pta	19,71
ENI Spa	12	5,90	5,95	-0,84	5,85-5,95-5,81-5,87	Mi	5,60	+4,82	5,98	5,09	0,15 it	17,26
Fiat	12	3,14	3,10	+1,29	3,10-3,14-3,10-3,14	Mi	2,86	+9,79	3,25	2,64	0,06 it	24,15
Fortis	12	34,00 G	34,40	-1,16	34,25-34,43-34,21-34,33	Bü	30,86	+11,24	36,75	32,30	0,61 FF	21,06
France Télécom	12	83,00	79,00 G	+5,06	79,80-82,50-79,60-81,25	P	67,69	+20,18	86,80	70,50	1,00 FF	33,07
Generali Assic.	12	38,50	37,50	+2,67	38,05-38,60-37,70-37,96	Mi	35,64	+6,51	38,26	33,35	0,22 it	47,45
ING Groep	12	51,95	51,50	+0,87	51,65-52,20-51,60-51,85	A	51,96	-0,21	55,65	47,90	1,18 hfl	17,46
KPN Koninkl.	12	39,00	36,30	+7,44	36,90-39,45-36,70-39,45	A	42,66	-7,52	52,35	36,30	1,06 hfl	20,87
L'Oréal	12	617,50	607,00	+1,73	613,50-624,50-607,50-612,50	P	615,89	-0,55	670,00	547,00	2,44 FF	51,00
LVMH Moët Henn.L.Vuitton	12	229,00	228,50	+0,22	229,80-234,80-225,30-227,60	P	168,61	+34,99	243,00	178,50	3,40 FF	33,47
Nokia A	12	151,80	152,70	-0,59	150,75-152,00-149,60-151,50	He	104,28	+45,28	153,20	108,00	0,97 Fm	48,10
Paribas	12	102,00 G	104,00 G	-1,92	103,40-104,00-102,00-102,50	P	94,44	+8,00	104,30	75,00	2,13 FF	14,77
Petrofina	12	510,00 T	503,00	+1,39	509,50-514,00-505,00-511,00	Bü	390,43	+30,88	515,00	389,50	8,55 bf	24,16
Philips Electr.	12	75,90	75,50	+0,53	75,10-76,35-74,90-76,00	A	42,91	+32,91	76,00	58,80	2,2 hfl	18,67
Portugal Telecom	12	44,00	43,70	+0,69	44,89-44,94-43,80-43,90	Li	39,05	+12,42	45,55	36,83	0,88 Es	17,28
Repsol	12	47,00 T	48,00	-2,08	47,42-47,45-46,65-46,85	Ma	45,50	+2,97	49,50	45,09	1,32 Pta	15,71
Rhône-Poulenc A	12	40,50 G	41,00 bG	-1,22	41,16-41,40-40,31-41,10	P	43,84	-6,25	47,50	41,00	0,57 FF	19,67
Royal Dutch	12	49,10	49,10	0,00	48,70-49,25-48,55-49,15	A	42,43	+15,84	50,00	35,35	1,45 hfl	30,72
Saint Gobain	12	150,00	147,00 T	+2,04	146,20-152,30-146,20-149,00	P	120,28	+23,88	152,60	108,00	3,20 FF	15,30
Schneider	12	51,00	51,00 G	0,00	50,00-50,85-49,71-49,90	P	51,68	-3,44	57,60	45,50	1,15 FF	16,47
Société Générale	12	177,00 G	180,00 T	-1,67	180,00-180,60-176,00-176,20	P	137,97	+27,71	180,40	131,10	0,00 FF	15,48
Telecom Italia	12	9,30	9,34	-0,11	9,36-9,41-9,27-9,32	Mi	7,27	+8,26	10,01	7,59	0,10 it	30,06
Telefonica de España	12	42,90	41,20	+4,13	41,69-42,94-41,45-42,64	Ma	37,92	+12,45	42,64	36,72	0,61 Pta	27,16
Unicredito Italiano	12	5,08	5,00	+1,60	5,08-5,17-5,03-5,14	Mi	5,04	+1,98	5,56	4,08	0,06 it	25,70
Unilever	12	63,00	62,90	+0,16	62,45-62,90-62,40-62,80	A	72,83	-13,77	73,00	62,00	1,14 hfl	24,15
Vivendi	12	236,50	235,00	+0,64	233,00-236,40-231,00-234,90	P	221,05	+6,27	262,50	225,50	2,75 FF	29,36

*angegeben wird der Monat, in dem das jeweils laufende Geschäftsjahr endet ** Kurs-/Gewinn-Verhältnis auf Basis von Gewinnschätzungen für das laufende Geschäftsjahr

Quelle: Süddeutsche Zeitung vom 8. April 1999

Tabelle 5: Das Kurs/Gewinn-Verhältnis der ausländischen Euro-Stoxx-50-Werte (April 1999)

Warum unterscheiden sich die KGV's so eklatant – die Spanne reicht von 15,0 bis 51?

Die Antwort ist einfach, wenn Sie das KGV in den folgenden Zusammenhang setzen:

1.2 Exkurs: Warum unterschiedliche KGV

Kurs = Gewinn * KGV

Oder auch:

Kurs = Gewinn * Gewinnvielfaches

Gleichung 2: Der Kurs ist ein Gewinnvielfaches

Kurs und Gewinn hängen also nicht statisch zusammen, sondern sind über das KGV verknüpft. Das KGV heißt in diesem Zusammenhang oft auch nur *Gewinnvielfaches*.

Und das Gewinnvielfache, das man heute zu zahlen bereit ist, hängt davon ab, wie stark sich die künftigen (geschätzten) Gewinne von dem Gewinn, den man zur Berechnung des KGV's verwendet, unterscheiden:

Wachstumsaktien und Substanzaktien

Eigentümer kaufen eigentlich weniger ein Unternehmen, als vielmehr – ökonomisch gesehen – einen aus diesem Unternehmen fließenden Gewinnstrom.[7] Und daß der Kaufpreis für diesen „Strom" für Unternehmen mit großem Gewinnwachstum größer ist als für solche mit kleinem oder gar ohne Gewinnwachstum ist nur natürlich.[8]

Es ist damit offensichtlich, daß die in der folgenden Tabelle für zwei verschiedene Unternehmen aufgezeichneten Gewinnschätzungen zu unterschiedlichen Kursen für diese Unternehmen führen müssen:[9]

	Letzter realisierter JÜ	geschätzter in t+1	Geschätzter JÜ in t+2	geschätzter JÜ in t+3	geschätzter JÜ in t+4	geschätzter JÜ in t+5	Gewinnwachstum (Schnitt)	Realistisches KGV
AG „A"	20	22	25	29	34	40	14,9 %	> 20
AG „B"	20	22	23	24	25	25	4,6 %	Rd. 8

Tabelle 6: Wachstumsraten bedingen P/E-Verhältnisse

Mit großer Sicherheit hätte die Aktiengesellschaft „A" mit dem starken (erwarteten) Gewinnwachstum ein überdurchschnittlich hohes KGV, „B" hingegen eher ein durchschnittliches, vielleicht sogar ein unterdurchschnittliches. So erklären sich auch die extremen KGV's von einigen Unternehmen wie z.b. SAP (Größenordnung 80) oder einiger Gesellschaften im neuen Markt, die sogar wie bei der Mobilkom weit über 100 liegen können.

Und jetzt kommen wir wieder zurück auf die Beobachtung von Nicholson: Aktien mit einem niedrigen KGV (d.h. Unternehmen mit schätzungsweise langsam wachsenden Gewinnen) haben überdurchschnittliche, solche mit einem hohen KGV (Unternehmen mit schätzungsweise schnell wachsenden Gewinnen) unterdurchschnittliche Kursentwicklungen. Und genau das war das eigentlich Überraschende an Nicholsons Egebnissen![10]

Denn damals – wie auch heute – denkt das Gros der Marktteilnehmer, wenn man frägt, „Welche Aktie rentiert wohl besser: Eine mit hohem oder eine mit niedrigen KGV?", wie der „Normalbürger":

- **Die Normalbürger-Argumentation:** „Wachstumsaktien sind eben sehr erfolgreich eingeschätzte Aktien und daher „interessant" (wie z.B. Ericsson, Cisco und viele Internet-Aktien). Als Marktteilnehmer sind wir daher bereit, im Verhältnis zum aktuellen Gewinn sehr hohe Preise zu zahlen (so ergeben sich dann die hohen KGV's bzw. P/E-Ratios). Demgegenüber halten wir Substanzaktien für eher langweilig (z.B. Versorger wie RWE), entsprechend kommen niedrigere Preise zustande."
  Übrigens: Die Aussage, daß Wachstumsaktien „interessant" waren und immer noch sind, zeigt die große Anzahl an Fonds, die im Namen den Begriff „Growth", „Growth Stocks" oder „Wachstum" führen.

Wissenschaftler hingegen sind sich nicht ganz einig:

- **Die wissenschaftliche Argumentation (Variante 1):** „Wir erwarten eine bessere Performance für die schnell wachsenden Firmen. Schnelles Wachstum könnte riskant sein; daher werden die Investoren für ihre Geldanlage in diesen Aktien eine Art Risikoprämie, d.h. eine im Durchschnitt höhere Verzinsung ihres eingelegten Geldes verlangen."

- **Die wissenschaftliche Argumentation (Variante 2):** „Wir erwarten entweder gar keinen oder nur einen sehr kleinen Renditeunterschied. Das begründen wir damit, daß das hohe Wachstum der dynamischen Gesellschaften durch ihren hohen Preis vorweggenommen wird und für den Aktionär, der erst dann einsteigt, wenn der Markt die hohen künftigen Wachstumsraten schon im Kurs widerspiegelt, eine quasi „normale" Rendite übrigbleibt."

Nun hatte Nicholson gezeigt, daß *keine der drei Varianten richtig* war! Sein Artikel wurde zunächst nur wenig beachtet. Nicholson aber forschte weiter: 1968 zeigt derselbe Nicholson, daß der auf das P/E-Verhältnis zurückgehende Effekt am stärksten im ersten Jahr nach der Portefeuillebildung ist. Immerhin dauert er aber – in schwächerer Form – sieben Jahre lang an![11]

Nachdem die Ergebnisse nicht mehr wegzudiskutieren waren, mußte eine *vernünftige* Erklärung gefunden werden. Das unterschiedliche Risiko der Low- bzw. High-P/E-Aktien sollte dafür verantwortlich sein.

Und obwohl Anfang der sechziger Jahre sowohl Praktiker als auch Theoretiker nicht einmal ein ungefähres Bild über die Bildung von Gleichgewichtskursen hatten und insbesondere der der Preisbildung zugrundeliegenden Risiko-Rendite-Zusammenhang unklar war – es galt, das vermeintlich unterschiedliche Risiko der Aktien ins Kalkül zu nehmen.

1.3 P/E-Ratio und Risiko

Ökonomen waren und sind der festen Überzeugung, daß höheres Risiko im Schnitt mit einer höheren Rendite Hand in Hand gehen muß. Wenn dem so ist, sollten Aktien mit einem kleinen P/E-Ratio ein höheres, solche mit einem hohen P/E-Verhältnis ein niedriges Risiko aufweisen. Nur dann wäre es sozusagen natürlich, wenn Niedrig-P/E-Aktien im Schnitt auch höhere Renditen verdienen – denn noch einmal: *Risiko und Rendite sind nun eben zwei Dinge, die für Kapitalmarktforscher untrennbar verbunden sind!*

Genauer werden wir uns im kommenden Kapitel ansehen, was Ökonomen unter Risiko verstehen. Auf jeden Fall dauerte es bis in die späten sechziger Jahre, bis ein Modell gefunden war, das die Wissenschaft für geeignet hielt, den Zusammenhang zwischen Risiko und Rendite am Aktienmarkt zu beschreiben: Das CAPM.[12] Ein Modell, das eine ungeheure Popularität gewonnen hat und bis heute das mit weitem Abstand gängigste Kapitalmarktmodell darstellt.

Doch bis dahin war ein weiter Weg. Wir werden ihn miteinander gehen. An Beispielen werden sie immer wieder exemplarisch sehen, welche Art von Risiko gemessen wird.

2. „Überrenditen" müssen im Zusammenhang mit dem Risiko gesehen werden

Nicht erst nach den überraschenden Ergebnissen von Nicholson, der von den extrem hohen Renditen der Aktien mit einem niedrigen P/E-Verhältnis berichtete, zerbrachen sich Anleger und Wissenschaftler den Kopf, wie sie das Risiko von Aktienanlagen messen könnten. Denn vor allem die Wissenschaftler waren sich einig:

> **1. Eisernes Kapitalmarktgesetz:**
> Niedrige Renditen gehen (im Durchschnitt) mit geringem Risiko einher, höhere Renditen können (wiederum im Durchschnitt) nur mit höheren Risiken erkauft werden.

Doch wie genau mißt man Risiko? Und wie genau sieht der Zusammenhang von Risiko und Rendite am Aktienmarkt aus?

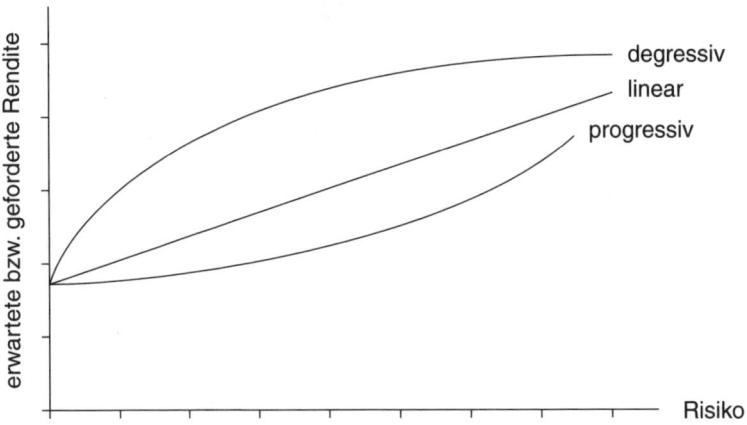

Abbildung 4: Denkbare Zusammenhänge zwischen Risiko und Rendite: Linear, progressiv, degressiv

Kaum zu glauben, aber bis heute kennt man weder den Königsweg, Risiko zu messen und – vielleicht deswegen – auch noch nicht den genauen Zusammenhang von Rendite und Risiko. Aber immerhin wurde schon zweimal Wirtschaftswissenschaftlern für ihre Ideen auf genau diesem Gebiet der Nobelpreis verliehen. Schauen wir uns auf ein paar Seiten an, was jeder Anleger dazu wissen muß. Anschließend achten wir kritisch darauf, wie „wahr" die Vorstellungen sind.

2.1 Ein erster Schritt: Risikoprämie pro Standardabweichung oder: Das Sharpe-Maß

Die erste Idee war so einfach, daß sie unmittelbar einleuchtete: Eine Aktie hat eine bestimmte längerfristige *Durchschnittsrendite* – nehmen wir an, im Monat ein Prozent. Natürlich steigt sie jetzt nicht jeden Monat um genau ein Prozent, sondern mal mehr, mal weniger, wobei in vielen Fällen die Rendite auch negativ sein wird.

Die Argumentation ist nun: Je größer die Schwankungen (= Streuung) und damit die Abweichungen von der Durchschnittsrendite sind, desto höher das Risiko.

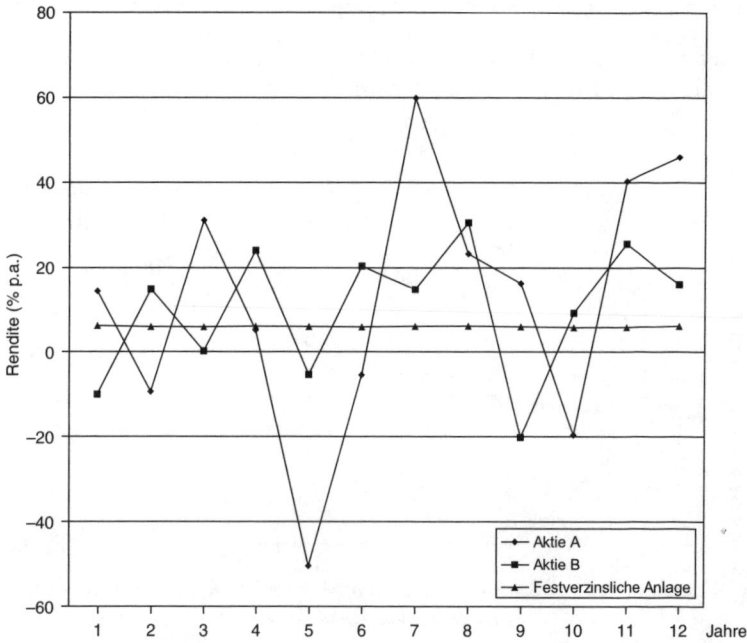

Bemerkung: Veränderungen des Zinsniveaus sorgen dafür, daß börsennotierte festverzinsliche Anlagen keine konstante Rendite aufweisen.

Abbildung 5: Rendite dreier Anlagen: Festverzinsliche Anlage mit gleichbleibenden Zins (Sparbuch oder Anleihe) und zwei Aktien mit unterschiedlicher Rendite-Streuung

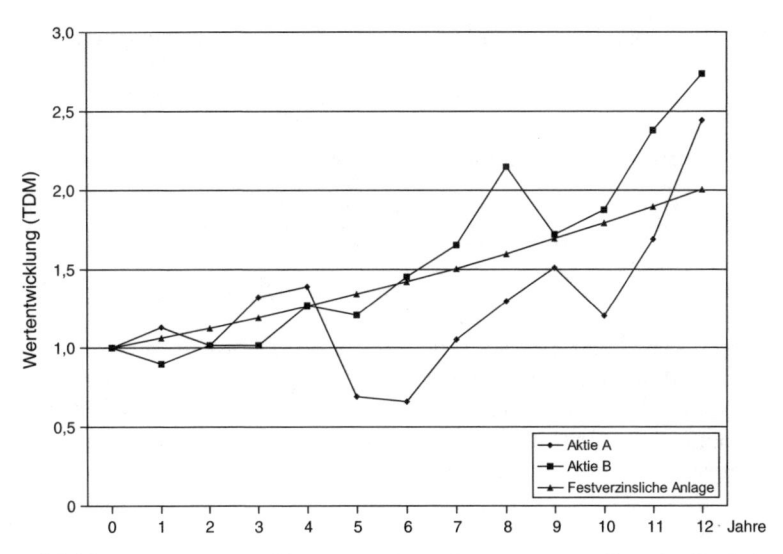

Abbildung 6: Wertentwicklung einer Investition von 1.000 Euro in die drei Anlagen der Abbildung 5

Doch wie sollte man das (scheinbar) offensichtlich sichtbare Risiko quantifizieren?

Die Standardabweichung als Streuungsmaß

Der erste Schritt war einfach: Man übernahm ein aus der Statistik bekanntes, einfach zu berechnendes *Streuungsmaß*, und wandte es auf die Renditen von Finanzanlagen an.

Dieses Maß beherrscht mittlerweile jeder Taschenrechner und jedes Tabellenkalkulationsprogramm; es heißt *Standardabweichung*. Das Ergebnis ist eine Prozentangabe. Eine Interpretation dieser Angabe findet sich in der Abbildung 7 auf Seite 15 sowie im Text auf Seite 14 f.

Das Sharpe-Maß als erstes Performancemaß

Kennt man die Standardabweichung, muß man nur noch die *Risikoprämie pro Risikoeinheit* berechnen. Die Risikoprämie ist das „Mehr" an Rendite, das man dafür erhält, daß man keine sichere – d.h. mit einem Streuungsrisiko von 0 – ausgestattete Investitionsalternative wählt. In den USA werden T-Bills, also kurzfristige Staatsanleihen mit einer Laufzeit von maximal einem Jahr als beste Repräsentation dieser „sicheren", Null-Risiko Investitionsalternative gesehen, in Deutschland könnte es der Zinssatz für 3-Monatsgeld sein.

2. „Überrenditen" und Risiko

Die Risikoprämie wird einfach ins Verhältnis zum gemessenen Risiko, also der gemessenen Standardabweichung, gestellt. Damit ist eine intuitiv einleuchtende Beziehung zwischen Rendite und Risiko hergestellt. Und so eine Beziehung ist *eine* Bedingung für ein Performancemaß. Die Berechnung geschieht wie folgt:

$$\frac{\textit{Durchschnittsrendite der zu beurteilenden Anlage} - \textit{Rendite einer risikolosen Anlage}}{\textit{Standardabweichung der zu beurteilenden Anlage}}$$

Formel 3: Das Sharpe-Maß

Dieses Maß heißt *Sharpe-Maß*. Die Interpretation ist einfach: Das Sharpe-Maß dient zum Vergleich von Anlagealternativen. Die Alternative mit dem höchsten Sharpe-Maß ist die beste Wahl. Sehen wir es uns einmal am Beispiel des P/E-Effektes und der Ergebnisse von *Basu* aus dem Beginn der achziger Jahre an:

	P/E Hoch	P/E > Ø	P/E Mittel	P/E < Ø	P/E klein	Gesamtmarkt
Rendite (% p.M.)	0,72	0,70	0,87	1,14	1,38	0,64
Stdabw. d. Portfeuilles (in %)	5,92	5,39	5,31	5,40	6,05	4,28
Sharpe-Maß	(0,72–0,31)/ 5,92 = 0,069	(0,70–0,31)/ 5,39 = 0,072	(0,87–0,31)/ 5,31 = 0,105	(1,14–0,31)/ 5,40 = = 0,154	(0,64–0,31)/ 6,05 = = 0,177	4,28 = = 0,077

Bemerkung: Gesamtmarktrendite ist eine marktwertgewichtete Rendite. Als Rendite der Risikolosen Anlage sind 0,31 % pro Monat angenommen (das langfristige arithmetische Mittel der US-T-Bills liegt bei rd. 3,7 % p.a.). Vgl. *Basu, S.,* 1983.

Tabelle 7: Rendite, Streuungsrisiko und Sharpe-Maß von P/E-Portefeuilles (USA, 1963–1980)

Wieder rentieren die Aktien mit dem kleinsten P/E-Verhältnis mit 1,38 % pro Monat Durchschnittsrendite *fast doppelt so gut* wie die mit den größten P/E-Verhältnissen mit 0,72 % pro Monat. Rechnet man die Monatsrenditen auf die gebräuchlicheren Jahresrenditen um, so weisen die Aktien mit dem niedrigsten P/E-Verhältnis eine Rendite von rd. 16,5 %, die mit dem hohen P/E-Verhältnis eine von rd. 8,5 % auf.[13]

Oder anders ausgedrückt – und wahrscheinlich noch wichtiger für den Anleger: Die beiden Portefeuilles mit den 20 % der Aktien mit den kleinsten und das nächste Portefeuille mit den quasi nächsten

20% an Aktien rentieren mit 1,38 und 1,14% pro Monat *praktisch doppelt so gut wie eine als Referenz mit angegebene Marktrendite.*
Aber stimmt das auch noch nach einer Berücksichtigung der (evtl.?) unterschiedlichen Risiken der P/E-Portefeuilles? Die mit 6,05% und 5,31% sehr ähnlichen Portefeuillerisiken legen den Schluß nahe! Basu berechnet zur rechnerischen Demonstration noch das Sharpe-Maß. Und jetzt zeigt sich, daß nur Portefeuilles mit P/E-Ratios „mittel" bis „klein" ein besseres Sharpe-Maß als der Gesamtmarkt haben; vgl. Tabelle 7, letzte Zeile![14]
Es ist eben *nicht* so, daß das Portefeuille aus Aktien mit einem niedrigen P/E-Verhältnis ein deutlich höheres Streuungsrisiko hat und dadurch die Rendite pro Risikoeinheit kleiner ist als bei Aktien mit hohem P/E-Verhältnis! Zwar ist die Standardabweichung der Low-P/E-Aktien etwas höher als das der High-P/E-Aktien. Der Anstieg ist aber im Vergleich zum Renditeanstieg vernachlässigbar.[15] Der P/E-Effekt besteht also weiterhin – auch wenn eine Bereinigung um das Streuungsrisiko stattfindet.
Diese Ergebnisse wurden mit umfassenderem Datenmaterial noch vielfach bestätigt:[16] Die Renditeunterschiede zwischen Portefeuilles aus Aktien mit niedrigen und solchen mit hohen KGV betragen mit schöner Regelmäßigkeit zwischen 4–8% pro Jahr; wobei die Marktrendite in der Nähe des schlechter rentierenden Portefeuilles liegt.[17] Die unglaublichen Ergebnisse von Nicholson waren mit hoher Wahrscheinlichkeit kein Zufall!
Eine auffällige Besonderheit stellt die besonders hohe Rendite von Aktien mit negativen Gewinnen dar.[18]

Woher bekommt man Standardabweichungen?

Es gibt zwei einfache Möglichkeiten: Wer will, kann sich die aktuellen Standardabweichungen von Aktien aus dem WWW holen. Man findet sie in der Regel überall dort, wo auch eine graphische Darstellung des Kursverlaufes erfolgt, z.B. unter www.exchange.de. Eine andere Alternative sind Zeitungen wie z.B. das *Handelsblatt*.
Etwas Vorsicht ist geboten, da die Standardabweichung nicht immer unter diesem Namen verkauft wird. Manchmal wird sie als Streuung, als Volatilität, Volatility oder einfach auch nur „Vola" bezeichnet. Es kann auch vorkommen, daß unter diesen Bezeichnungen nicht die Standardabweichung, sondern die *Varianz* von Renditen genannt wird. Die Varianz ist das Quadrat der Standardabweichung. Prinzipiell ist es egal, mit welcher von beiden Größen man rechnet – man muß allerdings aufpassen, daß nicht ein Teil der Streuungsdaten Standardabweichungen sind, ein anderer Varianzen!

Kürzel	Volatilität 30 Tage p.a.	Volatilität 250 Tage p.a.	Kürzel	Volatilität 30 Tage p.a.	Volatilität 250 Tage p.a.
DAX	30.25 %	31.46 %	KAR	36.83 %	41.71 %
			LIN	44.45 %	42.33 %
ADS	32.30 %	44.52 %	LHA	36.17 %	46.99 %
ALV	54.58 %	44.70 %	MAN	47.56 %	46.08 %
BAS	30.81 %	33.67 %	MEO	37.34 %	40.32 %
BAY	37.98 %	35.02 %	MMW	35.59 %	53.80 %
BMW	39.58 %	53.00 %	MUV2	56.39 %	46,32 %
CBK	28.98 %	40.65 %	PRS	37.41 %	42.47 %
DCX	38.66 %	43.06 %	RWE	58.21 %	45.29 %
DHA	47.18 %	46.75 %	SAP3	47.19 %	59.77 %
DBK	39.73 %	44.61 %	SCH	27.25 %	32.93 %
DRB	52.81 %	52.84 %	SIE	43.53 %	44.82 %
DTE	45.59 %	51.32 %	THA	44.86 %	39.38 %
HEN3	37.26 %	50.09 %	VEB	44.47 %	41.12 %
HOE	44.59 %	46.90 %	VIA	34.27 %	42.73 %
HVM	53.72 %	56.10 %	VOW	41.91 %	48.49 %

Quelle: *Handelsblatt*, 31.3.1999

Tabelle 8: Volatiliäten (Standardabweichungen) der 30 DAX-Werte (auf Jahresbasis!)

Wie kann die Standardabweichung sinnvoll interpretiert werden?

Der Clou der Größe Standardabweichung liegt in der statistischen Interpretation: In gewisser Weise vermag man damit in die Zukunft zu sehen.

Dazu ein Beispiel: Bei Basu (Tabelle 7 Seite 12) beträgt die durchschnittliche Monatsrendite für Aktien mit einem niedrigen P/E-Verhältnis 1,38 % und die Standardabweichung 6,05 % (Achtung: Basu nennt eine Standardabweichung auf *Monatsbasis*; in Tabelle 8 sind hingegen *Jahreswerte* angegeben; entsprechend muß die Interpretation von Monaten auf Jahre angepaßt werden!). Mit diesen Informationen wagt der Statistiker die Aussage, daß

- mit einer Wahrscheinlichkeit von 68 % die nächste Monatsrendite zwischen 1,38 % +/– 6,05 % liegt, also im Bereich von –4,67 % bis + 7,43 % (das ist Mittelwert + bzw. – einmal Standardabweichung oder auch der 1-Sigma-Bereich).
- mit einer Wahrscheinlichkeit von 95 % die nächste Monatsrendite zwischen 1,38 % +/– 2* 6,05 liegt, also im Bereich von –10,72 % bis 13,48 % (das ist der 2-Sigma-Bereich um den Erwartungswert).

2.1 Ein erster Schritt: Das Sharpe-Maß

- mit einer beinahe 100%-igen Wahrscheinlichkeit (99,73%) die nächste Monatsrendite zwischen 1,38 +/− 3*6,05 liegt, also im Bereich von −16.77% bis +19,53% (das ist der 3-Sigma-Bereich).

Strenggenommen gelten die Aussagen über die künftigen Renditebereiche nur für normalverteilte Größen – d.h. in unserem Fall die Renditen. Und die sind ziemlich normalverteilt – nicht hundertprozentig, aber eben beinahe.[19] Der Fehler in der Argumentation dürfte also nicht allzugroß sein.

Zur Verdeutlichung dient Abbildung 7: Sie zeigt die Renditeverteilung des deutschen Aktienmarktes und stellt sie einer Normalverteilung gegenüber.

Unbeantwortet ist aber bisher, ob man mit der Standardabweichung überhaupt das richtige *Risiko*-Maß gefunden hat!

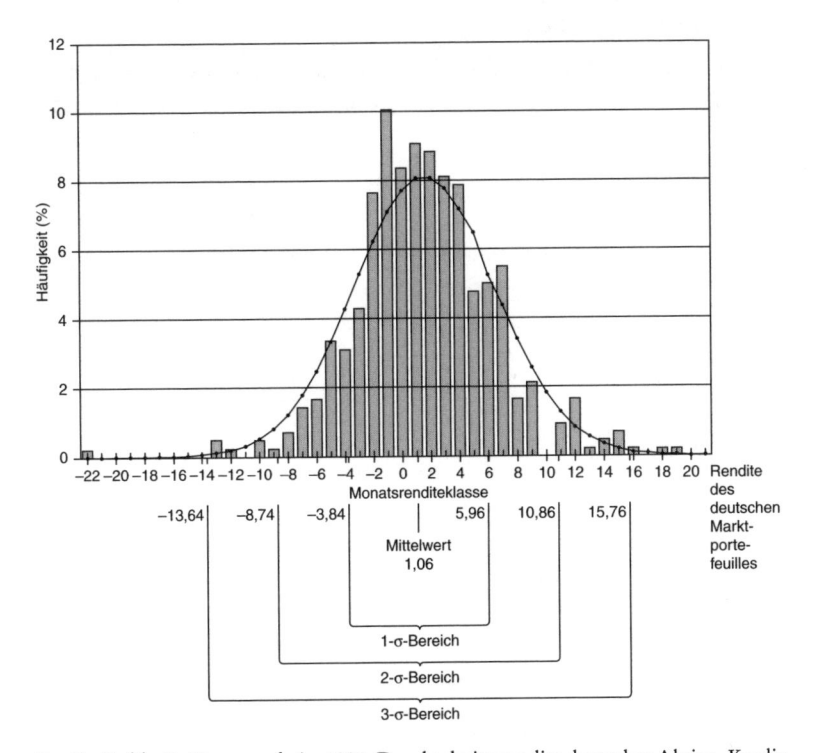

Quelle: Stehle, R. Hartmond, A., 1991, Durchschnittsrendite deutscher Aktien, Kredit und Kapital 24, Nr. 3, S. 384 und eigene Ergänzungen

Abbildung 7: Empirische Verteilung der Marktrendite, Normalverteilung und Sigma-Bereich

2. „Überrenditen" und Risiko

Ist die Standardabweichung das richtige Risikomaß?

Diese Frage *könnte* man mit ja beantworten, *wenn* man zwischen der Streuung und der Durchschnittsrendite einen offensichtlichen Zusammenhang sehen könnte.

Doch den gibt es nicht, wie das folgende Bild unmittelbar demonstriert: Es zeigt die Durchschnittsrenditen und Streuungen von einer ganzen Reihe von Aktienportefeuilles. Und wie man sieht (Abbildung 8), ist es nicht so, daß Aktien mit niedriger Streuung (in der Abbildung links) niedrige, und Aktien mit hoher Streuung (in der Abbildung rechts) hohe Renditen erwirtschaften. Es ist im Gegenteil so, daß ein Portefeuille mit mittlerer Streuung (knappe 8 %) die niedrigsten Renditen (nur etwas über 1 % Rendite pro Monat) bringt, während ein Portefeuille aus nur unwesentlich stärker streuenden Aktien (durchschnittlich rd. 8,6 % Streuung) mit 1,24 % pro Monat die höchsten Renditen erwirtschaftet. Ansonsten liegen fast alle Portefeuilles – unabhängig von der Volatilität der enthaltenen Aktien – auf demselben Renditeniveau!

Was lernt man daraus? Die Streuung ist zwar *ein* Risikomaß, aber sicherlich nicht das Risikomaß, das mit der Rendite zusammenhängt!

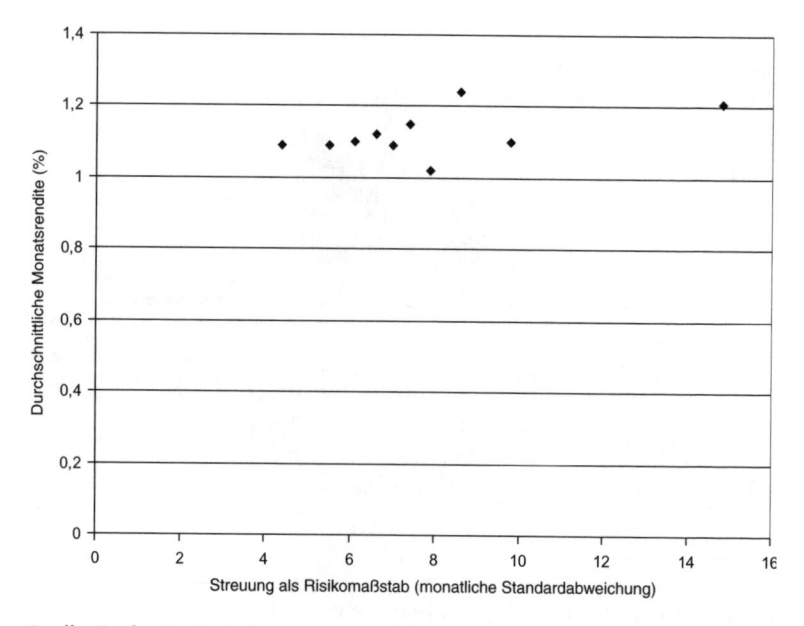

Quelle: *Sattler, R.*, 1994, S. 254

Abbildung 8: Kein Zusammenhang zwischen Streuung und Durchschnittsrendite am Beispiel Deutschlands (1957–1991)

Ein Sharpe-Maß ist somit informativ, aber nicht ausreichend um sich ein vollständiges Bild vom Risiko-Rendite-Zusammenhang zu machen.

Diese Erkenntnis ist nicht neu. Ein nicht intuitiv, sondern logisch schlüssig hergeleitetes Modell mußte her, das vor allem auch der praktischen Überprüfung standhält.

2.2 Die Grundlage moderner Überlegungen zum Thema Risiko: Der Diversifikationseffekt

Beim nächsten Schritt kam den Wissenschaftlern eine uralte Investment-Regel zu Hilfe:

---
2. Eisernes Kapitalmarktgesetz:

Lege nicht alle Eier in einen Korb! Oder etwas wissenschaftlicher: Diversifizieren Sie (d.h. streuen) Sie Ihre Anlagen!

Bildet man Portefeuilles aus Aktien, zeigt sich, daß das (Streuungs-)Risiko dieses Portefeuilles viel geringer ist als das durchschnittliche (Streuungs-)Risiko der einbezogenen Einzelaktien. Vergleichen Sie dazu Abbildung 9.

Der Effekt ist zwar theoretisch vorhersehbar,[20] in der Praxis aber beeindruckend. Und woher kam er?

Die für sich alleine gesehen hohen Schwankungen einzelner Aktien können sich gegenseitig kompensieren! Es steigen oder fallen nicht alle Aktien zusammen, sondern manche steigen während andere fallen.[21] Abbildung 9 zeigt den Fall einer internationalen Diversifikation: Durch ein beliebiges Zusammenstellen eines Portefeuilles aus internationalen Aktien sinkt die Standardabweichung des Portefeuilles im Vergleich zu einer (durchschnittlichen) Einzelaktie um maximal rd. 65 %. Auffällig ist, daß schon 12–15 Aktien im Portefeuille genügen, um zu einer guten Diversifikation zu gelangen.

Während die Rendite eines Aktienportefeuilles gleich dem Durchschnitt der Renditen der Aktien im Portefeuille ist, ist die Streuung der Rendite des Portefeuilles deutlich geringer als der Durchschnitt der Einzelstreuungen der Aktien in diesem Portefeuille.

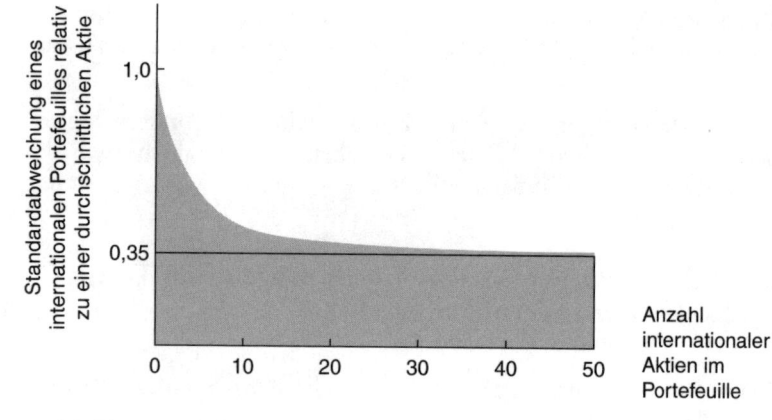

Abbildung 9: Risikominderung durch einfache (internationale) Streuung

Das ist der Grund, warum Fonds eine Vielzahl von Aktien halten und die Anteile jeder Aktie am Gesamtfondsvermögen praktisch so gut wie nie über 5 % liegen.

Geschickt zusammengestellte Portefeuilles sind Portefeuilles mit kleinstmöglicher Streuung

Jetzt kommt der erste Nobelpreisträger auf die Bildfläche: *Harry Markowitz*, der Preisträger von 1990.[22] Er überlegt sich – und im nachhinein ist das ebenso einfach wie genial –, daß vernünftige Leute ihre Aktienportefeuilles so zusammensetzen würden, daß sie eine angestrebte Durchschnittsrendite mit einer möglichst kleinen Renditeschwankung ihres Portefeuilles erkaufen müßten.[23]

Und das können sie tun, indem sie Aktien kombinieren, die möglichst *entgegengesetzt schwanken*.[24]

---

3. Eisernes Kapitalmarktgesetz:

Bilden Sie Ihre Portefeuilles so, daß

- eine bestimmte Rendite mit einem möglichst geringen Risiko verbunden ist oder
- für ein vorgewähltes Risiko die Rendite möglichst groß ist.

Achtung: Das 4. Eiserne Kapitalmarktgesetz wird das Verfahren um diesen Vorgaben gerecht zu werden erheblich erleichtern!

Faszinierenderweise ergeben sich jetzt viel bessere Anlagemöglichkeiten als vorher mit einzelnen Aktien:

2.2 Der Diversifikationseffekt

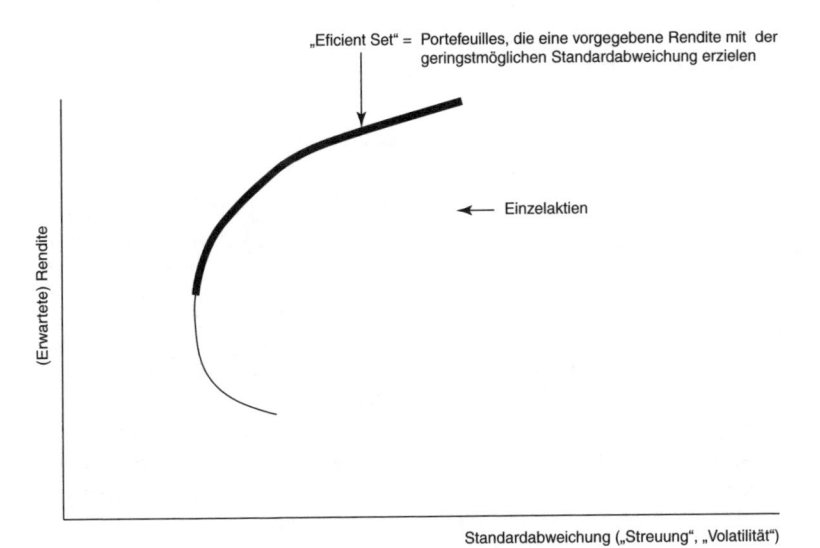

Abbildung 10: Der „Efficient Set"

(Bildbeschriftungen: „Eficient Set" = Portefeuilles, die eine vorgegebene Rendite mit der geringstmöglichen Standardabweichung erzielen; Einzelaktien; (Erwartete) Rendite; Standardabweichung („Streuung", „Volatilität"))

Die Portefeuilles, die auf der oberen dicken Linie liegen, sind quasi gute Anlagemöglichkeiten bzw. Kombinationen, alle anderen (und auch pure Einzelaktien) schlechte. Man war einen guten Schritt weiter.

Sie möchten bestimmt wissen, wie Sie solche Portefeuilles zusammenstellen können. Das erfahren Sie in diesem Buch nicht. Ohne Software und lange Renditedatenreihen, aus denen dann eine (zukünftige) Varianz-Covarianz-Matrix geschätzt werden muß, funktioniert das nicht. Aber Sie werden gleich sehen: So notwendig ist diese Ausstattung – zumindest theoretisch – gar nicht!

Auf dem Weg zum Nobelpreis: Die Erweiterung einer Welt geschickter Aktienportefeuilles um eine sichere Anlagealternative

Doch jetzt erst einmal zum nächsten Nobelpreisträger, *Bill Sharpe*. Er kam auf die Idee, daß es bei einem vorgegebenen Risiko noch viel höher rentierende Möglichkeiten gab, als die „Kurve" aus guten Portefeuilles (d.h. den „Efficient Set"), die von Harry Markowitz vorschlagen wird. Denn er erinnerte sich daran, daß man ja bisher immer von Aktien geredet hatte, daß es aber doch noch die Möglichkeit gab,

1. Geld statt in Aktien einfach und sicher festverzinslich anzulegen oder
2. sich Geld zu leihen und damit weitere Aktien zu kaufen.

Zeichnen wir doch einfach die Geldanlagemöglichkeit in das Diagramm ein. Erwartungsgemäß hat die festverzinsliche Anlage kein Risiko und liegt daher auf der Ordinate.

Fast alle Anleger halten Kombinationen von Festverzinslichen Anlagen und Aktien in ihrem Depot.

Die Frage war nun: Gibt es ein *spezielles* Aktienportefeuille, das vernünftige Anleger mit der festverzinslichen Anlage kombinieren sollten?

Sofort ist anhand der Abbildung 11 klar: es kommt – für die berühmten vernünftigen Anleger – eigentlich nur *ein* Portefeuille in Frage. Nennen wir es zunächst (!) das *Masterportefeuille*. Sobald man irgendeinanderes Aktienportefeuille mit der festverzinslichen Anlage (bzw. einer Kreditaufnahme) kombiniert, ist das Ergebnis schlechter: Immer führt die Kombination von Masterportefeuille mit festverzinslicher Anlage bei gleichem Risiko zu einer höheren Rendite. Wenn wir doch nur dieses Masterportefeuille kennen würden!

Jetzt kommt der geniale Schachzug von Sharpe. Er weist nach, daß das Masterportefeuille das Marktportefeuille ist.[26]

Das Marktportefeuille ist das Bündel aus allen Aktien (z.B. eines Landes). Die Gewichtung der einzelnen Aktien geschieht anhand ihres Marktwertes. Damit ist einfach gemeint, daß je größer ein Unternehmen ist, desto größer ist auch sein Einfluß auf die Rendite des Marktportefeuilles.[27]

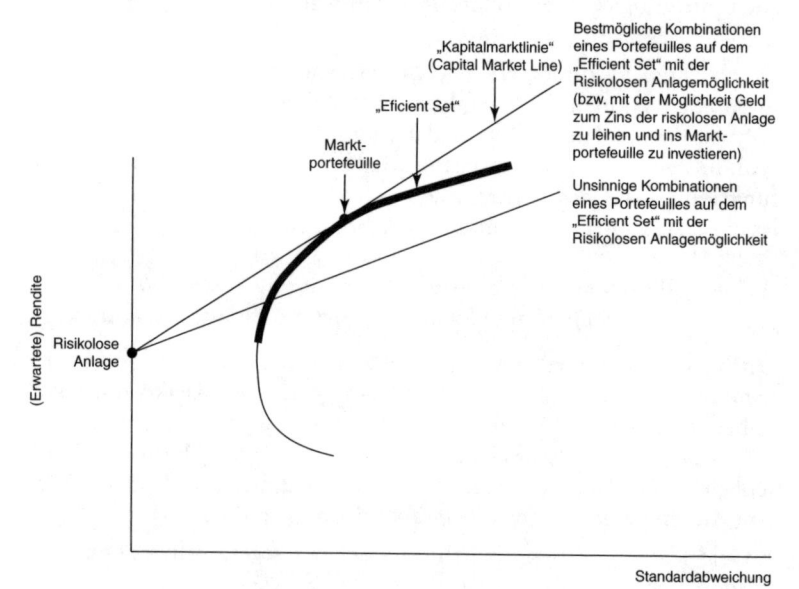

Abbildung 11: Der „Efficient Set" mit einer festverzinslichen Anlage

2.3 Die Geburt des „CAPM"

> **4. Eisernes Kapitalmarktgesetz:**
> Vernünftige Anleger halten immer nur Kombinationen aus der festverzinslichen Anlage und dem Marktportefeuille. Bessere Möglichkeiten gibt es – zumindest theoretisch – nicht.

Das ist ja ein tolles Ergebnis. Aber eigentlich wollten wir doch wissen, wie man das Risiko *einer* Aktie mißt! Dabei hilft das eben abgeleitete „4. Eiserne Kapitalmarktgesetz": Es führt direkt zum berühmten CAPM, dem „Capital Asset Pricing Model".

2.3 Die Geburt des Nobelpreisträgermodells „CAPM"

Jetzt kommt die zweite große Idee von Sharpe: Wenn das Marktportefeuille das vernünftigste Portefeuille ist, das man halten kann, dann macht es Sinn zu überprüfen, wieviel Risiko eine einzelne, spezielle Aktie zum Risiko des Marktportefeuilles *beiträgt*. Für diese Risikodefinition – und es ist nur eine Definition! – bürgerte sich der Begriff „systematisches Risiko" oder einfacher „ß-Risiko" ein.

Anders ausgedrückt: Schwankt eine Aktie A so ähnlich wie das Marktportefeuille, nur z.B. stärker, dann hat sie ein größeres Risiko als der Markt. Schließlich trägt sie stattlich zur Schwankung des Masterportefeuilles bei. Schwankt eine andere Aktie B gemessen an der Standardabweichung ebenso stark wie A, aber *ziemlich unabhängig* von der Schwankung des Marktportefeuilles, hat sie ein *geringeres* Risiko. Schließlich dämpft sie mit ihrer Schwankung die Schwankung des Marktportefeuilles.

Den Grad der Mit- bzw. Gegenschwankung zum Marktportefeuille kann man messen.[28] Die Maßeinheit heißt β. Es ist das *theoretisch einzig richtige* Maß! Und es hat sich auch in der Praxis weltweit einen Namen geschaffen.

> **5. Eisernes Kapitalmarktgesetz:**
> Das theoretisch „richtige" und auch in der Praxis stark beachtete Maß zur Messung des Risikos einer Aktie oder eines anderen Wertgegenstandes ist β („beta"). Das Marktportefeuille hat ein β von 1, riskante Aktien haben ein β größer 1 und weniger riskante Aktien eines von kleiner 1.[29] Die festverzinsliche Anlage ist risikolos und hat ein β von 0.[30]

β hat eine Reihe von für Mathematiker und Statistiker schönen Eigenschaften. Z.B. ist es additiv. Das heißt, wenn Sie mit gleichem Geldeinsatz eine Aktie mit einem β von 1,4 und eine mit einem β von 0,6 kaufen, hat ihr Zwei-Aktien-Portefeuille ein β von 0,5*1,4 + 0,5 * 0,6 = 1.

Die β-Werte der großen Gesellschaften können Sie der Tageszeitung oder dem WWW entnehmen. Im WWW wird es als β, „beta" oder „Systematic Risc" bezeichnet.

Jetzt wissen wir, wie man Risiko mißt. Wir wissen aber immer noch nicht, wie der *Zusammenhang* von Risiko und Rendite genau ausschaut. Also noch einmal zurück zu Sharpe. Seine Ableitung des Risiko-Rendite-Zusammenhanges führt zu einem bestechend einfachen Ergebnis. Es handelt sich um einen linearen Zusammenhang!

Das CAPM in seiner graphischen Darstellung (Abbildung 12) *erscheint* so einfach verständlich, daß die komplexen Annahmen, die zu seiner Herleitung benötigt werden, vielfach schlichtweg ignoriert werden. Wir sehen sie uns gleich einmal an.

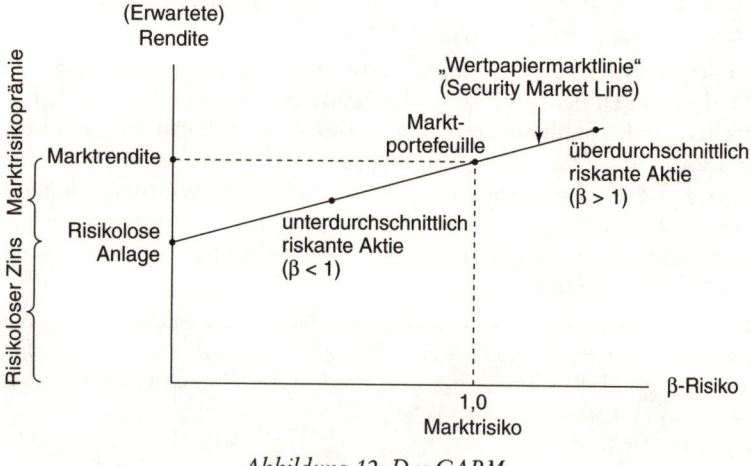

Abbildung 12: Das CAPM

Achtung: Bisher haben wir nur ein *Modell*. Modelle müssen sich aber in der Praxis bewähren. Der beste Test für jedes Modell ist immer, ob es mit der Realität übereinstimmt. Die zentralen Aussagen des CAPM mußten mit echten Daten überprüft werden – also die Aussagen der Tabelle 10.[31]

2.3 Die Geburt des „CAPM"

Kürzel	Beta 250 Tage	Kürzel	Beta 250 Tage
DAX	1.0000	KAR	0.6300
		LIN	0.6900
ADS	0.7000	LHA	1.0600
ALV	1.1600	MAN	0.8200
BAS	0.7500	MEO	0.6600
BAY	0.7300	MMW	1.2000
BMW	1.1100	MUV2	1.1200
CBK	0.9900	PRS	0.7100
DCX	1.0400	RWE	0.7000
DHA	0.5100	SAP3	1.2300
DBK	1.0600	SCH	0.6000
DRB	1.2100	SIE	0.8800
DTE	1.1000	THA	0.7600
HEN3	0.8700	VEB	0.7800
HOE	0.8800	VIA	0.8000
HVM	1.0500	VOW	1.1700

Quelle: Handelsblatt, 31.3.1999

Tabelle 9: Das β-Risiko der 30 DAX-Werte

Die wesentlichen Aussagen des Modells sind:
1. Der Zusammenhang zwischen β und der Rendite ist linear, die Linie heißt Wertpapiermarktlinie (englisch Security Market Line)
2. Die Steigung der Wertpapierlinie ist identisch mit der Marktrisikoprämie, also Marktrendite abzüglich der Risikolosen Rendite
3. Der Schnittpunkt mit der Ordinate ist identisch mit der Verzinsung der Risikolosen Anlage
4. Andere Risikomaße außer β spielen keine Rolle

Tabelle 10: Die zentralen Aussagen des CAPM

1972 veröffentlichen 3 renommierte Wissenschaftler, *Black, Jensen* und *Scholes*, eine der ersten Studien zum CAPM.[32] Sie sollte die anfänglichen Zweifel an diesem Modell[33] aus dem Weg räumen – und tat es auch: Der Zusammenhang zwischen β und der Rendite schien eindeutig zu sein. Die Steigung der Wertpapierlinie ist 1,081, was einer monatlichen Marktrisikoprämie von 1,081 % oder 12,97 % p.a. ent-

2. „Überrenditen" und Risiko

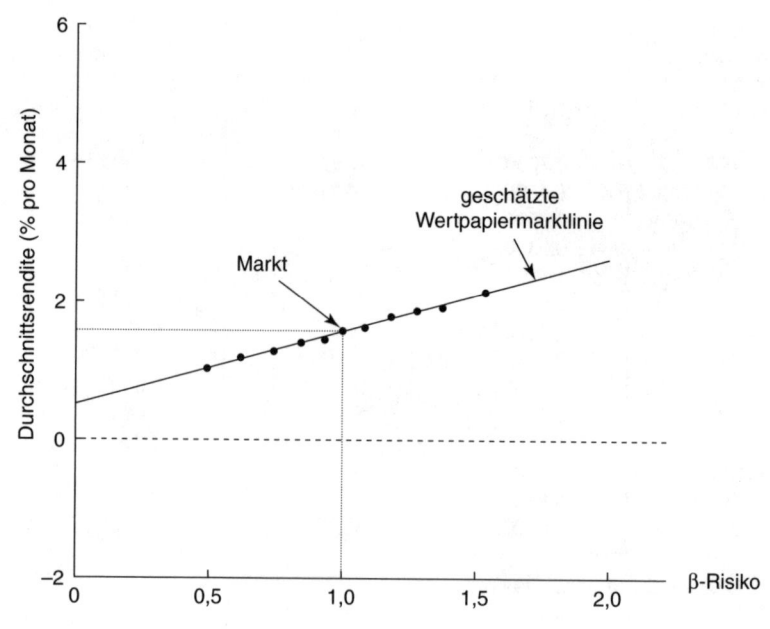

Figure: Scatter plot showing Durchschnittsrendite (% pro Monat) on y-axis (from -2 to 6) vs β-Risiko on x-axis (from 0 to 2,0), with data points along an upward-sloping "geschätzte Wertpapiermarktlinie" and a point labeled "Markt" at β=1,0.

Quelle: *Black, F., Jensen, M.C., Scholes, M.*, 1972

Abbildung 13: Die ersten CAPM-Überprüfungen: Die Schätzung der Wertpapiermarktlinie[34] ergibt: Das CAPM „stimmt" (USA, 1926–1965)[35]

spricht. Das einzige Problem ist die Lage der Wertpapiermaktlinie: Sie liegt etwas zu hoch; denn der Schnittpunkt mit der Ordinate liegt bei 0,519 % oder einer Jahresrendite von 6,225 % – deutlich höher als die Verzinsung risikoloser Staatsanleihen in dieser Zeit. Nichtsdestotrotz wurde das Ergebnis gefeiert – der Fit war alles in allem recht gut.

Ergebnis: Eine neue Ära hatte am Markt begonnen. β ist ihr Risikomaßstab. Seither erscheint kein Aktien-, Kapitalmarkt- oder Finanzierungsbuch *ohne* Diskussion dieses Risikomaßstabes. Man glaubt(e) an dieses β.

Das scheinbare „Funktionieren" des CAPM's ist umso erstaunlicher, als seine Herleitung auf teilweise skurrilen Annahmen beruht.[36] Überprüfen sie einmal selbst die in Tabelle 11 zusammengefaßten wichtigsten Annahmen:[37]

2.3 Die Geburt des „CAPM"

1. Allen Investoren denken bei Investitionsentscheidungen nur an Rendite und Risiko (Ethische oder moralische Fragen z.B. bleiben außen vor)
2. Jeder Investor hat kostenlosen und freien Zugang zu allen notwendigen Informationen, um sich über Rendite und Risiko ein Bild zu machen (Und das Mitte der sechziger Jahre, als es z.B. noch kein Internet gab)
3. Jeder verarbeitet diese Informationen gleich (Und kommt damit auch zum gleichen Ergebnis)
4. Jeder Investor kennt sich gut mit Portefeuilletechnik aus (D.h. er weiß z.B., wie das Marktportefeuille ausschaut)
5. Transaktionskosten gibt's keine (D.h. Banken und Broker arbeiten z.B. kostenlos)
6. Jeder – egal ob Unternehmen oder Privatmann – kann zum risikolosen Zins entweder Geld anlegen oder sich zum gleichen Zins Geld leihen (Und damit weitere Anteile am Marktportefeuille kaufen)
7. Steuerliche Einflüsse haben keine Einflüsse auf die Investitionspolitik.

Tabelle 11: Die wichtigsten Annahmen des CAPM

Sie sind überrascht? Sie meinen, all diese Dinge treffen weder für Sie noch für irgend jemanden zu, den Sie kennen? Sie haben Recht. Im Prinzip zumindest.

Die Anhänger des Modelle würden argumentieren, daß vieles vielleicht für Kleinanleger tatsächlich nicht zutrifft. Die großen Anteilseigner wie Banken, Unternehmen, Großinvestoren wären hingegen so mächtig, so gut über Unternehmen und Kapitalmärkte informiert, daß für sie, die letztlich die Kurse bestimmen, diese Bedingungen keine oder zumindest kaum Beschränkungen darstellen. Und letztlich würden praxisnähere Formulierungen wahrscheinlich zu Modellen führen, die im Ergebnis ähnlich, aber von der Mathematik wesentlich unhandlicher sind.

Eine tolle, einfache Welt: β und nichts außer β

Werfen Sie noch einmal einen Blick in die CAPM-Annahmen: Fällt Ihnen auf, daß nichts, aber auch gar nichts anderes für die Rendite einer Aktie wichtig ist außer dem β-Risiko? Was das bedeutet, sehen Sie in Tabelle 12.

Für die Rendite einer Aktie ist z.B. *nicht* wichtig:

1. Wachstum,
2. das P/E-Verhältnis und alle Anomalievariablen, die wir noch kennen lernen werden,
3. Größe des Unternehmens oder seine Marktanteile,
4. Kursverlauf in der Vergangenheit,
5. Qualität des Managements,
6. Qualität der Produkte,
7. Umweltorientierung,
8. Mitarbeiter- und Kundenzufriedenheit,
9. und andere betriebs- oder volkswirtschaftliche Daten

Tabelle 12: Was nach dem CAPM nicht wichtig für eine Aktie ist

Einverstanden, „nicht wichtig für die Rendite" ist (zu) krass ausgedrückt. Gemeint ist, daß all diese und noch viele weitere Informationen, die man als sinnvoll zur Beurteilung eines Unternehmens ansehen könnte, *direkt in β zusammenfließen*. Es genügt also, β zu messen, dann weiß man – zumindest indirekt – sehr viel über die Aktie und vor allem ihre künftige (erwartete) Rendite.

Das ist eine tolle und einfache Welt für Investoren: Wer es eher gemütlicher haben will, investiert sein Geld in eine Kombination von Marktportefeuille und festverzinslicher Anlage. Seine Gesamtposition hat ein β kleiner als 1 – wenig Risiko, aber auch nur geringe Chancen. In der Abbildung 12 liegt man quasi auf der Wertpapiermarktlinie „zwischen" dem Risikolosen Zins und dem Marktportefeuille.

Wer es gerne riskanter hat, leiht sich Geld zum Zinssatz der risikolosen Anlage und investiert es in das Marktportefeuille.[38] Ergebnis: Deutlich mehr Risiko (β > 1) und deutlich mehr Chancen. In der Abbildung 12 liegt man quasi auf der Wertpapiermarktlinie „rechts" vom Marktportefeuille.

Aber es ist auch eine tolle Welt für Forscher: Um nämlich zu testen, ob das Modell „richtig" ist, genügt es zu prüfen, ob es *systematische Abweichungen* von den geforderten Modellergebnissen gibt. Und dies führt uns wieder zurück zum P/E-Effekt.

β und der P/E-Effekt: Immer noch ungeklärt

Die Frage muß jetzt lauten: Vermag das β-Risiko den P/E-Effekt zu „erklären" – d.h. haben Aktien oder Portefeuilles mit niedrigem P/E-Verhältnis und hohen Renditen auch ein hohes β-Risiko? Und solche mit hohem P/E-Verhältnis und niedrigen Renditen dementsprechend ein niedriges β-Risiko? Oder mit anderen Worten: Erklärt das CAPM den P/E-Effekt?

2.3 Die Geburt des „CAPM"

Dazu gibt es zwei Meßmethoden:
1. Die Berechnung des *Treynor-Maßes*
2. Die Berechnung von *Jensens Alphas*

Das Treynor-Maß

Sie erinnern sich: Oben haben wir mit dem Sharpe-Maß (S. 10) die Risikoprämie pro Risikomaßstab (und der war im Fall des Sharpe-Maßes die Standardabweichung) ausgerechnet. Hier wird analog vorgegangen – der wesentliche Unterschied liegt in der *anderen* Risikoberechnung.

$$\frac{\text{Durchschnittsrendite der zu beurteilenden Anlage} - \text{Rendite einer risikolosen Anlage}}{\beta\text{-Risiko der zu beurteilenden Anlage}}$$

Gleichung 4: Das Treynor-Maß

1983 gehört Basu zu den ersten, die über 20 Jahre nach der ursprünglichen Veröffentlichung von Nicholson probiert haben, das β-Risiko von P/E-Portefeuilles zu messen.[39]

Die Tabelle 13 zeigt es: Basu mußte feststellen, daß es kaum einen Risikounterschied – gemessen an β – zwischen den Portefeuilles gibt! Also nicht nur das „triviale" Streuungsrisiko der P/E-Portefeuilles unterscheidet sich praktisch nicht, sondern auch das so bewundernswert schlüssig hergeleitete β-Risiko: Wiederum sind die Risikounterschiede zwischen Hoch-P/E-Aktien und Niedrig-P/E-Aktien viel zu

Renditen von Portefeuilles aus Aktien mit niedrigem und hohem P/E-Ratio

	P/E Hoch	P/E > Ø	P/E Mittel	P/E < Ø	P/E klein	Gesamtmarkt[1]
Rendite (% p.M.)	0,72	0,70	0,87	1,14	1,38	0,96
Portefeuille-β	0,959	0,910	0,908	0,918	1,025	1
Treynor-Maß[1]	(0,72–0,31)/ 0,959 = 0,428	(0,70–0,31)/ 0,910 = 0,429	(0,87–0,31)/ 0,908 = 0,617	(1,14–0,31)/ 0,918 = 0,904	(1,38–0,31)/ 1,025 = 1,044	(0,96–0,31)/ 1 = 0,650

[1] Gesamtmarktrendite ist approximiert durch die Durchschnittsrendite der P/E-Portefeuilles. Als Rendite der Risikolosen Anlage sind 0,31 % pro Monat angenommen (das langfristige arithmetische Mittel der US-T-Bills liegt bei rd. 3,7 % p.a.).

Quelle: *Basu, S.*, 1983, Tabelle 3 und 4 sowie eigene Berechnungen

Tabelle 13: Der P/E-Effekt und das β-Risiko: Eine „Anomalie" zeichnet sich ab (USA, 1963–1980)

gering, um daraus die erstaunlichen Renditedifferenzen zu erklären. Dies führt dazu, daß das Treynor-Maß für die Portefeuilles mit den niedrigen P/E-Verhältnissen extrem hoch ist – das bedeutet, daß man eine *hohe* Rendite pro Risikoeinheit erhält![40]

Was man beobachtet, ist ein klarer Widerspruch zum CAPM, damit eine „*CAPM-Anomalie*" oder ganz kurz eine „*Anomalie*". So vertraut und selbstverständlich war das CAPM für die empirischen Forscher binnen kurzer Zeit geworden, daß eine Abweichung als Anomalie bezeichnet wird!

Noch einfacher als am Treynor-Maß erkennt man Anomalien an einem speziellen Maß: *Einem von 0 abweichenden „Jensens Alpha".*

Das Jensens Alpha: Ein Indikator für systematische Überrenditen

Ein von 0 abweichendes *Jensens Alpha* weist auf eine – evtl. systematische – Abweichung vom CAPM hin. Wie testet man die Existenz von Jensens Alpha? Es gibt verschiedene Wege. Am einfachsten ist eine graphische Darstellung wie in Abbildung 14.

Dazu zeichnet man die Wertpapierlinie als eine Gerade zwischen zwei vorgegebenen Punkten: Dem durchschnittlichen risikolosen Zinssatz (der ein β-Risiko von 0 hat) und der durchschnittlichen Marktrendite (β-Risiko von 1).[41]

Dann zeichnet man die Risiko-Rendite-Kombinationen von Aktien und/oder Portefeuilles als Punkte ein. Wenn das CAPM das richtige Modell zur Beschreibung des Risiko-Rendite-Zusammenhanges ist, liegen alle Punkte auf der Wertpapiermarktlinie – ähnlich wie in Abbildung 13. Stimmt etwas nicht, liegen sie über oder unter der Geraden.

Aktien oder Aktienportfeuilles, die sich *über* der Wertpapiermarktlinie befinden, haben eine zu große Rendite – und solche, die darunter liegen, eine zu kleine – jeweils relativ zum CAPM.[42]

Der Abstand zur Wertpapiermarktlinie ist die „Überrendite", d.h. die Größe der Anomalie – gemessen in Prozentpunkten (normalerweise p.a.). Er ist das „Jensens Alpha".

Sehen Sie in Abbildung 14 – und seien Sie nicht zu sehr erstaunt!

Das Ergebnis ist schockierend: Die Abweichungen vom CAPM sind massiv und statistisch signifikant – d.h. nicht einfach als Zufall abzutun: Besonders Low-P/E-Portefeuilles haben auch für eine CAPM-Welt viel zu hohe Renditen!

2.3 Die Geburt des „CAPM"

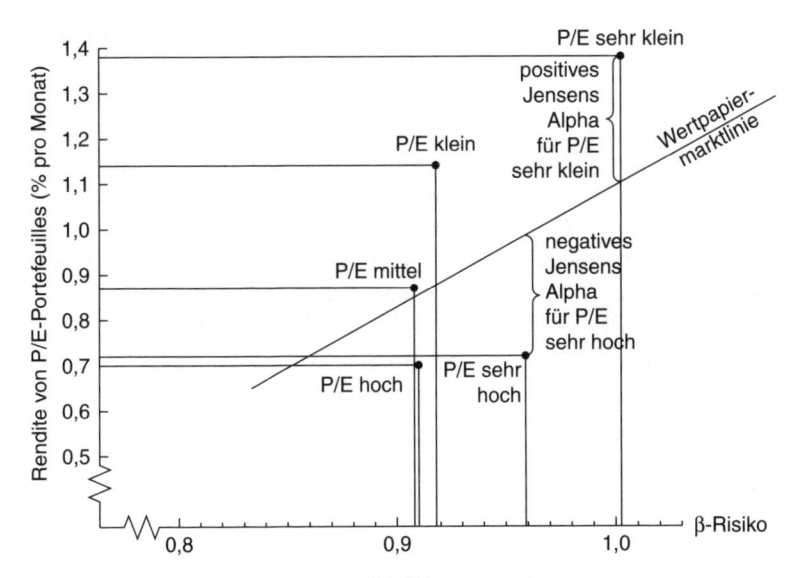

Abbildung 14: CAPM und Jensens Alphas am Beispiel der Basu'schen Ergebnisse

---

6. Eisernes Kapitalmarktgesetz:

Alle Anlagemöglichkeiten liegen auf der Wertpapiermarktlinie. Wenn das CAPM „stimmt", gibt es *keine* systematisch auftretenden, positiven oder negativen Jensens Alphas.

Zugegebenerweise ist das wieder etwas übertrieben ausgedrückt. Hier steckt nämlich die Chance für Investoren: Denn zeitweise können Abweichungen möglich sein, aber der „Markt" sollte dafür sorgen, daß sie ziemlich schnell erkannt und dauerhaft beseitigt werden: Denn natürlich sucht jeder Investor zu billige Aktien (das sind solche mit *positivem* Jensens Alpha). Werden Fehlbewertungen entdeckt, werden diese Aktien vermehrt gekauft und der Kurs steigt bis die Fehlbewertung verschwunden ist. Genau andersherum sollte es mit zu teuren Aktien laufen: Ihre erwartete Rendite ist – relativ zu ihrem Risiko – zu niedrig (Jensens Alpha *negativ*), also werden sie verkauft, ihr Preis fällt bis sie die Gleichgewichtsrendite erreicht haben.

2.4 Noch einmal kurz zusammengefaßt: Risikomessung alt und neu

In Aktien zu investieren bedeutet immer Risiko zu tragen. Hier noch einmal eine kurze Zusammenfassung am Beispiel der Ergebnisse von Basu. Übrigens können Sie ebenso mit Einzelaktien verfahren, wie es hier für Portefeuilles dargestellt wird.

Ausgangspunkt sind die unterschiedlichen Renditen von Portefeuilles, gebildet aus Aktien mit unterschiedlichen P/E-Verhältnissen. Die annualisierten Renditedaten sehen Sie in Abbildung 15.

Diese Renditen sind – so die Annahme – mit unterschiedlichem Risiko erkauft. Daher müssen sie „risikobereinigt" werden.

Eine erste Möglichkeit ist, die (Durchschnitts-)Rendite auf die Renditeschwankung zu beziehen. Das Maß heißt Sharpe-Maß.

Das Ergebnis für die Renditedaten aus Abbildung 15 ist in Abbildung 16 demonstriert.

Der Anstieg der Sharpe-Maße zeigt, daß auch nach einer Berücksichtigung der Volatilitäten der Portefeuilles ein deutlicher Anstieg der *risikobereinigten* Renditen von hoch- zu niedrig-P/E-Portefeuilles stattfindet.

Die Volatilität – egal ob als Standardabweichung oder Varianz gemessen – erweist sich aber weder in der Praxis noch in der Theorie als „richtiges" Risikomaß. Daher weicht man auf das modernere β als Risikomaßstab aus.

β offeriert zwei Möglichkeiten, Abweichungen vom quasi dahinterstehenden CAPM-Modell zu messen: Das Treynor-Maß oder das sogenannte Jensens Alpha. Das Treynor-Maß ist zu interpretieren als

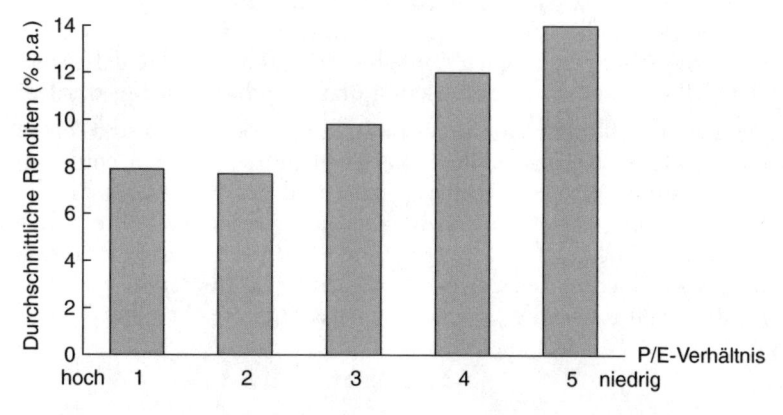

Abbildung 15: Jährliche Renditen von P/E-Portefeuilles: Die Basu-Studie

2.4 Risikomessung alt und neu

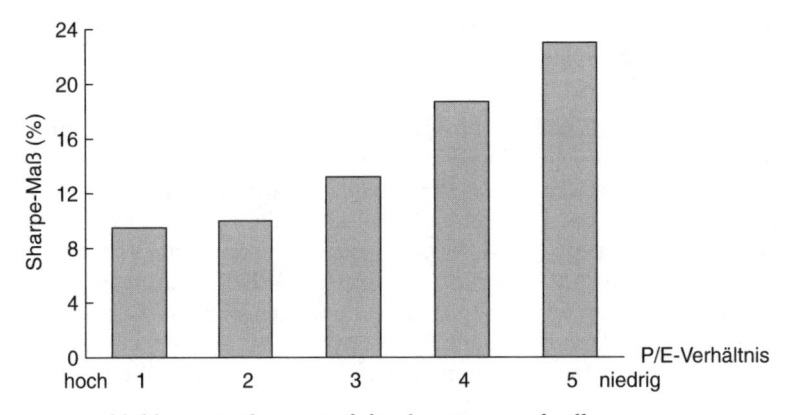

Abbildung 16: *Sharpe-Maß für die P/E-Portefeuilles von Basu (Basis: Jahresdaten)*

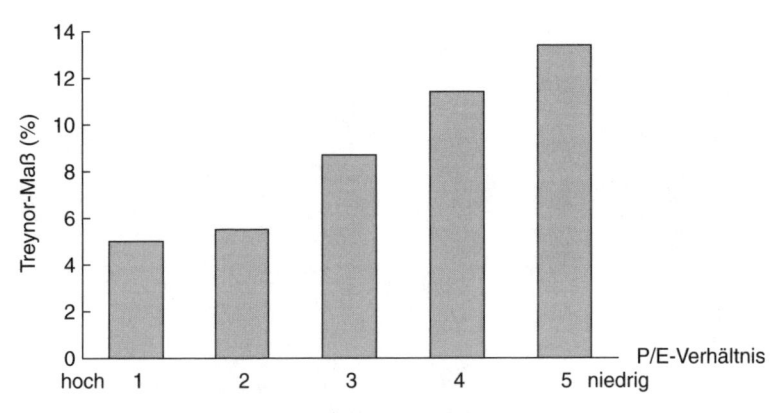

Abbildung 17: *Treynor-Maß für P/E-Portefeuilles von Basu (Basis: Jahresdaten)*

„Risikoprämie pro β-Risikoeinheit"; Sie finden es für jährliche Daten in Abbildung 17.

Auch nach einer Berücksichtigung des β-Risikos steigen die nunmehr β-Risiko-bereinigten Renditen von Hoch- zu Nieder-P/E-Portefeuilles deutlich an: Die Prämie pro β-Risikoeinheit ist bei den Low-P/E-Portefeuilles wesentlich höher als bei den Hoch-P/E-Portefeuilles.

Achtung:
- Weder das Sharpe- noch das Treynor-Maß können als *absolutes Maß* für die zu erzielende Überrendite interpretiert werden. Beide Maße sagen nur etwas über die *Höhe der Risikoprämie pro Risikoeinheit* aus.

- Dieses Manko heilt das Jensens Alpha. Es gibt an, wieviel Prozentpunkte „Überrendite" erzielt werden können – und zwar in Relation zum CAPM.

Die Jensens Alphas der Abbildung 18 zeigen, daß die Portefeuilles aus Aktien mit hohen P/E-Verhältnissen negative Jensens Alphas aufweisen (so erwirtschaftet das Portefeuille mit den höchsten P/E-Ratios rd. 3 % *negative* Überrendite pro Jahr – die Aktien sind also zu teuer), die mit niedrig-P/E-Aktien positive Jensens Alphas (das Portefeuille aus den Aktien mit den niedrigsten P/E-Verhältnissen weist Überrenditen von über 4 % p.a. auf – die Aktien sind also zu günstig). Die hier als Balken dargestellten Jensens Alphas entsprechen den in Abbildung 14 demonstrierten Abweichungen von der Wertpapiermarktlinie – nur annualisiert.

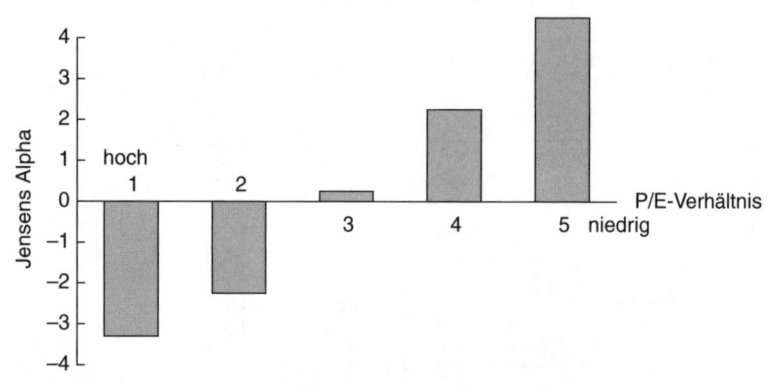

Abbildung 18: Jensens Alpha für die P/E-Portefeuilles von Basu (jährliche „Überrenditen")

Noch eine Warnung in dieser Sache: Viele Investoren interessiert nur die absolute (erzielbare) Rendite und nicht eine wie auch immer gemessene Überrendite.

Für diese Klientel als auch alle anderen, die den vorgestellten Bereinigungsverfahren wenig Vertrauen schenken, genügt es, ihren Blick auf einfache Durchschnittsrenditen zu richten. Sollten Sie dazugehören, vergessen Sie bitte nicht, daß Sie dann das Thema Risiko quasi bewußt ignorieren!

2.5 Das CAPM als Auslöser der Anomalie- bzw. Effekteforschung

Nach dem angesehenen Wissenschaftstheoretiker *Popper* ist es *nicht* möglich, ein für allemal die *Richtigkeit* einer Theorie zu beweisen. Was man jedoch kann, ist die Sammlung von Indizien, die *gegen* eine Theorie sprechen.

Oder pragmatischer:

1. Findet man *keine systematischen* Widersprüche gegen eine Theorie, gilt sie als *richtig*. Sie muß allerdings so formuliert sein, daß man Widersprüche gegen sie finden *kann*!
2. Systematische Widersprüche bedeuten das Ende der Theorie – sie ist *falsifiziert* – im normalen Sprachgebrauch schlichtweg *falsch*.
3. Häufen sich die Widersprüche gegen eine Theorie, vollzieht sich häufig ein „Paradigmenwechsel": Eine neue Theorie, die dazu in der Lage ist, all das zu beschreiben, was die alte Theorie erklären konnte und zusätzlich das, was bislang als „Anomalie" galt, löst die alte ab.[43]

Bezogen auf das CAPM heißt das: Wenn das Modell als richtig gelten soll, darf es keine systematischen, d.h. langfristigen und vor allem immer wieder auftretende Abweichungen vom Modell geben.

Mit den Ergebnissen von Basu trafen das CAPM die ersten vehementen „Breitseiten"; d.h. Widersprüche gegen die Theorie. Ein neue Forschungsrichtung war damit geboren: Die *Anomalieforschung*. Ziel dieser von Universitäten und Portfeuillemanagern intensiv betriebenen Arbeit ist es, Antworten auf folgende Fragen zu erhalten:

- Wenn es mit einem so simplen Verhältnis wie dem P/E-Verhältnis in der Vergangenheit möglich war, systematisch Überrenditen zu erzielen, könnte es sein, daß das
  – auch in der Zukunft funktioniert?
  – auch in anderen Ländern als den USA zu beobachten ist?
- Und gab es dann vielleicht noch andere Größen, mit denen ähnliche Effekte zu erzielen sind?
- Und schließlich: Warum? Bei dieser Frage handelt es sich letztlich um die Suche nach einem neuen Modell, das die Anomalien „erklärt".

Diesen Fragestellungen wird seit den späten siebziger Jahren systematisch mit starker Manpower und intensiver Computerunterstützung nachgegangen.

Die empirische Kapitalmarktforschung war geboren. Durch sie wird ein Wissen über das Verhalten von Aktien angehäuft, das das bisherige Wissen bei weitem in den Schatten stellt.

Allerdings hat die Suche bisher nicht dazu geführt, ein „neues", besser mit der Empirie übereinstimmendes und dennoch logisch schlüssiges Kapitalmarktmodell als das CAPM zu „entdecken". So existieren nun CAPM und Anomalien nebeneinander – was eigentlich nicht sein dürfte. Das ist zwar besonders für die Wissenschaft keine zufriedenstellende Situation, spielt jedoch für viele Praktiker kaum eine Rolle. Einerseits liegt so manchem tatsächlich nur die Renditemaximierung am Herzen und der Link von Rendite zu Risiko et vice versa interessiert ihn nicht. Andererseits erweist sich, daß besonders hohe Renditen häufig mit eher niedrigem β-Risiko einhergehen. Das ist dann eher noch ein Grund zur Freude, als ein Grund, über das „falsche" Modell zu klagen!

3. Wie Sie den Markt schlagen können: „Überrenditeeffekte"

Bisher ist klar: Anleger konnten also in der Vergangenheit – ohne besondere Risiken einzugehen! – allein durch Bildung von Niedrig-P/E-Portefeuilles systematisch viel mehr Geld verdienen als die Anleger, die sozusagen brav, entsprechend den Empfehlungen der „Modernen Kapitalmarkttheorie", ihr Geld in eine Kombination von Marktportefeuille und risikoloser Anlage investiert haben. Das widerspricht mehr als deutlich den gängigen (wissenschaftlichen, aber auch allgemeinen) Vorstellungen.

Besonders überraschend ist, daß die Berücksichtigung des β-Risikos praktisch keinen Effekt hat: Das Risiko der unterschiedlichen P/E-Portefeuilles ist praktisch gleich.

Beim P/E-Effekt gilt es jetzt zu klären,

- ob es sich um eine nur in den USA auftretende Erscheinung handelt – oder ob sie internationaler Natur ist – und
- ob der P/E-Effekt einen Hinweis auf *weitere* Anomalien gibt.

3.1 Noch einmal: Der P/E-Effekt – international und aktuell

Die Daten sprechen eine klare Sprache: Der P/E-Effekt existiert bis heute und nicht nur in den USA. Zudem scheint der P/E-Effekt keine temporäre Erscheinung zu sein. In fast allen Ländern sind die Risikounterschiede der Portefeuilles aus Aktien mit unterschiedlichem P/E-Verhältnis gering, die Renditeunterschiede jedoch gewaltig.

Eine Risikoanpassung – zumindest mit den heute bekannten Modellen (insbesondere dem CAPM) ist daher eigentlich nicht nötig, weil sie praktisch *nichts an den Ergebnissen ändert*. Wir werden allerdings sehen, daß das nicht für alle Anomalien gilt!

Abbildung 19 stellt den Renditeunterschied zwischen Portefeuilles aus Nieder-P/E-Aktien und Portefeuilles aus Hoch-P/E-Aktien dar. Man kann also klar sagen: Der P/E-Effekt scheint ein internationaler Effekt zu sein. Für den Anleger aber besonders wichtig ist: Auch in jüngster Zeit existiert der P/E-Effekt. Und das in allen wichtigen Ländern! Allerdings ist sein Auftreten Schwankungen unterworfen.

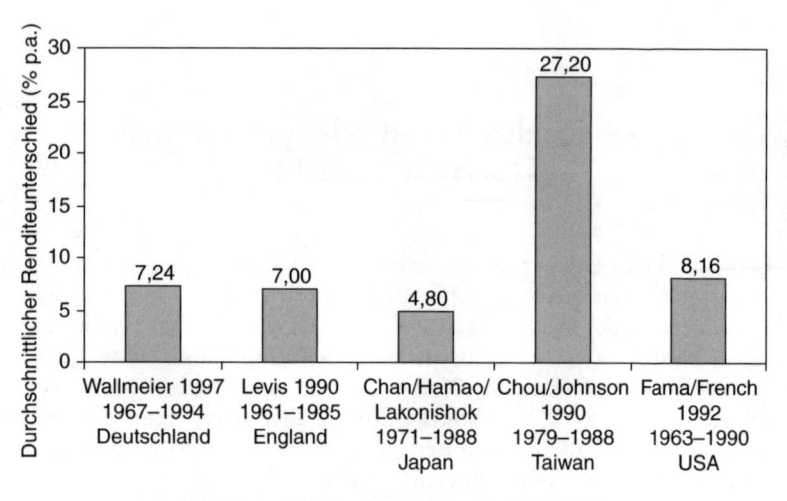

36   3. Wie Sie den Markt schlagen können: „Überrenditeeffekte"

Abbildung 19: Der internationale P/E-Effekt

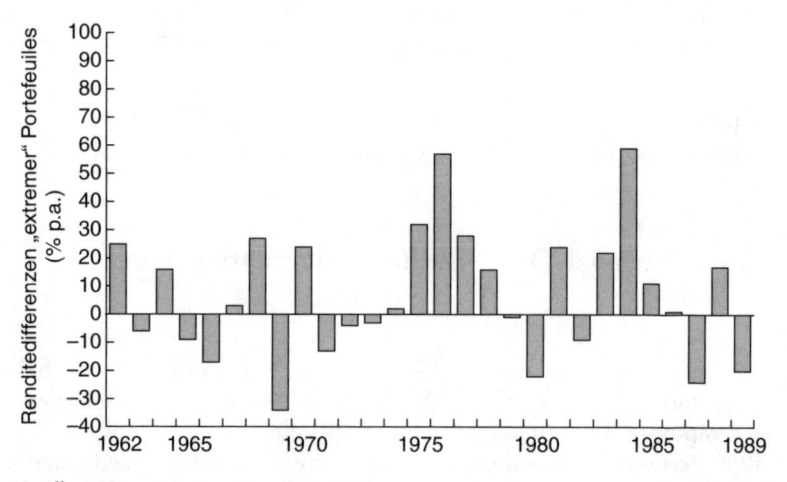

Quelle: *Hawawini, G., Keim, D.B.,* 1993

Abbildung 20: Der P/E-Effekt unterliegt Schwankungen im Zeitablauf

Dies wird in Abbildung 20 an US-amerikanischem Datenmaterial gezeigt, gilt aber für andere Länder ähnlich.

Eine Reihe von Lesern dürfte aber besonders am P/E-Effekt in Deutschland interessiert sein.

3.2 P/E-Effekt auch in Deutschland

Für den deutschen Markt gibt es bislang nur eine Studie – und sie ist recht jung.[44] Sie zeigt, daß es einen nicht minder starken P/E-Effekt wie in den USA auch in Deutschland gibt. Die Tabelle 14 faßt die Ergebnisse zusammen. Im Gegensatz zu vielen amerikanischen Autoren sind – was logisch richtig ist – im Portefeuille der Aktien mit hohen P/E-Verhältnissen auch solche Aktien enthalten, die negative Gewinne aufweisen.[45]

Der P/E-Effekt in Deutschland

P/E Ratio	P/E nieder	2	3	4	5	P/E hoch
Jahresrendite (geometr.)	15,61	13,10	11,11	8,58	8,65	8,72
Jahresrendite (arithmetr.)	17,58	14,81	12,41	9,87	10,05	10,34
Risiko, in % (Stdabw.)	22,31	20,57	18,02	17,77	18,91	19,96
Risiko (β)	0,67	0,72	0,70	0,63	0,59	0,61

Quelle: *Wallmeier, M.*, 1997, S. 273

Tabelle 14: Der P/E-Effekt in Deutschland (1967–1994)

Zunächst werfen wir einen Blick auf die Renditen: Egal ob Wallmeier mit arithmetischen oder geometrischen Mittelwerten rechnet: Immer ergibt sich ein Renditeunterschied von rd. 7 % zwischen den extremen Portefeuilles – derselbe Wert wie in den USA.[46]

Und wieder stellt man fest (vgl. die vorletzte und die letzte Zeile der Tabelle), daß die P/E-Portefeuilles fast gleich riskant sind: Ähnlich wie in den USA gibt es in Deutschland also zunächst *keinen Hinweis darauf, daß die hohen Renditen der Aktien mit den niedrigen P/E-Verhältnissen mit erhöhtem Risiko „erkauft" werden müssen.*

Investmenttip:
Eine „blinde" Selektion von Aktien nach dem P/E-Ratio steht nur am Anfang einer P/E-Strategie.
Auch ein niedriges KGV einer Einzelaktie ist allerdings kein Garant für ein gutes Investment: Oft beruht es nämlich nur auf der Rücknahme zu hoher Gewinnschätzungen.[47]
Daher sollten noch zwei Checks erfolgen:

1. Eine Analyse der ökonomischen Situation des Unternehmens, vielleicht anhand einer Fundamentalanalyse – oder zumindest anhand einer Analyse der Bilanz und des Absatzmarktes. Erste Hinweise auf eine Fundamentalanalyse finden Sie in Kapitel 6: „Die Bewertung von Unternehmen und „Fundamentalanalyse""

2. Die Bewertung der Marktsituation. Hinweise dazu erhalten Sie im Kapitel 7: „Die Bewertung von Märkten oder: Wann ist ein Markt ausgereizt, wann bietet er Chancen"?

Eine beliebte Vorgehensweise ist der *Top-Down-Ansatz:*[48, 49]

1. Man versucht, die um nationale Buchhaltungsvorschriften korrigierten durchschnittlichen KGV in den *Währungsblöcken* zu berechnen (nicht ohne zusätzliche makroökonomische Daten erhoben zu haben, die Einfluß auf die Unternehmensgewinne haben wie Inflation, Zinssätze und die Wechselkurssituation),

2. in einem nächsten Schritt konzentriert man sich auf einzelne *Länder* und berechnet durchschnittliche nationale KGV's,

3. dann vergleicht man diese mit den erwarteten *nationalen Gewinnwachstumsraten*,

4. anschließend richtet man den Fokus auf *einzelne Branchen/Industrien* und vergleicht die KGV's national verschiedener Unternehmen und schließlich

5. widmet man sich im Rahmen einer Fundamentalanalyse einzelnen Unternehmen.

Erinnern Sie sich an die Einleitung? Dort habe ich davor gewarnt, nur bei sehr guten Gründen sich genau *gegen* die Ergebnisse der empirischen Kapitalmarktforschung zu stellen.

Daher meine besondere Warnung, die der Investment-Star *O'Shauhgnessy*, der ebenfalls viel mit Datenbanken arbeitet, ebenfalls dringend anrät:

Kaufen Sie auf Dauer keine Aktien mit einem Kurs/Gewinnverhältnis größer als 20!

Nachdem der P/E-Effekt schon eine ganze Weile bekannt ist und nicht durch „Ausnützen" verschwunden ist, würde ich die Hypothese aufstellen, daß er auch in Zukunft auftreten wird.[50]

3.3 Die Cash-flow/Kurs-Anomalie

Eine neumodische Spielart des P/E-Verhältnisses ist das Cash-flow/Kurs-Verhältnis, abgekürzt CF/K-Verhältnis. In manchen Veröffentlichungen für Praktiker wird diese Kennziffer als *die* (zumindest momentan) „heißeste" Kennzahl in der Aktienanalyse überhaupt gewertet.

Keim und *Hawawini* haben eine sehr verbreitete und gleichzeitig einfache Methode zu Hilfe genommen, um Cash-flows für Aktiengesellschaften, die an der American Stock Exchange und an der New York Stock Exchange gelistet sind, zu berechnen:

Cash-flow (Berechnungsvariante *Hawawini/Keim*):

Gewinn
+ Abschreibungen
= Cash-flow

Auf Basis dieser Definition kamen die in Abbildung 21 widergegebenen Ergebnisse zustande:

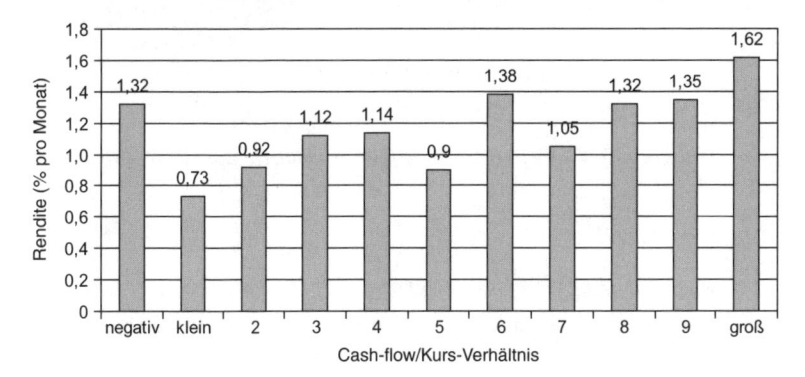

Basis: AMEX- und NYSE-Aktien
Quelle: *Hawawini, G., Keim, D.B.*, 1993, Tabelle 3B

Abbildung 21: Cash-flow/Kurs-Verhältnis und Rendite (USA, 1972–1989)

Ergebnis: Das CF/K-Verhältnis scheint zur Selektion renditestarker Aktien sehr brauchbar: Aktien mit negativem CF/K-Verhältnis und solche mit besonders großem CF/K-Verhältnis scheinen aus Renditegesichtspunkten besonders interessant zu sein.

Ähnlich tritt der Effekt in Deutschland auf. Auch hier fallen besonders die Renditen der Portefeuilles aus den Aktien mit den hohen CF/K-Verhältnissen auf.

3. Wie Sie den Markt schlagen können: „Überrenditeeffekte"

Nicht so ausgeprägt wie in den USA sind die mit negativen CF/Kurs Relationen verknüpften Renditen. Dies mag aber damit zusammenhängen, daß in Deutschland kein extra Portefeuille für die Aktien mit negativen Cash-flows gebildet wurde: Bei Wallenmeier – siehe Abbildung 22 – befindet sich einfach das Sechstel der Aktien mit den kleinsten CF/K-Verhältnissen in *einem* Portefeuille – und das sind solche mit negativen und solche mit (kleinen) positiven Verhältnissen.

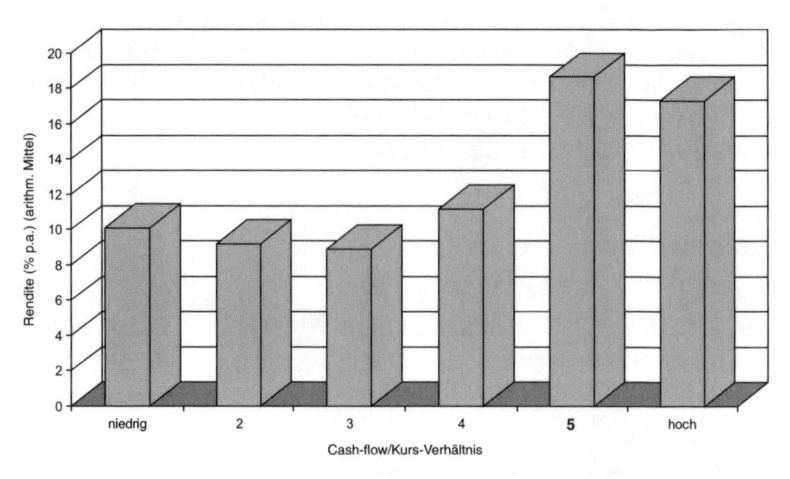

Quelle: *Wallmeier, M.*, 1997, S. 273

Abbildung 22: Cash-flow/Kurs-Effekt in Deutschland (1967–1994)

Aber was sind „negative" oder „große" CF/K-Verhältnisse?

Um einen Eindruck darüber zu bekommen, zeigen Tabelle 15 und Tabelle 16 die dazu gehörigen Durchschnittswerte:

Was ist besser? Eine Investition anhand des P/E-Verhältnisses oder eine anhand das CF/K-Verhältnisses?

Bislang gehen die Meinungen auseinander, was aus Anlegerperspektive wirklich besser ist: Eine Sortierung nach dem CF/K- oder nach dem (klassischen) P/E-Verhältnis.

Auf den ersten Blick sind in den USA die Aussagen widersprüchlich,[51] und für Deutschland gilt praktisch dasselbe: Ein Indiz ist das Portefeuille mit den niedrigsten P/E-Werten, das mit 17,58 % praktisch identisch rentiert wie das Portefeuille mit den höchsten CF/K-Verhältnissen (= niedrigsten K/CF-Verhältnissen), das 17,29 % erzielt.

3.3 Die Cash-flow/Kurs-Anomalie

	< 0	Klein	2	3	4	5	6	7	8	9	groß
CF/K	-0,54	0,05	0,09	0,12	0,14	0,16	0,19	0,21	0,25	0,30	0,51

Der Cash-flow ist hier als „Reported Earnings plus Depreciation" definiert.

Tabelle 15: *Durchschnittliche Cash-flow/Kurs-Werte in den USA (Hawawini/Keim, 1993)*

	klein	2	3	4	5	groß
CF/K	-0,05	0,08	0,12	0,16	0,22	0,37

Bem.: Der Cash-flow ist als „Jahresüberschuß plus Abschreibungen auf das Anlagevermögen plus Erhöhung der Pensionsrückstellungen plus außerordentliche Aufwendungen abzüglich außerordentliche Erträge" berechnet

Tabelle 16: *Durchschnittliche Cash-flow/Kurs-Verhältnisse in Deutschland (Wallmeier, 1997)*

	Kennziffer		
	nieder	hoch	Stärke des Rendite-Effektes (hoch – nieder)
Cash-Flow/Kurs	10,07 %	17,29 %	7,22 %
Gewinn/Kurs[1]	10,34 %	17,58 %	7,24 %

[1] Das ist nichts anderes als ein „umgedrehtes" P/E-Verhältnis

Quelle: *Wallmeier, M., 1997, S. 273*

Tabelle 17: *Zum Vergleich: P/E- vs. CF/K-Effekt in Deutschland (1967–1994)*

Auf einen zweiten Blick ist dieses Ergebnis nicht so verwunderlich: Cash-flow und Gewinn (bzw. Jahresüberschuß) sind im Schnitt doch stark verwandte Größen.[52]

Statistiker haben mit komplexen Verfahren dennoch eine Präferenz für den CF/K-Effekt ausgemacht.[53] Das mag vielleicht tatsächlich etwas damit zu tun haben, daß das CF/K-Verhältnis weniger buchhalterisch verzerrt ist als das Kurs/Gewinn- (= P/E-) Verhältnis und somit das CF/K-Verhältnis die Größe mit der größeren ökonomische Aussagekraft darstellt.

Was steckt ökonomisch hinter der Kennzahl Cash-flow/Kurs?

Aktienanalysten halten die in das P/E-Verhältnis eingehende Größe „Earnings" (meist einfach übersetzt mit „Gewinn" obwohl der „Jahresüberschuß" gemeint ist) für ein Problem. Warum?

3. Wie Sie den Markt schlagen können: „Überrenditeeffekte"

Der Jahresüberschuß ist eine Größe, die in gewissen Umfang *gestaltungsfähig* ist. Damit ist gemeint, daß das deutsche Recht (und das anderer Staaten auch – wenn auch in anderem Umfang!) *bewußt* einen Spielraum bei der Erstellung – und damit der Größe – des Jahresabschlusses offenhält.

Wenn der Jahresüberschuß ermittelt wird, wird das Saldo aus *Erträgen* und *Aufwendungen* gebildet:

Erträge
– Aufwendungen
= Jahresüberschuß

Als Außenstehender – insbesondere als ein Kapitalgeber – möchte man jetzt gerne wissen, wie *echt* das Ergebnis ist. Mit „echt" ist gemeint, wie stark Wahlrechte und/oder besondere Einflüsse auf das Ergebnis gewirkt haben.

Um das herauszufinden, berechnen Ökonomen gerne einen Cashflow. Er zeigt, welche Einzahlungen (= Zunahme auf Geldkonten) und welche Auszahlungen (= Abnahme auf Geldkonten) passiert sind. Die Idee ist, daß Ein- und Auszahlungen *reale* Dinge sind, die nicht buchhalterisch „gestaltet" werden können.

Je nachdem, wie man den Cash-flow ausrechnet, erfolgt eine (etwas) andere Korrektur der Größe „Jahresüberschuß" um solche, zumindest anfangs nur buchhalterisch und (noch) nicht mit Kassenbewegungen verbundenen Ereignisse.

Die beliebtesten Korrekturgrößen sind Aufwendungen und Erträge, die zwar mit der normalen Geschäftätigkeit zu tun haben, aber „Gestaltungsspielräume" aufweisen.

Das sind vor allem zwei Positionen: *Abschreibungen* und *Rückstellungen*. Abschreibung heißt die *buchhalterische* Erfassung der Wertminderung eines Vermögensgegenstandes; Rückstellungen sind *Merkposten* für künftige Verbindlichkeiten, von denen die genaue Höhe und bzw. oder das Fälligkeitsdatum noch nicht bekannt ist. Wer weiß schon genau, wie lange z.B. die Pension an einen Mitarbeiter gezahlt werden muß und welche Garantiefälle in Zukunft auf das Unternehmen zukommen?

Daneben interessieren bisweilen noch Aufwendungen oder Erträge, die aller Voraussicht nach deswegen nicht regelmäßig oder öfter anfallen werden, weil sie nichts mit der *normalen* Geschäftätigkeit zu tun haben (sogenannte *außerordentlichen Aufwendungen und Erträge*). Beispiele sind z.B. Wertberichtigungen einer großen Forderung, wenn der Schuldner bankrott geht oder ein besonders erfolgreicher Verkauf eines Grundstücks, das ursprünglich nur mit einem verhältnismäßig kleinen Anschaffungspreis in der Bilanz stand.

3.3 Die Cash-flow/Kurs-Anomalie

Zusammenfassend kann man also sagen, daß Cash-flow-Berechnungen
- eher Aussagen über die Stabilität von Ergebnissen erlauben,
- firmenspezifisch unterschiedliche Bilanzierungsgewohnheiten teilweise abschwächen können und
- daher auch auf unterschiedlichen nationalen Recht beruhenden „Gewinne" vergleichbarer machen können.

Das dürfte der Hauptgrund sein, daß internationale CF/K-Verhältnisse deutlich näher beisammen liegen als internationale P/E-Verhältnisse. Dies wird in Tabelle 18 am Beispiel USA und Japan im Jahr 1990 demonstriert; einem Jahr, in dem der japanische Markt gemessen an den P/E-Verhältnissen sehr hoch bewertet war:

1990	Durchschnittliches P/E-Verhältnis	Durchschnittliches K/CF-Verhältnis (umgekehrtes CF/K-Verhältnis)
USA	15,8	7,6
Japan	35,3	10,6
Differenz	19,5	3,0

Quelle: *Goldman Sachs Research,* August 1990

Tabelle 18: CF/K- und P/E-Verhältnisse in USA und Japan

Die Frage allerdings, warum die Selektion von Unternehmen nach Cash-flow/Kurs-Zahlen zu Überrenditeeffekten führt, ist damit nicht geklärt; im Gegenteil: Allein die (begründete) Annahme, daß das CF/K-Verhältnis im Vergleich zur P/E-Ratio die ökonomisch aussagekräftigere Größe darstellt, genügt (wahrscheinlich) nicht: Denn gerade wenn eine Größe zum einen ökonomisch aussagefähig und dann auch noch leicht zu bilden ist, sollte man erwarten, daß man mit ihrer Hilfe keine besonderen Anlageerfolge erzielen kann.[54]

Weitere Anomalien

Doch mit P/E-Effekt und CF/K-Effekt nicht genug. Die Befürchtung der Wissenschaftler (die gerne weiter an Gleichgewichtsmodelle wie das CAPM glauben möchten) sowie die Hoffnung der Investoren (die gerne leichte Verfahren zur Erzielung von Überrenditen einsetzen möchten), auf die Existenz weiterer Anomalie-Sortierungskriterien, erfüllte sich rasch.

3.4 Der Größeneffekt

Anfang der 80-er Jahre beginnt ein neuer Effekt in USA Furore zu machen: Der „Size-Effect", in Deutschland *„Größeneffekt"*. Banz hat nämlich beobachtet, daß kleine Aktiengesellschaften ihren Aktionäre scheinbar systematisch deutlich höhere Renditen bringen als große Gesellschaften.

„Klein" bedeutete für ihn, daß der *Marktwert* der ausstehenden Aktien klein ist. Zur Erinnerung: Der Marktwert der ausstehenden Aktien ist gleich der Anzahl der ausstehenden Aktien mal ihrem Kurs.[55]

Aufgefallen ist die Sache aufgrund einer einfachen Beobachtung: Sehen Sie einmal selbst in die Tabelle 19. Es handelt sich dabei um einen Ausschnitt aus der Tabelle „Renditen von Portefeuilles aus Aktien mit niedrigen und hohen P/E-Ratio" mit den Ergebnissen von Basu zum P/E-Effekt.

	P/E hoch	P/E > Ø	P/E mittel	P/E < Ø	P/E klein	Ø der P/E-Portefeuilles	Gesamt-Markt[1]
Rendite[2]	0,72	0,70	0,87	1,14	1,38	**0,96**	**0,64**

[1] Die Marktrendite ist als marktwertgewichtete Rendite berechnet; d.h. die Rendite großer Unternehmen hat einen großen Einfluß auf die Marktrendite, die kleiner Unternehmen einen kleinen!
[2] Renditeangabe in % pro Monat.

Tabelle 19: Der Effekt der Gleichgewichtung am Beispiel P/E-Portefeuilles: Erste Hinweise auf einen Größeneffekt

Was fällt Ihnen außer dem P/E-Effekt auf? Vergleichen Sie zunächst die Renditen der P/E-Portefeuilles jeweils einzeln mit der Rendite des Marktes!

Es muß stutzig machen, daß *alle* P/E-Portefeuilles höhere Renditen als der Markt erwirtschaften. Ihr Renditedurchschnitt beträgt 0,96 % pro Monat. Der Gesamtmarkt rentiert nur mit 0,64 %. Und das, wo doch in den P/E-Portefeuilles auch nur die Aktien vertreten sind, die auch im Marktindex vertreten sind!

Hier zeigt sich der *Effekt der Gewichtung* bei der Berechnung von Renditen: Die Gesamtmarktrendite ist als *marktwertgewichtete* Rendite berechnet, die der P/E-Portefeuilles als eine *gleichgewichtete* Rendite.

3.4 Der Größeneffekt

Marktwertgewichtung bedeutet, daß die Börsenkapitalisierung einer Aktie als Gewichtungsfaktor eingeht; wie es z.b. beim DAX der Fall ist. Eine sehr große Aktiengesellschaft (wie DaimlerChrysler) beeinflußt die Index-Rendite viel mehr als die einer vergleichsweise kleinen Gesellschaft (z.b. MAN). Im Gegensatz dazu erfolgt die Berechnung einer gleichgewichteten Portefeuille- oder Index-Rendite anhand einer einfachen Gleichgewichtung aller Renditen der eingeschlossenen Aktien.

Unterscheiden sich nun die Durchschnitte von gleich- und marktwertgewichteten Indizes, obgleich sie dieselben Aktien umfassen, muß die *Gewichtung* dafür verantwortlich sein! Die Erklärung ist einfach: Es sind die hohen Renditen kleiner Gesellschaften, die die gleichgewichteten Indizes nach oben ziehen, während sie im marktwertgewichteten Index quasi kaum eine Rolle spielen.

„Entdeckt" wurde der Größen- oder Size-Effekt eigentlich von Banz zu Beginn der achtziger Jahre; also etwa zur selben Zeit, als der P/E-Effekt in den Mittelpunkt des Interesses zu rücken begann.

Werfen wir jedoch gleich einen Blick in die Ergebnisse einer der bedeutensten Veröffentlichungen, die in diesem Jahrhundert über Aktien geschrieben worden sind. Sie wird uns noch oft beschäftigen: Geschrieben von *Fama*[56] und *French;* „The Cross-section of Expected Stock Returns" von 1992. Kaum zu glauben, was sich hinter diesem langweiligen Titel verbirgt.

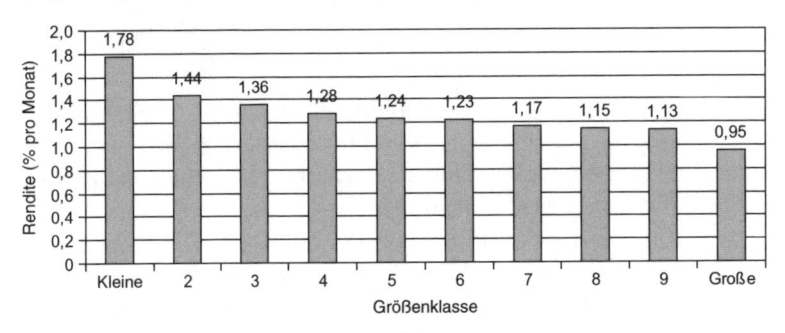

Quelle: *Fama, E.F., French, K.R.*, 1992, Tab. AII

Abbildung 23: Der Size-Effekt in den USA (1941–1990)

So einen klaren Zusammenhang zwischen einer Größe, hier dem Marktwert, und der Rendite sieht man nicht oft! Und der Effekt ist von beeindruckender Größe: Der durchschnittliche Renditeunterschied der beiden extremen Portefeuilles – dem aus den größten und dem aus den kleinsten Aktien – beträgt 0,83 % *pro Monat!* Anders ausgedrückt: Ganz kleine Gesellschaften hatten in diesem Zeitraum eine fast doppelt so hohe Rendite wie ganz große Gesellschaften – 1,78 % pro Monat stehen 0,95 % gegenüber.

Nun könnte man – ähnlich wie beim P/E-Effekt – wieder das Argument bringen, daß die hochrentierlichen kleinen Gesellschaften wahrscheinlich viel riskanter seien als die großen. Daher sollte auch ihre Rendite im Schnitt deutlich höher sein.

Einen Hinweis auf so einen Zusammenhang liefert das statistische Jahrbuch von *Ibbotson Associates*. Es vergleicht – siehe Tabelle 20 – die Rendite des S&P 500, eines sehr bekannten marktwertgewichteten Index, der sehr stark von den Renditen der ganz großen Unternehmen dominiert ist, mit einer Renditereihe, die aus den Renditen kleiner Aktiengesellschaften berechnet wird:

Renditereihe	Durchschnittsrendite (Arithmetisches Mittel)	Streuung (Standardabweichung)
S&P 500	12,1	20,8
Small Company Stocks	17,1	35,4

Jährliche Durchschnittsrenditen von 1926–1990, *Ibbotson Associates*, 1991 Yearbook, Chicago Illinois, S. 108, Tab. 43

Tabelle 20: Der Size-Effekt am Beispiel von Indizes: Hinweise auf Risikounterschiede

Es scheint zu stimmen: *Eine* Methode der Risikomessung, nämlich die Streuung der Renditen um ihren Mittelwert, zeigt, daß ein Portefeuille aus kleinen Aktien deutlich riskanter ist als eines aus großen Aktien. Was fast zu erwarten war!

Aber halt: Hatten wir nicht festgestellt, daß das β-Risiko das einzig richtige Risikomaß ist – und daß die Streuung eines Portefeuilles *bestenfalls* sekundär ist? Dann sehen wir uns doch einfach das β-Risiko der einzelnen Größenportefeuilles von *Fama/French* an. Was erwarten wir: Hohes Risiko für die kleinen Aktien mit der höheren Rendite, niederes Risiko für die großen Aktien mit der kleinen Rendite. Scheinbar alles im Einklang mit dem CAPM!

Die Abbildung 24 zeigt deutlich: Mit dem Anstieg der Rendite von großen zu kleinen Aktien steigt auch das β-Risiko. Die (CAPM-) Welt scheint in Ordnung:

Die Erklärung für den Größeneffekt lautet (Hypothese 1):

Ja, es gibt einen Größeneffekt: Kleine Aktiengesellschaften haben eine größere durchschnittliche Rendite als große Aktiengesellschaften.

3.4 Der Größeneffekt

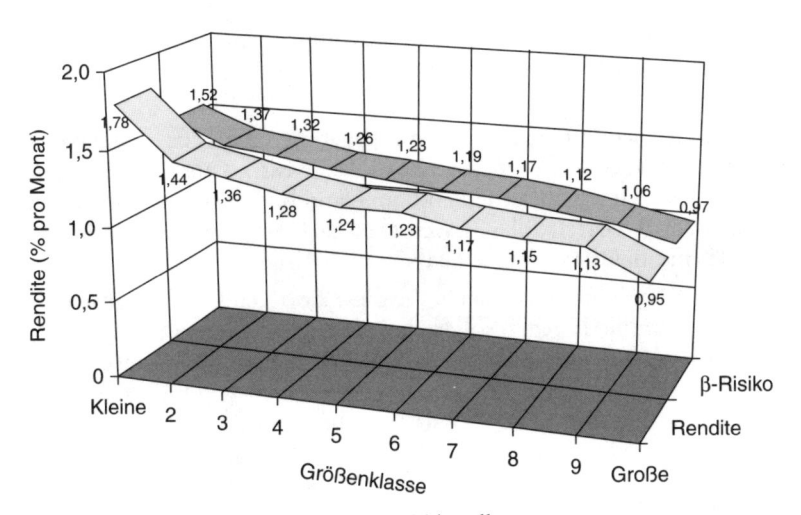

Quelle: Fama, E.F., French, K.R., 1992, Tab. AII

Abbildung 24: Size-Effekt und β-Risiko in den USA (1941–1990)

Das ist auf das hohe β-Risiko von kleinen und das niedrige β-Risiko von großen Firmen zurückzuführen.

Also gibt es nach Berücksichtigung des Risikos zwar einen Größeneffekt (Kleine haben größere Renditen als Große), aber keine Größen*anomalie* (das Ergebnis steht nicht im Widerspruch zum CAPM).

Und dieser Größeneffekt – das *muß* die Schlußfolgerung eines CAPM-Anhängers sein! – tritt deswegen auf, weil *mehr oder minder zufälligerweise* eine Aktienauswahl nach der Größe der Gesellschaft auch gleichzeitig eine (indirekte) Auswahl nach dem β-Risiko ist.

Das würde auch einleuchten: Große Gesellschaften haben sowieso häufig verschiedenste Beteiligungen, so daß man sagen könnte, daß eine große Aktiengesellschaft quasi schon ein kleines Portefeuille darstellt – obwohl es sich nur um *eine* Aktie handelt. Eine solche Gesellschaft muß sich ähnlich wie der Gesamtmarkt verhalten – und damit ein β in der Größenordnung von 1 haben. Kleine Firmen könnten häufig Unternehmen sein, die sensibel auf die Marktverfassung reagieren: Sie würden wenn der Markt steigt, besonders stark steigen, wenn der Markt fällt besonders stark fallen (Zykliker). Solche Firmen hätten zwangsläufig ein β-Risiko größer 1. Oder vielleicht doch nicht?

Bevor wir uns zufrieden mit dieser Erklärung zurücklehnen, sollten wir vielleicht mit dem neuen Datenmaterial erst noch einmal nachsehen, ob das β-Risiko und damit auch das CAPM sich überhaupt zur

3. Wie Sie den Markt schlagen können: „Überrenditeeffekte"

Beschreibung des Risiko-Rendite-Zusammenhanges eignen. Es gibt da doch zunehmend mehr Zweifel: Wir erinnern uns z.B. an das P/E-Mysterium.

Es folgt ein sehr einfacher und vom Ergebnis äußerst überraschender Schritt: *Fama* und *French* berechnen das β-Risiko aller in ihrer Untersuchung eingeschlossenen Aktien. Dann bilden sie aus Aktien mit ähnlichem β Portefeuilles. Es ergeben sich so insgesamt 10 Portefeuilles mit deutlich unterschiedlichem β-Risiko.

Was für Renditen erwartet man für diese Portefeuilles? Genau – Portefeuilles mit niedrigem β sollen eine niedrige, Portefeuilles mit einem hohen β eine hohe Durchschnittsrendite haben. So fordert es das CAPM, so „bewies" es die Analyse von *Black/Jensen/Scholes* (vgl. Abbildung 13). Betrachten Sie das Ergebnis in Abbildung 25.

Quelle: *Fama, E.F., French, K.R.*, 1992, Tab. AII

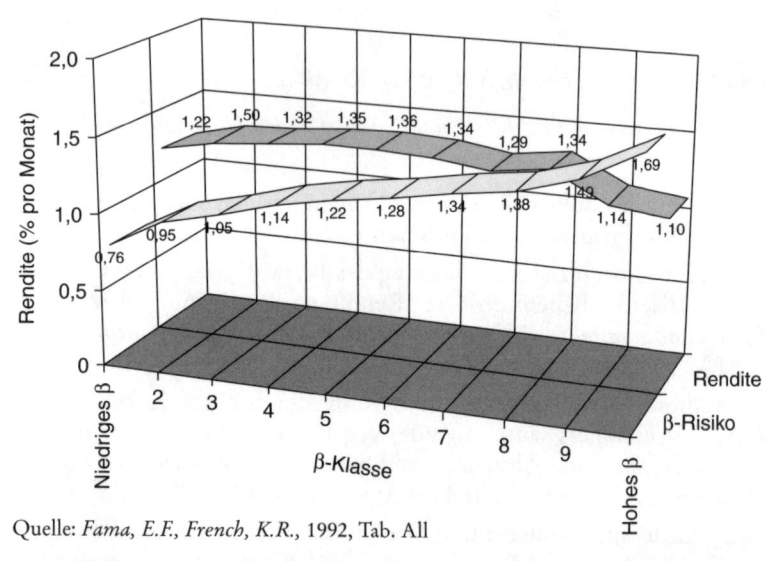

Abbildung 25: Der empirische Zusammenhang von β und Rendite in den USA (1941-90)

Dieses Ergebnis war und ist ein Schock für die Scientific Community. Besonders für die, die an β und das CAPM glauben oder geglaubt haben – ein noch schlimmerer Schock als die Entdeckung von P/E- und Size-Effekt zusammen![57]

1. Erstens ist praktisch *gar kein* Zusammenhang zwischen dem β-Risiko eines Portefeuilles und seiner Rendite zu erkennen – im Klartext: β scheint nichts (mehr) mit der Rendite zu tun zu haben.[58]
2. Ganz besonders fällt auf, daß die Aktien mit dem *höchsten* β-Risiko die im Schnitt *niedrigsten* Renditen überhaupt haben!

3.4 Der Größeneffekt

Zwei so eklatanten Verletzungen des CAPM mußte man unbedingt weiter auf die Spur gehen.

Denn jetzt konnte man eine neue Hypothese zum Größeneffekt aufstellen:

Die zweite Erklärung für den Größeneffekt lautet (Hypothese 2):

Ja, es gibt eine Größenanomalie: Die Rendite hat sehr viel mit der Größe einer Aktiengesellschaft zu tun. Daß, aus welchem Grund auch immer, β mit der Größe zusammenhängt, ist nicht von Bedeutung, denn β hat nichts mit der Rendite zu tun. Diese Erklärung ist zunächst ein Affront. Schauen wir uns an, was es damit auf sich hat.

Dazu unterteilen Fama und French ihre Aktiengesamtheit in insgesamt 100 Portefeuilles. Im Portefeuille 1 sind die Aktien, die ein sehr niedriges β und gleichzeitig einen sehr kleinen Marktwert haben. In Portefeuille 100 die mit sehr großem Marktwert und sehr großem β. Die anderen 98 Portefeuilles ergeben sich aus den unterschiedlichsten Kombinationsmöglichkeiten von β-Risiko und Größe. Dann berechnen sie die Rendite dieser Portefeuilles. Das Ergebnis sehen Sie in Abbildung 26.

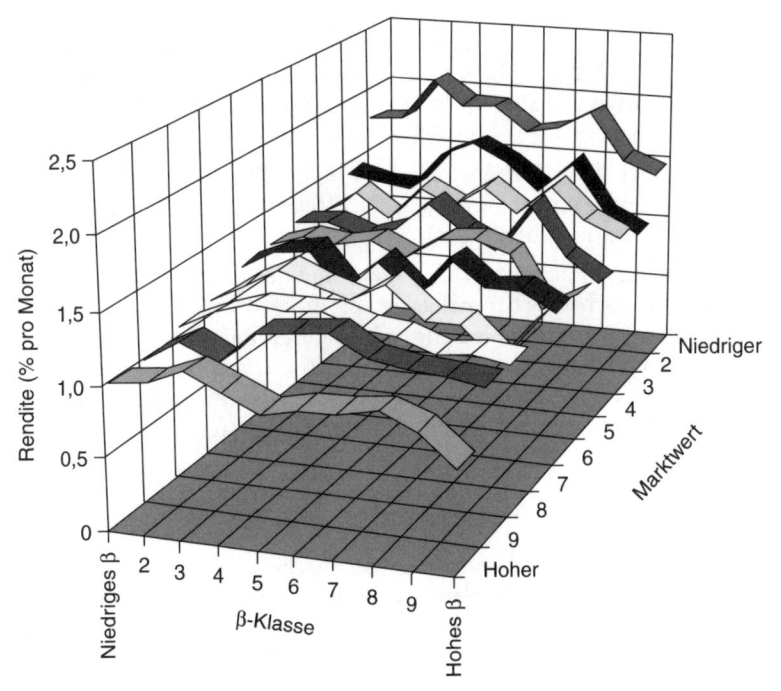

Quelle: *Fama, E.F., French, K.R.*, 1992, Tab. AII

Abbildung 26: Was ist für die Rendite wichtiger: β oder der Marktwert?

3. Wie Sie den Markt schlagen können: „Überrenditeeffekte"

Die Interpretation ist nicht schwierig: Innerhalb von Aktien mit sehr ähnlichem Marktwert hat β keinen weiteren Erklärungswert, was die Rendite des Portefeuilles anbetrifft: Betrachten sie dazu die Darstellung von links nach rechts. Wenn, dann scheinen jeweils die Aktien mit einem hohen β besonders niedrige Renditen aufzuweisen. Innerhalb einer β-Klasse ist die Rendite aber praktisch immer eine Funktion des Marktwertes. Gehen Sie dazu in der Darstellung von vorne nach hinten.

Ergebnis:

1. Die Größe einer Gesellschaft sagt viel mehr über ihre Rendite aus als ihr β-Risiko.
2. Große Aktien mit einem hohen β (vordere untere Ecke in der Darstellung) scheinen nicht gerade ein besonders gutes Investment darzustellen. Diese Aktien hatten trotz ihres sehr hohen Risikos langfristig die niedrigsten Renditen!

Der internationale Größeneffekt

Werfen wir einen Blick auf die anderen Länder: Tritt dort – ähnlich wie beim P/E-Effekt – ebenfalls ein Größeneffekt auf oder nicht? Um es gleich vorwegzunehmen: Es gibt ihn. Zwar in sehr unterschiedlicher Ausprägung – aber immerhin. Siehe Tabelle 21.

Kein Zweifel: Der Größeneffekt ist wie der P/E-Effekt ein internationaler Effekt – und er ist ein starker Effekt. Die internationalen Ergebnisse verstärken die Zweifel am CAPM:

Nur in wenigen Ländern (USA, Japan) sind die kleinen Unternehmen wenigstens noch spürbar riskanter als die großen. In den anderen Ländern ist der Unterschied entweder sehr gering (Australien, Belgien und Neuseeland) oder es ist gar so, daß *die hochrentierenden Aktien kleiner Unternehmen sogar weniger riskant sind als die der großen* (Deutschland, England, Finnland). Letzteres ist besonders ungewöhnlich!

Der Größeneffekt in Deutschland

Das muß man sich noch einmal genau ansehen: In Deutschland (wie auch in England und Finnland) scheint es so zu sein, daß *man für deutlich weniger Risiko eine – absolut und auch risikobereinigt – höhere Rendite bekommt*.

Werfen Sie einen Blick in Abbildung 27: Es zeigt das CAPM für Deutschland zwischen Juli 1969 und Dezember 1991. Die Punkte über der Wertpapiermarktlinie repräsentieren fast ausschließlich

3.4 Der Größeneffekt

Small-Stock-Portefeuilles (z.B. Nr. 1, 2, 3 und 4). Diese Portefeuilles haben nicht nur eine viel höhere Rendite als die Portefeuilles aus den großen Aktien (Nr. 10, 9 und 8), sondern sind gleichzeitig auch noch deutlich weniger rsikant! Damit weisen die Portefeuilles aus kleinen Aktien sehr hohe positive Jensens Alphas auf, während die aus großen Aktien hingegen stark negative Jensens Alphas haben. So ein eklatanter Verstoß gegen das CAPM liegt sonst praktisch nirgends auf der Welt vor!

Land	Zeitraum	Ø-Monatsrendite kleine Aktien (in %)	Ø-Monatsrendite große Aktien (in %)	Größeneffekt (Differenz der Renditen (in %))	Ø-β-Risiko kleine Aktien	Ø-β-Risiko große Aktien
Australien	1958–1981	6,75	1,02	5,73	1,04	0,95
Belgien	1969–1983	1,17	0,65	0,52	1,01	0,98
Deutschland	1969–1991	1,09	0,69	0,40	0,55	1,10
England	1958–1982	–	–	–	0,31	1,01
Finnland	1970–1981	1,65	0,89	0,76	0,32	1,00
Frankreich	1977–1988	1,20	0,30	0,90	–	–
Irland	1977–1986	3,10	2,63	0,47	–	–
Japan	1965–1987	2,57	1,37	1,20	1,12	0,81
Kanada	1973–1980	1,67	1,23	0,44	–	–
Neuseeland	1977–1984	0,69[1]	0,18[1]	0,51[1]	0,90[2]	0,99[2]
Spanien	1963–1982	0,58[1]	0,02[1]	0,56[1]	–	–
Schweiz	1973–1988	0,94	0,42	0,52	–	–
USA	1951–1989	1,65	0,99	0,66	1,17	0,95
	1941–1990	1,78	0,95	0,83	1,52[2]	0,97[2]

[1] Das sind *Überrenditen* im Verhältnis zum CAPM; d.h. Abweichungen von der Wertpapiermarktlinie.

[2] Das sind β-Risiko-Schätzungen, die besonders präzise sein sollen, da sie die Problematik unregelmäßigen Handelns berücksichtigen.

Quellen: *Hawawini, G., Keim, D.B.*, 1993; *Fama, E.F., French, K.R.*, 1992, Tab. AII; *Sattler, R.*, 1994, Tab. 1.3, S. 268

Tabelle 21: Der internationale Size-Effekt

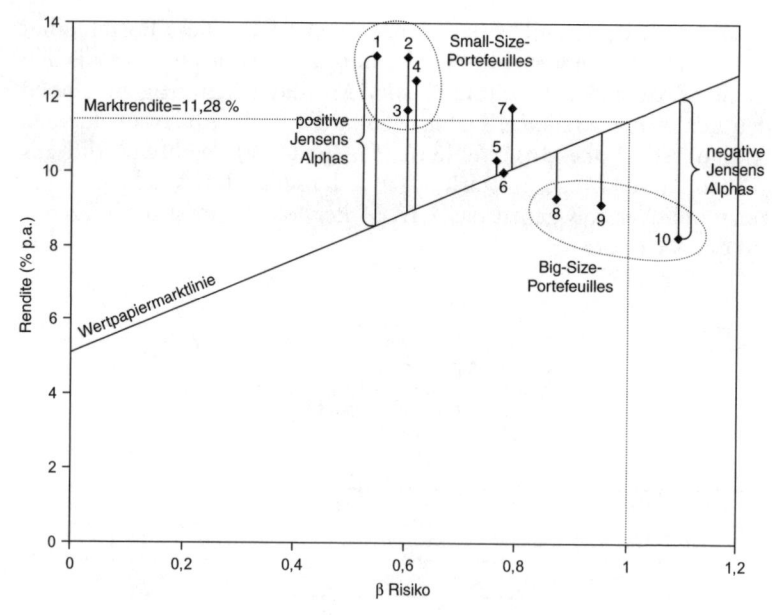

3. Wie Sie den Markt schlagen können: „Überrenditeeffekte"

Quelle: Sattler, R., 1994, S. 263

Abbildung 27: Size-Effekt, CAPM und Jensens Alpha in Deutschland (1969–1991)

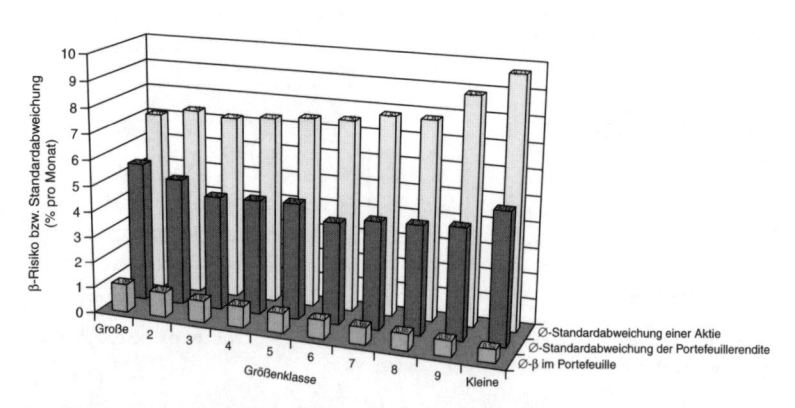

Quelle: Sattler, R., 1994, S. 254/255

Abbildung 28: Size-Effekt und „Risiko" in Deutschland (1957–1991)

Vielleicht ist ja auch β das falsche Risikomaß. Sind vielleicht kleine Unternehmen wenigstens dann „riskanter", wenn man die Streuung der absoluten Wertentwicklung betrachtet? Sehen wir dazu auf die Abbildung 28.

Was sehen wir daraus:
1. Wie schon bekannt: Kleine Aktiengesellschaften haben in Deutschland ein *kleineres* β-Risiko als große. Das hätte man nach den Ergebnissen für die USA mit Sicherheit so nicht erwartet.
2. Die Streuung der Rendite (also die Volatilität) kleiner Aktien ist deutlich größer als die großer Aktien. Das hätte man schon eher so erwartet.
3. Faßt man die Aktien allerdings zu Portefeuilles zusammen, ist der Diversifikationseffekt bei den kleinen Aktien deutlich größer als bei den großen. Die Volatilität der Portefeuillerendite ist in der Folge bei großen und kleinen Aktien praktisch gleich!

3.5 Was ist das? Der Januar-Größen-Effekt und der Turn-of-the-Year-Effekt

Zum Größeneffekt gesellt sich bei näherer Betrachtung noch ein weitere Kuriosität: *Keim* und *Roll* stellten bereits Anfang der achtziger Jahre fest, daß der Größen-Effekt nicht konstant übers Jahr „passiert".[59] Mit beachtlicher Regelmäßigkeit sticht – zumindest in US-amerikanischem Datenmaterial – ein Monat besonders hervor: Der Januar.

Im Januar beträgt der Renditeunterschied zwischen den 10 % kleinsten und den 10 % größten Aktien von NYSE und AMEX unglaubliche 0,714 % *pro Tag*! Wenn auch längst nicht im selben Maße, aber immerhin, auch der Februar scheint mit einem Renditeunterschied von 0,233 % ein besonderer Monat zu sein.

Betonung verdient, daß dieses Renditedifferenz nicht daher kommt, daß große Aktien besonders schlecht abschneiden, sondern daher, daß die Rendite kleiner Unternehmen besonders groß ist. Für diese Beobachtung hat sich der Ausdruck *January-Effekt* eingebürgert.

Konkret kann man folgendes sagen:
1. In den Monaten Februar bis Dezember ist der Größeneffekt nicht besonders stabil – es gibt auch mehrere Jahre lange Perioden mit negativem Größeneffekt. Das führt insgesamt dazu, daß es immer wieder Jahre mit einem (insgesamt) negativen Größen-Effekt gibt.
2. Der Januar-Größen-Effekt ist demgegenüber fast immer positiv und zudem sehr stark.

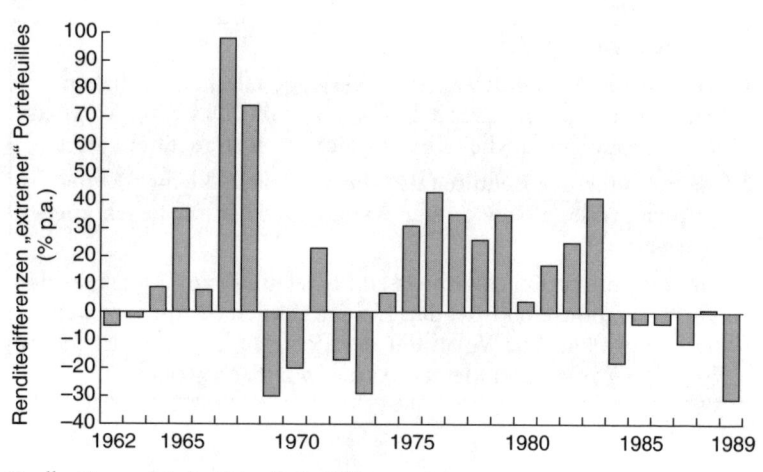

3. Wie Sie den Markt schlagen können: „Überrenditeeffekte"

Quelle: *Hawawini, G., Keim, D.B.*, 1993

Abbildung 29: Der Size-Effekt tritt von Jahr zu Jahr unterschiedlich stark auf (USA, 1962–1989)

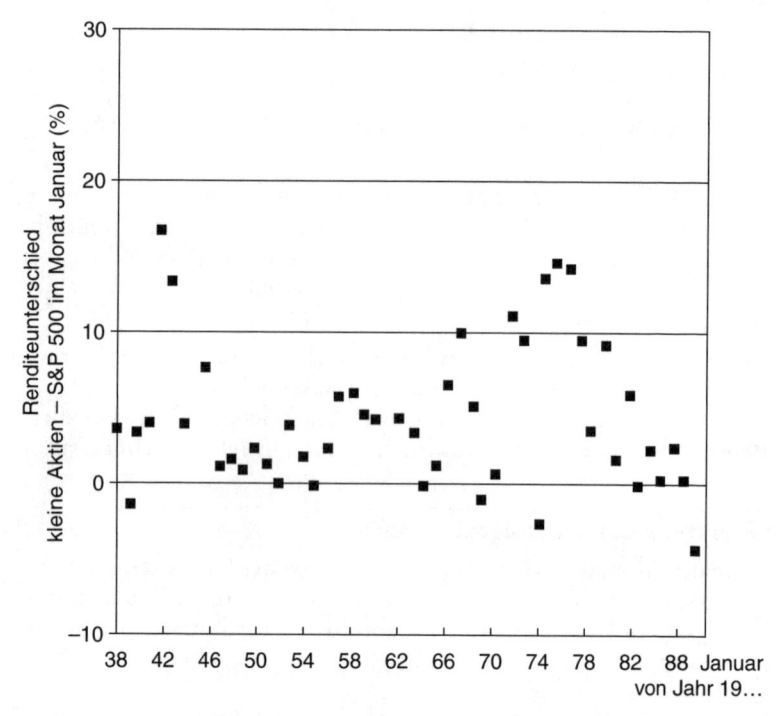

Quelle: *Haugen, R.A., Lakonishok, J.*, 1988[60]

Abbildung 30: Der Januar-Größen-Effekt (USA, 1938–1988)

3.5 Januar-Größen und Turn-of-the-Year-Effekt

Achtung also: Der Größeneffekt ist kein Naturgesetz! Weder in Deutschland noch in anderen Ländern kann man von einem konstant, sozusagen gesetzmäßig auftretenden Größeneffekt sprechen! Was in Abbildung 29 anhand US-amerikanischer Daten beschrieben ist, gilt vergleichbar für praktisch alle untersuchten Länder.

Deutlich „stabiler" ist der Size-Effekt, der im Januar auftritt – der sogenannte January-Size-Effekt: Die Abbildung 30 zeigt, daß auf den January-Size-Effekt deutlich mehr Verlaß ist als auf den ganzjährigen Size-Effekt: So war z.b. nur in 4 von 50 Jahren die Rendite des S&P 500 größer als die Rendite von kleinen Aktiengesellschaften.

Vergleichbar mit der Internationalität des Size-Effektes (vgl. Tabelle 21) ist der Januar-Größen-Effekt ebenfalls in praktisch allen untersuchten Ländern zu beobachten (vgl. Abbildung 31).

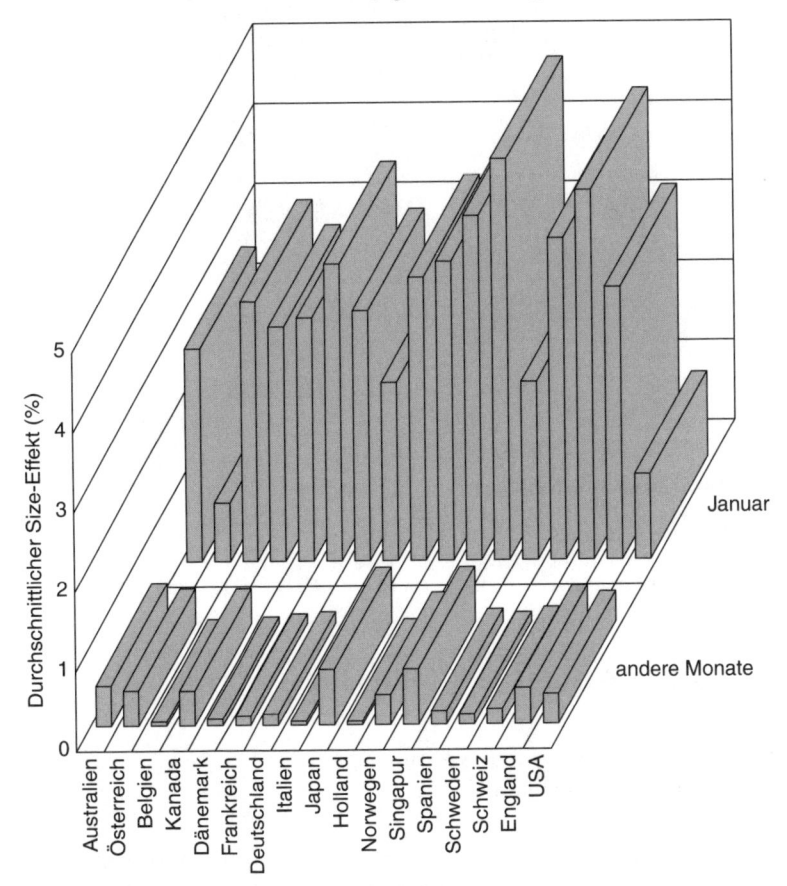

Quelle: *Gultekin, M., Gultekin, B.* 1983, zitiert aus *Haugen, R.A.*, 1997, S. 680

Abbildung 31: Der internationale Januar-Größen-Effekt

3. Wie Sie den Markt schlagen können: „Überrenditeeffekte"

Schaut man noch etwas genauer hin, entpuppt sich, daß der January-Size-Effekt besonders stark in den *absolut ersten Tagen* des neuen Jahres auftritt. Dies Erscheinung heißt *Turn-of-the-Year-Effekt*.

Die Abbildung 32 zeigt, daß über ein Viertel des jährlichen Größeneffektes in den ersten fünf Handelstagen des neuen Jahres „passiert".

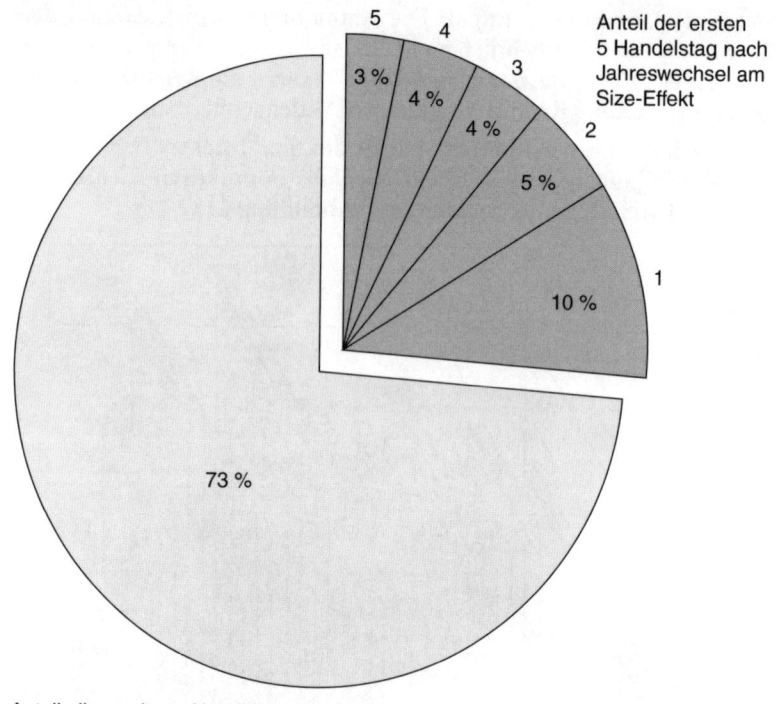

Anteil der ersten 5 Handelstag nach Jahreswechsel am Size-Effekt

5: 3 %
4: 4 %
3: 4 %
2: 5 %
1: 10 %

73 %

Anteil aller anderen Handelstage

Quelle: *Keim, D.B.*, 1983[61]

Abbildung 32: Der Turn-of-the-Year-Effekt (USA, 1863–1979)

3.6 Auch in Zukunft ein Größeneffekt?

Gerade in der jüngeren Vergangenheit häufen sich Anzeichen, daß – zumindest in Deutschland – der Größeneffekt eine deutliche Schwäche zeigt.

Ob er die wieder aufholt? Die Vergangenheit spricht wie beim P/E-Effekt dafür. Die Aktualität des Size-Effektes erkennt man daran, daß in dem Moment, in dem europäische Aktien mit Einführung des Euro in den Mittelpunkt des Anlegerinteresses kommen, auch Small-

Cap-Fonds[62] auf Basis europäischer Aktien aufgelegt werden; wie z.b. der Euroland Small Cap der Deutsche Bank-Tochter DWS.

Ergebnis: Der Size-Effekt bleibt ein Rätsel. Aber irgendeine Ursache muß er doch haben? Dieser Frage werden wir uns im Abschnitt 4.8 „Erklärungsversuche für die „Anomalien""" widmen.

Investmentempfehlung:
Der Größeneffekt ist einer der bekanntesten Effekte überhaupt. Eines der Hauptprobleme stellt die allgemein – im Verhältnis zu Blue Chips – schlechtere Informationslage über kleine Unternehmen dar.

1. Daher sollten sie auf jeden Fall einige eigene Erkundigungen einziehen:
   - Wissen Sie was Ihre kleine Unternehmung macht? Kaufen Sie nur Aktien von Firmen, deren Geschäft Ihnen klar ist!
   - Machen Sie sich ein Bild über die Sicherheit des Geschäftes: Das Mindeste, das Sie tun sollten, ist ein Blick in den Jahresabschluß zu werfen.
   - Versuchen Sie den Hauptaktionär ausfindig zu machen! Ist er dazu geeignet, Druck auf die Geschäftsführung zu machen?
2. Wenn Sie sich mit den Gedanken tragen, in eine kleine Gesellschaft zu investieren, machen Sie dies noch in den letzten Tagen das alten Jahres, um den Turn-of-the-Year- und den January-Size-Effekt mitzunehmen!

Doch zuvor noch ein scheinbar kleines, nichtsdestotrotz für den Anleger sehr wichtiges Detail: Es geht um die Differenzierung von geometrischem und arithmetischem Mittelwert. Nie gehört? Macht nichts!

3.7 Exkurs: Renditedurchschnitt ist nicht gleich Renditedurchschnitt

Im Rahmen von Kapitalmarktuntersuchungen werden fast immer sogenannte arithmetische Mittelwerte gebildet. Hinter der Bezeichnung „arithmetisch" steht *die* Art der Mittelwertberechnung, die fast jeder von uns automatisch berechnen würde.

Das Problem ist, daß, wenn es um Renditen geht, diese traditionelle Rechenmethode zwar ein vernünftig interpretierbares Ergebnis erbringt – aber das ist nicht unbedingt identisch mit dem, was man *meint* auszurechnen!

3. Wie Sie den Markt schlagen können: „Überrenditeeffekte"

Ein einfaches Beispiel genügt, um das Problem zu verdeutlichen: Nehmen wir an, ein Investor kauft für 10.000 DM Aktien. Eine Aktie rentiert wie folgt:

Rendite im ersten Jahr	+ 100 %
Rendite im zweiten Jahr	– 40 %

Dann kann man den Mittelwert der Rendite einfach wie folgt berechnen:

Arithm. Mittel	(+ 100 – 40)/2 = 30 (%)

Diese gewöhnliche Art der Renditeberechnung heißt „Arithmetisches Mittel". Heißt das aber nun, daß man im Schnitt 30 % Rendite erwirtschaftet hat? Sehen wir uns dazu an, wie die Vermögensveränderung aussieht:

Anfangsinvestment	10.000
Vermögen am Ende des ersten Jahres	+ 100 % => 20.000
Endvermögen nach zwei Jahren	– 40 % => 12.000

Das Anfangsvermögen von 10.000 DM hat sich also zu einem Endvermögen von 12.000 DM entwickelt. Das arithmetische Mittel *scheint* aber einen Vermögenszuwachs von + 30 % pro Jahr zu suggerieren. So wird aber seine Aussage falsch interpretiert!

Die einzig richtige Interpretation des arithmetischen Mittels lautet: *Das arithmetische Mittel ist die Rendite, mit der man in der kommenden Periode rechnen kann; es sagt wenig über die durchschnittliche Vermögensveränderung aus.*[63] Müßte man also eine Schätzung für die Rendite des kommenden Jahres abgeben, könnte eine erste Schätzung lauten: + 30 %.

Das geometrische Mittel stellt demgegenüber eine andere Frage: Es fragt, welche (konstante) Rendite man *hätte* empfangen müssen, um zum selben *Endvermögen* zu kommen, wie bei der Alternative, von der man die Durchschnittsverzinsung wissen möchte. Im konkreten Beispiel: Wie groß hätte die jährliche Verzinsung sein müssen, um in zwei Jahre aus 10.000 DM 12.000 DM zu machen? Das Ergebnis liefert diese Formel:

3.7 Exkurs: Renditedurchschnitt

$$\text{Geometr. Mittelwert} = \left(\left(\sqrt[2]{\frac{12.000}{10.000}}\right) - 1\right) \cdot 100 = 9{,}54$$

$$\text{oder allgemein} = \left(\left(\sqrt[\text{Perioden-Anzahl}]{\frac{\text{Endvermögen}}{\text{Anfangsvermögen}}}\right) - 1\right) \cdot 100$$

In unserem Beispiel ergibt sich also als geometrisches Mittel 9,54 %. Die Interpretation lautet: Wenn jedes Jahr eine Rendite von 9,54 % auf ein ursprüngliches Anfangskapital von 10.000 DM erwirtschaftet wird, führt dies zu einem Endvermögen von 12.000 DM. Überprüfen wir das Ergebnis durch eine Verprobung: $10.000 \cdot 1{,}0954^2 = 12.000$

Scheinbar ist die „wirkliche" Durchschnittsrendite nicht 30 % (arithmetisches Mittel), sondern nur 9,54 % (geometrisches Mittel) gewesen!

Jetzt muß man nur noch darauf achten, daß in aller Regel überall wo von Durchschnittsrenditen die Rede ist, arithmetische Mittelwerte genannt werden! Dabei ist es egal, ob über die Durchschnittsrenditen von Fonds, Aktien oder anderen Wertanlagen berichtet wird.

Und das Hauptproblem für den Leser besteht darin, daß es *keine präzise Möglichkeit* für ihn gibt, von der arithmetischen auf die geometrische Durchschnittsrendite zu schließen – oder andersherum.

Aber es gibt dennoch Anhaltspunkte, wie sich geometrisches und arithmetisches Mittel zueinander verhalten. Die Tabelle 22 soll dazu als Beispiel dienen: Sie zeigt eine erweiterte Variante der Tabelle 20. Diese Tabelle erlaubt es, einige Charakteristika der beiden Mittelwerte zu demonstrieren:

- Das arithmetische Mittel ist *immer* größer als das geometrische Mittel
- Der Unterschied zwischen arithmetischem und geometrischem Mittel ist umso größer, je größer die Standardabweichung der Renditereihen sind: Beim S&P 500 beträgt der Unterschied beider Mittelwerte genau 2 Prozentpunkte bei einer Standardabweichung von 20,8. Bei der Renditereihe der kleinen Gesellschaften beträgt der Unterschied sehr viel deutlichere 5,5 Prozentpunkte, zurückzuführen auf eine ebenfalls deutlich erhöhte Standardabweichung von 35,4.

Ein aufmerksamer Kapitalmarktbeobachter würde diese Tabelle wie folgt interpretieren: Wenn alles so bliebe wie in der Vergangenheit, könnte man bei kleinen Aktien wohl mit einer langfristigen durchschnittlichen *Vermögenssteigerung* von 11,6 %, bei großen von

3. Wie Sie den Markt schlagen können: „Überrenditeeffekte"

Renditereihe	Arithmetisches Mittel	Geometrisches Mittel	Streuung (Stdabw.)
S & P 500	12,1	10,1	20,8
Small Company Stocks	17,1	11,6	35,4

Quelle: *Ibbotson Associates*, 1991 Yearbook, Chicago Illinois, S. 108, Tab. 43, Zeitraum 1926–1990

Tabelle 22: Arithmetische und geometrische Mittelwertbildung: Zusammenhänge

10,1 % rechnen (= geometrisches Mittel). Auf die Frage allerdings, welche Rendite man im kommenden Jahr erwartet, würde man bei kleinen Aktien 17,1 %, bei den S&P-Stocks 12,1 % antworten (= arithmetisches Mittel).[64]

Für den langfristig orientierten Anleger (und das sollten eigentlich alle Aktieninvestoren sein!) ist also das geometrische Mittel relevant.

Sie meinen vielleicht, eineinhalb Prozent Renditeunterschied zwischen S&P 500 und Small Stocks seien es nicht wert, sich darüber Gedanken zu machen? Eineinhalb Prozent Renditeunterschied haben dramatische Auswirkungen auf das Endvermögen – bei langen Anlagedauern (vgl. Abbildung 33). In diesem Beispiel – 66 Jahre Anlagehorizont – entwickelten sich 10.000 $ die zu Anfang 1926 in den S&P 500 investiert wurden, bis Ende 1991 zu über 5,7 Mio. US-$, während dieselbe Summe in das Kleinaktienportefeuille investiert zu fast 14 Mio. US-$ Endvermögen führte – über 145 Prozent mehr!

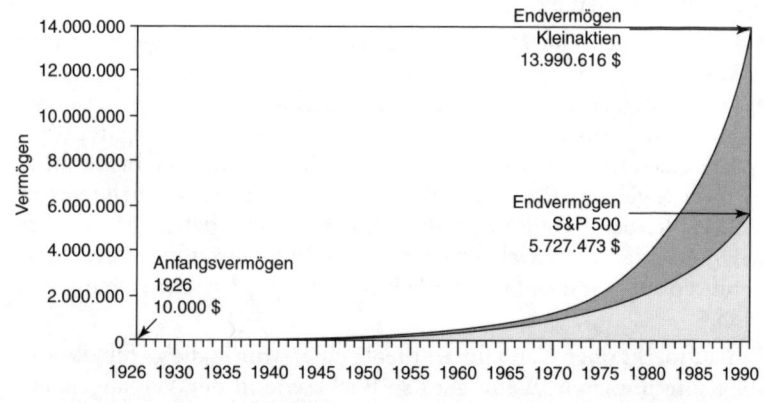

Abbildung 33: Hypothetische Entwicklung eines Kleinaktien-Portefeuilles den S&P 500 (USA, 1926–1991)

3.8 Die Marktwert/Buchwert-Anomalie

> **Zusammenfassung:**
> Leider wird man nur in seltenen Fällen das wichtige geometrische Mittel genannt bekommen. Man muß damit leben, in aller Regel nur arithmetische Mittelwerte zu erfahren. Vielleicht erreicht man es aber doch wenigstens, die Streuung (also entweder eine Standardabweichung oder eine Varianz) als zusätzliche Information zu erhalten – es erleichtert die Interpretation der Ergebnisse erheblich!

Vor allem aus der Perspektive von Leuten, die gewohnt sind in systematischen Zusammenhängen zu denken, gibt es massive Probleme mit Anomalievariablen wie Größe und P/E. Warum?

Es genügt vielen nicht, nur zu wissen, daß mit bestimmten Größen besondere Renditeeffekte verbunden sind. Sie wollen vielmehr wissen, *welche* logische und bzw. ökonomische *Ursache* dahintersteht. Und ökonomisch gibt es keinen auf der Hand liegenden Grund – weder für den Size-, noch für den P/E-Effekt.

Dennoch – oder gerade deswegen: Die Untersuchungen zu P/E- und Größeneffekten lösten eine Art Forschungsfieber aus. Könnte es nicht sein, daß es noch andere Größen gibt, die ähnlich effizient zwischen Aktien mit (künftig) hohen und weniger hohen Renditen zu unterscheiden vermögen?

Um nicht allzu willkürlich in den Datenbanken herumzusuchen, sollte man *eigentlich* Größen verwenden, die zumindest in der ökonomischen Theorie eine Beziehung zur Aktienrendite haben. Das sind im wesentlichen neben der aus der Kapitalmarkttheorie bekannten Größe „β" typische Bilanzanalysegrößen:

- Das Verhältnis von Marktwert zu Buchwert (Tobin's q") und
- der Verschuldungsgrad

Werfen wir zunächst einen Blick auf „Tobins'q", das Verhältnis von Marktwert zu Buchwert (MW/BW).

3.8 Die Marktwert/Buchwert-Anomalie

Der Name Tobin's q geht auf den Volkswirt *James Tobin* zurück, der das MW/BW-Verhältnis zur Erklärung des Investitionsverhaltens heranzog.[65] Wichtiger ist die Kennziffer allerdings zur Abschätzung „Stiller Reserven" in der Bilanzanalyse.[66]

Die Entdecker des MW/BW-Effektes, *Rosenberg, Reid* und *Lanstein*, nehmen allerdings in einer ersten Studie im Jahr 1985 gar nicht Bezug auf Tobin oder den bilanzanalytischen Background, sondern begründen ihre Auswahl für die eigenen empirischen Untersuchungen sehr intuitiv: „(...) we felt that the book/price ratio was an intriguing candidate for the study." Weil „q" bisher praktisch nicht in diesem Zusammenhang untersucht wurde, stelle es „(...) an as-yet unspoiled instrument" dar. Unglaublich, was dieses „Gefühl" für Erkenntnisse erbracht hat.

Zunächst aber einmal zur Kenngröße an sich. Werfen Sie bitte einmal einen Blick in die hinteren Seiten dieses Buches. Dort haben wir auf Seite 168 in Abbildung 89 Marktwert und Buchwert (gemeint ist jeweils der Wert des Eigenkapitals) von DaimlerChrysler gegenübergestellt. Im Prinzip wird der rein buchhalterischen Sicht des Eigenkapitals die rein marktwertmäßige Sicht gegenübergestellt.

Bei DaimlerChrysler pendelt das MW/BW-Verhältnis zwischen etwas über 1 (z.B. 1992) bis knapp 3 (z.B. 1988).[67] Was sagt dem an einer Aktie Interessierten dieses Verhältnis?

Im Normalfall ist der Marktwert des Eigenkapitals einer AG deutlich größer als der Buchwert. Das liegt im wesentlichen daran, daß sich im Buchwert eine vorsichtige, eher in die Vergangenheit blickende Bilanzbuchhalterperspektive widerspiegelt. Im Marktwert hingegen zeigen sich die (vielleicht nicht ganz so vorsichtig geschätzten) *zukünftigen* Aussichten eines Unternehmens. Im Schnitt liegt in Deutschland der Marktwert zwischen 100 und 150 % über dem Buchwert.[68]

Das heißt:

1. Ist der Marktwert *nur wenig* größer als der Buchwert, werden die Zukunftsaussichten von den Börsenteilnehmern eher schlecht eingeschätzt.
2. Ist der Marktwert deutlich größer als der Buchwert, werden die Aussichten optimistisch beurteilt.

Was bedeutet das für das so beliebte Marktwert/Buchwert-Verhältnis?

1. Je *größer* das MW/BWW-Verhältnis ist, desto *optimistischer* die Einschätzung der Zukunft. Groß bedeutet größer als etwa 2,0! (d.h. Marktwert mindestens 100 % über dem Buchwert)
2. Je *kleiner* das MW/BW-Verhältnis, desto *pessimistischer* wird die Zukunft gesehen. „Klein" bedeutet kleiner als 2; „richtig klein" kleiner als Eins (d.h. Marktwert kleiner als Buchwert).

Was würden wir erwarten? Aus dem Gefühl heraus würde man wohl sagen: Wenn bei Aktien mit großem MW/BW-Verhältnis die impliziten positiven Zukunftseinschätzungen im Schnitt eintreffen, erwarten wir besonders hohe Renditen. Bei denen, denen eine schlechte Zukunft prognostiziert wird, würden wir wohl eher schlechte Renditen erwarten. Werfen wir jetzt einen Blick in die unbestechlichen Daten.

3.8 Die Marktwert/Buchwert-Anomalie

Der MW/BW-Effekt in den USA

Hier zuerst einmal ein Ergebnis aus der in Kapitalmarktforschungskreisen über die Maßen bekannten 1992-er Arbeit der beiden Eminenzen *Fama* und *French*. Diese beiden haben wir schon beim Größeneffekt kennengelernt. Sie bilden jeweils im Juni Marktwert/Buchwert-Portefeuilles. Der Buchwert ist der Buchwert des Eigenkapitals wie er aus der Bilanz zum Ende des vorangegangenen Jahres hervorgeht, der Marktwert der Wert des Eigenkapitals wie er sich anhand des Börsenkurses und der Anzahl der ausstehenden Aktien ergibt; ebenfalls zum 31.12. des Vorjahres. Die Portefeuilles werden deshalb immer erst zur Jahresmitte gebildet, damit man sicher sein kann, daß alle Bilanzen auch tatsächlich öffentlich zugänglich sind;[69] d.h. daß die Portefeuilles also nicht nur theoretisch, sondern auch praktisch gebildet werden können: Moderne Kapitalmarktforschungen bemühen sich, daß ihre Computersimulationen auch im echten Leben genauso realisiert werden können. Die Ergebnisse dieser Portefeuillebildung nach dem Marktwert/Buchwert-Kriterium sehen Sie in Abb. 34.

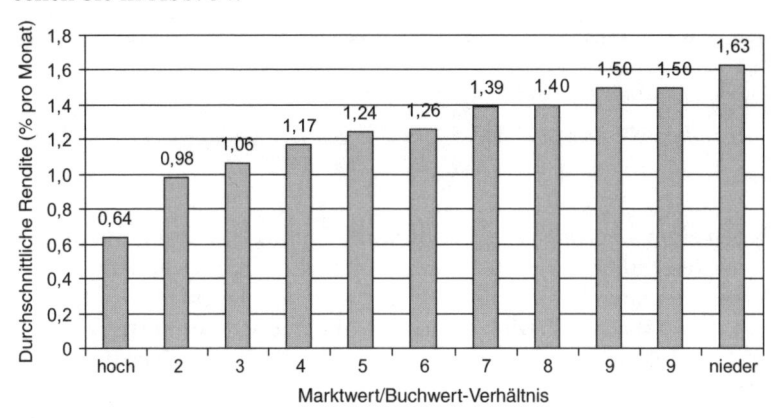

Quelle: *Fama, E.F., French, K.R.,* 1992, S. 446

Abbildung 34: Der Marktwert/Buchwert-Effekt in den USA (1963–1990)

Kann man sich einen besseren Zusammenhang zwischen einer wirklich leicht zu beobachtenden Größe und der *künftigen* Rendite vorstellen? Als ersten Schätzer für die Größe des Effektes können wir den Renditeunterschied zwischen den extremen Portefeuilles verwenden; also 1,63 % − 0,64 % = 0,99 %. Und das ist eine *monatliche* Renditedifferenz![70]

Besonders positiv ist (wieder einmal): Auch in diesem Fall scheint es nicht so zu sein, daß die höhere Rendite mit einem höheren Risiko bezahlt werden muß.

3. Wie Sie den Markt schlagen können: „Überrenditeeffekte"

Weniger gut ist es, daß auch mit diesem Effekt ein Wermutstropfen einhergeht: Ähnlich wie beim P/E- und beim Size-Effekt ist auch der MW/BW-Effekt nicht von Jahr zu Jahr gleich stark ausgeprägt; vgl. Abb. 35.

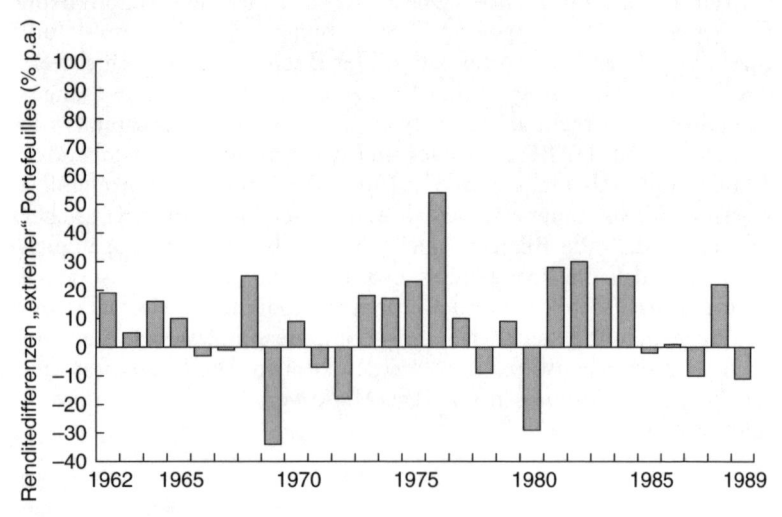

Quelle: *Hawawini, G., Keim, D.B.*, 1993

Abbildung 35: Der MW/BW-Effekt tritt von Jahr zu Jahr unterschiedlich stark auf (USA, 1962–1989)

Noch einmal zurück zur Abbildung 34. Stimmt das Ergebnis mit unseren (eigentlich meinen) Vermutungen überein, welche Aktien die hohen Renditen haben sollten? Nein, ganz im Gegenteil: Die Aktien mit dem hohen MW/BW -Verhältnis (die mit den optimistisch beurteilten Zukunftsaussichten) weisen mit 0,64 % durchschnittlicher Monatsrendite eine viel kleinere Rendite auf als die Aktien mit den als schlecht beurteilten Zukunftsaussichten! Dieser seltsamen Geschichte werden wir im Kapitel „Overreaction" (vgl. S. 144) noch näher auf den Grund gehen.

Zunächst jedoch passiert nach diesen beeindruckenden Ergebnissen etwas völlig überraschendes: *Kothari, Shanken* und *Sloan* finden in einer jüngeren Untersuchung (1995) *keinen* Zusammenhang zwischen dem MW/BW-Verhältnis und der Rendite.[71] Warum?. Ein Grund soll es vor allem sein:[72] Die Datenbasis.

Der wesentliche Unterschied zu der Untersuchung von *Fama* und *French* liegt in der Datenbasis: Fama und French haben eine sehr breite, mehrere tausend Unternehmen umfassende, während die von Kothari, Shanken und Sloan sich auf die Daten von 500 Unternehmen beschränken – im wesentlichen die Firmen, die auch im S&P 500 ver-

3.8 Die Marktwert/Buchwert-Anomalie 65

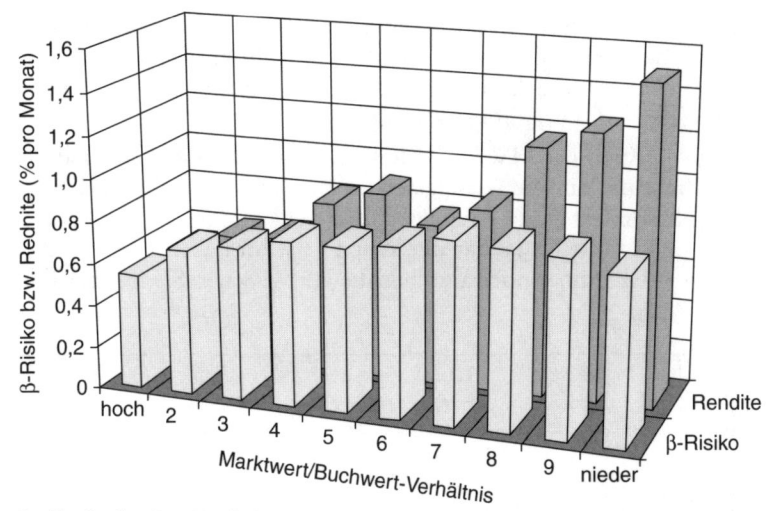

Quelle: Sattler, R., 1994, S. 264

Abbildung 36: Die Marktwert/Buchwert-Anomalie in Deutschland (1969–1991): Ein klarer Widerspruch zum CAPM

treten sind.[73] Resultat: Scheinbar kein MW/BW-Effekt bei S&P 500 Firmen. Und die dürften viele Anleger besonders interessieren! Endgültig geklärt sind die in den Untersuchungen aufgetretenen Differenzen allerdings noch nicht. Es bleibt daher ein unsicheres Gefühl. Vielleicht hilft ein Blick auf andere Märkte. Wenden wir ihn zunächst auf Deutschland.

Der MW/BW-Effekt in Deutschland

Da das CAPM erhebliche Unterschiede beim Size-Effekt zwischen USA und Deutschland identifizieren konnte, bilden wir zuerst MW/BW-Portefeuilles (praktisch genauso wie es Fama/French getan haben) und berechnen dann deren Rendite und ihr β-Risiko. Vielleicht handelt es sich ja hier – im Gegensatz zur P/E- und zur Größenanomalie – gar nicht um einen Widerspruch zum CAPM! Die Ergebnisse sehen Sie in Abb. 36.

Was ist zu sehen? Es liegt eine klare Verletzung des CAPM vor:[74] Bei sehr ähnlichem β-Risiko unterscheiden sich die Durchschnittsrenditen der MW/BW-Portefeuilles ähnlich vehement wie in den USA: Die „Extremportefeuilles" weisen jeweils einen Renditeunteschied von rd. einem Prozentpunkt auf – und das pro Monat (1,63 % – 0,64 % in den USA, 1,50 % – 0,52 % in Deutschland)![75] Für einen ähnlichen Zeitraum erweist sich der MW/BW-Effekt in Deutschland damit praktisch identisch stark wie in den USA – ein Effekt von über 10 % p.a.!

3. Wie Sie den Markt schlagen können: „Überrenditeeffekte"

Ein Datenbasis-Problem – wie es für die USA möglich sein könnte – liegt bei den Ergebnissen für Deutschland nicht vor: In die Untersuchung gehen nur die Aktien ein, die in Frankfurt im amtlichen Handel notiert sind; kurzum marktgängige Aktien.

Übrigens: Auch der MW/BW-Effekt ist – wie der Größen- und der P/E-Effekt um nur die wichtigsten zu nennen – ebenfalls am Jahresanfang besonders stark. In Deutschland schlägt ein MW/BW-Portefeuille den Markt im Januar um knapp 4 %, im Februar um rd. 2 % und im März immer noch um beinahe 1,5 %. Sehen Sie dazu Abbildung 37.

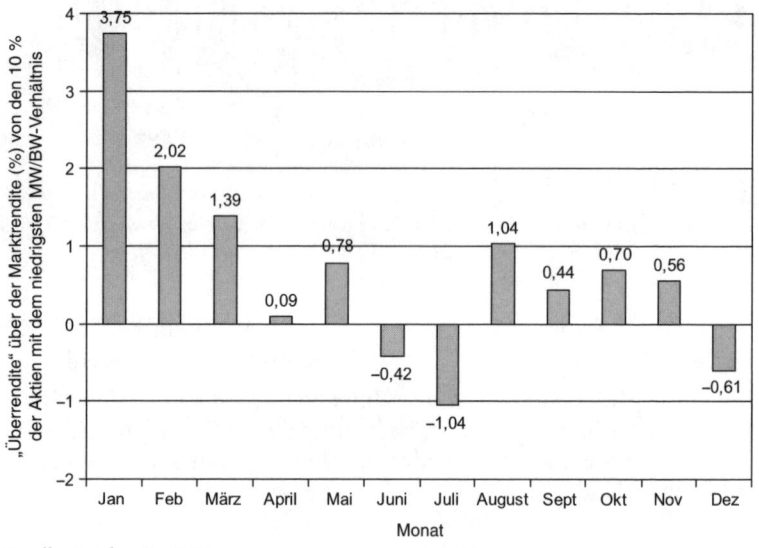

Quelle: *Sattler, R.*, 1994

Abbildung 37: Der MW/BW-Effekt ist besonders stark zu Jahresanfang (Deutschland, 1969–1991)

Die Vermutung einer weitverbreiteten Existenz der MW/BW-Anomalie wird durch die Research-Ergebnisse an weiteren internationalen Börsen bestärkt.

Der MW/BW-Effekt scheint international zu sein

Capaul, *Rowley* und *Sharpe* zeigen für Deutschland, England, Frankreich, die Schweiz, Japan sowie für Gesamteuropa die fast allgegenwärtige Existenz eines – wenn auch schwächeren als erwarteten – MW/BW-Effektes.[76]

In allen genannten Ländern gibt es einen MW/BW-Effekt: Immer ist die Rendite eines Portefeuilles aus Aktien mit niedrigen MW/BW-

3.8 Die Marktwert/Buchwert-Anomalie

Land	Monatlicher MW/BW-Effekt	Jährlicher MW/BW-Effekt
Deutschland	0,13	1,54
England	0,23	2,74
Frankreich	0,53	6,41
Japan	0,50	6,04
Schweiz	0,31	3,71
Europa	0,23	2,77
Global	0,29	3,44

Quelle: *Capaul, C., Rowley, I., Sharpe, W.F.*, 1993

Tabelle 23: *Der internationale MW/BW-Effekt (1981–1992)*

Verhältnissen höher als die aus solchen mit einem hohen MW/BW-Verhältnis:

Die Größe des Effektes – oder besser seine „Kleinheit" auf internationaler Ebene überrascht – vor allem nachdem die Ergebnisse von *Fama/French* (USA) und *Sattler* (Deutschland) große Übereinstimmung in der Größenordnung erbracht haben.

Daher werden in der Tabelle 24 die Ergebnisse von Sattler noch einmal mit den neueren Ergebnissen von *Wallmeier* verglichen. Neben einem größeren Untersuchungszeitraum unterscheidet sich außerdem die Datenbasis deutlich. Die Stabilität der Ergebnisse ist doch überraschend.

	Ergebnisse Sattler: 1969 – 1991[1]					Ergebnisse Wallmeier: 1967 – 1994					
Rendite	6,98	8,97	10,36	12,89	17,86	7,80	12,62	10,63	10,44	13,31	20,37
MW/BW[2]	4,55	2,49	1,92	1,48	0,831	0,28	0,43	0,53	0,64	0,79	1,19
β	0,61	0,74	0,79	0,85	0,80	0,53	0,63	0,64	0,71	0,73	0,69

[1] *Sattler* bildet ursprünglich 10 Portefeuilles; zum besseren Vergleich mit Wallmeier sind jeweils 2 zusammengefaßt. Außerdem sind die Monatsrenditen in Jahresrenditen umgerechnet.

[2] *Sattler* rechnet das Sortierungskriterium als Eigenkapital zu Marktwerten bezogen auf Eigenkapital zu Buchwerten (MW/BW). *Wallmeier* rechnet Eigenkapital zu Buchwerten bezogen auf Eigenkapital zu Marktwerten (BW/MW).

Tabelle 24: *Der MW/BW-Effekt in Deutschland, 1969–1991 (Sattler) und 1967–1991 (Wallmeier)*

Bei solchen Größenordnungen fällt es extrem schwer, sie auch in der Zukunft zu erwarten. Ich auf jeden Fall gehe nicht davon aus, daß der Effekt in dieser Stärke anhält. Nichtstdestotrotz wäre es wahrscheinlich wenig sinnvoll, nur aufgrund der Größe der Anomalie auch schon mit ihrem Verschwinden zu rechnen.

Investmentempfehlungen:

Der MW/BW-Effekt zeigt eine beinahe unglaubliche Größe. Richtig interessant wird er vor allem, wenn das MW/BW-Verhältnis unter 1 liegt – d.h. wenn der Marktwert kleiner ist als der Buchwert.

Dabei dürfte es sich in aller Regel um Aktiengesellschaften handeln, die in einer schwierigen Situation stecken. In den hier vorgestellten Ergebnissen werden die Portefeuilles zwar unabhängig von der Betrachtung dieser Situation gebildet – der Computer macht die Selektion praktisch „blind".

Aus meiner Sicht ist es unumgänglich, die Analyse um eine (zumindest kleine) Fundamentalanalyse zu erweitern. Die Ergebnisse sollten sich damit zusätzlich verbessern lassen.

Während das MW/BW-Verhältnis in der ökonomischen Theorie Aussagen über die „stillen Reserven" ermöglicht, besteht für den *Verschuldungsgrad* eine theoretische Aussage über seinen Zusammenhang mit der Rendite des Eigenkapitals – oder einfacher gesagt der Aktienrendite. Den Ergebnissen der empirischen Analysen ist der nächste Abschnitt gewidmet.

3.9 Verschuldungs- bzw. Leverage-Effekt

Ähnlich wie beim MW/BW-Verhältnis handelt es sich beim Verschuldungsgrad um *eine aus der Bilanzanalyse bekannte Standardgröße*. Außerdem handelt es sich um eine wichtige Größe aus der Theorie der Kapitalkosten. Den theoretischen Zusammenhang von Verschuldungsgrad und Kapitalkosten (und damit auch den Eigenkapitalkosten, d.h. aus Sicht von Aktienkäufern die Aktienrenditen) zeigt die Abbildung 38.

Mit wachsendem Verschuldungsgrad steigen also – in der Theorie – die Eigenkapitalkosten. D.h. die Aktienrenditen von Unternehmen mit einem hohen Verschuldungsgrad sollten höher als die von Unternehmen mit einem niedrigen Verschuldungsgrad sein.

Das Problem ist, daß man den Verschuldungsgrad nur scheinbar „einfach" messen kann. Je nachdem wie die Messung erfolgt, ändern sich

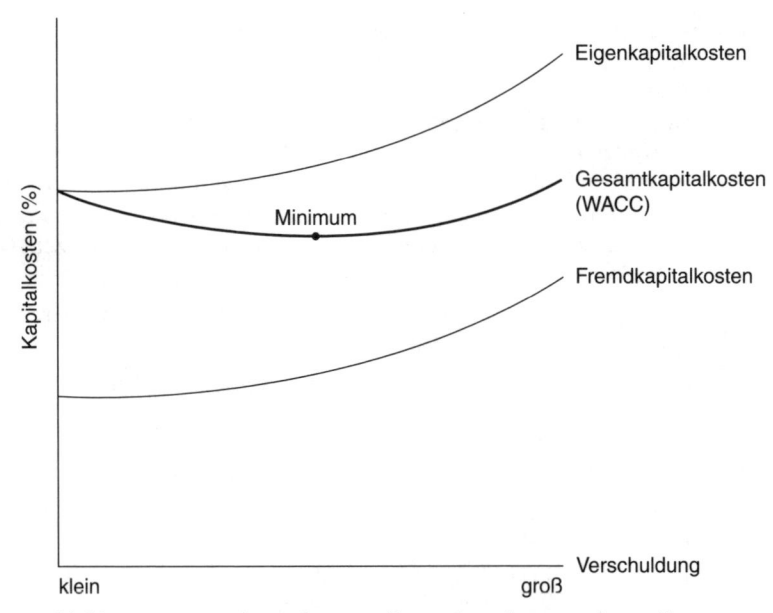

Abbildung 38: Eigenkapital-, Fremdkapital- und Gesamtkapitalkosten in Abhängigkeit des Verschuldungsgrades

die Ergebnisse. Daher müssen wir uns *vor* der Betrachtung der empirischen Untersuchungsergebnisse etwas mit dem theoretischen Background befassen.

Der theoretische Hintergrund von Verschuldungsgrad und Kapitalkosten

Der Verschuldungsgrad hängt mit der *Finanzierung*, und diese wiederum mit der Sicherheit eines Unternehmens zusammen. Finanzierung meint, *woher* das in das Unternehmen investierte Geld kommt – genauer: ob es sich dabei um Eigenkapital oder Fremdkapital handelt.

Praktisch jedes Unternehmen hat sowohl Eigen- als auch Fremdkapital. Auf die Mischung kommt es nun an! Um etwas über das Mischungsverhältnis zu erfahren, genügt ein Blick auf die rechte Seite der Bilanz, die Kapitalherkunftsseite.

Das *Eigenkapital* ist das Kapital, das die Eigentümer dem Unternehmen zur Verfügung gestellt haben. Seine wichtigsten Charakteristika sind:

1. Eigenkapitalgeber sind vom Erfolg des Unternehmens *absolut abhängig*: Ist der Erfolg groß, können Eigenkapitalgeber sehr hohe Renditen erwirtschaften. Ist der Erfolg hingegen schlecht, können

die Renditen auch negativ werden. Im Extremfall wird das Eigenkapital komplett vernichtet. Eigenkapital verbindet also Chance und Risiko.
2. Aus diesem Grund ist Eigenkapital teures Kapital: Das Risiko muß bezahlt werden!
3. Der Gesetzgeber schreibt vor, daß Unternehmen immer ein positives Eigenkapital haben müssen. Wieviel das aber im Verhältnis zum Fremdkapital sein sollte, bleibt dem Unternehmen (in Grenzen) selbst überlassen.[77]

Fremdkapital[78] ist die zweite Kapitalart, die im Unternehmen vertreten ist. Seine wichtigsten Eigenschaften sind:

1. Fremdkapitalgeber erhalten einen vorher vereinbarten Zins auf ihr Fremdkapital.
2. Die Ansprüche auf diesen Zins gehen den Ansprüchen der Eigenkapitalgeber auf Verzinsung ihres Eigenkapitals voraus.
3. Daher ist Fremdkapital eine relativ sichere Anlageform – und damit *eine im Vergleich zum Eigenkapital wenig teure Kapitalart.*

Resultat: Nachdem Fremdkapital vergleichsweise günstig ist, könnte man auf die Idee kommen, das Unternehmen hauptsächlich mit Fremdkapital zu finanzieren. Der faszinierende Nebeneffekt ist, daß – wenn alles gut geht – dies gleichzeitig mit höheren Renditen für das verbleibende bißchen Eigenkapital verbunden wäre – der Erfolg würde sich auf weniger Eigenkapital verteilen, damit stiegen die Eigenkapitalrenditen! Ökonomen bezeichnen diesen Effekt (den es wirklich gibt!) als *Leverage-Effekt.*

Das Problem ist nur: Eigenkapital dient als *Verlustpuffer.* Werfen Sie einen Blick in die Bilanzen der Abbildung 39: Der im Verlauf des Jahres 1999 aufgetretene Verlust führt dazu, daß das Eigenkapital des Unternehmens *negativ* wird. Anders ausgedrückt: Die Schulden (das „Fremdkapital") sind größer als das Vermögen des Unternehmens – Konkurs.

Je kleiner also das Eigenkapital ist, desto größer wird das Risiko künftiger Überschuldung und damit das Risiko, daß die Eigenkapitalgeber alles Geld verlieren.[79]

Oder anders formuliert: Je größer der Anteil des Fremdkapitals am Gesamtkapital wird, desto riskanter ist die Finanzierung des Betriebes: Die Konkursgefahr steigt, da wenig Eigenkapital da ist, um Verluste aufzufangen.

> Geldgeber fordern eine *gesunde Mischung* aus Eigen- und Fremdkapital. Gesund bedeutet für einen Banker, daß das Verhältnis Eigenkapital zu Fremdkapital (gemessen an Bilanzrelationen) *mindestens* 1:4, besser 1:2 betragen soll.

3.9 Verschuldungs- bzw. Leverage-Effekt

Bilanzen und Überschuldung

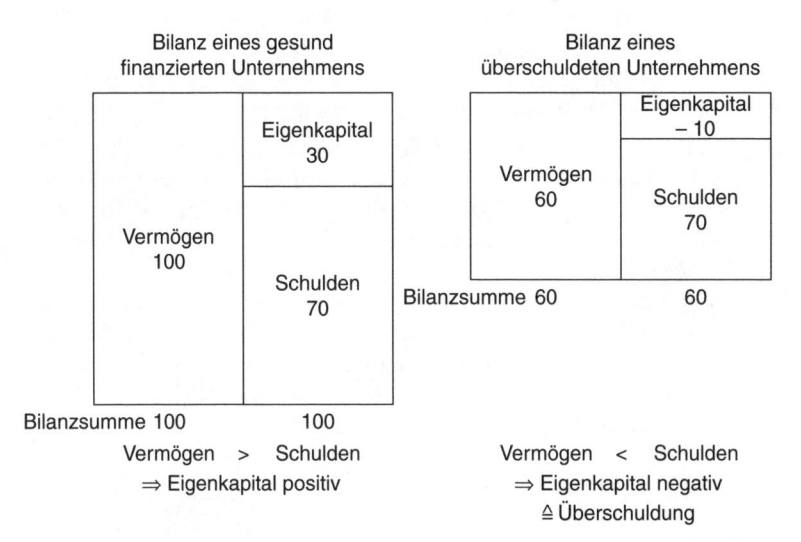

Bilanz eines gesund finanzierten Unternehmens		Bilanz eines überschuldeten Unternehmens	
Vermögen 100	Eigenkapital 30	Vermögen 60	Eigenkapital – 10
	Schulden 70		Schulden 70
Bilanzsumme 100	100	Bilanzsumme 60	60
Vermögen > Schulden ⇒ Eigenkapital positiv		Vermögen < Schulden ⇒ Eigenkapital negativ ≙ Überschuldung	

Abbildung 39: Bilanzen und Überschuldung

Wird das Verhältnis kleiner (wie in Abbildung 39 im Jahr 1998), wird das Risiko des drohenden Kapitalverlustes von den Kapitalgebern wahrgenommen und führt dazu, daß sie ihre *gewünschte* Verzinsung nach oben anpassen.

Daher erwarten wir bei Aktiengesellschaften folgende Beobachtung:
- Niedriger Verschuldungsgrad = geringes Risiko => niedrige Aktienrendite und
- hoher Verschuldungsgrad = hohes Risiko => hohe Aktienrendite.

Was spricht das Datenmaterial?

Empirische Ergebnisse zum Leverage-Effekt

Die erste Untersuchung fand in den USA statt. Der Autor ist *Bhandari*.[80] Seine Ergebnisse:

1. Die Aktien von Unternehmen mit hohem Verschuldungsgrad rentieren um etwa 5,83 % p.a. höher als die von Unternehmen mit niedrigem Verschuldungsgrad.
2. Dieser Effekt ist weitgehend unabhängig von der Größe und auch vom β-Risiko.
3. Und jetzt noch eine Überraschung: Ein Großteil der Prämie für die Verschuldung kommt im Januar. Es gibt also eine Art Leverage-Januar-Effekt.

3. Wie Sie den Markt schlagen können: „Überrenditeeffekte"

Bhandari mißt den Verschuldungsgrad als *Buchwert* des Fremdkapitals zu *Marktwert* des Eigenkapitals.[81] Das erscheint im ersten Moment unwichtig, entpuppt sich aber gleich als sehr wichtig: Die beiden Kapitalmarktgrößen *Fama* und *French* zeigen nämlich bei ihrer Überprüfung der Bhandarischen Untersuchung:

1. Je höher der Verschuldungsgrad, gemessen als das Verhältnis Gesamtkapital/*Marktwert* Eigenkapital wird, desto *höher* wird – wie bei Bhandari auch und wie es die ökonomische Theorie fordert – die Rendite des Eigenkapitals; d.h. die Aktienrendite („Variante 1"). Aber:
2. Je höher der Verschuldungsgrad, diesmal gemessen als das Verhältnis Gesamtkapital zu *Buchwert* Eigenkapital wird (eigentlich auf den ersten Blick nur eine geringfügig andere Messung des Verschuldungsgrades), desto *kleiner* wird die Rendite des Eigenkapitals („Variante 2").[82]

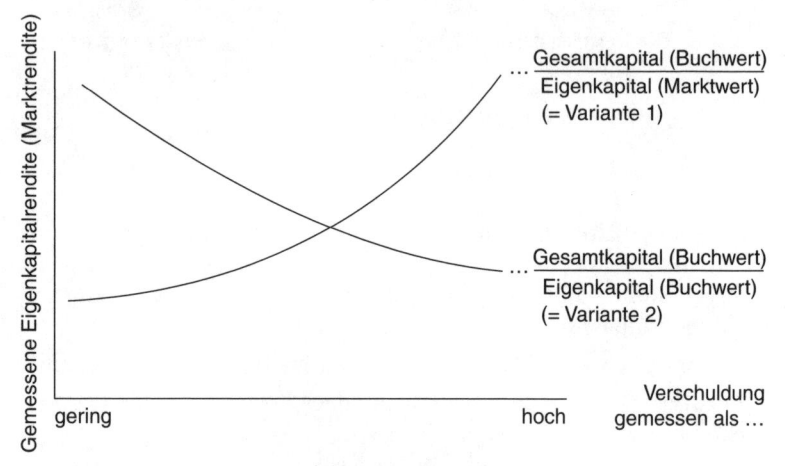

Abbildung 40: Auf die Art der Messung kommt es an: Leverage und Aktienrendite

Wie kann das sein? Man mißt den Verschuldungsgrad doch scheinbar nur ein bißchen anders! *Fama/French* argumentieren, daß es sich bei der „Variante 1" um eine *unfreiwillige* Art der Erhöhung des Leverages handelt. Sie resultiert daraus, daß der Aktienkurs aus welchem Grund auch immer zusammenbricht. Dieses vom Management quasi ungeplante Ereignis wird von den sensiblen Marktteilnehmern wahrgenommen und mit einer Erhöhung der Kapitalkosten „bestraft".

Anders das Ergebnis, wenn wie bei der „Variante 2" nur der Buchwert des Eigenkapitals abnimmt. Das sei aufgrund der relativen Planbarkeit und Gestaltbarkeit von Bilanzen ein Zeichen, daß das Management meint, sich wegen einer stabilen Geschäftsentwicklung einen

3.9 Verschuldungs- bzw. Leverage-Effekt

höheren Leverage (d.h. einen kleineren teuren Eigenkapitalpuffer) leisten zu können. Diese *geplante Erhöhung* des buchhalterischen Verschuldungsgrades wird als *positive Nachricht* eingestuft und mit *kleineren* Kapitalkosten belohnt (= niedrigere geforderte Aktienrenditen).

Interessantes „Nebenergebnis": Die aus der ökonomischen Theorie abgeleitete Darstellung der Kapitalkosten in Abbildung 38 stimmt in der angegebenen Weise nur dann, wenn (zumindest) das Eigenkapital als Eigenkapital zu Marktwerten gemessen wird!

Der Leverage-Effekt in Deutschland

Wie schaut es nun in Deutschland aus? *Wallmeier* mißt den Verschuldungsgrad als Buchwert des Fremdkapitals/Marktwert des Eigenkapitals. Es handelt sich damit um eine Methode, die der von *Bhandari* bzw. *Fama/French* in „Variante 1" ähnlich ist und die quasi „unfreiwillige" Verschuldung mißt.[83] Man würde also nach Kenntnis der US-amerikanischen Daten erwarten, daß mit zunehmender Verschuldung (d.h. zunehmenden Verhältnis Buchwert Fremdkapital/Marktwert Eigenkapital) die Rendite der Aktien steigt.

Und genau so ist auch das Ergebnis; vgl. Abbildung 41. Wie schon bei P/E-, Size- und MW/BW-Effekt zeigt sich eine hohe Übereinstimmung von US-amerikanischen und deutschen Kapitalmarktergebnissen.

Der Zusammenhang von Rendite und Verschuldung[84] ist eindeutig. Ebenso eindeutig: Wieder scheint ein Verstoß gegen das CAPM vor-

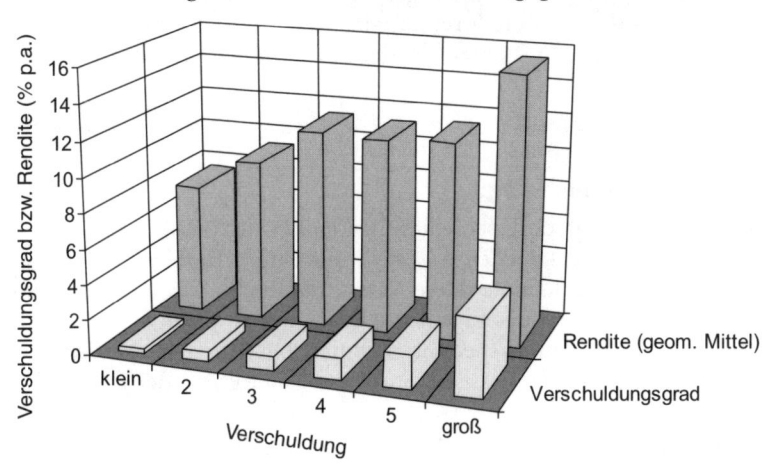

Quelle: *Wallmeier*, 1997, S. 272, Tab. C. Verschuldung wird als Buchwert des Fremdkapitals zu Marktwert Eigenkapital gemessen.

Abbildung 41: Verschuldung und Rendite in Deutschland (1967–1994)

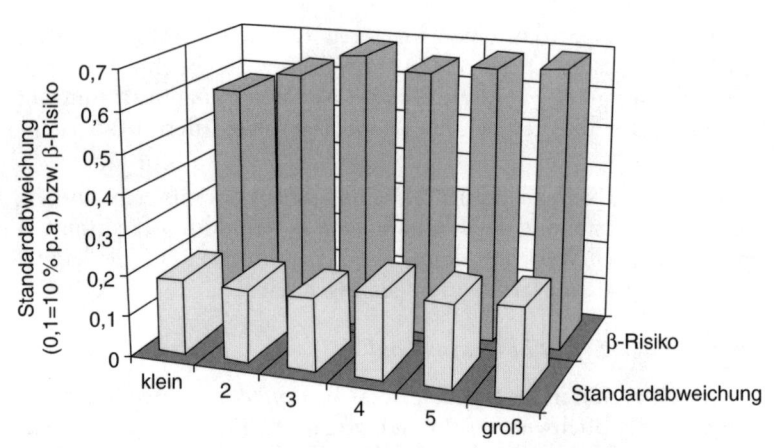

Quelle: *Wallmeier*, 1997, S. 272, Tab. C. Verschuldung wird als Buchwert des Fremdkapitals zu Marktwert Eigenkapital gemessen.

Abbildung 42: β- und Streuungsrisiko in Abhängigkeit von der Verschuldung in Deutschland (Portefeuilledaten, 1967–1994)

zuliegen: Das β-Risiko der Aktien in den einzelnen Verschuldungsklassen unterscheidet sich nur geringfügig: In der Klasse mit der niedrigsten Verschuldung ist es zwar erwartungsgemäß am niedrigsten (durchschnittlich 0,59) und in der Klasse mit der höchsten Verschuldung am größten: mit durchschnittlich 0,69 liegt der Wert aber immer noch sehr niedrig – viel niedriger als man wahrscheinlich erwartet hätte! Auch die absolute Streuung der Renditen – gemessen mit der Standardabweichung – unterscheidet sich zwischen den Portefeuilles kaum.[85]

So kann man folgern:

Investmentempfehlung:

Deutliche Renditeunterschiede gehen einher mit kaum wahrnehmbaren Risikounterschieden. Das heißt für den Anleger: Vermeide es, Unternehmen zu kaufen, deren Verhältnis Buchwert des Fremdkapitals zu Marktwert des Eigenkapitals kleiner als 1 ist! Oder anders ausgedrückt: Präferiere die Unternehmen, bei denen der Marktwert des Eigenkapitals (evtl. sogar deutlich) kleiner ist als der Buchwert des Fremdkapitals!

Weiter unten werden wir sehen, daß man die Selektion durch zusätzliche Kriterien noch weiter verbessern kann. Vgl. das Kapitel „Hängen die Effekte zusammen? Kann man sie kombinieren, um die Renditen zusätzlich zu verbessern?"

3.10 Rating-Effekt 75

> Aber Achtung: Viele der Unternehmen, auf die diese Beschreibung zutrifft, werden in wirtschaftlichen Schwierigkeiten stecken. Die Selektion sollte daher – wie üblich – um eine Fundamentalanalyse erweitert werden.

Jetzt wenden wir uns aber einer Erscheinung zu, die das eben gezeigte Bild ergänzt. Es handelt sich um Ergebnisse der Zürcher Bank *Julius Bär*.

3.10 Rating-Effekte

Es lohnt sich für Aktionäre, in „Qualitätsaktien" zu investieren. Das ist die zentrale Aussage nach Analysen der Bank *Julius Bär*.[86]

Julius Bär setzt „Qualität" mit dem Credit Rating, einer Art öffentlicher Bonitätsbeurteilung, gleich; naturgemäß eine für Kreditinstitute typische Prüfung. Werfen Sie einen Blick auf das Ergebnis:

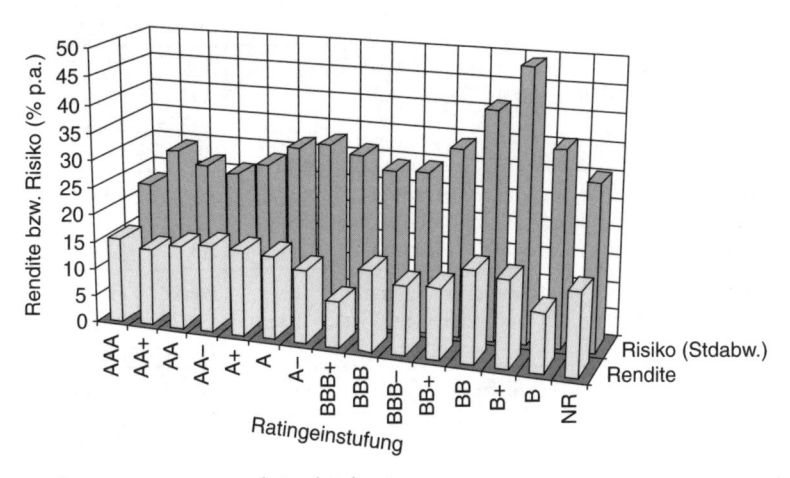

Quelle: *Investment Research*, Bank Julius Bär

Abbildung 43: Rendite und Risiko einer Aktienanlage von 1986–1996 nach Rating von 1986

Die Research-Abteilung hat dazu die 1986-er-Ratings der im S&P 500 vertretenen Unternehmen verwandt, um Portefeuilles zu bilden: Die Aktien mit dem besten Rating AAA in das erste, die mit dem zweitbesten AA+ in das zweite etc. Dann wurden diese Portefeuilles zehn Jahre lang gehalten. Die durchschnittliche Portefeuillerendite und das durchschnittliche Risiko (gemessen mit der Standardabweichung als Renditeschwankung, nicht als β-Risiko) ist in der Abbildung 43 dargestellt.[87] Was bedeutet „Bonität" oder „Rating"?

Der für Fremdkapital zu entrichtende Zins hängt vom dem *Risiko* ab, daß das Unternehmen einer der mit der Aufnahme des Fremdkapitals eingegangenen Verpflichtung nicht ordnungsgemäß nachkommt; d.h. Zins- oder Tilgungszahlungen nicht pünktlich oder im Extremfall gar nicht mehr leistet. Dieses Risiko heißt *Bonitätsrisiko*.

In Deutschland prüfen die Banken das Bonitätsrisiko hauptsächlich intern.[88] In den USA, wo die Unternehmen Anleihen verkaufen um Fremdkapital aufzunehmen, ist es natürlich unmöglich, daß jeder einzelne Anleihenkäufer eine Bonitätsbeurteilung durchführt.

Diese Aufgabe übernehmen Ratingagenturen wie *Standard & Poor's* oder *Moody's Investors Service*. Diese Agenturen werden von den Unternehmen beauftragt, ihre Bonität zu messen und zu veröffentlichen. Das Ergebnis der Prüfung wird als *Rating* bezeichnet. Zur Bedeutung des Ratings: Siehe Tabelle 25.

Die Bedeutung der Langfristratings von Moody's und S&P

Beurteilung	Moody's	S&P
sehr gut – geste Qualität, geringstes Ausfallrisiko hohe Qualität, aber etwas größeres Risiko	Aaa Aa1 Aa2 Aa3	AAA AA+ AA AA–
gut – gute Qualität, viele gute Investmenttribute, aber auch Elemente, die sich bei veränderter Wirtschaftsentwicklung negativ auswirken könnten	A1 A2 A3	A+ A A–
mittel – mittlere Qualität, aber mangelnder Schutz gegen die Einflüsse sich verändernder Wirtschaftsentwicklungen	Baa1 Baa2 Baa3	BBB+ BBB BBB–
spekulativ – nur mäßige Sicherheit für Zins- und Tilgungszahlungen	Ba1 Ba2 Ba3	BB+ BB BB–
sehr spekulativ – generell fehlende Charakteristika eines wünschenswerten Investments, langfristige Zinszahlungserwartung gerin	B1 B2 B3	B+ B B–
Junk Bonds – hochverzinslich, aber auch hoch spekulativ, niedrigste Qualität, geringster Anlegerschutz, in Zahlungsverzug oder in direkter Gefahr des Verzugs	Caa Ca C	CCC+ CCC CC– C D

Tabelle 25: Die Bedeutung des Langfrist-Ratings von S&P sowie von Moody's

Emissionsdatum	Währung	Betrag (in Mill.)	Emittent	Rating **)	Zins %	Ausgabekurs (%)	Laufz. (max. Jahre)	Valuta	Konsortialführer
22.03.99	€	100	Abbey National [5] [13]	A+/Aa3	6	100	[5]	19.4.	Morgan Stanley DW
22.03.99	€	200	Litauen	BBB-/Ba1	8	99,245	5	24.3.	CSFB/Dresdner KB
23.03.99	€	1 000	Hypo in Essen [18]		3 1/2	100,41	28.1.00	30.3.	größere Gruppe
23.03.99	€	250	Argentinien [10] [14]		14	101,005	26.2.08	6.4.	Morgan Stanley DW
23.03.99	€	300	Heidelberger Zement		4 3/4	98,875	10	9.4.	Dt.Bank/Dresdner KB
23.03.99	€	1 000	Argentaria	/Aa1	4 3/8	99,769	10	30.3.	GS/Argentaria
23.03.99	€	60	Caja Madrid [5]		7	100	10	9.4.	Societe Generale
23.03.99	€	400	Investor AB		4 1/4	99,16	7	13.4.	JP Morgan
23.03.99	€	250	National Bank of Canada [3]	A/A1	E+0,10	99,981	3	9.4.	Dt. Bank/Levesue Baubiel
23.03.99	€	250	LB Rheinland-Pfalz [3]	AA+/Aa1	E-0,05	100,05	1	7.4.	Paribas
23.03.99	€	500	DSL	AAA/Aaa	3 7/8	101,703	7	20.4.	ABN Amro/HypoVerein
24.03.99	€	1 000	AHB [15]		3	99,4475	3	2.4.	größere Gruppe
24.03.99	€	300	Banco di Napoli [3]	BBB/Baa1	E+0,30	99,679	5	14.4.	Morgan Stanley DW
24.03.99	€	1 000	Portugal Telecom	A+/A2	4 5/8	99,412	10	7.4.	Merrill Lynch/WDR
24.03.99	€	250	SGZ [3]	A+/	E+0,125	100,01	4	7.4.	ABN Amro
24.03.99	€	200	ICO	AA/aa2	3	99,94	29.6.01	9.4.	Santander Investment
24.03.99	€	200	Popolare di Novara [3]		E+0,25	99,855	3	23.4.	Lehman/BNL
24.03.99	€	180	CCDQ [3]	AA/Aa3	E-0,625	99,973	1	13.4.	Societe Generale
24.03.99	€	2 000	Deutsche Finance [3] [12]	AA+/Aa1	E+0,625	99,803	25.2.04	1.4.	Deutsche Bank
25.03.99	€	1 000	Philip Morris	A/A2	4 1/2	100,909	7	6.4.	CSFB/Deutsche Bank
25.03.99	€	150	Mediocredito [14]		12	100	15	30.4.	Warburg Dillon Read
25.03.99	€	125	SNS Netherlands	/A3	5 1/8	100,587	12	15.4.	Rabobank
25.03.99	€	2 000	KfW	AAA/Aaa	3 1/2	99,832	15.7.04	6.4.	Cobank/JPM/Paribas
25.03.99	€	150	Telecom Argentina	BBB-/Ba3	8 3/8	99,75	5	8.4.	JP Morgan/BCI/Caboto
25.03.99	€	300	Parmalat [12]		5 1/2	10;68	10	30.3.	Merrill Lynch
25.03.99	€	227	DePfa [13] [18]	AAA/Aaa	5 1/2	109,525	15.1.13	1.4.	größere Gruppe
25.03.99	€	245,5	Sectrs Class A [3]	AA/Aa2	E+0,45	100	3	1.4.	Goldman Sachs
25.03.99	€	127,5	Sectrs Class B [3]	A/A2	E+0,85	100	3	1.4.	Goldman Sachs
25.03.99	€	82	Sectrs Class C [3]	BBB+/Baa2	E+1,70	100	3	1.4.	Goldman Sachs
25.03.99	€	300	Mediocredito Lombardo [5]		[5]	101,45	15	30.4.	Caboto
25.03.99	€	75	BGB Finance [5]	/Aa2	4 3/4	100,50	20	31.3.	CSFB
26.03.99	€	125	Würtemberger Hypo [13] [18]		4 1/4	99,735	2.10.08	1.4.	größere Gruppe
26.03.99	€	250	Deutsche Hypo [13] [18]		4	99,565	8	1.4.	größere Gruppe
26.03.99	€	50	Sal. Oppenheim [2] [19]		11	99,50	1	7.4.	Sal. Oppenheim
26.03.99	€	300	Spintab [3]	AA-/Aa3	E	100,017	12.10.00	12.4.	Salomon Smith Barney
29.03.99	€	200	Rheinboden [3]	AAA/	E	100	4	7.4.	HypoVerein/DG Bank
29.03.99	€	1 250	Fortis Unit		4 5/8	99,10	10	7.4.	Lehman/Soc. Gen.
29.03.99	€	120	Cregem Finance [5]		6	100	10	20.4.	Dexia
29.03.99	€	1 000	DePfa [3]		E-0,02	100,10	3	1.4.	Goldman Sachs
30.03.99	€	200	Banca del Salento [3]		E+0,40	100	2	30.4.	Raboank/Dt. Bank
25.03.99	US-$	1 000	Mexico	BB/Ba2	9 3/4	99,964	6	6.4.	Morgan Stanley DW
25.03.99	US-$	160	IBM	A+/A1	5,1	99,98	4	8.4.	Nomura
26.03.99	US-$	1 000	Farm Credit System		5 1/8	99,878	2	1.4.	JP Morgan/Goldman
26.03.99	US-$	400	Bank of Montreal [3]	AA-/Aa3	L+0,05	99,847	3	15.4.	Bank of Montreal
26.03.99	US-$	750	Citigroup	AA-/Aa2	5,8	99,743	5	31.3.	Salomon Smith Barney
26.03.99	US-$	750	Citigroup	AA-/Aa2	6,2	99,698	10	31.3.	Salomon Smith Barney
26.03.99	US-$	200	Banco Badesco	B/Ba2	11 3/4	99,884	1	3.4.	Merrill Lynch
26.03.99	US-$	100	Citibank		[7]	94,5626	27.9.99	31.3.	Salomon Smith Barney
26.03.99	US-$	100	ABN Amro		9	98,4226	30.12.99	31.3.	ABN Amro
26.03.99	US-$	600	Imperial Tobaco [5]		7 1/8	99,69	10	1.4.	Merrill Lynch
29.03.99	US-$	300	Banco Pop. di Verona [3]		L+0,15	99,757	7	28.4.	ABN Amro
29.03.99	US-$	200	Provident Bank Class A1 [16]	AAA/Aaa	L+0,255	100	25.7.19	26.04.	Lehman Brothers
29.03.99	US-$	123	Provident Bank Class A2 [16]	AAA/Aaa	L+0,15	100	25.7.19	26.04.	Lehman Brothers
29.03.99	US-$	192	Provident Bank Class A3 [16]	AAA/Aaa	L+0,25	100	25.7.19	26.04.	Lehman Brothers
30.03.99	US-$	1 000	GMAC [3]	A/A2	[11]	[11]	5	4/99	Bear Stearns/Barclays
30.03.99	US-$	1 000	GMAC		[11]	[11]	8	4/99	Bear Stearns/Warburg DR
19.03.99	Kan-$	100	Provinz Alberta		5 1/4	100,8875	3	8.4.	CIBC Wood Gundy
29.03.99	Kan-$	100	HypoVereinsbank	AA-/Aa2	5 1/4	100,94	5	26.4.	TD Securities
29.03.99	Aus-$	100	Commerzbank		5 3/8	100,905	30.12.02	30.4.	RBC Dominion
29.03.99	Aus-$	100	HypoVereinsbank	AA-/Aa2	5 3/8	100,90	23.12.02	23.4.	TD Securities
24.03.99	HK-$	1 000	SHK [5]		8	99,80	2	23.3.	HSBC Markets
29.03.99	Yen	10 200	Yen [2] [5]		3	100	29.9.99	29.3.	Salomon Smith Barney
24.03.99	£	97	Catalyst Healthcare	AAA/Aaa	5,87	100,00	31.12.30	31.3.	Greenwich NatWest
24.03.99	£	100	Bass [10] [17]	A/A2	5 3/4	101,044	21.12.07	8.4.	Morgan Stanley DW
26.03.99	£	130	ExCeL Class A		[11]	[11]	25.11.15	9.4.	Barclays
26.03.99	£	45	ExCeL Class B [5]		[11]	[11]	25.11.16	9.4.	Barclays
26.03.99	£	200	GECC	AAA/Aaa	5 1/4	99,092	7.12.28	9.4.	Morgan Stanley DW
29.03.99	£	200	Powergen	A/A2	6 1/4	97,864	25	29.4.	HSBC/Warburg DR
29.03.99	£	200	Spanien	AA/Aa2	5 1/4	98,602	30	6.4.	Barclays
29.03.99	£	50	BNG [18]	AAA/Aaa	5 5/8	101,079	7.6.21	15.4.	Dresdner KB
25.03.99	skr	1 000	HyopVereinsbank Finnland	AA-/Aa2	15 3/4	100,90	3	15.4.	HypoVereinsbank
25.03.99	nkr	500	Dänemark und Schweden	AAA/Aaa	5 1/8	101,260	5	21.4.	Svenska Handelsbanken
23.03.99	ekr	100	NIB		8,9	100	3	15.4.	
24.03.99	ekr	100	SEK		7	100,90	1	14.4.	RBC Dominion
25.03.99	sfr	200	BNG	AAA/Aaa	2 1/2	101,75	7	3.5.	ABN Amro
26.03.99	sfr	100	BP Amoco	AA+/Aa1	2 1/2	101,95	7	10.5.	CSFB/WDR/Dt. Bank
29.03.99	sfr	200	Waterschapsbank	AAA/Aaa	2 1/4	101,90	5	10.5.	ABN Amro
29.03.99	sfr	500	Österreich		3	102,35	31.8.09	21.4.	CSFB
25.03.99	Ckz	500	Ford Motors	A/A1	7 3/4	100,87	5	28.4.	RBC Dominion
24.03.99	Dr.	10 000	Deutsche Bank	AA+/Aa1	L-0,50	101,125	3	16.4.	Dt. Bank/Unicredito
29.03.99	Dr.	15 000	Commerzbank [12]	AA-/Aa3	L-0,45	99,87	3	8.4.	RBC Dominion
25.03.99	Rand	100	Weltbank	AAA/Aaa	13 3/4	99,89	5	19.4.	TD Securities

L = Libor, F = Fibor, SR = Swap Rate E =Euribor; *) Vorläufige Konditionen; **) letzte vorliegende Daten von Standard & Poor's/Moody's; die Ratings beziehen sich zum Teil auf frühere bzw. ähnliche Emissionen des Schuldners; 1) Optionsanleihe; 2) Wandelanleihe; 3) Anleihe mit variabler Verzinsung; 4) Doppelwährungsanleihe; 5) Emissionsbetrag, Zinsausstattung, Laufzeit oder Tilgung mit besonderen Elementen; 6) Privatplazierung; 7) Nullkupon-Anleihe; 8) Anleihe ohne feste Endlaufzeit; 9) Anleihe austauschbar in andere Anleihe oder andere Aktien; 10) Anleihe fungibel mit früherer Anleihe; 11) Emissionsbetrag oder Konditionen noch offen; 12) Volumen und/oder Konditionen später geändert; 13) Stufenzinsanleihe (steigende Zinsen); 14) Stufenzinsanleihe (fallende Zinsen); 15) Pfandbrief; 16) Asset-backed; 17) Verzinsung an Rex gekoppelt; 18) Aufstockung einer früheren Emission; 19) Aktienandienungsrecht.

Quelle: *Handelsblatt*, 31.3.1999

Tabelle 26: Zusammenhang von Rating und versprochener Zinszahlung (am Beispiel von im März 1999 neu emittierten Anleihen)

3. Wie Sie den Markt schlagen können: „Überrenditeeffekte"

Mit diesem Rating ist es den Unternehmen möglich, ihre Anleihen mit dem Zins zu versehen, den der Markt aktuell als ihrer Bonität angemessen sieht: Je schlechter das Ratingergebnis, desto höher muß die (versprochene) Zinszahlung sein. Die Tabelle 26 zeigt Rating und Verzinsung von im März 1999 neu emittierten Anleihen; darunter sind Staatsanleihen (z.b. die neue $-Anleihe von Mexiko mit einem Rating von BB/Ba2 (S&P/Moodys') und einem Zinsversprechen von 9 3/4 %) sowie Anleihen von Unternehmen (z.b. die Euro-Anleihe von Philip Morris mit Rating A/A2, die bei vergleichbarer Laufzeit nur 4,5 % Rendite verspricht).

Zentrale Bedeutung für das Ratingergebnis haben Fundamentaldaten[89] wie

- die Stärke, Stabilität und Prognostizierbarkeit der laufenden Finanz- und Ertragskraft,
- die Marktposition,
- das Wettbewerbsumfeld,
- spezielle Branchenrisiken etc.[90]

Ratings sind leicht erhältlich und ihre Veränderungen relativ problemlos verfolgbar: Standard & Poor's vergibt z.b. Ratings für knapp 4.000 Unternehmen.[91]

Einen ersten Einblick kann ein Blick in das „Handelsblatt" geben. Hier in Tabelle 27 nur der Ausschnitt für die Buchstaben L bis M der schon länger am Markt befindlichen Anleihen – interessant vor allem deshalb, weil sich auch eine Moskau-Anleihe darunter befindet, die zwar erst 1998 mit einer versprochenen Verzinsung von etwas über

7,25	LB Rheinld.-Pf.F.95/05	20.04.	117,10b	117,10G	4,009	AA+	Aa1
4,875	LB Rheinld.-Pf.F.96/00	20.03.	101,50G	101,70b	3,273	AA+	Aa1
5,375	LB Rheinld.-Pf.F.96/02	12.02.	105,35b	105,35b	3,377	AA+	Aa1
5,125	LB Rheinld.-Pf.F.97/02	27.12.	105,35G	105,35G	3,562		Aa1
5,625	LB Schl.-Holst.F.97/07	30.07.	108,15b	107,50G	4,426		Aa1
5,25	LB Schl.-Holst.F.97/04	16.09.	106,30G	106,40G	3,935		Aa1
6,5	Libanon 97/02	17.06.	100,00G	100,00G	6,475	BB-	B1
6,25	Lufthansa Int. 86/06	12.06.	112,50b	112,50G	4,195		A2
(FRN)	Lufthansa Int. 91/01	10,F/A	99,20G	99,20G			A2
5,25	Mannesmann Fin.98/05	21.01.	106,80b	106,40G	3,912		
(FRN)	MBNA S.1 96/04v.j.	17,J/S	100,00G	100,00G		AAA	
(FRN)	M.Ly.&Co.96/02vj.	06,M/J	100,00G	100,00G		AA-	Aa3
(FRN)	M.Ly.&Co.96/02vj.	09,M/J	99,35G	99,35G		AA-	Aa3
7	Metaliges.Fin.93/00	20.04.	103,25b	103,25G	3,782		Ba2
8,5	Metro Cap. 92/02	03.01.	111,50G	111,50G	3,991		
7	Metr. Estate 89/99	19.05.	100,00G	100,00G		A-	Baa1
7,375	Metr.of Tokyo 92/02	20.12.	112,40G	112,50G	3,730		Aa1
(FRN)	Mex.Disc.S.90/19*	18,J/D	74,50G	74,50G			Ba2
5,01	Mex. Par S.90/19*	15,J/D	72,50b	72,10b	7,824		Ba2
9,375	Mex.Staaten 95/00	02.11.	106,10b	106,30b	5,200	BB	Ba2
10,375	Mex.Staaten 96/03	29.01.	108,90b	108,37b	7,580	BB	Ba2
8,125	M.St.96/04(01/10,875)	10.09.	106,75b	106,10b		BB	Ba2
8,25	Mex.Staaten 97/09	24.02.	99,90b	99,50b	8,256	BB	Ba2
8	Mex. Staaten 97/08	23.07.	98,50b	98,30b	8,214	BB	Ba2
(FRN)	Midl.Int.Fin.89/99(D)	25,J/J	99,95G	99,85G		A	Aa3
8,25	Montanunion 91/01	31.12.				AAA	Aaa
7,75	Montanunion 92/02	28.02.	112,10bG	112,00G	3,311	AAA	
(FRN)	Montreal 96/03vj.	16,J/A	99,60G	99,60G		A+	A2
4,625	Morgan 96/00	15.02.	101,10G	101,05G	3,307	AA+	Aa2
9,125	Moskau 98/01	09.04.	47,00b	44,00b	61,371	CCC-	B3

Quelle: *Handelsblatt*, 31.3.1999

Tabelle 27: Eine erste Quelle für Ratings: Das Handelsblatt

3.10 Rating-Effekt

9 % emittiert wurde; Ende März 1999 aber so stark im Rating gefallen ist (CCC-/B3), daß sie eine (aktuelle und nur rechnerische, d.h. falls die als extrem unsicher eingeschätzte Zins- und Rückzahlung erfolgt) Rendite von über 61 % abwirft!

Was würden wir erwarten? Im Sinne eines Kapitalmarktes, der für die Aufnahme unterschiedlicher Risiken entlohnen sollte, würde man glauben, daß die Aktionäre von Unternehmen mit gutem Rating (= sichere, stabile Unternehmen) eine eher geringere, die von Unternehmen mit schlechten Ratingergebnissen (= unsichere, riskante Unternehmen) hingegen im Schnitt eine höhere Aktienrendite empfangen müssten.

D.h. im Prinzip müsste für Eigenkapitalgeber dasselbe gelten wie für die Fremdkapitalgeber: Gutes Rating, wenig Zinsen, schlechtes Rating, hohe (versprochene) Zinsen.[92] Die Abbildung 43 zeigt aber ein (etwas) widersprüchliches Bild![93]

Eindeutig ist der Zusammenhang von Rating und Risiko: Aktien mit einem guten Rating haben deutlich kleinere Wertschwankungen als Aktien mit einem hohen Risiko. Eine Besonderheit stellen die Aktien der Gruppe „NR" dar. NR bedeutet „not rated"; in diesem Portefeuille sind die Unternehmen, die nicht geratet sind. Dies nicht deswegen, weil es sich um schlechte Unternehmen handelt: Im Gegenteil, es sind häufig Unternehmen, die praktisch kein Fremdkapital haben und auch keines aufnehmen wollen und daher auch kein Rating benötigen.

Nicht ganz so eindeutig ist (leider) der Zusammenhang von Rating und Rendite: Hier fällt vor allem auf, daß in bezug auf ihre *Bonität*

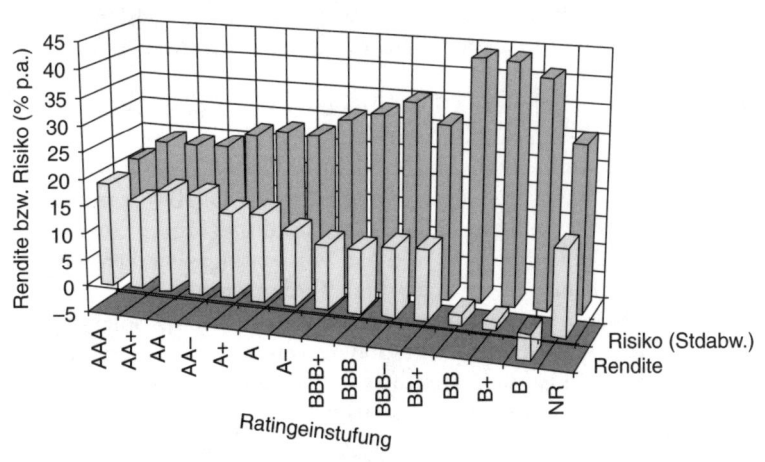

Quelle: *Investment Research*, Bank Julius Bär

Abbildung 44: Rendite und Risiko einer Aktienanlage von 1986–1996 nach Rating von 1996 (keine real mögliche Strategie!)

sehr gute Unternehmen (AAA, AA etc.) eine *hohe* Aktienrendite haben und qualitativ am Ende der Skala stehenden Aktien (*hochverschuldete* Unternehmen) nicht wie erwartet eine deutlich höhere, sondern im Gegenteil eher *niedrigere* Renditen aufweisen (B).

Eine Konzentration auf die besten Aktien (AAA) erbringt eine deutliche Senkung des Risikos bei gleichzeit hoher Rendite. Solche Top-Titel kommen – nach Aussage von *Julius Bär* – außerdem besser durch die Baisse als schlechter geratete Unternehmen.[94]

Noch deutlicher werden die Ergebnisse, wenn man sozusagen rückblickend schaut, wie die Rendite von Aktien war, die *heute* ein bestimmtes Rating haben. Also z.B. wie *haben* die Unternehmen in den letzten 10 Jahren rentiert, die *heute* mit AAA geratet werden? Siehe Abbildung 44!

Investmentempfehlung

1. Investitionen in Aktien mit sehr gutem bis gutem Rating (AAA bis A) bedeuten gute Renditen bei geringen Kursschwankungen. Auch Unternehmen ohne Fremdkapital sind eine gute Investition, das Schwankungsrisiko ist aber etwas höher.
2. Am besten kozentriert man sich auf die Aktien, deren Qualität konstant hoch bleibt oder noch nicht so hoch ist, aber in der Tendenz steigt.
3. „Rückläufige" Qualität sollte möglichst völlig gemieden werden.
4. In Deutschland gibt es im Gegensatz zu den USA (noch) nicht von vielen Unternehmen ein Rating. (Fast alle „Großen" wie z.B. DaimlerChrysler und die Deutsche Bank haben jedoch eines und nennen es auch in ihren Geschäftsberichten). Am besten orientiert man sich in solchen Fällen am Rating ausländischer Tochterunternehmen.
5. Haben Sie es gemerkt? Das Ergebnis der Bonitäts-Studie ist schwierig mit den Ergebnissen des MW/BW- und des Leverage-Effektes zusammenzubringen. Nicht vorhandene oder gar negative „Stille Reserven" (d.h. ein niedriges MW/BW-Verhältnis) bzw. eine hohe (unfreiwillige) Verschuldung führen zu hohen Renditen. Beide Faktoren werden von Ratingagenturen jedoch unweigerlich mit einem schlechten Rating geahndet. Persönlich würde ich Aktien mit einem guten Rating allerdings solchen mit schlechtem vorziehen – insbesondere wenn es mit Komplikationen verbunden ist, sich über die Gesellschaft mit einem niedrigen MW/BW-Verhältnis oder hohem Leverage intensiv zu informieren.

1986 konnte man natürlich nicht sagen, welche Aktien 10 Jahre später ein AAA-Rating haben werden. *Damit zeigt Abbildung 44 das Er-*

gebnis einer nicht wirklich realisierbaren Strategie! Nichtsdestotrotz ist die Interpretation interessant: Sie heißt – aber das ist einfach gesagt und schwer getan – „Kaufe die AAA's der Zukunft!".

Ist man ehrlich, ist die „Ausbeute" an Kennzahlen, die theoretisch *und* praktisch mit der Aktienrendite zu tun haben mehr als dürftig. Und nur die Verschuldung läuft – wenn es eine unfreiwillige ist – in die Richtung, die die ökonomische Theorie fordert.

Glücklicherweise ist man aber bei der Analyse der Datenbanken noch auf weitere Zusammenhänge gestoßen. Die ökonomische Theorie hinkt bei der Begründung der nicht mehr als statistische Zufälle abzutuenden Beobachtungen deutlich hinterher.

Eine der für Investoren interessanten Entdeckungen ist der Preis/Umsatz-Effekt.

3.11 Preis/Umsatz-Effekt

Die Untersuchung einer Preis/Umsatz-Kennziffer (gemeint ist der Kurs einer Aktie dividiert durch den Umsatz pro Aktie) geht zurück auf die erstaunlichen Ergebnisse, die man mit dem *Marktwert des Eigenkapitals* (repräsentiert durch den Preis in der Preis/Umsatz-Kennziffer) bereits erzielt hat: Dieser hat seine Relevanz schon als allein stehende Größe (als „Size-Effekt") und in Kombination mit anderen Größen (z.B. als P/E-Effekt, MW/BW-Effekt, Leverage-Effekt etc.) gezeigt.

Da liegt es nahe, weitere Kombinationen mit relevanten betrieblichen Größen herzustellen. *Relevant* heißt dabei, daß man versucht, solche Größen heranzuziehen, die

- einerseits eine Aussage über die wirtschaftliche Lage des Unternehmens erlauben,
- andererseits weniger stark durch buchhalterische „Tricks" gestaltet werden können als das z.b. bei den Gewinnen (Earnings) oder dem Buchwert des Eigenkapitals der Fall ist.[95]

Als eine erste Kennzahl wird auf den Umsatz geachtet.[96] Bei entsprechenden Versuchen erwies sich das Verhältnis von Marktwert (= Preis) zu Umsatz (pro Aktie), das ist die Price/Sales-Ratio oder kurz P/S-Ratio, als eine interessante Größe.

Erste Hinweise auf einen P/S-Effekt stammen dabei aus einem Börsenbuch von *Fisher* aus dem Jahr 1984.[98] Er argumentierte, daß ein niedriges P/S-Verhältnis ein Hinweis darauf sei, daß eine Aktie unpopulär sei; die Wachstumsaussichten würden schlecht eingeschätzt. Gerade daher würden solche Aktien eine Kaufgelegenheit darstellen: Bei diesen Unternehmen würde das Management darauf hinarbeiten, die Umsatzrendite zu erhöhen. Und das sei von einer schlechten Ausgangsbasis (niedrige Umsatzrendite) leichter als von einer guten (bereits hohe Umsatzrendite). Oder in knappen Worten:

„(...) Stock appreciation usually involves becoming more popular. Becoming more popular seems easier if you start out unpopular."[99]

Die Universitäten begannen sich erst ein paar Jahre später mit dem Effekt zu beschäftigen. Hier gehen die Anfänge auf *Senchack/Martin*,[100] *Jacobs/Levy*[101] und *Barbee*[102] aus der zweiten Hälfte der achtziger Jahre zurück. Sie bestätigen im wesentlichen die Aussagen von Fisher. Mit dem aktuellsten Datenmaterial arbeitet *O'Shaughnessy*. Seine Ergebnisse sind in Abbildung 45 wiedergegeben.

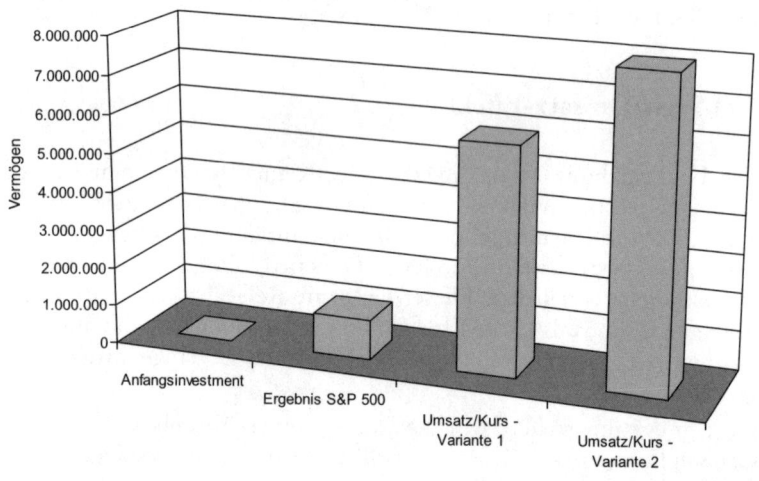

Quelle: *O'Shaughnessy*

Abbildung 45: Der Preis/Umsatz-Effekt. Wertentwicklung von $ 10.000 Anfangsinvestment (USA, 1951–1994)[97]

Um es vorwegzunehmen: Wieder liegt ein eindeutiger Verstoß gegen das CAPM vor. Und wieder scheint ein Effekt vorzuliegen, der es Investoren erlauben sollte, lukrative Aktien zu selektieren. Die statistische Signifikanz ist in der selben Größenordnung wie die der Größen- oder der MW/BW-Anomalie:

Wer in den USA von Ende 1951 bis Ende 1994 systematisch in die 50 US-Aktien mit dem niedrigsten Preis/Umsatz-Verhältnis investiert hat, konnte im Schnitt eine jährliche Wertsteigerung von 16,00 % erreichen; das sind 4,62 % mehr als der S&P 500. In der Abbildung 45 heißt diese Vorgehensweise „Variante 1".

3.11 Preis/Umsatz-Effekt

Diese Strategie kann, so O'Shaughnessy, noch weiter verbessert werden. Das Ergebnis ist die aus meiner Sicht größte systematisch erzielbare Rendite, über die bisher berichtet wurde.

1. Selektion der Aktien, die ein Preis/Umsatz-Verhältnis[103] von kleiner als 1 haben.
2. Wähle aus diesen Aktien diejenigen, die im Vorjahr den größten Kursanstieg gehabt haben (Winner-Aktien).[104]

Das Ergebnis ist eine durchschnittliche Jahresrendite von 16,82 %. Und das über 43 Jahre. Das Procedere wird in der Abbildung 45 „Variante 2" genannt.[105]

In wissenschaftlichen Kreisen regt sich Kritik an der Vorgehensweise von O'Shaughnessy: Seine Vorliebe für eine „Kombination" von Strategien mit dem Ziel, die mit der höchsten historischen Rendite zu identifizieren (um damit auf die höchsten zukünftigen Renditen zu hoffen), stößt auf Skepsis. Bei Praktikern finden seine Ergebnisse deutlich größeren Anklang als an den Universitäten.

Letztlich muß die Zukunft über die Validität entscheiden. Das trifft aber in vergleichbarem Maß auch auf die Ergebnisse mit höherer „Universitätsnähe" zu.

Gibt es einen internationalen P/U-Effekt und/oder einen Januar-P/U-Effekt?

Japan ist das Land, in dem ebenfalls die Preis/Umsatzkennziffer als eine interessante Größe identifiziert wurde. *Aggerwal/Rao/Hiraki*[106] stellten auf diesem Markt fest, daß das Aktienportefeuille bestehend aus Aktien mit hohen Verhältnissen von Umsatz zu Preis mit 1,86 % rentiert, das aus den Aktien mit den niedrigsten Verhältnissen hingegen mit nur 1,13 %. Dabei handelt es sich um durchschnittliche Monatsrenditen. Ein Renditeunterschied von fast einem dreiviertel Prozentpunkt ist mehr als beachtlich! Aus anderen Ländern sind mir noch keine entsprechenden Untersuchungen bekannt. Ebensowenig ist bisher untersucht worden, ob der P/U-Effekt besonders stark im Januar auftritt – schade!

Investmentempfehlung:

Eine breite internationale Bestätigung des P/U-Effektes steht (noch) aus. Solange dies der Fall ist, sollte der P/U-Größe in anderen Ländern als USA und Japan noch keine allzugroße Bedeutung zugemessen werden. Allerdings: Sie ist in diesen beiden Ländern zu bedeutend, als daß man sie ignorieren sollte. Als Zusatzinformationsgröße ist sie allemal der Beachtung wert – insbesondere, weil sowohl Umsatz als auch der Kurs, also alle benötigten Informationen, leicht beschafft werden können.

3.12 Der Dividendenrendite-Effekt

„Dividends don't lie" – Dividenden lügen nicht; das ist eine alter Börsenspruch. Er meint, daß Aktien mit hoher Dividendenrendite häufig auch eine besonders hohe Gesamtrendite vorweisen können. Noch einmal zur Erinnerung: Rein empirisch ist der weitaus größere Teil der Rendite von Aktien auf die Kursveränderungen zurückzuführen. Die Dividendenrendite bewegt sich im allgemeinen nur noch im Bereich von 1–2,5 %. Im April 1998 betrug die durchschnittliche Dividendenrendite der DAX-Aktien 1,75 %, siehe Tabelle 28. Inklusive der Steuergutschrift errechnet sich damit eine durchschnittliche Dividendenrendite vor Steuern von 2,5 %.[107]

Ausnahmen bestätigen wie so oft die Regel: Die höchste Dividendenrendite der M-DAX-Werte hat z.B. der Fertighaushersteller *Kampa-Haus* mit 4,97 % (Brutto 7,1 %).

Der Dividendeneffekt ist von wissenschaftlicher Seite nicht so stark untersucht wie P/E, MW/BW- und Größeneffekt. Den ersten Ergebnissen in dieser Richtung von *Litzenberger/Ramaswamy*[108] aus dem Jahr 1979, die *besonders hohe Gesamtrenditen für Aktien mit hoher Dividendenrendite* beobachten, wurde nicht sonderlich viel Beachtung zuteil: Das liegt daran, daß damals eine Erklärung für das Bestehen dieses Effektes vorzuliegen schien: Bis 1986 waren in den USA Kursgewinne gegenüber Dividendenzahlungen steuerlich begünstigt. Nachdem anzunehmen ist, daß Investoren in Nach-Steuer-Renditen denken, erschient es logisch, daß die Vor-Steuer-Rendite der steuerlich benachteiligten Anlageform (in unserem Fall der Aktien mit den hohen Dividenden) höher sein müssen als die der steuerlich günstiger behandelten Investitionsmöglichkeiten.[109]

Mittlerweile gilt diese Argumentation nicht mehr. In Deutschland ist es im Gegenteil sogar so, daß Gewinne, die ausgeschüttet werden, deutlich niedriger besteuert werden als solche, die im Unternehmen thesauriert werden.[110]

Wenn schon nicht bei den Wissenschaftlern, so erfreut sich doch der Dividendenrenditeeffekt wenigstens bei Medien und Fondsgesellschaften großer Beliebtheit: Der Effekt ist so populär, daß er dazu geführt hat, daß

- die Aktien mit einer hohen Dividendenrendite von Wirtschaftszeitungen regelmäßig veröffentlicht werden[111] und
- eine ganze Reihe von Fonds nach der Dividendenrendite-Regel aktiv sind.[112]

Scheinbar – aber das ist nur eine Vermutung – kann man eine Dividendenrendite-Strategie besser verkaufen als eine Marktwert- oder gar eine MW/BW-Strategie. Was wissen wir gesichert über den Effekt?

3.12 Der Dividendenrendite-Effekt

DAX-Wert	Dividendenrendite (Okt. 1998)
Allianz	0,35
BASF	2,77
Bayer	2,75
Bayerische Hypo-Bank	1,72
Bayerische Vereinsbank	1,52
BMW St.	1,16
Commerzbank	2,37
Daimler-Benz	0,97
Degussa	2,00
Deutsche Bank	1,66
Deutsche Telekom	2,82
Dresdner Bank	1,98
Henkel VZ	1,18
Hoechst	2,49
Karstadt	1,65
Linde	1,69
Lufthansa	2,49
MAN St.	2,42
Mannesmann	0,87
Metro St.	2,29
Münchner Rück NA	0,22
Preussag	2,28
RWE St.	1,98
SAP VZ	0,63
Schering	1,44
Siemens	1,52
Thyssen	2,83
Veba	1,94
Viag	1,47
Volkswagen St.	0,90
Durchschnittsnettodividende	1,75

Quelle: *Direkt Investor* 5/1998. Die Dividendenrendite ist gerechnet als geschätzte Bardividende für das Jahr 1998 dividiert durch den Kurs Mitte April 1998.

Tabelle 28: Dividendenrendite

3. Wie Sie den Markt schlagen können: „Überrenditeeffekte"

Einer der längsten Vergleiche zwischen Portefeuilles aus Aktien mit hoher bzw. niedriger Dividendenrendite kommt von der Beraterfirma *DeMarche Associates.* Sie bildeten aus den 1.600 größten US-Firmen 2 Portefeuilles: Im ersten sind die 400 Aktien mit der höchsten, im zweiten die 400 mit der niedrigsten Dividendenrendite vertreten.[113] Das Ergebnis überzeugt; sehen Sie Abbildung 46.

Der momentan stärkste wissenschaftliche Verfechter einer Dividendenrenditestrategie ist *Eli Ofek,* Professor für Finanzierung an der Stern School of Business der New York University. Er weist in den USA auch für die Zeit nach 1986 einen deutlichen Dividendeneffekt

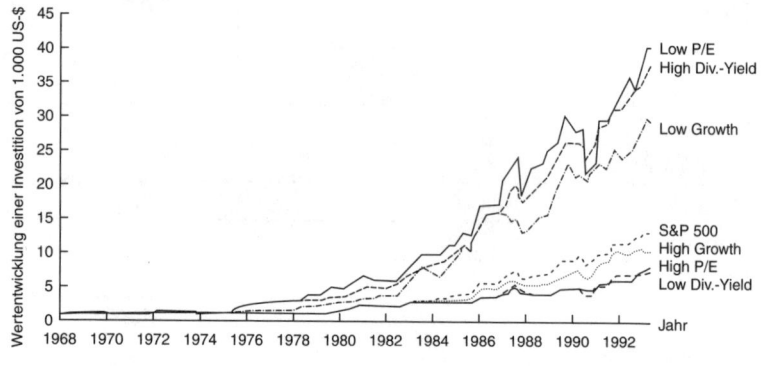

Quelle: *DeMarche Associates,* zitiert aus Haugen, New Finance, S. 59

Abbildung 46: Wertentwicklung von Portefeuilles aus Aktien mit hoher und niedriger Dividendenrendite und weitere wichtige Anomalien

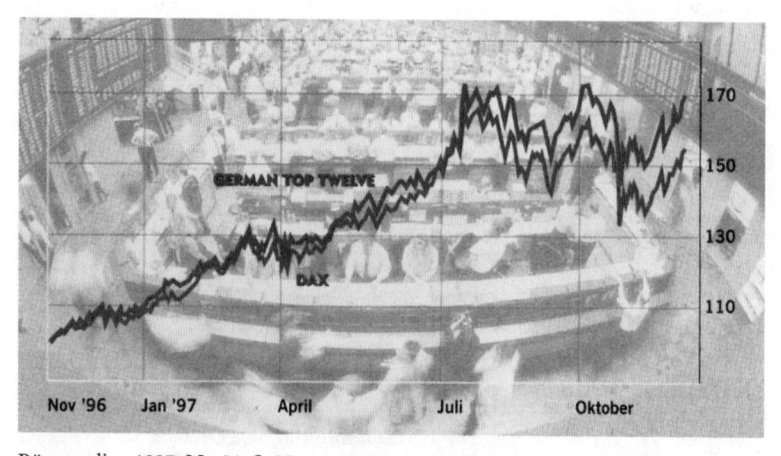

Börse online 1997, Nr. 51, S. 98

Abbildung 47: Dividendenrenditestrategie nach Eli Ofek

3.12 Der Dividendenrendite-Effekt

nach; vgl. Abbildung 47. Er argumentiert, daß Firmen, die eine hohe Dividende zahlen, sich verpflichtet fühlen, dies auch weiter zu tun.[114] *Ofek* bezieht dieses Argument auf US-amerikanische Aktien. Für Deutschland gilt dieses Argument – wenn es denn so gilt – mit Sicherheit noch stärker: Die Dividendenkontinuität ist in Deutschland wesentlich höher als in den USA.

Eine Verfeinerung der Dividendenstrategie beschreibt das US-Investmenthaus *Prudential Bache:* Sie wählen zunächst einmal jährlich aus den 30 Dow-Jones-Werten die 10 mit der höchsten Dividendenrendite aus (Top-10). Dann selektieren sie die Top-10 anhand ihres aktuellen Kurses. Die 5 Werte mit den kleinsten Kursen ergeben das Low-5-Depot. Der Direkt Investor kommentiert dieses Vorgehen wie folgt: „Dahinter steht die wissenschaftlich nicht belegbare Vermutung, daß Aktien mit optisch geringeren Kursen leichter zulegen können:"[115]

Wie schon bei *O'Shaughnassy,* der eine Preis/Umsatz-Strategie mit einer Winner-Strategie kombiniert, taucht hier ebenso die Frage nach dieser „Kombinierbarkeit" auf. Nichtsdestotrotz: In der Zeit von 1976 bis 1995 ergaben sich mit dem Verfahren von Pruential Bache beachtliche Erfolge. Ein reines Dow-Jones-Depot rentierte mit durchschnittlich knapp 16 %, ein Top-10-Dividendendepot mit rd. 20,5 % und ein Low-5-Depot mit 24 %. Die daraus resultierende Vermögensentwicklung zeigt die Abbildung 48.

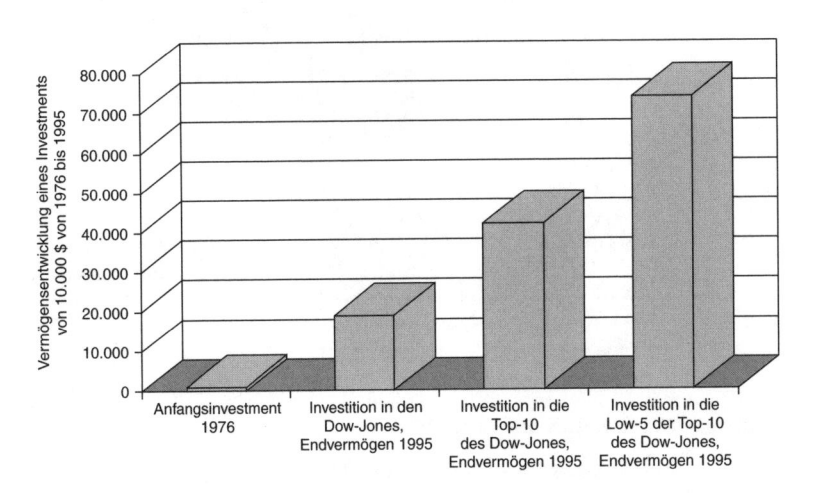

Quelle: *Direkt Investor Aktien,* 1996, S. 5

Abbildung 48: Endvermögen einer Investition von $ 10.000 in den Dow-Jones, das Top-10- und das Low-5-Depot (1976 bis 1995)

3. Wie Sie den Markt schlagen können: „Überrenditeeffekte"

Ein Januar-Effekt auch bei Dividendenrenditen-Portefeuilles

Beim Größeneffekt, beim Leverage-, beim MW/BW- und beim P/E-Effekt tritt ein Januar-Effekt auf, beim Preis/Umsatz-Effekt nicht. Natürlich stellt sich nun die Frage, wie es sich mit dem Dividendenrendite-Effekt verhält.

Es ist schon fast keine Überraschung mehr: Der Dividendenrendite-Effekt hat ein starkes Januar-Seasonal.

Auffällig ist, daß nicht nur die Aktien mit der hohen Dividendenrendite eine hohe Rendite aufweisen, sondern auch die Aktien, die *keine* Dividende zahlen, siehe Abbildung 49.

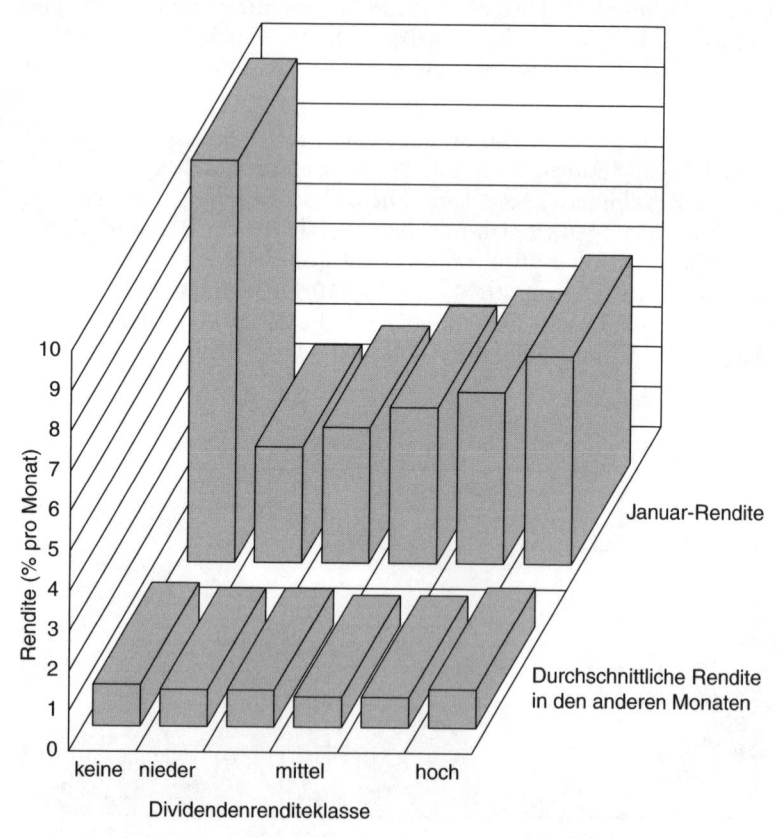

Quelle: *Haugen, R.A., Lakonishok, J.,* 1988

Abbildung 49: Der Januar-Dividendenrendite-Effekt

3.12 Der Dividendenrendite-Effekt

Was könnte sich ökonomisch hinter dem Dividendenrendite-Effekt verbergen?

Die beliebteste Argumentation lautet, daß Unternehmen mit hoher Dividendenrendite eine hohe Ausschüttungsquote haben – und das sei ein positives Zeichen: Diese Unternehmen müssen öfters als solche, die einen höheren Anteil ihrer Gewinne thesaurieren, Kapitalerhöhungen durchführen. Und Kapitalerhöhungen wiederum bedeuten, daß die Unternehmen sich dem Urteil des Marktes stellen müssen; einem Urteil, dem sich Unternehmen mit einer hohen Thesaurierungsquote (wie z.b. die Siemens AG) längst nicht im selben Maße zu stellen haben. Das Management von Unternehmen mit einer hohen Ausschüttungsquote würde sich dementsprechend mehr anstrengen erfolgreich zu wirtschaften, was sich letztlich in stärker steigenden Aktienkursen niederschlagen würde.[116]

Investmentempfehlung:

Die Dividendenrendite scheint eine „funktionierende" Größe zu sein.

Aber Achtung:

- Kaufen Sie nicht einfach beliebige Aktien aufgrund ihrer hohen Dividendenrendite. Beschränken Sie sich auf jeden Fall auf *große Aktien* (gemessen am Marktwert) mit hoher Dividendenrendite: Nicht umsonst selektiert *Merrill Lynch* die Dividendenstars aus dem Dow Jones, dem DAX und dem FT Eurotop 100 Index.
- Dieses Ergebnis wird unterstützt von *O'Shaughnessy*: Wer z.B. in den USA von Ende 1951 bis Ende 1994 jeweils in die 50 Aktien mit der absolut höchsten Dividendenrendite investierte, hat eine Gesamtrendite deutlich *unterhalb* der Rendite des Marktes erzielt. *Nur wer dasselbe Verfahren konsequent auf die Dow Jones-Werte angewandt hat, fuhr besser als der Gesamtmarkt!*[117]
- Achten Sie darauf, daß sich die entsprechenden Aktien besonders im Januar in Ihrem Depot befinden.
- Es könnte sein, daß eine Dividendenstrategie sich durch das Beachten des Kursniveaus nochmals verbessern läßt.[118]

Stellt sich bei dieser Darstellung eigentlich nur noch die Frage: Warum kauft man nicht nur noch Aktien mit hoher Dividendenrendite? Eine hohe Dividendenrendite macht es (zumindest vom Empfinden) leichter, eine Schwächephase der Aktien auszuhalten.

Erheblich mehr Mut verlangt die Ausnützung des Winner/Loser-Effektes.

3.13 Der Winner-Loser-Effekt

DeBondt und *Thaler* sind für ihre in der Mitte der achtziger Jahre gemachte Entdeckung berühmt geworden: Den sogenannten *Winner-Loser-Effekt*.

Diese beiden Forscher unterscheiden sich vor allem in einem Punkt von ihren Kollegen: Sie glauben an Menschen mit – aus ihrer Sicht – *typisch menschlichen* Eigenschaften. Und „menschlich" heißt in ihrem Fall, daß sie glauben, daß der durchschnittliche Börsenteilnehmer den Informationsgehalt neuer Daten tendenziell über- und den älterer Daten tendenziell unterbewertet.[119]

Die weitaus meisten Wissenschaftskollegen hingegen glaubten (und glauben) fest an einen Kapitalmarkt, auf dem alle (oder zumindest die ausschlaggebenden) Marktteilnehmer streng (ökonomisch) vernünftig handeln. In der Stimmungslage der achtziger Jahre war die Meinung von *DeBondt* und *Thaler* fast so etwas wie revolutionär. Was haben die beiden nun herausgefunden? Betrachten Sie den Effekt anhand einer berühmt gewordenen Originaldarstellung in der Abbildung 50.

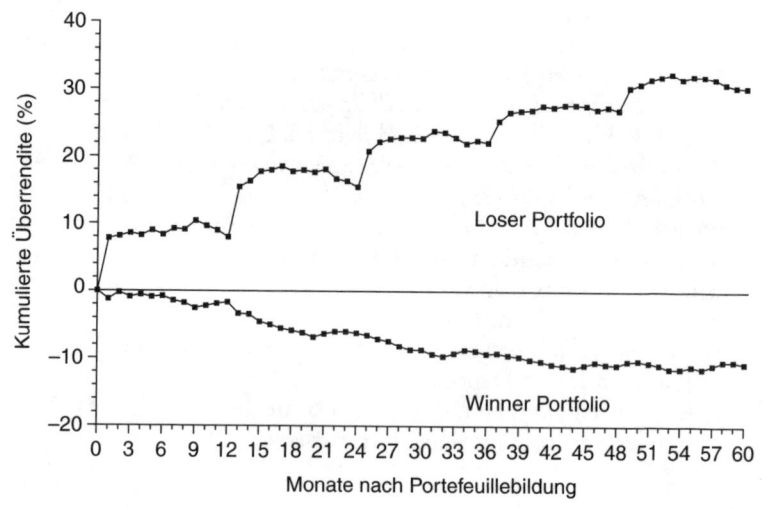

Quelle: *De Bondt, W., Thaler, R.,* 1985, S. 803.

Abbildung 50: Der Winner-Loser-Effekt (USA, 1933–1978)

Sie vergleichen die Renditen von Aktien, die in den vergangenen 5 Jahren – der Auswahlperiode – deutlich besser als der Durchschnitt der Aktien waren (= „Winner") mit solchen, die im selben Zeitraum

3.13 Der Winner-Loser-Effekt

deutlich schlechter waren (= „Loser") in den 5 Jahre *nach* der Auswahlperiode. Dieser Zeitraum heißt dann Testperiode.[120]

Was würden Sie erwarten? Bleiben die Winner der Auswahlperiode auch die Gewinner der Testperiode? Und bleiben die Loser Verlierer? Die Antwort ist ein klares *Nein*. Das Gegenteil scheint der Fall zu sein.

Die folgende Aufzählung faßt die Ergebnisse der wesentlichen Arbeiten für die USA zusammen:

1. Aus Verlierern werden Gewinner, aus Gewinnern Verlierer. Und der Renditeunterschied ist dramatisch: Unter Berücksichtigung des β-Risikos rentieren die (ehemaligen) Loser mit einem Plus von 5,9% p.a. über den (ebenfalls ehemaligen) Winnern.
2. Der Effekt ist nicht symmetrisch: Die ehemaligen Loser rentieren im Regelfall sehr deutlich über dem Durchschnitt, während die ehemaligen Winner nur wenig unter dem Durchschnitt liegen. Das bedeutet, daß der Effekt *im wesentlichen ein Loser-Effekt* zu sein scheint.
3. Dieser Loser-Effekt ist wie der Size-Effekt besonders stark im Januar: Beobachten Sie die „Sprünge" in Abbildung 50 jeweils 1, 13, 25 etc. – das sind jeweils die Überrenditen in Januarmonaten)
4. Das β-Risiko von Winner und Losern unterscheidet sich nur wenig. Es liegt wahrscheinlich eine CAPM-Anomalie vor. *De-Bondt/Thaler* z.B. berichten, daß die Loser-Portefeuilles *immer* kleinere β-Werte hätten als die Winner-Portefeuilles.[121]
5. Das Verhalten der ehemaligen Loser und Winner hängt mit der Verfassung des Aktienmarktes *insgesamt* zusammen:
   - In schlechten Marktphasen verlieren die ehemaligen Winner noch mehr als die ehemaligen Loser, während
   - in guten Marktphasen die ehemaligen Loser mehr steigen als die ehemaligen Gewinner.

Die Abbildung 51 zeigt, wie es in Deutschland aussieht.

Deutlich ersichtlich sind die unterschiedlichen Renditen der Winner bzw. Loser in der Auswahlperiode: Winner verdienen ihren Namen; sie haben im Schnitt über 5 Jahre eine durchschnittliche Monatsrendite von über 2,8% (!) gehabt. Loser haben im selben Zeitraum im Schnitt 0,43% im Monat verloren.

Das Bild ändert sich drastisch, wenn man das auf diese 5 Jahre folgende Jahr betrachtet: Die (ehemaligen) Loser verdienen jetzt pro Monat 1,33%, die Winner nur noch 0,61%. Das Blatt hat sich wahrlich gewandelt.

Und das, obwohl sich das β-Risiko von Winnern und Losern weder in der Portefeuillebildungsperiode noch in der darauffolgenden Testperiode deutlich unterscheidet: Die Loser haben in der Tendenz sogar

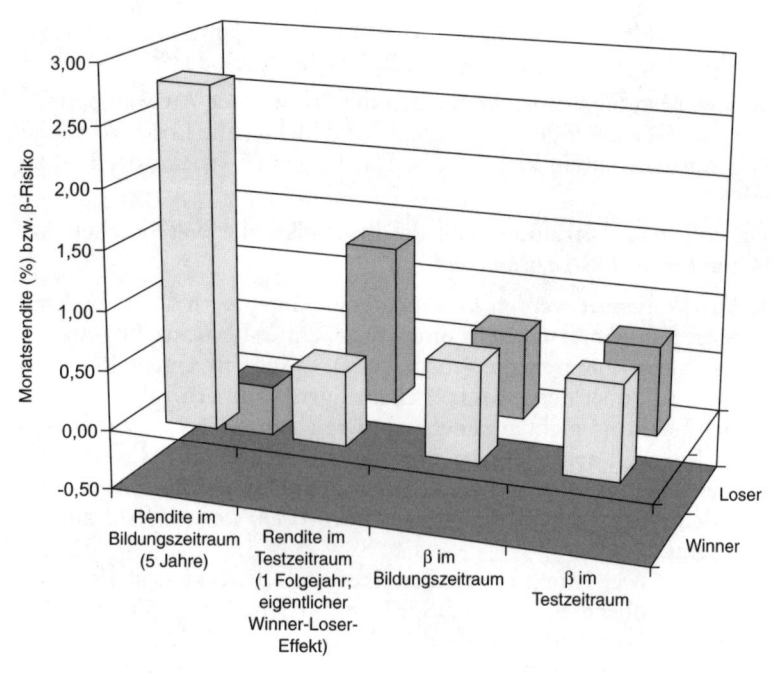

3. Wie Sie den Markt schlagen können: „Überrenditeeffekte"

Quelle: *Sattler, R.*, 1994, S. 257

Abbildung 51: Durchschnittliche Monatsrenditen und Risiko von Winnern und Losern (5-Jahres-Auswahl- und 1-Jahres-Testperiode, Deutschland, 1961–1991)

ein kleineres Risiko als die Winner. Ein Januar-Effekt beim Winner-Loser-Effekt?

Werfen wir noch einen zweiten Blick auf die Monate: *Wann* im Jahresverlauf passiert der Winner-Loser-Effekt? Wie in den USA im Januar?

Dazu sind die Abweichungen von der jeweiligen Marktrendite (= *Überrendite*) in der folgenden Graphik dargestellt. Zur Verdeutlichung der Darstellung: Die durchschnittliche Marktrendite im Monat Januar beträgt 1,71 %. Die Renditen der (ehemaligen) Winner sind im Januar 1,06 %, die der (ebenfalls ehemaligen) Loser 4,03 %. So ergibt sich eine Überrendite von 4,03–1,71 oder 2,32 % für die Loser, eine von –0,65 für die Winner.

Auffällig ist die Überrendite des Loser-Portefeuilles im Januar und Februar sowie im September. Die Renditen am Jahresanfang weisen darauf hin, daß zu dieser Zeit etwas besonderes passiert. *Die Septemberüberrendite tritt übrigens nur deswegen so augenfällig zu Tage, weil in den 30 Jahre von 1961 bis 1991 der Monat September ein ganz*

3.13 Der Winner-Loser-Effekt

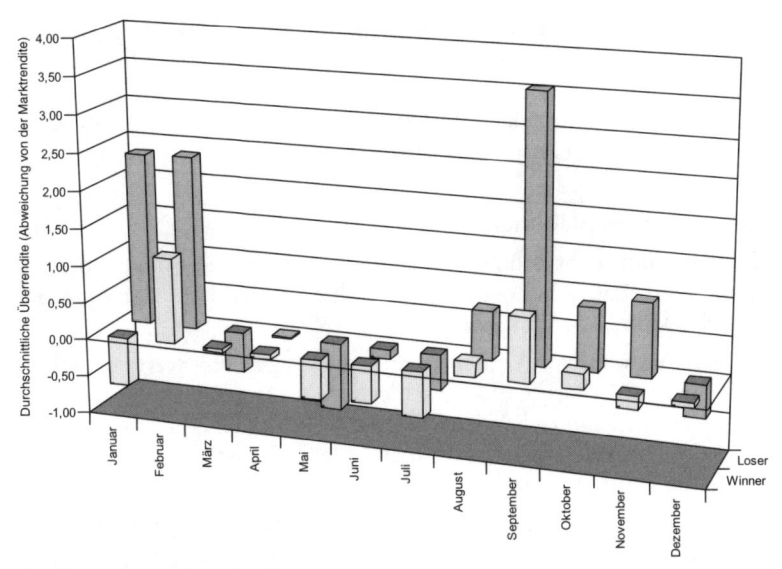

Quelle: *Sattler, R.* 1994, S. 262

[1]) Überrenditen sind Renditen in Relation zur Marktrendite (in den unterschiedlichen Monaten des Jahres)

Abbildung 52: Ein Januar-Effekt bei ehemaligen Losern? (Deutschland, 1961–1991)

besonders schwacher Monat gewesen ist: Der Markt hat in diesem Monat im Schnitt mit –0,74 % „rentiert".

Ganz rechts ist die übers Jahr gerechnete durchschnittliche monatliche Überrendite dargestellt: Ehemalige Loser verdienen im Schnitt jeden Monat 0,69 % mehr als der Markt, während die Rendite der ehemalige Winner sich mit –0,02 % weniger als der Markt kaum von der „normalen" Marktrendite unterscheidet.

Übrigens tritt die Loser-Anomalie besonders stark in den Monaten auf, in denen der Gesamtmarkt eine *negative* Rendite hat. Wir können also auch für den deutschen Markt feststellen:

- Es gibt einen Winner-Loser-Effekt; eigentlich vor allem einen Loser-Effekt. Der Renditeunterschied von ehemaligen Winnern und ehemaligen Losern beträgt historisch in Deutschland etwa 0,71 % pro Monat *12 Monate oder etwa 8,5 % pro Jahr.
- Er ist nicht erklärbar durch das CAPM, also liegt eine Anomalie vor.
- Er ist besonders stark zu Beginn des Jahres.
- Der Loser-Effekt ist besonders stark in schlechten Marktphasen.
- Die Übereinstimmung mit den Ergebnissen in den USA ist wiederum verblüffend.

Kommen wir jetzt zu (noch?) etwas weniger bekannten Ergebnissen. Weder über ihre Universalität kann man sich bisher ein Urteil erlauben, noch über ihre Stabilität: Sie wurden nämlich bislang weder auf verschiedenen nationalen Märkten noch über einen längeren Zeitraum getestet – und zwar aus ganz verschiedenen Gründen.

> **Investmentempfehlung:**
>
> Ich kann mir nicht helfen – aber irgend etwas irritiert mich bei dem Gedanken, daß ich Loser kaufen sollte. Zugegeben, die Empirie spricht dafür. Aber aufgepaßt:
>
> Bei der Auswahl von Verlierern muß darauf geachtet werden, daß es sich bei den Verlierern um die schlechtesten Aktien des vergangenen *5-Jahres-Zeitraumes* handelt! Ein 3-, 4-, 6,- oder 7-Jahreszeitraum funktioniert zwar prinzipiell auch, allerdings ist dann der Effekt zum Teil deutlich schwächer.[122]
>
> Kaufen Sie auf keinen Fall die Verlierer des *letzten* Jahres! Diese Verlierer bleiben in der Tendenz auch im kommenden Jahr Verlierer.[123] Diese Beobachtung wird von Star-Analyst *James O'Shaugnessy* bestätigt: Die besagten Aktien seien historisch betrachtet sogar die schlechtesten Aktien.[124]
>
> Die Performance allein des vergangenen Jahres taugt nur etwas als Selektionskriterium, wenn man die *besten* Aktien selektiert. Diese Gewinner des letzten Jahres erweisen sich als eine relativ gute Anlage auch im neuen Jahr.[125] Ebenfalls läßt sich dieser Effekt in den USA beobachten. *O'Shaughnessy* spricht vom *Preismomentum*: Wer immer in die 50 Werte investierte, die im vergangenen Jahr die absolut beste Performance gezeigt haben, erzielte im Schnitt 14,45 % Rendite. Zum Vergleich: Die Performance des S&P 500 im selben Zeitraum betrug 11,38 %.[126]

Mit Sicherheit ist es interessant, über diese Erkenntnisse schon *frühzeitig* Bescheid zu wissen. Es zeigt sich bereits jetzt, daß die Globalisierung der Kapitalmärkte dafür sorgt, daß Maßnahmen, die bisher z.B. auf die USA beschränkt waren (wie Aktienrückkäufe oder Stock Splits) sich zunehmend auch auf anderen entwickelten Kapitalmärkten durchzusetzen beginnen. Und somit vielleicht auch die in USA mit ihnen verbundenen Effekte!

3.14 Stock Split-Effekte und Stock Dividends

„Für Anleger (...) heißt die Devise nun strengste Auswahl. Dabei kann der Blick auf solche Werte hilfreich sein, denen voraussichtlich

3.14 Stock-Split-Effekte und Stock Dividends

ein Splitting bevorsteht. Denn die entwickeln sich im Schnitt besser als Werte von Unternehmen mit vergleichbarer Börsenkapitalisierung ohne Aufteilung."

Soweit Michael Baumann in einer Ausgabe der Wirtschaftswoche von 1997.[127] Schauen wir uns an, was es mit dieser Argumentation auf sich hat. Zunächst: Was ist ein Stock Split?

Ein Stock Split ist eine auf dem US-amerikanischen Markt übliche Methode, gleichzeitig die Anzahl der Aktien zu erhöhen und den Kurswert der Einzelaktie zu senken.

Beispiel: Ein Aktionär hält 100 Aktien eines Unternehmens. Die Gesellschaft beschließt einen Split „2 for 1". Das heißt, daß der Aktionär für jede seiner alten Aktien zwei neue Aktien erhält.

Warum machen Unternehmen solche Splits?

Genau weiß es eigentlich keiner. Eine Erklärung wird jedoch immer wieder genannt – obwohl sie (zu Recht!) nicht jedem logisch erscheint. In den USA nehmen Privatanleger eine starke Marktstellung ein. Und die haben – so die Argumentation der Börsenteilnehmer – eine Präferenz für Aktien mit niedrigen Kursen. „Niedrig" bedeutet dabei, daß der Kurs unter 50 $ liegen sollte. Die Kurssteigerungen der Aktien führen freilich dazu, daß dieser Bereich immer wieder verlassen wird. Dann steht potentiell wieder ein Split an.

Was sind die ökonomischen Konsequenzen eines Splits?

Allein der Tatbestand, daß aus einer Aktie zwei gemacht werden, ist überhaupt kein ökonomisches Ereignis. Zur Erinnerung: Aktien spiegeln den Wert einer Firma wider. Wenn sich dieser Wert plötzlich auf doppelt soviele Aktien verteilt, bedeutet das nur, daß eine Aktie nur noch halbsoviel wert ist wie vorher. Und genau das passiert auch mit dem Kurs, wenn ein „2 for 1"-Split durchgeführt wird: Er halbiert sich.[128]

Alternativ zu einem Split *zahlen* amerikanische Unternehmen auch gerne *Stock Dividends*. „Zahlen" ist dabei ein gewagter Begriff, denn Stock Dividends sind nichts anderes als Gratisaktien. Und hier ist es auch wieder so wie bei Stock Splits: Es gibt nur mehr Aktien, und der *Gesamtwert* der neuen Aktien (alte Aktienanzahl + Gratisaktien mal neuem Kurs) entspricht dem der alten Aktien (alte Aktienanzahl mal altem Kurs). Zumindest theoretisch! Die mit Stock Splits zusammenhängenden Renditeeffekte entnehmen Sie bitte Tabelle 29.

Diese Ergebnisse können wie folgt interpretiert werden: Splits werden von den Aktionären als ein positives, optimistisches Signal von Seiten der Unternehmensführung gewertet. „Unternehmen, die einen Split ankündigen, erfreuen sich normalerweise steigender Gewinne, und das Management ist zuversichtlich, daß die positive Entwicklung anhält"; so z.B. *J. Tigue* von Standard & Poor's.

3. Wie Sie den Markt schlagen können: „Überrenditeeffekte"

Zeitraum:	In den ersten 5 Tagen nach Splitankündigung	Im ersten Jahr nach dem Split	In den ersten drei Jahren nach dem Split
Überrendite gesplitteter Aktien gegenüber vergleichbaren, nicht gesplitteten Aktien	3,38 %	7,93 %	12,15 %

Quelle: *Ikenberry, D.*, zitiert aus *Baumann, M.*, Lukrative Kosmetik, Wirtschaftswoche Nr. 16, 1997, S. 185–188. Die Datenbasis umfaßt 1275 Splits.

Tabelle 29: Renditeeffekte von Stock Splits (USA, 1975–1990)

Eine Einschränkung gilt es jedoch zu berücksichtigen. Die Ergebnisse von Stock Split-Untersuchungen waren nicht immer so positiv wie in der 1997er Untersuchung von *Ikenberry*. Zum Vergleich die Ergebnisse einer 20 Jahre älteren Untersuchung in Abbildung 53.

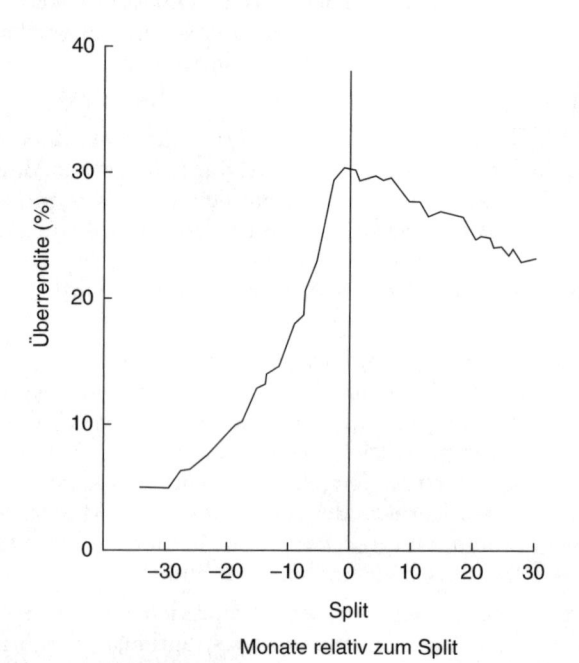

Quelle: *Sasson Bar-Josef, Brown, L.D.*, 1977[129]. Die Datenbasis umfaßt 219 Stock Splits.

Abbildung 53: Überrenditen vor und nach Stock-Splits (USA, 1945–1965)

Die Graphik zeigt, daß *Bar-Yosef* und *Brown* zu gänzlich anderen Ergebnissen gelangen als Ikenberry. Sie beobachten, daß *vor* der Ankündigung eines Stock Splits die Aktien eine Überperformance von rd. 25 % in etwa 30 Monate aufwiesen (in den 54 Monaten vor dem Split sogar rd. 30 %). Nur ist dieses Ergebnis für den Anleger wertlos, denn er weiß mit so großem Vorlauf nicht, welche Aktien einen Stock Split machen werden. *Nach* vollzogenem Split hingegen liegt nur noch eine *schlechtere* Renditeentwicklung als bei vergleichbaren Aktien vor!

Aus den späten sechziger und den siebziger Jahren gibt es noch weitere empirische Studien. Sie benützen andere Aktien und bzw. oder andere Zeitperioden. In der Zeit nach dem Split beobachten sie entweder gar keinen Unterschied im Vergleich zu Referenzaktien oder aber auch ein *leichtes* Renditeplus.[130] Vgl. dazu beispielsweise Abbildung 68 auf Seite 132.

Das jüngere, umfassendere Datenmaterial der Studie von Ikenberry veranlaßt mich, seinen Ergebnissen ein hohes Gewicht beizumessen. Immerhin könnten die älteren Ergebnisse aber als ein Hinweis darauf gewertet werden, daß der Effekt im Zeitablauf vielleicht nicht konstant auftritt.

Übrigens: Auch in Deutschland gibt es neuerdings etwas ähnliches wie Stock Splits: Die Umstellung von Aktien mit einem Nennwert von 50 DM auf solche mit einem Nennwert von 5 DM führt zu einer Verzehnfachung der Anzahl der Aktien – und zu einem neuen Kurs, der 10 % des alten Kurses beträgt. Also quasi ein „10 für 1"-Split. Die Argumente in Deutschland für diese Maßnahme sind dieselben wie in den USA für echte Splits. Empirische Untersuchungen über die Auswirkungen solcher Splits in Deutschland gibt es bisher nicht.

Investmentempfehlung:
Eine Strategie, die sich nur auf Stock Splits stützt, erscheint mir vage. Ich würde es als „Eventual-Bonbon" sehen, wenn ein Stock Split möglich erscheint. Ist man unsicher, welche von mehreren Aktien erworben werden sollen, kann ein möglicher Split die Entscheidung erleichtern.

3.15 Aktien-Rückkauf-Effekte

Aktien von Unternehmen, die *Rückkäufe* tätigen, sollen besonders hohe Renditen aufweisen. Besondere Aufmerksamkeit verdient dieser an sich bisher USA-typische Effekt dadurch, daß seit 1998 auch in Deutschland Rückkaufprogramme erlaubt sind. Einige Vorstände, wie *Jürgen Strube* von der BASF, haben diese Möglichkeit bereits positiv hervorgehoben.

Was sind Rückkäufe? Aktienrückkäufe durch das eigene Unternehmen sind in den USA etwas alltägliches. Dort ist es den Firmen freigestellt, die *eigenen* Aktien an der Börse zu erwerben.

Was wird damit bezweckt? Die folgenden Argumentationen werden in diesem Zusammenhang häufig genannt:

1. Von Seiten der Unternehmen wird argumentiert, daß bei gleichbleibendem Geschäft sich der *künftige Erfolg pro Aktie* erhöht, da nach dem Rückkaufprogramm weniger Aktien vorhanden sind (die zurückgekauften Aktien verschwinden quasi). Dadurch steigt der Kurs, was den verbleibenden Aktionären zugute kommen würde.
2. Finanzierungsprofis weisen darauf hin, daß es für Unternehmen prinzipiell zwei Möglichkeiten gibt, verdientes Geld an die Eigentümer zu transferieren: Einmal quasi direkt – als Dividende. Eine Alternative für das Unternehmen besteht darin, den Aktionären das Vermögen indirekt zukommen zu lassen, indem Aktien zurückgekauft werden; z.B. 10%. Die Aktionäre, die 10% ihrer Aktien verkaufen, haben nach dem Verkauf denselben Anteil an der Firma wie vorher, das Geld für den Verkauf „in der Hand" und außerdem partizipieren sie von der Wertsteigerung der restlichen Aktien. Die, die nicht verkaufen, erhöhen ihren Anteil und partizipieren gleichzeitig von der Wertsteigerung – ohne allerdings gleichzeitig Bargeld zu kassieren.
3. Die Bevorzugung eines Rückkaufes gegenüber einer Dividendenzahlung könnte ein Signal an den Markt sein, daß das Management des Unternehmens die eigenen Aktien für unterbewertet hält: So argumetiert Jürgen Strube, 1996 Vorstandsvorsitzender der BASF, wie folgt: „Ein Unternehmen wird das allerdings nur machen, wenn es seinen Börsenkurs als zu niedrig erachtet."[131] Der Rückkauf kann in diesem Fall quasi „günstiger" sein als eine Dividendenzahlung. Dies deshalb, weil der Kurs bereits bei einem (im Vergleich zu einer Dividendenzahlung) weniger kostenintensiven Rückkaufprogramm wieder auf den (höheren) Gleichgewichtspreis ansteigen könnte und damit eine über dem puren Rückkaufeffekt liegende Vermögensverbesserung möglich wird.

Ein Blick auf die Kursrenditen von Aktiengesellschaften, die Rückkaufprogramme initiiert haben, zeigt die Abbildung 54.

Es scheint tatsächlich so zu sein, daß die Rendite in den 4 Jahren nach der Bekanntmachung des Rückkaufprogrammes systematisch über der Rendite vergleichbarer Aktien liegt: insgesamt beträgt die Überrendite in diesem Zeitraum rd. 12%.

Auffällig ist aber auch, was *vor* der Bekanntmachung des Rückkaufprogrammes geschieht: Die Aktien, von denen man zu diesem Zeit-

3.15 Aktien-Rückkauf-Effekte

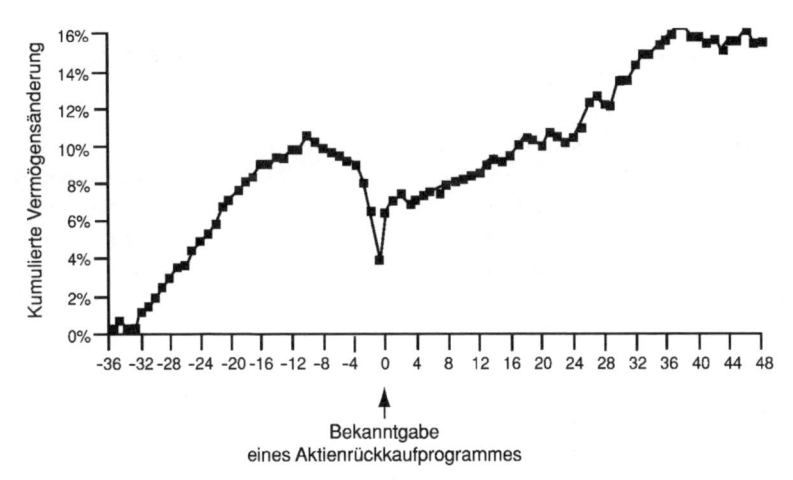

Quelle: *Ikenbarry, D., Lakonishok, J. und Vermaelen, T.*, 1993

Abbildung 54: Renditeunterschied von Aktien von Unternehmen, die Rückkaufprogramme durchgeführt haben, zu vergleichbaren Aktien (USA, 1980–1990)

punkt noch nicht weiß, daß sie Kandidaten eines Rückkaufprogrammes werden, haben in den Jahre 3 und 2 vor Beginn des Rückkaufes eine besonders gute Rendite: Etwa 10 % mehr als vergleichbare Aktien. Im letzten knappen Jahr vor dem Rückkauf allerdings passiert ein deutlicher Einbruch: Die Performance ist um rd. 6 % schlechter als die konkurrierender Aktien.

Das könnte bedeuten, daß es eine Tendenz zur normalen, durchschnittlichen Rendite gibt. Dieses Argument wollen wir im Kapitel „Overreaction" oder die „Überreaktionsfalle" (S. 144 ff.) intensiver diskutieren.

Eli Olek, Finanzierungsprofessor an der Stern School of Business der New York University, errechnet mit noch jüngerem Datenmaterial einen noch deutlich stärkeren Rückkaufeffekt: Aktien mit öffentlich verkündeten Rückkaufprogrammen seien „in drei Jahren um 45 % besser als der Markt."[132]

Es wird spannend zu beobachten, wie lange es dauern wird, bis ein innovativer Fonds bestehend aus Aktien, die Rückkaufprogrammen unterliegen, angeboten wird.

Investmentempfehlung:

Aus meiner Sicht würde ich ebensowenig wie eine reine Stock Split-Strategie eine reine Rückkauf-Strategie fahren. Dies schon allein deshalb, weil in Deutschland noch keine Erfahrungen mit diesem Instrument vorliegen. Wie schon bei Stock Splits sehe ich die potentielle Eignung einer Aktie, in einem jungen Rückkaufprogramm vertreten zu sein, als Zünglein an der Waage. D.h. ich kombiniere eine P/E-, Cash-flow/Kurs, Preis/Umsatz -, Marktwert/Buchwert-, Größen- oder eine andere Strategie mit den Rückkaufinformationen. In Fällen, in denen man sich nur schwer zwischen einer Reihe von Aktien entscheiden kann, kann die Rückkaufeigenschaft ein rationaler, kaufentscheidender Faktor sein.

Neben den quasi mit höchster wissenschaftlichen Akribie untersuchten Effekten gibt es sozusagen verborgener „blühende" Effekte: Der einst berühmte, aber mittlerweile etwas in Vergessenheit geratene Value-Line-Effekt und der „neue" Kundenzufriedenheitseffekt.

Der Value-Line-Effekt ist wohl der stärkere der beiden Effekte.

3.16 Der Value-Line-Effekt

„Value-Line" heißt ein US-amerikanisches Research-Institut. Eines seiner Leistungen besteht in der Veröffentlichung von 5 Portefeuilles mit einem bis fünf „Stars": Im „One-Star"-Portefeuille befinden sich die US-Aktien, die für Value-Line klare Verkaufskandidaten sind, im „Five-Stars"-Portefeuille die US-Aktien, die die renditeaussichtsreichsten darstellen. Dieses „Five-Stars"-Portefeuille ermöglicht(e) Überrenditen (im Verhältnis zu einem Marktindex) von rd. 6% p.a.

Im Gegensatz zu diesen frühen Jahren, als für die STARS-Informationen noch 300 $ pro Jahr zu zahlen waren, ist diese jetzt praktisch kostenlos, denn sie kann im WWW abgerufen werden unter:[133]

http://www.wsbi.com/cgi-bin/core.cgi/144_121743898.
html?0001=400&0002=C0762818665&0144=144=stars.txt

Der folgende Text ist eine dem WWW entnommene Selbstdarstellung von Value-Line:

„Our staff of equity analysts evaluates approximately 1,100 stocks in 103 industry groups, continuously reviewing each stock's ranking in one of five performance categories. Our Stock Appreciation Ranking System, or STARS, rates stocks from sell candidates, or one-star stocks, to outstanding buys, our five-star recommendations. Our analysts' STARS evaluations have been consistently useful to investors over the short term and have also stood the test of time. From the beginning of 1987 through the end of 1996, the compound annual gain of the five-STARS stocks category, stocks expected to

3.16 Der Value-Line-Effekt

be the best performers within six months to a year, was 18.5 % vs. 11.8 % for the S&P 500 index."[134]

Das Value Line Ranking-System existiert schon mehrere Jahrzehnte. In Prozentpunkte gemessen war der Effekt früher sogar noch größer – rd. 10 % Überrendite im Vergleich zum Marktindex – pro Jahr![135]
Nach welchen Kriterien teilt Value Line die Aktien den Gruppen zu? Das exakte Vorgehen ist – wen wundert's – geheim. Etliche Informationen sind jedoch bekannt:

1. Gewinne und Kurs des vergangenen Jahres werden mit den durchschnittlichen Gewinnen und Kursen der vergangenen zehn Jahre verglichen. Außerdem wird der durchschnittliche Aktienkurs der vergangen 52 Wochen mit dem der vergangenen 10 Wochen verglichen. Immer findet eine Bereinigung um die Gesamtmarktbewegungen statt.
2. P/E-Verhältnis im Verhältnis zum P/E-Verhältnis des Marktes, jeweils im Vergleich zu den vergangenen 5 Jahren.
3. Die aktuellen Quartalsgewinnzahlen – ins Verhältnis gesetzt zu den Gewinnzahlen von vor vier Quartalen; das sogenannte *Momentum*. Eine hohes Momentum bedeutet hohe Gewinnzuwächse und wird in Hinblick auf den künftigen Aktienkurs entsprechend positiv bewertet.
4. „Earnings surprise" – d.h. die aktuellen Quartalsgewinne verglichen mit den Gewinnschätzungen von Value Line selbst. Hohe positive Gewinnüberraschungen werden wie hohe Gewinnzuwächse positiv beurteilt.
5. Ein deutlicher Prozentsatz der berücksichtigten Aktien sind kleine Aktien und die Rendite der Portefeuilles sind als gleichgewichtete Renditen ohne Berüchsichtigung von Transaktionskosten berechnet. Damit könnte zumindest zum Teil auch der Size-Effekt in den Value-Line-Effekt mit hineinspielen.

Ersichtlich ist, daß das *Gewinnwachstum* bzw. die (positive) *Gewinnüberraschung* zentrale Faktoren sind. Das für die Wissenschaft überraschende ist, daß das Value Line-System zu funktionieren scheint – d.h. die Rendite der unterschiedlich eingeschätzten Gruppen unterscheidet sich tatsächlich sehr deutlich. Und damit unterscheidet sich Value Line signifikant von den meisten Aktieninformationsdiensten!

Investmentempfehlung:
Information schadet auf gar keine Fall. So macht es bei der Investition in US-Werte Sinn, einen Blick in die Five-Stars-Liste zu werfen. Immerhin umfaßt das 5-Sterne-Portefeuille über hundert Werte.

> Alternativ zu einer Verwendung des Five-Star-Portefeuilles als Positivliste kommt eine Verwendung der One- und Two-Stars-Listen als Negativliste in Frage. In's Auge gefaßte Kaufkandidaten sollten zumindest nicht im Ein- oder Zwei-Sterne-Portefeuille auftaucht – also von Value-Line nicht als Verkaufskandidaten interpretiert werden!

3.17 Der Kundenzufriedenheits-Effekt

Christopher Ittner und *David Larcker*[136] stellen 1998 fest, daß zwischen der relativen Position amerikanischer Unternehmen auf der Kundenzufriedenheitsskala (American Customer Satisfaction Index – ACSI) und dem Aktienkurs ein Zusammenhang besteht:[137]

Die Unternehmen, die im oberen Viertel auf der Zufriedenheitsskala gerankt werden, steigen in den zehn Tagen nach Bekanntgabe ihrer Position durchschnittlich um 1,2 % stärker als die Gesamtbörse, während die im unteren Viertel Verluste hinnehmen müssen. Die Interpretation ist einfach: Kundenzufriedenheit wird von den Börsenteilnehmern als *ein* Schätzer für den künftigen Cash-flow und damit eine wichtige Erfolgsgröße gewertet.

Die aktuellen Ergebnisse zur Kundenzufriedenheit können im Internet abgefragt werden: http://www.acsi.asq.org. Wer lieber auf ein traditionelles Printmedium ausweichen will, kann auch einen Blick in das Fortune-Magazine werfen: Dort wird seit 1996 jeweils zu Jahresanfang ein Artikel den aktuellen Ergebnissen gewidmet.[138]

Problematisch an diesem „Effekt" ist

- besonders die notwendige sehr zeitnahe Verfolgung des Geschehens („innerhalb von 10 Tagen nach Bekanntgabe der Höhergruppierung"),
- die bislang geringe Anzahl untersuchter Unternehmen (Anfang 1999 rd. 200, die allerdings rd. 40 % des Bruttoinlandsproduktes ausmachen),
- die vergleichsweise geringe „Stärke" des Effektes und
- die fehlende Bestätigung und eingehendere Untersuchung (Dauer des Effektes, Risikoanalyse) des Effektes durch weitere Untersuchungen.

> **Investmentempfehlung:**
> Der Effekt ist zu jung, um konkrete Empfehlungen zu geben. Noch vor wenigen Jahren stand ein Merkmal wie Kundenzufriedenheit – obgleich heute eine Selbstverständlichkeit – nicht im Mittelpunkt des Interesses. Vielleicht findet hier eine Ergänzung der klassischen

(finanzdatenorientierten) Gütemerkmale einer Gesellschaft um qualitative Merkmale statt. Das ist auch der Grund dafür, daß er Aufnahme in dieses Buch gefunden hat.

Im Vergleich zu den bisherigen „Anomalie"-Größen fällt auf, daß besonders hohe Renditen mit im ersten Moment als „schlecht" zu interpretierenden Merkmalen zusammenfallen: Kleine Größe, niedriges P/E- und MW/BW-Verhältnis etc. Wir werden sehen, daß das u.a. auf *eine Überschätzung negativer Ereignisse* zurückzuführen sein könnte (vgl. Kap. „Overreaction" – oder die „Überreaktionsfalle"). In dieser Argumentation sollte man nicht nur erwarten, daß Unternehmen, die heraufgestuft werden (= positive Überraschung) besonders hohe Renditen aufweisen, sondern auch die, die am unteren Rand der Kundenzufriedenheit liegen. Dafür fehlt allerdings bisher jeder Beweis.

3.18 Der Momentum-Effekt

Die Investmentfirma *Merrill Lynch* bietet zunehmend Fonds und Zertifikate an, bei denen das Management eine nachvollziehbare und historisch als sinnvoll identifizierte Strategie fährt. Beispiele sind Zertifikate, deren Aktienbestände in die dividendenstärksten Aktien des Dow Jones (USA), des DAX (Deutschland) oder des Dow Jones EURO STOXX (Europa) investiert werden – quasi eine Umsetzung des Dividendenrenditeeffektes. Eines der neuesten Produkte ist das Zertifikat „EuroMomentum Index".

Gekauft werden dabei die Aktien, die die *am meisten verbesserten Gewinnaussichten* aufweisen. D.h. daß laufend die Analystenmeinungen verfolgt werden und dann die Aktien in das Portefeuille eingehen, bei denen die Analysten zu einer neuen, höheren Einstufung der Gewinnerwartungen kommen. Die Neubildung des Portefeuilles erfolgt alle zwei Monate. Merrill Lynch beschränkt sich auf europäische Aktien mit hoher Marktkapitalisierung.

In den vergangenen sieben Jahre konnte mit dieser Strategie der „Markt", symbolisiert durch den Dow Jones EURO STOXX, deutlich outperformt werden: Die durchschnittliche (jährliche) Überrendite beträgt von Anfang 1992 bis Ende 1998 6,4 %.

Meines Erachtens versucht (und das scheinbar nicht ohne Erfolg) der Momentum-Effekt einen „Gewinnüberraschungseffekt" vorwegzunehmen. Man weiß, daß die Kurse von Unternehmen, die von den Erwartungen abweichende Gewinne bekanntgeben, sehr sensibel auf diese Bekanntmachungen reagieren. Bessere (als erwartete) Gewinne werden von sprunghaft steigenden, schlechtere von ebenso stark sinkenden Kursen begleitet. Siehe dazu auch Abbildung 71 (S. 136).

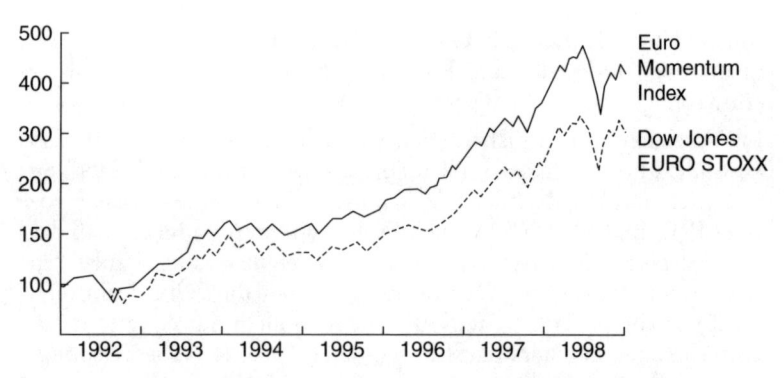

104　3. Wie Sie den Markt schlagen können: „Überrenditeeffekte"

[Diagramm: Performancevergleich 1992–1998, Euro Momentum Index vs. Dow Jones EURO STOXX, Werte von 100 bis 500]

Quelle: Verkaufsprospekt Euro-Zertifikate – EuroMomentum Index von *Merrill Lynch*.
Bemerkung: Der Vergleich berücksichtigt Transaktionskosten und Provisionen nicht: das ist allerdings bei den meisten Untersuchungen von Wissenschaftlern ebenso.

Abbildung 55: Der Momentum-Effekt: Performancevergleich Dow Jones EURO STOXX vs. „EuroMomentum Index"-Zertifikat

Interessanterweise läuft dabei die Reaktion der eigentlichen Bekanntgabe bereits voraus! Wahrscheinlich gelingt es (manchen) Analysten tatsächlich (zumindest bei den großen Gesellschaften, auf die sich Merrill Lynch hier beschränkt), solche „unerwarteten" Gewinnänderungen doch zu prognostizieren und damit quasi die gesamte Phase des Anpassungsprozesses – also auch die *vor* der eigentlichen Gewinnbekanntmachung durch das Unternehmen – mitzunehmen.

Investmentempfehlung:
Ebenso wie beim Kundenzufriedenheits-Effekt wird eine (erwartete) Neueinschätzung der Ertragssituation (einmal durch den Wandel in der Kundenzufriedenheit, das andere Mal durch reale Gewinne, die von den Prognosen abweichen) durch den Aktionär ausgenutzt. Mir fehlt noch ein bißchen der „wissenschaftliche" Beweis. Dies deshalb, da im Verkaufsprospekt die Auswahlstrategie zwar schon eingehend beschrieben wird, aber dennoch ein Spielraum für das Management bleibt. Was sind z.B. „20 hochkapitalisierte Aktien" bei denen „als Hauptkriterium für die Aufnahme (…) in den EuroMomentum Index einzig und allein die höhere Einstufung der Gewinnerwartungen (…)" herangezogen wird? Wo ein (durchaus auch aus Anleger- und Index-Management-Sicht sinnvoller) Spielraum besteht, weiß man aber nicht mehr, ob eine Überperformance aufgrund einer glücklichen Ausnutzung dieses Spielraumes zustande gekommen ist – oder auf die systematische Selektions-Komponente zurückgeführt werden kann. „Wissenschaftliche" Untersuchungen weisen (normalerweise!) solche Spielräume nicht auf.[139] Also vielleicht erst einmal noch etwas abwarten![140]

4. Hängen die Effekte zusammen? Kann man sie kombinieren, um die Renditen zusätzlich zu verbessern?

Schon sehr früh begann man sich Gedanken zu machen, ob und wie Effekte bzw. Anomalien zusammenhängen könnten. Bisher ist längst nicht alles klar. Aber einiges weiß man dennoch.

Es gibt eine Reihe von Verfahren, um zu untersuchen, ob und – wenn „ja" – wie die Effekte zusammenhängen könnten. Ein erster Hinweis könnte im zeitlich „parallelen" Auftreten bestehen.

4.1 Erste Hinweise auf einen Zusammenhang: Zeitlich paralleles Auftreten

Keine Anomalie tritt permanent, d.h. jeden Monat und jedes Jahr im selben Ausmaß auf. Auffällig ist aber, daß Anomalien eine Neigung zu besitzen scheinen, entweder gemeinsam zu passieren oder eben gemeinsam nicht zu passieren:

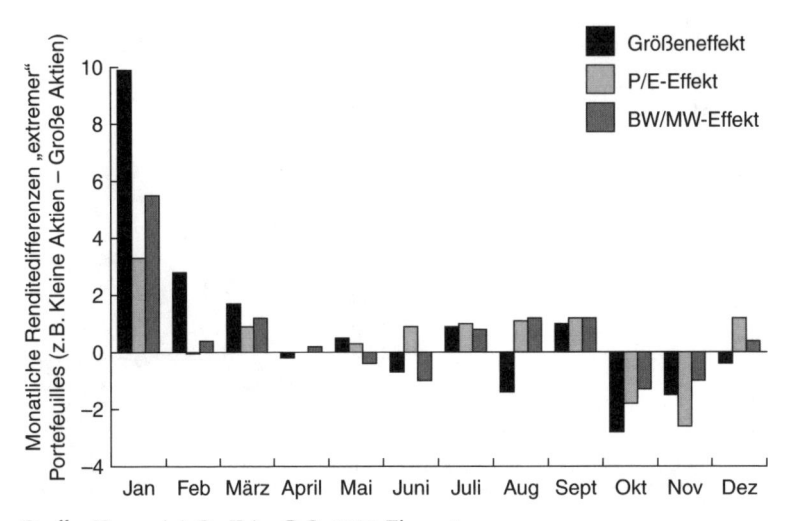

Quelle: *Hawawini, G., Keim, D.B.*, 1993, Figure 1

Abbildung 56: Vergleichbare Muster im monatlichen Auftreten von Größen-, P/E- und MW/BW-Effekt (USA, 1962–1989)

4. Hängen die Effekte zusammen?

Eine Besonderheit ist Ihnen bestimmt schon aufgefallen: Die hohe Januar-Lastigkeit von Größen-, P/E-, Marktwert/Buchwert-, Verschuldungs-, Winner-Loser- und Dividendenrendite-Effekt. Für drei wichtige Anomalien demonstriert das noch einmal gebündelt die Abbildung 56.

Ebenso scheinen manche Effekte über die Jahre hinweg quasi gemeinsam aufzutreten – oder eben nicht. Dazu ein Blick auf das zeitliche Auftreten von P/E-Effekt und MW/BW-Effekt in den USA in Abbildung 57.

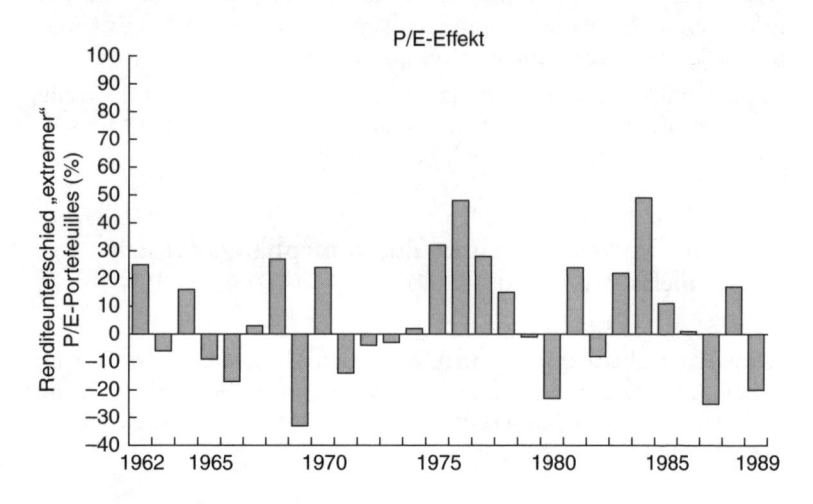

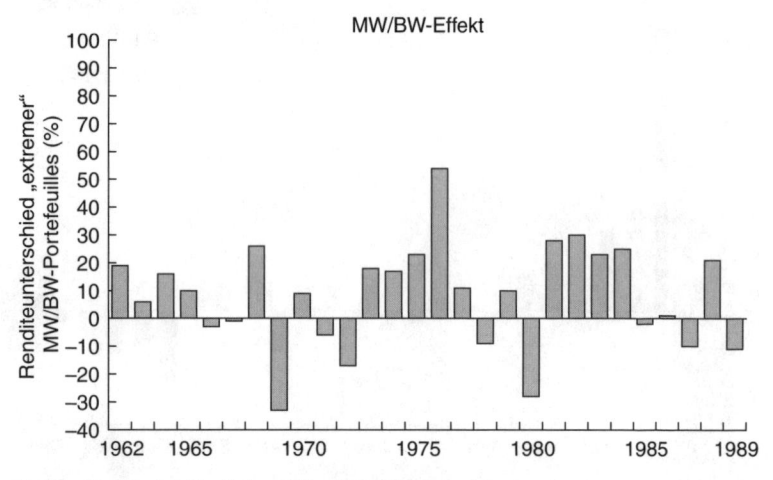

Quelle: *Hawawini, G., Keim, D.B.*, 1993, Figure 2

Abbildung 57: Vergleichbare Muster im monatlichen Auftreten von P/E- und MW/BW-Effekt (USA, 1962–1989)

4.1 Erste Hinweise auf einen Zusammenhang

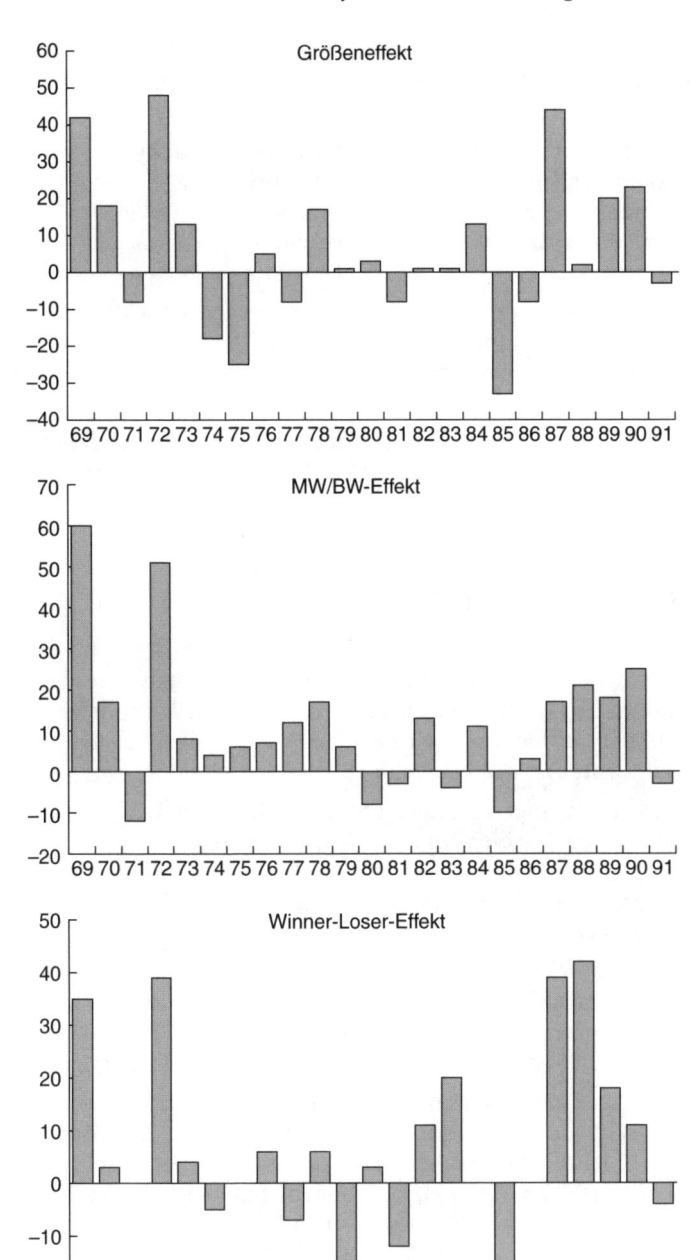

Abbildung 58: In den Extremen ähnlich: Größen-, MW/BW- und Winner-Loser-Effekt (Deutschland, 1969–1991)

Quelle: *Sattler, R.*, 1994, S. 208

In Deutschland sieht das nicht viel anders aus. Hier gibt es Argumente dafür, daß der MW/BW-Effekt, der Winner/Loser-Effekt und der Größeneffekt stark zusammenhängen; siehe Abbildung 58.

Diese Beobachtungen irritieren. Könnte es sein, daß hier alles irgendwie zusammenhängt? Ist es evtl. so, daß besonders kleine Aktiengesellschaften *gleichzeitig* Loser sind und evtl. *gleichzeitig* ein niedriges P/E-Verhältnis aufweisen? Dann spräche man davon, daß die Anomalievariablen korrelieren – d.h. gemeinsam auftreten.

Und wenn das so wäre, könnte man argumentieren, daß die Größe, das MW/BW-Verhältnis und/oder das P/E-Verhältnis nur Hinweise auf eine andere, bisher unbekannte, im Hintergrund stehende Größe sein könnten.

Oder es ist so, daß zwar häufig Anomalievariablen korrelieren, daß aber nur eine von beiden ursächlich für den Effekt verantwortlich ist? Wir sehen dazu gleich einmal in die Daten.

4.2 Wie trennt man die Effekte?

Eine Reihe der Verfahren, die von empirischen Analysten verwandt werden um Effekte zu trennen, sind nur für Statistik-Profis verständlich. Deshalb wähle ich hier eine leichter nachvollziehbare und dennoch effiziente Art der Darstellung.

Dazu wird wie folgt vorgegangen: *Bisher* haben wir Aktien anhand *einer* Anomalievariablen, wie z.B. ihrem MW/BW-Verhältnis, in Portefeuilles eingeteilt. Deren Rendite wurde dann gemessen; der Renditeunterschied dann auf das unterschiedliche MW/BW-Verhältnis zurückgeführt.

Um zu sehen, wie Anomalien zusammenhängen könnten, werden die Aktien *jetzt gleichzeitig anhand von zwei Anomalievariablen* in Portefeuilles eingeteilt. So z.B. anhand von MW/BW-Verhältnis und von Marktwert. Das ist eine *zwei-dimensionale* Portefeuilleeinteilung.

Damit in den Portefeuilles noch genügend Aktien vertreten sind – das muß so sein, damit die Portefeuillerenditen keine Zufallsprodukte werden – kann man nicht mehr, wie vorher oft geschehen, 10 MW/BW und 10 Größenklassen bilden. Für deutsche Verhältnisse gehen nicht mehr als 5 Portefeuilles pro Dimension. Das führt dann letztlich zu 5 mal 5 oder 25 Portefeuilles.

4.3 Marktwert/Buchwert-Effekt und Größeneffekt

Einer der stärksten Effekte scheint der MW/BW-Effekt zu sein. Schauen wir uns dazu einmal an, wie er mit dem Größeneffekt zusammenhängt. Was erkennt man anhand der Rendite der 25 Portefeuilles in Tabelle 30?

1. In jeder MW/BW-Klasse existiert ein weitgehend unabhängiger Größeneffekt: Gehen Sie dazu die einzelnen Spalten (= jeweils Aktien mit sehr ähnlichem MW/BW-Verhältnis aber unterschiedlicher Unternehmensgröße) von unten nach oben durch: Praktisch immer haben die kleinen Aktien eine höhere Rendite als die großen Aktien.
2. Analog dazu existiert in jeder Größenklasse (= Zeile) ein MW/BW-Effekt: Immer haben die Aktien mit dem niedrigen MW/BW-Verhältnis (die am rechten Rand) eine höhere Rendite wie die mit dem hohen MW/BW-Verhältnis (am linken Rand).

Besser noch lassen sich die Ergebnisse interpretieren, wenn sie wie in Abb. 59 graphisch dargestellt sind.

Eine weitere Analyse zeigt darüberhinaus, daß die MW/BW-Variable und die Größe einer Aktiengesellschaft praktisch nicht zusammenhängen, d.h. nicht in irgendeiner Weise gemeinsam auftreten:

Schaut man sich z.b. die Anzahl der Aktien an, die sowohl ein hohes MW/BW-Verhältnis als auch einen kleinen Marktwert haben, so sind dies (durchschnittlich) etwas über 6 Aktien (obere linke Ecke der Tabelle 31). Es gibt aber mit 5,4 Aktien fast genausoviele mit einem hohen MW/BW-Verhältnis und einem großen Marktwert (untere linke Ecke) oder mit etwas über 6 Aktien solche mit niedrigem MW/BW-Verhältnis und hohem Marktwert.

durchschnittliche Monatsrenditen	hohes MW/BW-Verhältnis	MW/BW > Ø	mittleres MW/BW-Verhältnis	MW/BW < Ø	niedriges MW/BW-Verhältnis
kleiner Marktwert	0,51	0,79	1,1	1,31	1,62
	0,85	0,74	0,90	0,86	1,42
mittlerer Marktwert	0,57	0,89	0,80	1,07	1,12
	0,56	0,79	0,74	0,55	1,11
großer Marktwert	0,42	0,50	0,79	0,96	1,15

Quelle: Sattler, R., 1994, S.274

Tabelle 30: Zusammenhang von MW/BW- und Größeneffekt (Deutschland, 1969–1991)

Quelle: Sattler, R., 1994, S. 274

Abbildung 59: Zusammenhang von MW/BW- und Größeneffekt (Deutschland, 1969–1991)

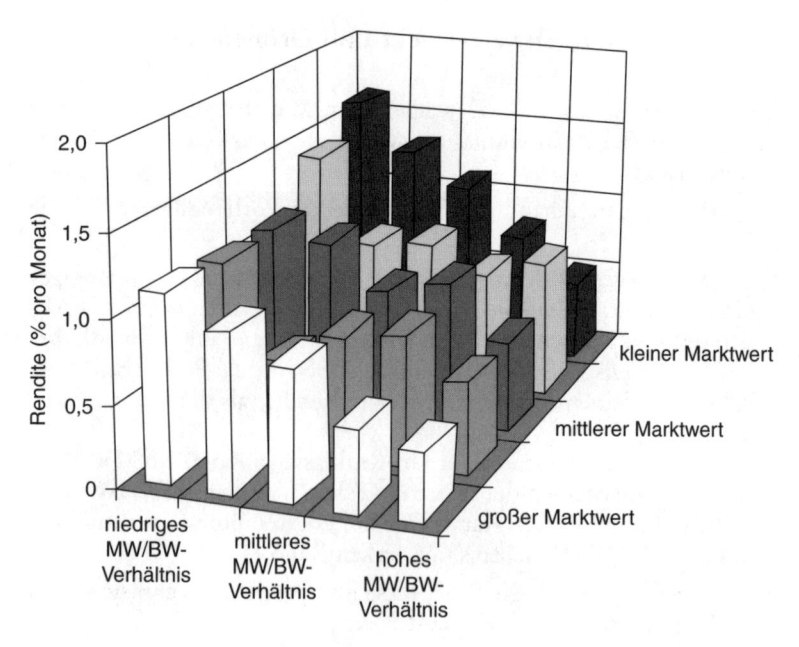

durchschnittliche Anzahl von Aktien in den Portfeuilles	hohes MW/BW-Verhältnis	MW/BW > Ø	mittleres MW/BW-Verhältnis	MW/BW < Ø	niedriges MW/BW-Verhältnis
kleiner Marktwert	6,2	5,2	6,8	6,9	8,1
Marktwert < Ø	6,8	6,1	5,0	6,5	6,9
mittlerer Marktwert	5,8	6,8	7,0	5,7	5,9
Marktwert > Ø	7,1	6,7	6,6	4,8	6,1
großer Marktwert	5,4	6,4	5,9	7,4	6,2

Quelle: Sattler, R., 1994, S. 274

Tabelle 31: Die MW/BW-Variable und die Firmengröße hängen nicht zusammen (Deutschland, 1969–1991)

Würden das MW/BW-Verhältnis und der Marktwert irgendwie systematisch zusammenhängen („korrelieren"), wären bestimmte Ecken besonders gefüllt (weil es viele Aktien gäbe, die gleichzeitig die beiden Merkmale aufweisen), während andere Ecken besonders leer wären (weil es kaum Aktien gibt, die diese Merkmalskombination aufweisen). Wir werden solche Beispiele auch noch kennenlernen!

> **Investmenttip:**
> Die Schlußfolgerung ist einfach: Der MW/BW-Effekt und der Größeneffekt sind unabhängige Effekte – zumindest in Deutschland. Ganz besonders hohe Renditen kann man daher erzielen, wenn man in Aktien investiert, die *gleichzeitig einen geringen Marktwert und ein niedriges MW/BW-Verhältnis* aufweisen.

4.4 Marktwert/Buchwert- und Winner-Loser-Effekt

Führen wir dasselbe Verfahren jetzt anstelle des Marktwertes mit einer Winner-Loser-Größe durch. Sie erinnern sich: Die Loser der vergangenen 5 Jahre zeichnen sich in der Zukunft durch besonders hohe Renditen aus. Werfen wir in Abbildung 60 einen ersten Blick auf die Renditen.

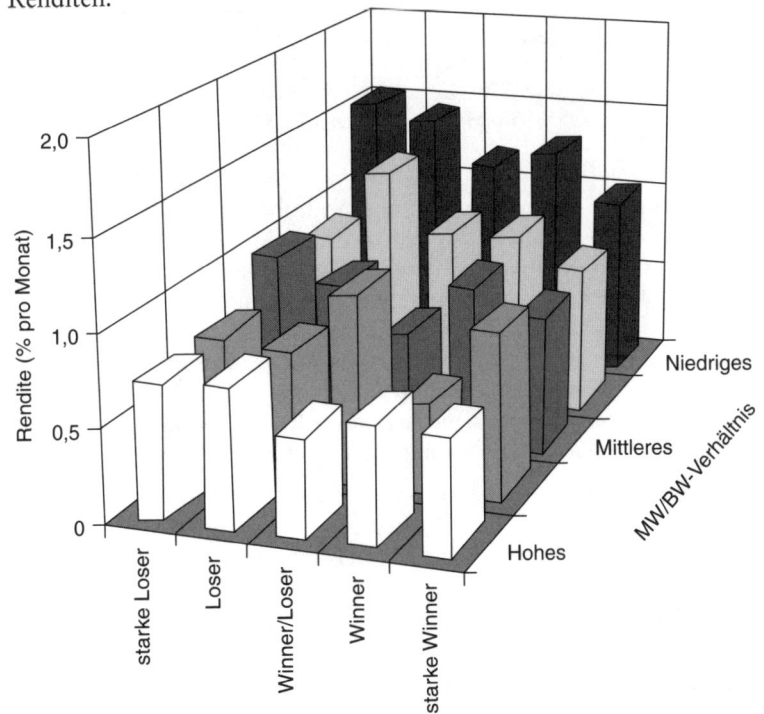

Quelle: *Sattler, R.*, 1994, S. 275

Abbildung 60: Der MW/BW-Effekt und der Winner-Loser-Effekt (Deutschland, 1969–1991)

Hier wird deutlich, daß der Winner-Loser-Effekt nur noch bei den Aktien auftritt, die gleichzeitig ein besonders niedriges MW/BW-Verhältnis haben (im Schnitt 1 oder kleiner)! Sieht man auf die Korrelation der Merkmale, wird aus Tabelle 32 etwas ersichtlich, was nur wenig überrascht:

durchschnittliche Anzahl von Aktien in den Portefeuilles	Loser	Loser 2	Winner-Loser	Winner 2	Winner
niedriges MW/BW-Verhältnis	9,5	6,9	5,5	3,6	3,1
MW < Ø	7,3	6,4	4,8	4,6	3,8
mittleres MW/BW-Verhältnis	4,6	5,9	6,8	5,8	3,6
MW > Ø	4,0	4,8	5,7	6,3	6,1
hohes MW/BW-Verhältnis	3,7	3,1	3,9	6,6	10,4

Quelle: *Sattler, R.* 1994, S. 275

Tabelle 32: Die MW/BW-Variable und die Winner-Loser-Eigenschaft hängen zusammen (Deutschland, 1969–1991)

Winner-Aktien haben sehr häufig eine hohes MW/BW-Verhältnis, während Loser-Aktien häufig ein niedriges MW/BW-Verhältnis haben. Das ist unmittelbar einleuchtend – sind doch Winner diejenigen, die seit 5 Jahren besonders stark im Kurs gestiegen sind, während Loser die sind, die über 5 Jahre einen besonders starken Marktwertverlust hinter sich bringen mußten. Der Winner-Loser-Effekt scheint also zumindest in einer gewissen Weise vom MW/BW-Effekt dominiert zu werden. Etwas neutraler ausgedrückt: Winner-Loser und MW/BW-Größen messen wahrscheinlich etwas sehr ähnliches.

Investmentempfehlung:

Nicht so sehr auf den Winner-Loser-Effekt setzen, sondern besser auf den MW/BW-Effekt.

Aber: Der Erfolg einer MW/BW-Strategie (d.h. Kauf von Aktien mit niedrigem MW/BW-Verhältnis) kann gesteigert werden, wenn man sich zusätzlich auf die Aktien konzentriert, die Loser sind. Das geht recht gut, da relativ viele Aktien diese beiden Kriterien gleichzeitig erfüllen (in der Vergangenheit in Deutschland im Schnitt etwa 10 Aktien).

4.5 Winner-Loser-Effekt und Größeneffekt

Nach den Ergebnissen von Winner-Loser- und MW/BW-Effekt liegt der Verdacht nahe, daß hier auch ein Effekt den anderen dominieren könnte. Die Erklärung könnte nach dem Motto gehen: Loser sind als solche Aktien definiert, die in den vergangenen Jahren die höchsten Kursverluste hinnehmen mußten. Da wäre es plausibel, zu erwarten, daß dieses Aktien quasi „kleine Aktien" geworden sind.

Ein Blick in Tabelle 33 zeigt genau dies: Mit 12,3 Aktien im Schnitt sind überdurchschnittlich viele Aktien mit niedrigem Marktwert Loser – oder anders ausgedrückt: viele Loser weisen einen kleinen Marktwert auf! Andersherum kann man aber *nicht* erkennen, daß besonders viele Winner gleichzeitig zu den Aktien mit besonders hohen Marktwerten gehören.

durchschnittliche Anzahl von Aktien in den Portefeuilles	Loser	Loser 2	Winner-Loser	Winner 2	Winner
Hoher Marktwert	5,2	7,3	7,6	8,6	8,1
MW > Ø	6,4	7,9	8,1	7,6	6,6
mittlerer Marktwert	6,9	6,8	8,5	7,7	6,6
MW < Ø	8,2	7,1	6,6	6,7	8,0
niedriger Marktwert	12,3	7,5	6,8	6,1	7,2

Quelle: *Sattler, R.*, 1994, S. 276

Tabelle 33: Größe und Winner-Loser-Eigenschaft hängen nur im Extrem zusammen (Deutschland, 1969–1991)

Werfen wir aber dennoch noch einen Blick auf die Renditeverteilung von großen und kleinen Unternehmen sowie (ehemaligen) Winnern und (ehemaligen) Losern in Abbildung 61.

Es erweist sich, daß

- der Winner-Loser-Effekt *signifikant* nur bei *großen* Aktien auftritt: D.h. nur bei diesen besteht ein durchgehender Zusammenhang von Winner-Loser-Eigenschaft und Rendite. Aber dieser Zusammenhang ist nicht dergestalt, wie man das erwarten würde: Zwar verdienen die großen Loser mit 0,97 % deutlich mehr als die großen Winner mit nur 0,62 % (jeweils pro Monat) – also im Prinzip ein ganz normaler Winner-Loser-Effekt. *Aber die Loser verdienen insgesamt nicht mehr als eine ganz und gar durchschnittliche Aktie im*

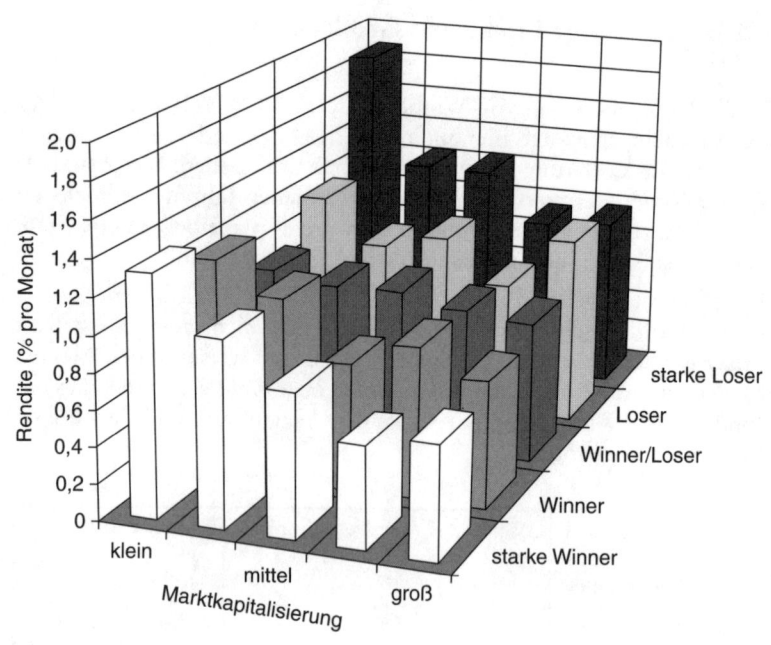

Quelle: *Sattler, R.*, 1994, S. 276

Abbildung 61: Winner-Loser und Größeneffekt (Deutschland, 1969–1991)

Vergleichszeitraum! Deren Durchschnittsrendite beträgt nämlich im selben Zeitraum zwischen 1969 und 1991 praktisch identische 0,98 % pro Monat!
- Der Winner-Loser-Effekt tritt weniger systematisch in den Gruppen der mittleren und kleineren Aktien auf. D.h. daß die Rendite nicht schön schrittweise umso größer wird, je mehr eine Aktie durch ihre Vergangenheit als Loser gebranntmarkt ist. *Immerhin aber rentieren in diesen kleineren Marktwertgruppen immer die Loser am besten!* Und zwar mit 1,23 bzw. 1,88 % pro Monat bei den kleinen bzw. den kleinsten Aktien. Und das ist viel mehr als die durchschnittliche Aktienrendite.
- Unabhängig davon ob es sich um Gruppen von Losern oder Winnern handelt: Immer haben die Aktien mit den kleinen Marktwerten die Nase vorne – d.h. die höheren Renditen. Und praktisch immer sind sie höher als die durchschnittliche Rendite aller Aktien.

Der Größeneffekt scheint damit unabhängig vom Winner-Loser-Effekt zu bestehen. Demgegenüber tritt ein ökonomisch sinnvoll ausnutzbarer Winner-Loser-Effekt nur bei Aktien mit kleinen Marktwerten auf. Von diesen Aktien – also quasi gleichzeitig (frühere) Loser und kleine Aktien – gibt es aber gar nicht so wenige, wie die Tabelle 33 zeigt; genau von dieser interessanten Gruppe gibt es mit über 12 (im Durchschnitt) relativ am meisten Aktien.

> **Investmentempfehlung:**
> 1. Halten Sie sich vor großen Aktien zurück, die *über lange Jahre* immer in der Spitzengruppe der Gewinner waren. Gewinner scheinen nicht immer Gewinner zu bleiben – zumindest nicht, wenn es große Gesellschaften sind, die nicht in Nischenmärkten agieren.
> 2. Ehemalige Loser, die große Unternehmen sind, rentieren *nicht* besonders.
> 3. Besonders interessant scheinen kleine Aktien, die gleichzeitig (ehemalige) Loser sind.[141]

4.6 P/E-Effekt und Größeneffekt

Der P/E-Effekt ist der älteste bekannte Effekt, der Größeneffekt (oder Size-Effekt) der zweitälteste Effekt. Entsprechend geht ein guter Teil der Analyse ihres Zusammenhanges bereits in die achtziger Jahre zurück. Nichtsdestotrotz ist auch jetzt – über 20 Jahre später – noch keine endgültige Klärung in Sicht.

Sehen wir uns erst einmal wieder an, ob eine Korrelation zwischen den Merkmalen, also der Größe und dem P/E-Verhältnis besteht:

Bekannt ist, daß insbesondere in den USA

1. Unternehmen mit einem hohem Marktwert sehr selten ein niedriges P/E-Verhältnis haben (oder, einfacher ausgedrückt, große Unternehmen sind relativ zu ihren Gewinnen in der Regel hoch bewertet), während
2. Unternehmen mit einem niedrigen Marktwert häufig ein niedriges P/E-Verhältnis haben (oder, kleine Unternehmen sind relativ zu ihren Gewinnen eher niedrig bewertet).[142]

Hoher Marktwert und hohes P/E-Verhältnis einerseits und niedriger Marktwert und niedriges P/E-Verhältnis (in der Regel übrigens begleitet von einem niedrigen MW/BW-Verhältnis) andererseits scheinen also (zumindest in den USA) zusammen aufzutreten. Eine zu erwartende Erkenntnis: Große Aktien sind selten „billig" – gemessen am P/E-Verhältnis.

In Deutschland übrigens bedeutet eine Sortierung nach Marktwert (P/E-Ratio) nur eine geringe implizite Sortierung nach dem P/E-Verhältnis (Marktwert). D.h. die Korrelation beider Größen ist bei uns geringer als in den USA – siehe Endnote 144![143] Die Frage ist jetzt:

Wenn die Merkmale zusammenhängen, kann man dann davon ausgehen, daß nur eine Größe für den Effekt verantwortlich ist? Oder tritt der P/E-Effekt in allen Größenklassen auf? Und tritt noch ein Größeneffekt in allen P/E-Klassen auf? Schauen Sie in die Abbildung 62!

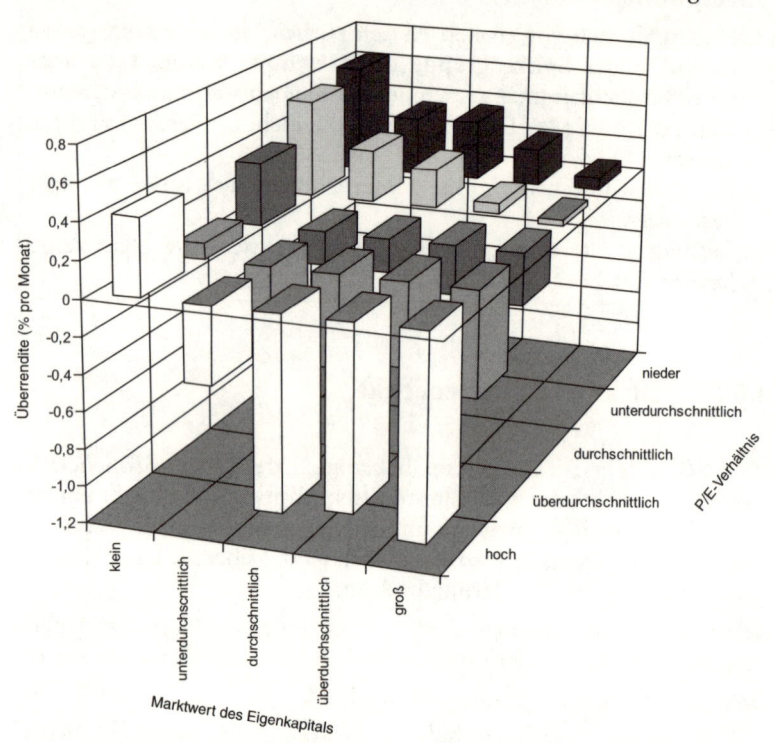

Quelle: *Cook, T.J., Rozeff, M.S.,* 1984

Abbildung 62: P/E- und Größen-Effekt: Scheinbar parallel existierende Effekte

Die Ergebnisse sind schnell zusammengefaßt.
1. In praktisch jeder Größenklasse kann ein P/E-Effekt beobachtet werden.[144]
2. In praktisch jeder P/E-Klasse kann ein Größeneffekt beobachtet werden.[145]
3. Tendenziell etwas größer ist der P/E-Effekt – gemessen als Renditeunterschied von P/E-Portefeuilles zur Marktrendite – bei großen Aktien.[146] (Das Ergebnis paßt gut zu Beobachtungen aus den sechziger Jahren, als man deutliche P/E-Effekte bereits unter den 30 Dow Jones-Aktien beobachtete.[147]) Die absolut höchsten Renditen erhält man aber dennoch mit den kleinen Aktien mit niedrigem P/E-Verhältnis.

4.6 P/E-Effekt und Größeneffekt

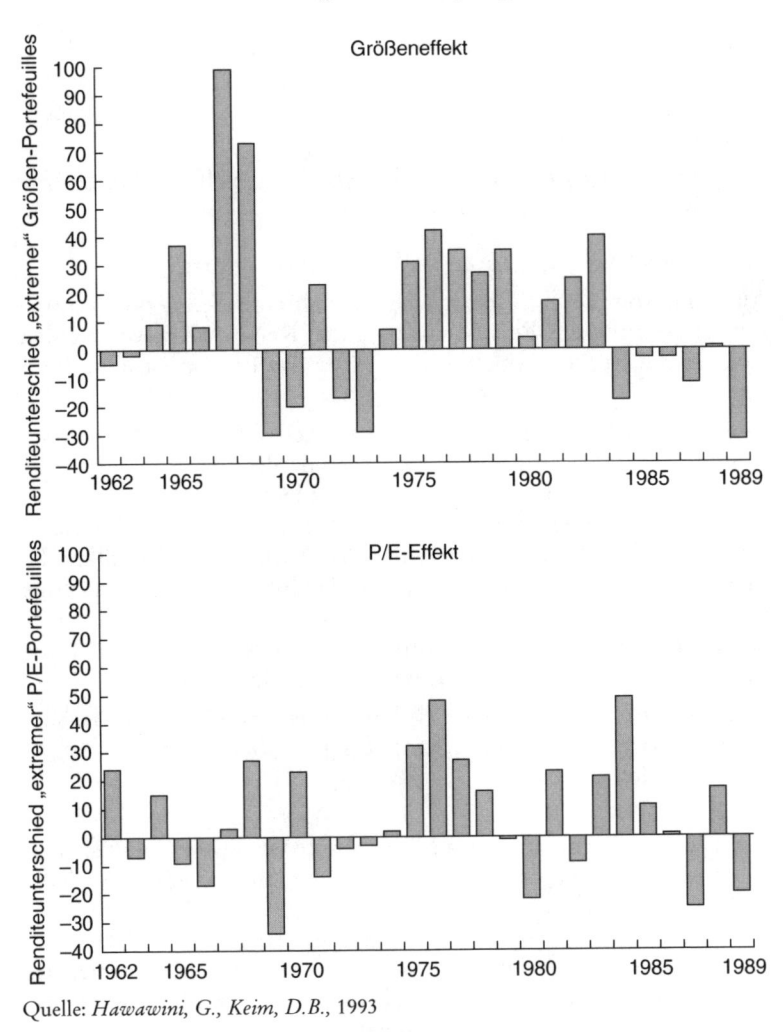

Quelle: *Hawawini, G., Keim, D.B.*, 1993

Abbildung 63: Nur mäßig ähnliche Muster im jährlichen Auftreten von Größen- und P/E-Effekt (USA, 1962–1989)

Also zumindest unabhängig auftretende Renditeeffekte!

Die Abbildung 63 läßt darauf schließen, daß auch das zeitliche Auftreten von Größen- und P/E-Effekt nicht stark zusammenhängt.[148] Somit ein weiterer Hinweis auf eine relative Unabhängigkeit der Effekte.

Eigentlich gibt es nur 2 Hinweise, daß die beiden Effekte mehr miteinander zu tun haben:

1. Die besonders hohen Renditen, die mit Aktien verbunden sind, die ein negatives P/E-Verhältnis haben: Dies scheinen tendenziell klei-

nere Unternehmen zu sein – zumindest in der jeweiligen Größenklasse.[149]

2. Etwa die Hälfte des P/E-Effektes passiert – wie auch beim Größeneffekt – am Anfang des Jahres.[150]

Also immer noch keine sichere Klärung.[151] Vielleicht schafft es ja die Statistik, Licht in das Dunkel zu bringen?

Lösen komplexere statistische Verfahren das Problem?

Auch mit komplexeren statistischen Verfahren ist keine hundertprozentige Klärung des Phänomens möglich. Keine Angst, wir werden nicht in die Rechenformeln gehen. Aber das Prinzip ist einfach zu verstehen:

Ein beliebtes Verfahren[152] analysiert zu vielen Zeitperioden, ob bestimmte Charakteristika von Aktien (z.b. ihr P/E-Verhältnis) die Rendite von eben diesen Aktien erklärt. Liefert die Größe systematisch (d.h. in mehreren Zeitabschnitten) so einen Erklärungszusammenhang (wie z.B. „Je niedriger das P/E-Verhältnis desto höher die Rendite"), so spricht man davon, daß die Größe *signifikant* ist. Eine signifikante Größe ist damit eine, nach der ein Anleger Aktien selektieren kann und berechtige Hoffnung darauf setzen kann, daß die Rendite seiner so ausgewählten Aktien besonders groß ist.

Betrachtet man nun, ob das P/E-Verhältnis eine für die Aktienauswahl wichtige[153] (jetzt also: *statistisch signifikante*) Größe ist, ergibt sich folgendes:

1. Für die USA gilt:
- Das P/E-Verhältnis ist eine *signifikante* Größe – es lohnt sich also für den Anleger, auf Aktien mit einem niedrigen P/E-Verhältnis zu achten.
- Allerdings gilt das nur, wenn man es als alleinigen Faktor benutzt. Sobald andere Faktoren (wie z.B. der Marktwert, das MW/BW-Verhältnis oder auch die Verschuldung) gleichzeitig mitgetestet werden, verschwindet die Signifikanz.[154]

Der Statistiker sagt in so einem Fall, daß der Marktwert, das MW/BW-Verhältnis und die Verschuldung das P/E-Verhältnis subsumieren.

Für den Anleger heißt das: Selektiere lieber nach Marktwert, MW/BW-Verhältnis oder Verschuldung. Das ist besser als nach dem P/E-Verhältnis.

2. Für Deutschland gilt (für den Zeitraum von 1967 bis 1994):[155]
- Das P/E-Verhältnis ist eine signifikante Größe.
- Sie behält – anders als in den USA – ihre Signifikanz allerdings auch, wenn andere Größen wie der Verschuldungsgrad, das MW/BW-Verhältnis oder der Marktwert als zusätzliche renditeerklärende Größen betrachtet werden.

- Betrachtet man nur die jüngere Marktphase von 1988 bis 1994, verschwindet die Signifikanz aller Anomalievariablen.[156] Die Ergebnisse aus den USA und Deutschland widersprechen sich hier also: In Deutschland scheinen die Effekte unabhängiger zu sein als in den USA. Woran das liegen kann ist bislang fraglich.

Investmentempfehlung:

Auch wenn man sich nicht sicher ist, ob das P/E-Verhältnis eine Größe ist, die unter allen Bedingungen ihre Signifikanz behält, ist es für den Anleger vergleichsweise leicht mit diesem Ergebnis umzugehen:

1. Wenn außer dem P/E-Verhältnis keine Informationen zu MW/BW oder Marktwert alleine vorliegen, ist das P/E-Verhältnis auf jeden Fall eine sinnvolle Information, die zu einer guten Investmententscheidung führt.
2. Wenn zusätzlich zu P/E-Informationen auch noch Informationen über den Marktwert oder das MW/BW-Verhältnis vorliegen, sollte diesen mindestens dieselbe Wichtigkeit zugestanden werden: Am besten ist es dann, in erster Linie nach einer kleinen Größe und einem niedrigen MW/BW-Verhältnis zu selektieren und dann – quasi als i-Tüpfelchen – nach niedrigen P/E-Verhältnisse anzuschauen. Schlimmstenfalls bringt dieser letzte Schritt nichts. Er schadet zumindest aber auch nicht![157]

4.7 Preis/Umsatz-Effekt vs. MW/BW-, Verschuldungs- und Size-Effekt

Barbee/Mukherji/Raines[158] zeigen mit ihren Daten 1996, daß der Preis/Umsatz -Effekt sehr wichtige Renditeanomalien dominiert. Sie demonstrieren diese wichtige Aussage anhand einer Tabelle, die Aussagen über die statistische Signifikanz einer Anomalievariablen (also z.B. den Marktwert des Eigenkapitals (= Size), das MW/BW-Verhältnis etc.) macht.

Die Frage, die an das Statistik-Programm gestellt wird, lautet: Was erklärt Aktienrenditen am besten?

a) das Verhältnis MW/BW („q"),
b) das Verhältnis von Schulden zu Eigenkapital (*eine* Möglichkeit Verschuldung zu messen, vgl. Kapitel „Verschuldungs- bzw. Leverage-Effekt",
c) der Marktwert des Eigenkapitals („Größe" bzw. „Size") oder
d) das Verhältnis von Preis zu Umsatz pro Aktie.

4. Hängen die Effekte zusammen?

Man weiß, daß, wenn man die Größen *einzeln* auf ihre Wichtigkeit testet, sie sehr ähnlich abschneiden: Eigentlich so ähnlich, daß *keine* Aussage über die Unteschiedlichkeit der Einflußnahme auf die Rendite getroffen werden kann.

Dazu wird in empirischen Untersuchungen oft das folgende Verfahren angewandt: Man läßt *gleichzeitig* mehrere Variablen (wie oben die P/E-Ratio und die Größe) die Rendite R von Aktien erklären.

Die künftige Rendite R ist im mathematischen Sinn eine Funktion (f) von MW/BW-Verhältnis, Verschuldung, Marktwert (alleine), Preis/Umsatz-Verhältnis.

$$R = f (MW/BW, Verschuldung, Marktwert, Preis/Umsatz)$$

Gleichung 6: Beispiel für eine Möglichkeit, Renditezusammenhänge zu erklären und zu testen

Dann sorgt ein statistisches Verfahren[159] dafür, daß quasi eine Konkurrenz der Größen („Erklärende Größen"), die die künftige Rendite („Erklärte Größe") beschreiben sollen, stattfindet.

Gewinner dieses Konkurrenzkampfes sind die Größen, deren Parameterschätzung einen *t-Wert* (das ist eine statistische Testgröße, die etwas über die Wichtigkeit einer „Erklärenden Größe" aussagen

Erklärte Größe	Erklärende Größen			
Aktienrendite	MW/BW-ratio	Verschuldung	MW	Sales/Price-ratio
Parameter-schätzung	-0,06	-0,02	-0,02	0,20
t-Wert	-0,59	-0,36	-0,38	**2,21**
Interpretation				
a) des Parameters	wenn MW/BW steigt, fällt Rendite	wenn Verschuldung steigt, fällt Rendite	wenn MW steigt, fällt Rendite	wenn S/P steigt, steigt Rendite, d.h. wenn Preis/Umsatz sinkt, steigt die Rendite
b) des t-Wertes	MW/BW statistisch eher unwichtig	Verschuldung statistisch eher unwichtig	MW statistisch eher unwichtig	**S/P statistisch wichtig**

Quelle: *Barbee, W.C., Murkherji, S., Raines, G. A.*, 1996, S. 59 (Auschnitt) und eigene Erläuterungen. Die Parameterschätzungen basieren auf dem natürlichen Logarithmus der exogenen Variablen (d.h. der erklärenden Größen), die Basis der Querschnittsregressionen sind Monatsdaten.

Tabelle 34: Was ist wichtiger: Der Marktwert, die Verschuldung, das MW/BW-Verhältnis oder das Preis/Umsatz-Verhältnis?

kann) von *größer als zwei* haben. Je größer der t-Wert, desto sicherer ist das Ergebnis kein statistisches Kunstprodukt.

Hier scheint das Ergebnis eindeutig: Die Sales/Price-Ratio erweist sich – im Vergleich zu den anderen Variablen – als einzig relevante Größe, die mit der künftigen Rendite zusammenhängt.

Man darf dieses Ergebnis allerdings nicht überbeurteilen: Anderes Datenmaterial – andere Aktien, andere Zeiträume, andere Länder – können dieses scheinbar so eindeutige Urteil wieder ändern.

Warum sollten einfach zu besorgende Größen und vergleichsweise simple Kennzahlen es ermöglichen, außergewöhnliche Renditen zu erwirtschaften – und dabei noch nicht einmal besondere Risiken einzugehen?

Die Suche nach Erklärungsversuchen dauert schon lange an. Wir widmen uns diesem Thema im folgenden Abschnitt, da Investoren immer wissen sollten, auf *was* sie sich (eventuell oder sicher) einlassen!

4.8 Erklärungsversuche für die „Anomalien"

In Frage kamen bei den Wissenschaftlern, die die Entdecker der Anomalien waren, in erster Linie Dinge, die in Zusammenhang mit Gleichgewichtsmodellen wie dem CAPM stehen. Der Glaube an diese Modelle war – und ist bei vielen immer noch – so stark, daß es regelmäßige Verstöße nicht geben darf.

In so einer Umgebung konnten vor allem zwei Gedanken reifen:
1. Irgendwie mußte bei der β-Risikomessung etwas schief laufen: Könnte es nicht sein, daß man besonders bei kleinen Unternehmen, Losern, Low-P/E-Stocks, Low-MW/BW-Aktien, solchen mit hoher Dividendenrendite etc. bei der β-Messung systematisch zu niedrige Werte berechnet?
2. Oder hatte man einen wichtigen Risikofaktor *neben* β, der gerade bei kleinen Aktien, Losern, Low-P/E-Stocks etc. auftritt, schlichtweg übersehen?
3. Daneben gibt es institutionelle Erklärungsversuche. Dabei geht es vor allem um das Verhalten von Fondsmanagern, das mit „Window Dressing" und „Parking the Proceeds" umschrieben wird.

Schauen wir uns zunächst an, ob an der traditionellen wissenschaftlichen Erklärung, der β-Schätzproblematik, etwas dran ist.

Ist vielleicht nur das β-Risiko falsch gemessen?

Idee: Man unterschätzt das Risiko von „Anomalie"-Aktien wohl systematisch. Die dahinterstehende Überlegung ist: Wäre das β-Risiko dieser Aktien deutlich größer als man es momentan mißt, dann wäre die hohe Durchschnittsrendite durchaus CAPM-verträglich.[160]

Dimson und eine Reihe von Kollegen stellten fest, daß das β-Risiko tatsächlich falsch gemessen wurde – und zwar besonders bei den *kleinen* Aktien. Der Grund: Solche Aktien werden oft nicht jeden Tag gehandelt. In den Datenbanken werden aber die Renditen von Aktien in der Regel auf Basis von Monatsschlußkursen berechnet. Bei kleinen Aktiengesellschaften ist der Monatsschlußkurs (den man zur Berechnung des β-Risikos braucht) aber häufig ein „alter", d.h. ein ein oder mehrere Tage alter Kurs. Die Monatsrendite ist also „verzerrt".[161] Die zweite Größe, die man zur Berechnung von β braucht, ist die Marktrendite. Und diese ist nicht (bzw. nur ganz geringfügig) mit diesen Verzerrungen behaftet. Einmal verzerrt, einmal nicht verzerrt – das ist fatal für die Berechnung von β: Man kann zeigen, daß es zu einer *systematischen Unterschätzung* von β führt.[162]

Ein neues Schätzverfahren für β, das sogenannte *Dimson-β*, beseitigt dieses Schätzproblem weitgehend. Reicht es aus, daß das CAPM weiterhin existieren kann? Sehen Sie selbst in der Abbildung 64.

Das zeigt klar: Bei kleinen Aktiengesellschaften scheint tatsächlich eine bis dato unerkannte Fehlmessung des Risikos aufgetreten zu sein: Das *Dimson-β* führt doch zu deutlich veränderten Schätzungen gerade bei kleinen Größenportefeuilles. Bei großen Gesellschaften ist keine große Veränderung festzustellen.[163]

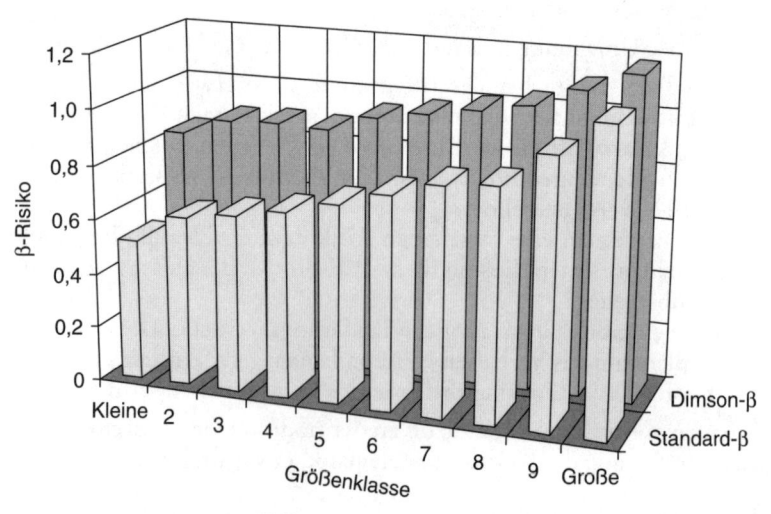

Quelle: *Sattler, R.*, 1994, S. 190

Abbildung 64: Die Wirkung des Dimson-β am Beispiel deutscher Größenportefeuilles

4.8 Erklärungsversuche für die „Anomalien"

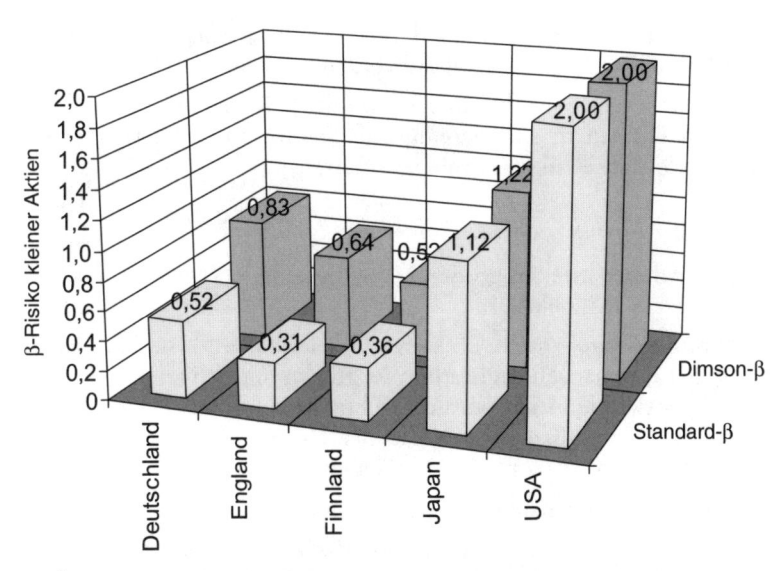

[Balkendiagramm: β-Risiko kleiner Aktien für Deutschland (0,52 / —), England (0,83 / 0,31), Finnland (0,64 / 0,36), Japan (0,52 / 1,12), USA (1,22 / 2,00 / 2,00); Dimson-β und Standard-β]

Quelle: *Hawawini, G., Keim, D.B.*, 1993

Abbildung 65: Die Wirkung des Dimson-β im internationalen Bereich: Korrektur der Risikofehlschätzung bei Portefeuilles aus kleinen Aktien

Die β-Fehlschätzung ist kein alleinig deutsches Phänomen: Sie tritt in fast allen Ländern auf; vgl. Abbildung 65. Die wichtigste Ausnahme sind die USA – wobei es hierbei auch auf das „Wie" und „Wo" der Untersuchung ankommt.

Aber um es gleich zu sagen: Die Fehlschätzung ist zwar deutlich spürbar. Sie ist aber längst nicht so groß, daß sie die Portefeuilles kleiner Aktien wieder „auf die Wertpapierlinie zurück" befördert. Der Verstoß gegen das CAPM bleibt – wenn auch etwas vermindert – weiter bestehen.

Und in noch stärkerem Maß gilt das für die anderen Anomalievariablen – kleines P/E-Verhältnis, Loser etc.: Für diese Aktien kann keine spürbare β-Fehlschätzung nachgewiesen werden.

Ergebnis: Die Anomalien (weil es so viele sind ist der Ausdruck „Effekte" vielleicht besser) sind mit einer β-Fehlschätzung allein nicht zu erklären! Mit solch „leichten" Modellmodifikationen scheint man das Problem nicht in den Griff zu bekommen. Wir müssen in Zukunft wohl das Risiko mit einem völlig neuen Modell und nicht mehr dem CAPM berechnen. Um in der Wortwahl des Wissenschaftstheoretikers *Kuhn* zu bleiben, muß man formulieren: „Ich halte einen Paradigmenwechsel für sehr wahrscheinlich."

Und das jetzt, zu einer Zeit, zu der das CAPM gerade erst richtig beginnt in der Praxis angewandt zu werden!

Eine weitere beliebte Erklärung ist, daß das β-Risiko nicht der *alle* relevanten Risiken in sich vereinigende Faktor ist, sondern für den Markt relevante Risikofaktoren ignoriert.

Haben wir irgendwelche Risikofaktoren ignoriert?

Nun zur dieser zweiten großen Hypothese: Die *Hypothese der vernachlässigten Risikofaktoren*.

Es wird die Frage gestellt, ob kleine Gesellschaften, Low-P/E, Loser etc. quasi automatisch ein bestimmtes Risiko mit sich tragen, das bisher schlichtweg ignoriert wurde. Wichtig ist dabei, daß es sich um ein Risiko handeln muß, das – entgegen der Theorie – sich nicht im theoretisch richtigen Risikomaß „β" widerspiegelt.

In Frage könnten als solche Risiken kommen:

1. Ein *besonders hohes Konkursrisiko*: das könnte man vor allem bei Gesellschaften mit einer hohen Verschuldung erwarten,
2. ein *wenig liquider Markt*, d.h. nur wenig Umsatz, der an der Börse stattfindet: Das kann zu Preiszugeständnissen führen, die im Falle von Transaktionen über die Börse gemacht werden müssen: hohe Kaufkurse und niedrige Verkaufskurse sind die Regel, da bereits kleinere Aufträge – in wenig liquiden Märkten – eine spürbare Kursreaktion auslösen,
3. die *aufwendige Informationsbeschaffung* für weniger bekannte Unternehmen: nur von den großen wird fast täglich berichtet, während von weniger bekannten Unternehmen häufig nicht viel mehr als ältere Jahresabschlüsse vorliegen.

Ist es das Konkursrisiko?

Zugegeben, man stellt besonders im Portefeuille der kleinen Aktien schnell fest: Ein hoher Anteil der Unternehmen sind *fallen angels*. Das sind Firmen, die einen längeren, scharfen Kursverfall hinter sich haben. Sie sind damit sozusagen „von oben" in das Portefeuille der kleinen Unternehmen hineingekommen.

Allerdings ist eines in den USA noch nicht überprüft worden: Bei wievielen Firmen ist die Finanzsituation tatsächlich in Folge des Kursverfalls noch so viel schlechter geworden ist, daß sie *tatsächlich* in Konkurs gegangen sind?

Für Deutschland hat *Stehle* das für die Zeit nach dem zweiten Weltkrieg ausgezählt. Insgesamt sind von allen 1961 bis Ende 1989 in Frankfurt im amtlichen Handel gelisteten Aktiengesellschaften nur sechs aufgrund eines Konkurses vom Kurszettel verschwunden.[164]

4.8 Erklärungsversuche für die „Anomalien"

Wesentlich mehr sind allerdings durch Aufkäufe oder Fusionen nicht mehr gelistet. Bei praktisch allen Unternehmen handelte es sich um kleinere. Der Größeneffekt besteht aber auch sehr deutlich *nach* Berücksichtigung dieser im Einzelfall bedauerlichen Verfälle. Die hohe Rendite von Aktien aus Size- und anderen Anomalieportefeuilles ist also mit ziemlicher Sicherheit mehr als eine Prämie für einen eventuellen Konkurs.

Ergebnis: Zumindest kann das Konkursrisiko *alleine* sicher nicht als Ursache der Effekte gesehen werden.

Ist es die Börsen-Liquidität?

Ist dann vielleicht die geringe Liquidität, also der geringe Börsenumsatz kleinerer, unbekannter Aktien für die Effekte verantwortlich? Man kann argumentieren, daß das CAPM eigentlich nur die zwei wichtigsten Nachteile des Aktienbesitzes berücksichtigt: Das ist einmal der Verzicht auf ein das „normale" Ausgeben des Geldes zu Konsumzwecken. Das andere Mal ist es das Risiko, Kursschwankungen auf sich zu nehmen. Der z.B. zwischen Aktien verschiedener Größe vorhandene Liquiditätsunterschied fehlt schlichtweg im Modell. Die wenigen Untersuchungen in diese Richtung konzentrierten sich alle auf einen möglichen Liquiditätseffekt bei kleinen Aktien.

In Spanien führten die Untersuchungen von *Rubio* an Aktien mit unterschiedlicher Marktkapitalisierung zu einer klaren Aussage: Die Liquidität habe *nichts* mit dem Größen-Effekt zu tun.[165]

Etwas anders ist es in den USA. Hier gibt es ein paar Hinweise darauf, daß die Liquidität tatsächlich im Zusammenhang mit der (geforderten) Rendite steht: *Reinganum*, einer der bekannteren Forscher, vergleicht dazu Aktien mit etwa gleicher Größe und gleichem β-Risiko.[166] Sie werden an unterschiedlichen Börsen gehandelt: Die einen an der NASDAQ,[167] die anderen an der New York Stock Exchange (NYSE). Der stark computerisierte *„multiple-dealership"*-Handelsmodus an der NASDAQ stellt Liquidität zu geringeren Kosten zur Verfügung als das monopolistische *„specialist-system"* der NYSE. Und tatsächlich: Die an der NYSE gehandelten kleinen Aktien (tendenziell die weniger liquiden) haben höhere Renditen als die im NASDAQ-System gehandelten (tendenziell die liquideren).

In Deutschland besteht so eine Untersuchungsmöglichkeit nicht. Ich habe hier nachgesehen, ob Aktien mit gleicher Marktkapitalisierung aber unterschiedlichem Streubesitz unterschiedliche Renditen aufweisen. Ein hoher Streubesitz bedeutet, daß viele Aktien in den Händen von Privatpersonen sind. Und diese Privatpersonen handeln über die Börse – d.h. ihre Aktien stellen potentielle Liquidität dar. Ein niedriger Streubesitzanteil bedeutet, daß viele Aktien als Beteiligun-

4. Hängen die Effekte zusammen?

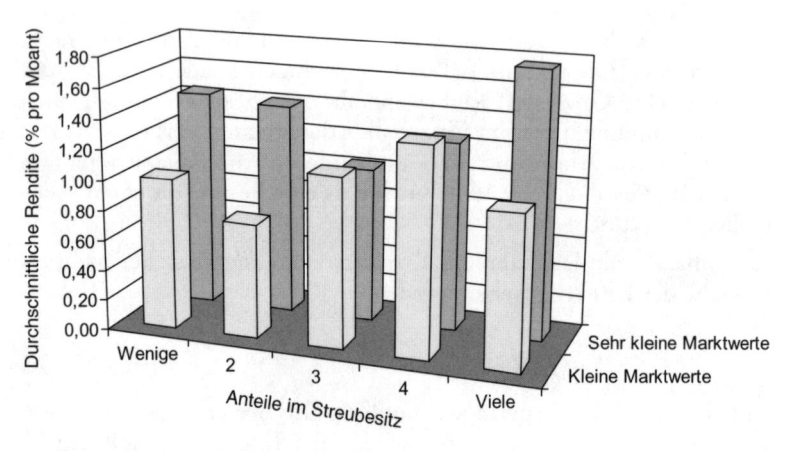

Quelle: *Sattler, R.*, 1994, S. 296

Abbildung 66: Die Renditen von Aktien mit niedriger Marktkapitalisierung und unterschiedlichen Streubesitz: Die Börsenliquidität hat nichts mit dem Größeneffekt zu tun (Deutschland, 1969–1991)

gen in den Händen von Unternehmen liegen. Solche Beteiligungen sind meist langfristiger Natur und werden – wenn überhaupt – praktisch nicht über die Börse verkauft.

Man würde also erwarten: Bei gleicher Marktkapitalisierung sollten Aktien mit hohem Streubesitzanteil eine niedrigere Rendite aufweisen (weil sie liquider sind), während solche mit niedrigem Streubesitzanteil höhere Duchschnittsrenditen haben sollten (weil sie weniger liquide sind).

Werfen wir dazu einen Blick in die Abbildung 66.

Klar ist zu erkennen: Bei keiner der Aktien, die verantwortlich sind für den Größeneffekt (also weder den ganz kleinen, noch den kleinen Aktiengesellschaften) hat der Anteil des Streubesitzes einen systematischen Einfluß auf die durchschnittliche Rendite. Die höchste Rendite haben bei den Aktien mit den kleinsten Marktwerten die mit dem größten Streubesitzanteil![168] Die Börsenliquidität hat also nichts mit der Rendite zu tun!

Ein dritter beliebter Erklärungsansatz ist das Verhalten institutioneller und privater Anleger; es soll vor allem den Januar-Effekt bei Small-Size-, Low-MW/BW-, High-Leverage-, Low-P/E- und evtl. auch High-Dividend-Yield-Aktien erklären.

4.8 Erklärungsversuche für die „Anomalien"

Erklärt „Window dressing" und „Tax loss selling" den Januar-Effekt?

Lassen Sie uns unabhängig von den obigen Ergebnissen einmal annehmen: Sowohl das Konkursrisiko als auch die Liquidität seien wichtige Faktoren. Daher sind sie zumindest mitverantwortlich für die Überrendite-Effekte.

Aber – wie kann es dann zu dem Effekt kommen, daß ein besonders großer Teil der Überrenditen im Monat Januar passiert? Bestenfalls können die genannten Gründe für permanente, d.h. übers ganze Jahr eher mehr als weniger gleichmäßig auftretende Effekte verantwortlich sein. Daß ihr Einfluß gerade im Januar so dramatisch ansteigt, ist unwahrscheinlich.

Daher wird gerne alternativ das Verhalten von Fondsmanagern als ursächlich angenommen: Ein Argument lautet, daß Manager gegen Jahresende, wenn sie die von ihnen gehaltenen Positionen im Abschlußbericht offenlegen müssen, gerne bekannte Werte, d.h. „Standardaktien" vorweisen. Diese sollen das Management seriös und weniger spekulativ erscheinen lassen. Das Verhalten wird als *„Window dressing"* bezeichnet.[169] Im Januar wird das Portefeuille wieder in Richtung auf kleinere, als chancenreicher angesehene Aktien hin umgeschichtet. Die vermehrte Nachfrage nach solchen Aktien mit vergleichsweise zu Standardwerten geringer Liquidität treibt deren Kurse besonders in die Höhe.

Eine andere beliebte Hypothese in diesem Zusammenhang ist das *„Tax loss selling"*.[170] In den USA müssen alle realisierten Kursgewinne versteuert werden, entsprechend können realisierte Kursverluste steuerlich geltend gemacht werden. Gegen Jahresende, wenn die Anleger über die Verminderung ihrer Steuerlast nachdenken, sei es ob der höheren Volatilität kleiner Aktien wahrscheinlicher, daß sich einige von ihnen tief im Minus befinden und daher verkauft werden sollten, um diese Verluste mit realisierten Gewinnen verrechnen zu können. Nach dieser steuerlich implizierten Aktion würden die Anleger diese oder ähnliche, oft kleine, aber chancenreiche Aktien zurückkaufen. Und das würde eben im Januar geschehen. Und wieder wäre es die Marktenge gerade dieser Aktien, die zu den starken Kursanstiegen führen würde.

Die Argumentation hat einen entscheidenden Haken: Die Steuerzahler sollten merken, daß es besser ist die Verluste frühzeitig zu realisieren und ebenso frühzeitig wieder nachzukaufen – d.h. nicht erst bis zum „teuren" Januar zu warten. Außerdem tritt auch in Ländern mit einer anderen Einkommenssteuergesetzregelung (wie z.B. Japan) ebenfalls ein Januar-Effekt auf. Die Meinung von Roll steht wohl repräsentativ für viele Kapitalmarktanalytiker: „(...) *we are obliged to test every theory, even one so patently absurd as this, by the empirical strength of its predictions and not by its assumptions or even by its external logic.*"[171]

Wie dem auch immer sei: Auf den folgenden Seiten werde ich Ihnen zeigen, warum Sie *auch künftig* damit rechnen können, mit der Ausnutzung der hier vorgestellten Effekte *besser als der Markt* zu sein!

5. Darum können Sie den Markt auf Dauer schlagen: Es gibt systematische Ineffizienzen!

Sie wollen systematisch besser sein als der Markt? Dann gibt es nur zwei Möglichkeiten. Und welche davon die richtige ist, hängt von der „Welt" ab, die die Kurse „macht":

1. Welt 1: Die Märkte sind *effizient*, d.h. die Kurse beinhalten immer *alle* relevanten Informationen und zwar *richtig* verarbeitet. Die (für die Kurse relevanten) Menschen handeln streng rational.[172] Daher gibt es eine Zusammenhang zwischen Risiko und erwarteter Rendite: Ein streng logisches Bepreisungsmodell wie das CAPM funktioniert dann. In so einer Welt hat ein Normalbürger nur dann eine Chance auf besonders hohe Renditen, wenn er überdurchschnittliche Risiken eingeht.

2. Welt 2: Die Märkte sind *nicht effizient* – die Menschen auf den Märkten verarbeiten zumindest teilweise Informationen nicht richtig oder sogar systematisch falsch. Die Kurse können daher auch systematisch verzerrt sein. Allerdings werden die Verzerrungen über längere Zeiträume erkannt und eliminiert. Wer um die systematischen Verzerrungen weiß, hat eine gute Chance auf Überrenditen.[173]

In diesem Kapitel werden wir sehen, daß – entgegen der Theorie – einiges für die „Welt 2" spricht.[174]

Beginnen wir jedoch mit den eher älteren Ergebnissen, die eher auf einen effizienten Markt („Welt 1") hinweisen. Danach widmen wir uns der „Welt 2", die große Chancen offeriert.

5.1 Was spricht für effiziente Märkte?

Die wissenschaftlich-ökonomische Welt glaubt noch in den neunziger Jahren zu großen Teilen an einen informationseffizienten (Aktien-)Markt; also einen Markt, auf dem Informationen *schnellst-* und *bestmöglich* verarbeitet werden.[175] Und „verarbeitet werden" heißt nur, daß sie sich in den Kursen ausdrücken! Welche Informationen sollen oder sollten sich jedoch in den Kursen widerspiegeln?

Niemend weiß es *genau* – Wissenschaftler und Praktiker aber beschäftigen sich stark mit dieser Frage. Je mehr Informationen verarbeitet sind und werden, und je schneller das geht, desto *effizienter* wird der Markt eingeschätzt.

Um diese Effizienz empirisch testen zu können, unterscheiden empirische Forscher 3 Effizienzstufen:

- Strenge Effizienz: *Alle* Informationen (auch die nur Insider bekannten) sind in den Preisen verarbeitet.
- Mittelstrenge Effizienz: *Alle öffentlich verfügbaren* Informationen sind in den Preisen verarbeitet.
- Schwache Effizienz: Zumindest *alle historischen Kursinformationen* sind in den Preisen verarbeitet.

Die meisten empirischen Arbeiten sprechen dafür, daß für entwickelte Aktienmärkte wie die USA, Japan und die europäischen Märkte *so etwas ähnliches* wie eine mittelstarke (und damit automatisch auch die schwache Form) der Effizienz gewährleistet ist.

Doch bevor wir uns einige zentrale Ergebnisse anschauen, muß man sich doch fragen, *warum* die Forscher dieser Effizienzfrage so große Bedeutung zugestehen.

Die Erklärung ist einfach: Ein zentrales Ziel der ökonomischen Forscher ist es, es ihren naturwissenschaftlichen Kollegen gleichzutun und ein funktionierendes *Modell ihrer Welt* zu entwickeln. D.h. bei den Kapitalmarktforschern ein Modell darüber, *wie* Preise (Kurse) zustande kommen. Und so ein Modell ist ungleich einfacher zu entwickeln, wenn man von vernünftig (= rational und damit systematisch) handelnden Menschen ausgeht, und nicht von emotional labilen, unsystematisch handelnden Individuen.[176]

Zur Überprüfung der Informationsverarbeitung wird seit den sechziger Jahren versucht, die *Geschwindigkeit und Qualität* der Informationsverarbeitung zu messen.

Das Procedere ist immer ähnlich: Gesucht wird ein Ereignis, das zumindest implizit wichtige Informationen über die Zukunft des Unternehmens transportiert.[177] Solche Ereignisse sind in den USA Ankündigungen von Stock-Splits, Aktienrückkaufprogrammen, Dividendenänderungen oder Quartalsergebnisse.[178]

Als *positive Zeichen* gelten die Ankündigungen von

- Stock-Splits,
- Aktienrückkaufprogrammen und
- Dividendenerhöhungen,

als *negatives Zeichen* gilt die Ankündigung von

- Dividendensenkungen

und *auf die Art der Nachricht kommt es an* bei

- den Quartals-, Halbjahres und Jahresergebnissen bzw. deren Ankündigungen und Warnungen.[179]

Jetzt ist die Frage, wie schnell und wie gut der Markt (und damit der Kurs) reagiert:

5.1 Was spricht für effiziente Märkte?

- entweder erst im Moment der Bekanntgabe, um sich dann auch erst in einem Anpassungszeitraum[180] entweder
  - durch langsame Annäherung oder
  - Überreaktion mit anschließender Korrektur

  auf den neuen, („richtigen") inneren Wert einzupendeln,
- oder ob er im Moment der Bekanntgabe sofort[181] reagiert und auf der Stelle den neuen, richtigen *inneren* Wert erreicht,
- oder ob bereits *im Vorfeld* der Markt die Bekanntmachung antizipiert (d.h. vorwegnimmt) und wenn ja, wie gut.

Graphisch präsentieren sich die verschiedenen Alternativen wie in Abbildung 67 dargestellt.

Werfen wir einen Blick auf das, was sich in der Realität ergibt:

Reaktionen auf Stock-Splits

Bei Stock-Splits demonstriert das Management einerseits, daß es die eigenen Aktien als zu „schwer" empfindet – d.h. zu teuer. Ein weiterer Kursanstieg würde die Aktie unattraktiv für Kleininvestoren machen. Daher werden die Aktien getauscht – für eine „alte" Aktie gibt es dann z.B. zwei „neue". Da sich am Unternehmen ökonomisch nichts ändert, müßte der Kurs der neuen Aktien (bei einem Splitver-

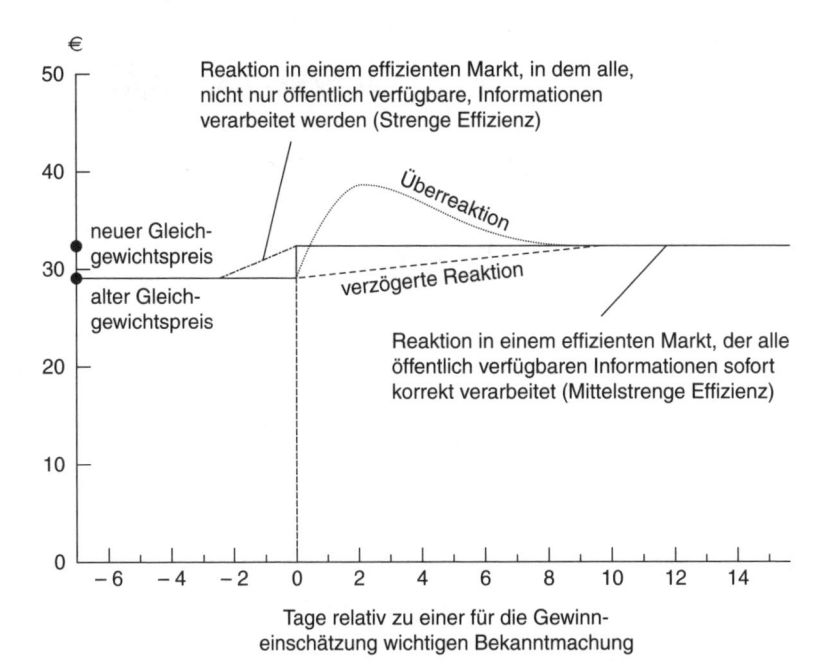

Abbildung 67: Mögliche Reaktionsmuster auf neue Informationen

hältnis von einer alten Aktie für zwei neue, also 2:1) genau die Hälfte des (alten) Kurses betragen. In der Regel ist der neue Kurs jedoch etwas höher als diese Hälfte.

Denn: Ein Stock-Split wird dann – so die allgemeine Meinung – angekündigt, wenn das Management mit *weiter* steigenden Kursen rechnet.

Dies deshalb – und das ist der zweite Hinweis, der in einem Stock-Split stecken kann – weil in den USA Stock-Splits in 80 % der Fälle von Dividendenerhöhungen gefolgt werden. Und Dividenden werden normalerweise erst dann erhöht, wenn die Wahrscheinlichkeit, sie wieder kürzen zu müssen, sehr gering ist: Denn in den USA – und nicht nur dort! – senkt das Management sehr ungern eine einmal erhöhte Dividende wieder. Oder anders ausgedrückt: Dividendenerhöhungen sind Hinweise darauf, daß das Management künftig von höheren und stabileren Erträgen ausgeht.[182]

Eine solche Meinung wird praktisch mit der Ankündigung eines Stock-Splits signalisiert – und sollte zu einem steigenden Kurs führen! Und wie in Abbildung 68 präsentiert sich im Schnitt ein

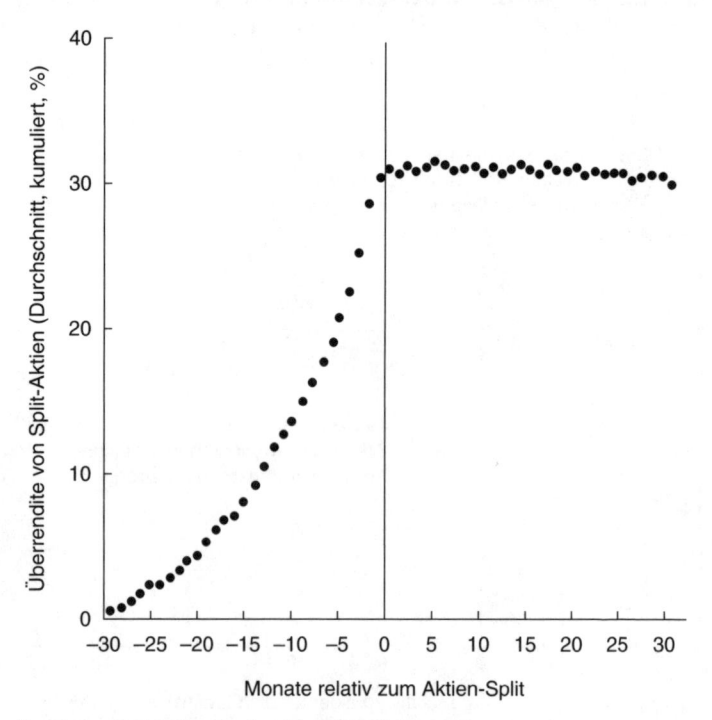

Quelle: *Fama, C.F., Fisher, L., Jensen, M., Roll. R.*, 1969

Abbildung 68: Aktienkursreaktionen auf Stock-Splits (USA)

5.1 Was spricht für effiziente Märkte?

Kursverlauf in den 60 Monaten um einen Aktiensplit herum.[183] Der Split findet im Monat 0 statt.

Wie kann man Abbildung 68 intepretieren? Effizienz oder keine Effizienz, das ist die Frage!

Die erste Art der Interpretation lautet: Insgesamt scheint ein Split durchschnittlich einen *zusätzlichen* Kursanstieg von 33 % in rd. zweieinhalb Jahre *vor* dem Splitting auszulösen. Geht man davon aus, daß die Ankündigung mit hoher Wahrscheinlichkeit erst wenige Monate vor dem Split geschieht, schaut es so aus, als ob

- der Markt den Split sehr deutlich großteils vorwegnimmt (= antizipiert)
- und der Markt Informationen sehr schnell verarbeitet: Es scheint keinen Anpassungsbedarf mehr *nach* dem Split zu geben. Bestenfalls könnte man sich eine schnellere Reaktion wünschen – ein Einpendeln auf den neuen Wert bereits im Moment der Bekanntgabe, nicht erst im Moment der Durchführung!

Also: Kein Hinweis auf eine Überreaktion des Marktes – schlimmstenfalls auf eine etwas *verzögerte* Reaktion.[184]

Die zweite Art der Interpretation lautet: Der Split ist nur die *Reaktion* des Managements auf eine besonders gute Kurs-Performance – Ursache und Wirkung könnten vertauscht sein!

Wie auch immer – es scheint keine verzögerte Reaktion und auch keine Überreaktion zu geben. Damit schien der Markt informationseffizient zu sein. Man kann aber noch einen Schritt weiter gehen: Interpretiert man den Split als einen *Leading Indicator* für eine wahrscheinlich anschließende Dividendenerhöhung, ist es interessant zu beobachten, was passiert, wenn diese eintritt – oder eben nicht.

Fall 1: Die Dividendenerhöhung findet tatsächlich statt.

Der *Leading Indicator* „Stock-Split", der im Kurs verarbeitet ist, hat ja nur eine etwa 80 %-Chance, „richtig" zu liegen: Denn nur in 80 % der Fälle geht tatsächlich eine Dividendenerhöhung mit dem Split einher.

Für den Fall, daß *tatsächlich* eine Dividendenerhöhung passiert, steigt der Kurs dann noch einmal, vgl. Abbildung 69. Protagonisten eines effizienten Marktes fällt die Interpretation leicht: Der Kursanstieg (bis zur Bekanntgabe der Dividendenerhöhung) reflektiert – neben der Information, daß das Management mit einem weiteren Kursanstieg der Aktie rechnet – auch die 80 % – Wahrscheinlichkeit einer Dividendenerhöhung. Wird eine solche auch Gewißheit, muß der Kurs statt der 80 % – Chance eben diese 100 % – Gewißheit widerspiegeln.

5. Darum können Sie den Markt auf Dauer schlagen

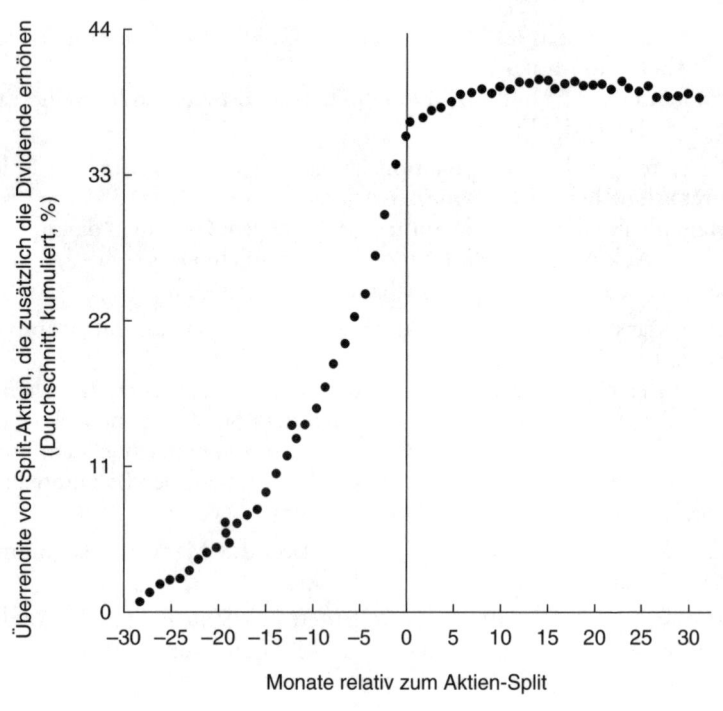

(Figur: Überrendite von Split-Aktien, die zusätzlich die Dividende erhöhen (Durchschnitt, kumuliert, %) gegen Monate relativ zum Aktien-Split, von –30 bis +30)

Quelle: *Fama, C.F., Fisher, L., Jensen, M., Roll. R.*, 1969

Abbildung 69: Preisreaktionen auf Stock-Splits mit Dividendenanstieg (USA)

Fall 2: Die Erwartungen auf eine Dividendenerhöhung werden enttäuscht.

Der Kurs darf jetzt nur noch der (indirekten) Management-Bekanntmachung Rechnung tragen, daß ein weiterer Kursanstieg bevorsteht. Die 80%-Wahrscheinlichkeit auf eine Dividendenerhöhung sollte in einem effizienten Markt wieder aus dem Kurs „verschwinden".

Tatsächlich fällt der Kurs der Aktien bei denen ein Dividendenanstieg ausbleibt auch wieder; siehe Abbildung 70.

Insgesamt werden die Ergebnisse als deutliche Unterstützung einer *mittelstarken* Markteffizienz gewertet:

1. Im Schnitt (aller untersuchten Splits) ist *nach* dem Split keine Kursreaktion mehr erforderlich.
2. Bei den Splits, die zusätzlich eine Dividendenerhöhung bekanntgeben, wird diese positive Bestätigung der 80%-Chance mit einem erneuten (wenn auch vergleichsweise schwachen) Kursanstieg „belohnt".

5.1 Was spricht für effiziente Märkte?

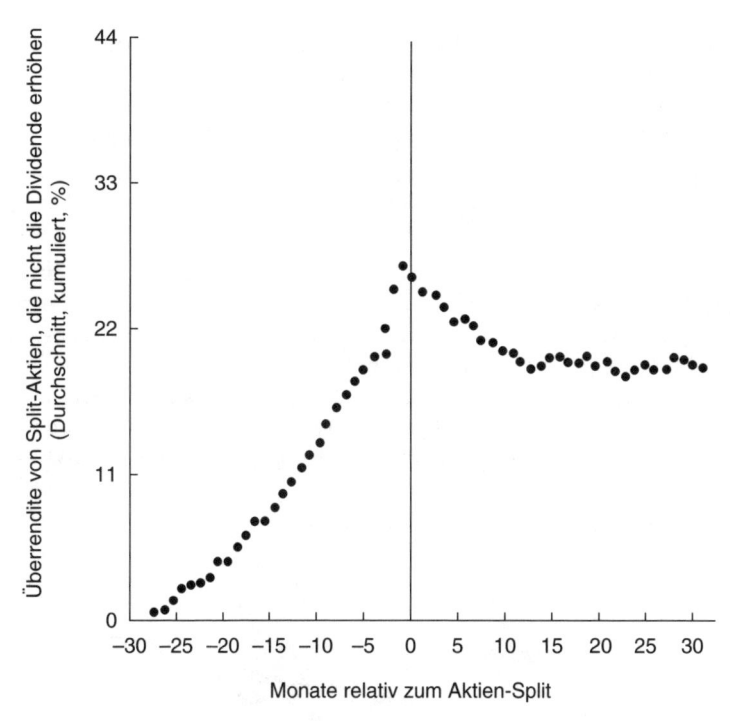

Quelle: Fama, C.F., Fisher, L., Jensen, M., Roll. R., 1969

Abbildung 70: Preisreaktionen auf Stock-Splits ohne Dividendenanstieg (USA)

3. Bei den Splits, die nicht mit einer Dividendenerhöhung einhergehen, geht die Enttäuschung darüber mit einer Korrektur um den quasi verlorenen Wert der Chance einher.[185]

Eine Frage bleibt bisher allerdings unbeantwortet: Erfolgen die Kursreaktionen auf Split- sowie Dividenderhöhungs- bzw. Dividendenbeibehaltungsinformationen im *richtigen Maß*?[186]

Reaktionen auf Gewinnbekanntmachungen

Eine zweite große Gruppe von Untersuchungen beschäftigt sich mit den *Kursreaktionen auf Gewinnbekanntmachungen*. In der Regel geht es in den Analysen um die für die Vereinigten Staaten üblichen vierteljährlichen Gewinnmeldungen.

Die Ergebnisse legen die Vermutung nahe, daß der Markt wahrscheinlich *nur beinahe effizient* ist:

Die wohl bekannteste Studie dieser Richtung stammt von *Rendleman, Jones* und *Latané*.[187] Sie interessieren sich besonders für die Reaktionen auf Gewinn-Bekanntmachungen, die (mit hoher Wahrscheinlichkeit) von den Erwartungen abweichen. Im Gegensatz zu der Stock-Split-Studie von *Fisher/Jensen/Roll* wird mit täglichem Kursmaterial gearbeitet, das deutlich feinere Analysen erlaubt.

Die Frage ist also: Wie schnell reagiert der Markt mit einer Kursreaktion auf die durch die Gewinnmeldung neue Einschätzung der Ertragssituation?

Nachdem die Gewinne, die der Markt erwartet, nicht direkt beobachtbar sind, schätzen die Forscher erwartete Gewinne auf Basis vorhergegangener Gewinne. Damit handeln sie quasi so, wie man es von den Marktteilnehmern auch erwartet. Dann erfolgt eine Einteilung der Unternehmen in 10 Gruppen: In der Gruppe 1 sind die AG's vertreten, die im Verhältnis zu den Erwartungen besonders schlechte Ergebnisse berichten, in der Gruppe 10 die, die besonders positiv über den Erwartungen liegen.

Die Ergebnisse sehen sie in Abbildung 71:

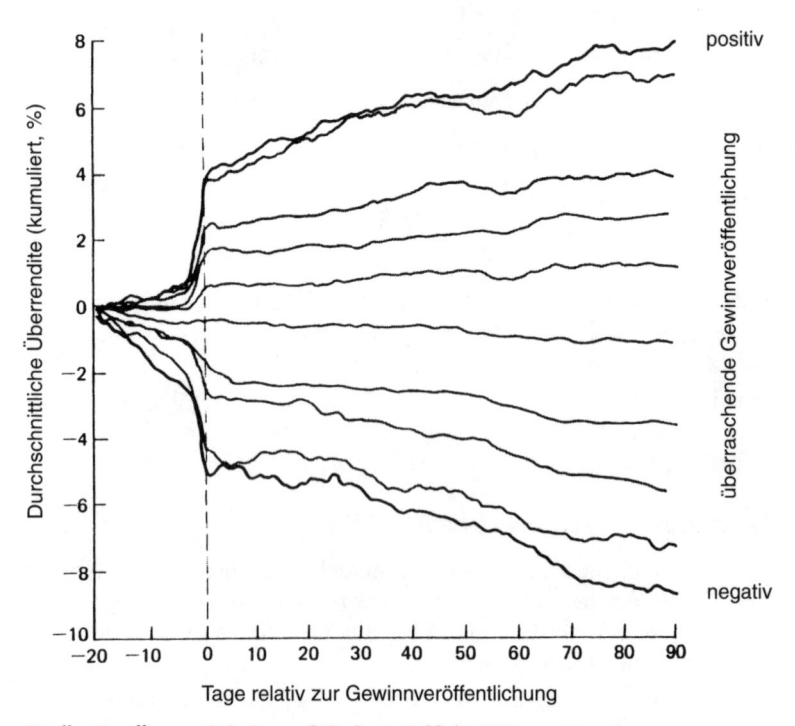

Quelle: *Rendleman, R.J., Jones, C.P., Latané, H.A.*, 1982

Abbildung 71: Kursreaktionen auf unerwartete Gewinnbekanntmachungen (USA)

5.1 Was spricht für effiziente Märkte?

1. Die Kurse reagieren bereits etwa 20 Tage *vor* der Bekanntgabe der Ergebnisse – und zwar in die richtige Richtung: Die, die in Bälde eine – wohlgemerkt überraschend! – positive Nachricht zu vermelden haben, beginnen im Kurs zu steigen. Die, die eine – ebenfalls überraschend – schlechte Nachricht publizieren müssen, fallen im Kurs.[188]
2. Am Tag der tatsächlichen Bekanntmachung passiert – wie erwartet – ein deutlicher Teil der Anpassung.
3. Für die Unternehmen, die *besonders* positive oder negative Gewinnbekanntmachungen machen konnten bzw. mußten, ist damit der Kursanpassungsprozeß noch nicht beendet: Er dauert noch bis zu 3 Monate später an.[189]

Besonders auffällig ist die unglaubliche Symmetrie der Kursentwicklungen: Die Aktien mit dem größten Überraschungseffekt steigen bzw. fallen am meisten, die mit dem zweitgrößten Überraschungseffekt am zweitmeisten – und so zieht sich das durch das gesamte Sampel hindurch!

Was kann man daraus auf den Informationsverarbeitungsprozeß schließen?

1. Da die Kurse schon im Vorfeld der Ankündigungen reagieren, scheinen bereits
   * in irgendeiner Form Informationen in die Öffentlichkeit durchgedrungen zu sein – oder
   * es liegt ein Hinweis auf Insider-Trading vor.

Insgesamt ist es wahrscheinlich daß *mehr* als alle öffentlichen Informationen in den Kursen reflektiert werden. Also ein Hinweis auf einen *besonders effizienten* Markt.

1. Da die Kurse andererseits auch noch bis zu 90 (!) Tage nach der Bekanntmachung Reaktionen zeigen – und zwar in dieselbe Richtung! – muß gänzlich anders interpretiert werden: Scheinbar dauern vollständige Anpassungsprozesse deutlich länger als gedacht bzw. durch die mittelstrenge Form der Effizienzthese gefordert. Also nach Bekanntgabe der Earnings eher eine *geringe Effizienz*.
2. Außerdem gibt dieser Kursverlauf *keinen Hinweis auf übersteigerte Reaktionen* („Overshooting"), die später wieder korrigiert werden – der Prozeß erscheint kontinuierlich und – soweit eine solche Aussage überhaupt getroffen werden kann – vernünftig.[190] Hier also der Anschein eines zwar langsamen, aber immerhin sinnvollen Anpassungsprozesses.

Schlußfolgerung: Der Anpassungsprozeß hat sowohl Elemente eines sehr effizienten als auch solche eines gering effizienten Marktes. Etwas salopp gesagt erlaube ich mir die Formulierung: Wen wundert's, daß man nicht eine der theoretischen „Reinformen" wie in Abbildung 67 demonstriert vorfindet?

Es gibt noch weitere Argumente dafür, daß der Markt zumindest besser als nur schwach effizient ist.

Kurse sind unabhängig – zumindest auf kürzerfristige Sicht

Die Effizienzthese in ihrer schwachen Form verlangt, daß alle Informationen aus „alten" Kursen im heutigen Kurs verarbeitet sind – oder anders ausgedrückt: Allein durch das Analysieren des historischen Kursverlaufes kann man keine Über-Renditen realisieren. Oder noch direkter, vielleicht auch provozierender: Die Auswertung von Kurs-Charts („Chartanalyse") bringt nichts!

Empiriker überprüfen solche Hypothesen am liebsten mit einem einfachen Test: Wenn alte Kurse keine zusätzlichen Informationen bringen können, dann sind die neuen Kurse (bzw. die neuen Renditen) *zufällig*.

Achtung: „Zufällig" soll *nicht* heißen, daß sich Kurse rein zufällig ergeben – denn wir vermuten ja sehr stark, daß sie das Produkt eines informationsverarbeitenden Marktes sind. Gemeint ist vielmehr, daß aufeinanderfolgende Kurse und damit die Renditen (einer Aktie, eines Portefeuilles oder eines Index) *statistisch nicht von Renditen zu unterscheiden sind*, die von einem Zufallsprozeß generiert werden.

Vielleicht ist es einfacher, sich das aus einer anderen Perspektive noch einmal zu überlegen: *Wenn* eine Systematik in den Kursen stecken würde, *wäre* es eine sinnvolle Vorgehensweise, alte Kurse, Kursverläufe oder Renditen zu analysieren: Die Systematik würde dann einen Blick in die Zukunft erlauben. Und auch wenn so etwas funktionieren würde, müßte doch die Tatsache, daß es funktioniert, dafür sorgen, daß wesentliche Anleger das entsprechende Verfahren auch anwenden.

Ergebnis: Damit würden die Kurse so beeinflusst, daß sie eben diese „alten" Informationen widerspiegeln würden. Wenn also der Marktpreis nicht schon vorher die historischen Kursinformationen beinhalten würde, sollte er es spätestens dann.[191] Logisch spricht damit einiges für unabhängige Kurse (bzw. Renditen)!

Was sagt die Empirie dazu? Normalerweise zeigt sich bei der Betrachtung von Renditen aufeinanderfolgender Perioden das Bild der Abbildung 72. Hier werden die Perioden als Monate interpretiert.

Diese Punktewolke zeigt keinen Trend: Würden aber z.B. auf gute Perioden im Schnitt wieder gute Perioden folgen und auf schlechte Perioden schlechte, dann würden sich die Punkte auf einer Diagonalen von links unten nach rechts oben häufen.

Wie man diese „Periode" wählt – ob Tage, Wochen oder wie im Beispiel der Abbildung 72 Monate – am Ergebnis ändert sich praktisch

5.1 Was spricht für effiziente Märkte?

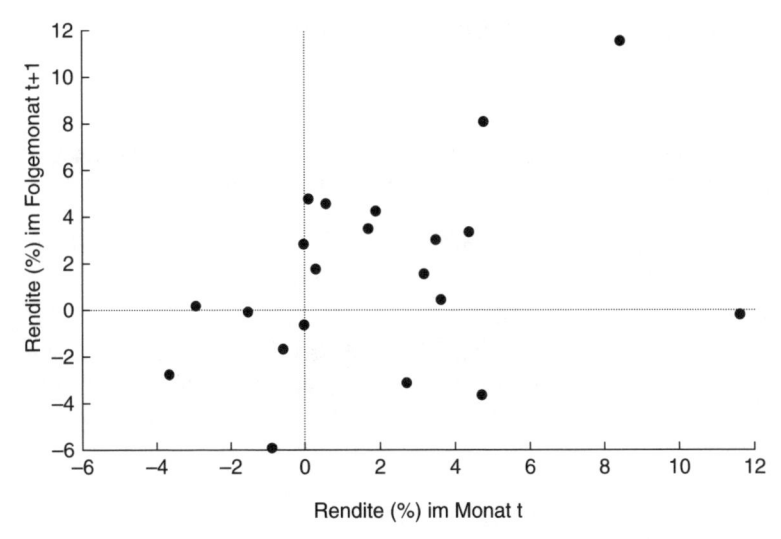

Quelle: *Haugen, R.*, 1997, Fig. 24.11, S. 675

Abbildung 72: Zusammenhang von Aktienrenditen aus aufeinanderfolgenden Monaten

nichts. Auch nicht, wenn man mit verschiedenen Lags arbeitet – also z.B. die Renditen eines Monats mit denen des übernächsten oder über-übernächsten Monats etc. korreliert. Es treten also keine Renditepfade auf, die sich für den normalen Anleger ökonomisch sinnvoll ausbeuten lassen![192]

Anders ausgedrückt: Welche Meinungen und Verhaltensweisen auch immer zu den Kursen bzw. Renditen führen – der Prozeß ist von einem reinem Zufallsprozeß ökonomisch nicht unterscheidbar.[193]

Resultat: Historische Renditen oder Kurse geben (scheinbar) keinen Hinweise auf künftige Renditen. Diese Informationen sind alle verarbeitet. Der Markt *scheint* zumindest schwach effizient zu sein.

Aber eben nur „scheint": Das Gesagte gilt nämlich *nur* für Tages-, Wochen- Monats- bis hin zu Jahresrenditen. Nicht jedoch für Mehrjahresrenditen!

Und damit kommen wir – nach der eigentlich beeindruckenden Sammlung von Hinweisen, die auf recht hoch effiziente Märkte deuten – zu den Hinweisen auf wenig effiziente Märkte; also zu Hinweisen auf eine „Welt 2".

5.2 Was spricht für ineffiziente Märkte?

Mehr-Jahres-Renditen korrelieren negativ

Fama und *French* zeigen: Bei mehrjährige Renditen treten – im Gegensatz zu allen kürzerfristigen Intervallen – deutlich *negative* Korrelation auf![194] Die Abbildung 73 zeigt den Korrelationskoeffizienten ein- und fünfjähriger Renditeperioden für Portefeuilles mit Aktien unterschiedlicher Marktkapitalisierung („Größe").

Was zeigt Abbildung 73?

Wie oben z.B. in Abbildung 72 angedeutet, sind Korrelationen auf kurzfristiger Basis bis hin zu Jahresrenditen praktisch nicht vorhanden. Auf 5-Jahresbasis bestehen aber deutliche *negative* Korrelationen.

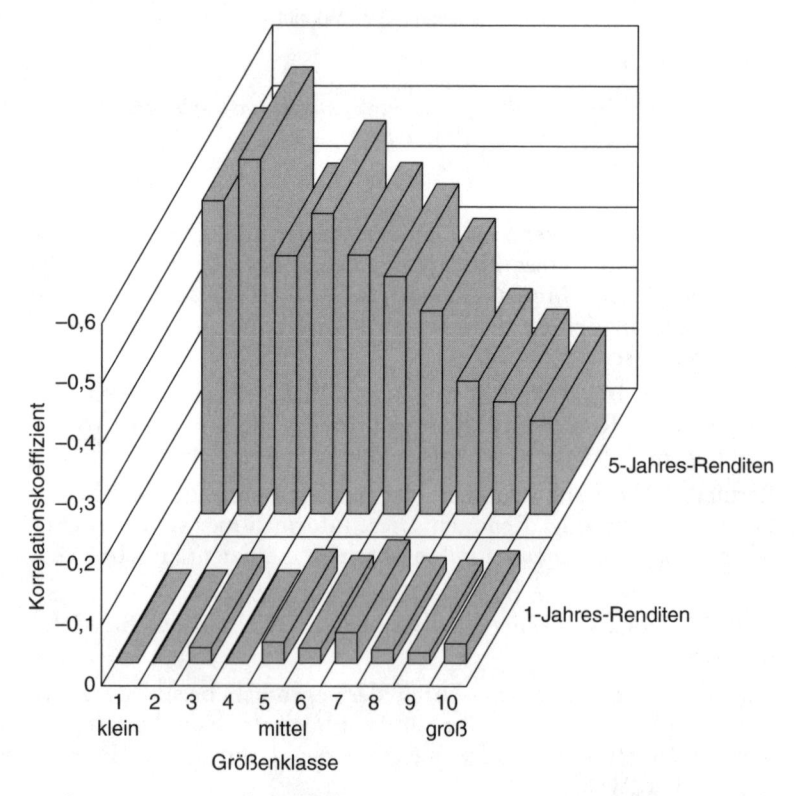

Quelle: *Fama, E.F., French, K.R.*, 1988

Abbildung 73: 1-Jahres- und 5-Jahres-Rendite-Korrelationskoeffizienten für verschiedene Größenportefeuilles (USA)

5.2 Was spricht für ineffiziente Märte?

Ergebnis:
Einfach ausgedrückt bedeutet das: Für Portefeuilles, die in einem 5-Jahreszeitraum besonders hohe Renditen erwirtschaftet haben, ist es wahrscheinlich, daß sie im darauffolgenden 5-Jahreszeitraum unterdurchschnittliche Renditen erwirtschaften. Entsprechend haben die mit im ersten Zeitraum niedrigen Renditen später hohe Renditen.

Und der Effekt ist umso deutlicher, je kleiner die Aktien im Portefeuille sind! Also ein signifikanter Renditepfad, aus dem eine deutliche Trading-Regel abzuleiten ist.

Zwei Erklärungsansätze kommen im Frage:

1. Die Variante für die Leute, die *nicht* an einen effizienten Markt glauben: Es liegen in den 5-Jahresperioden jeweils Überreaktionen (Overreactions) vor, die in der folgenden 5-Jahresperiode kompensiert werden. Siehe dazu noch einmal Abbildung 67.
2. Aber auch für die Effizienzgläubigen gibt es eine plausible Argumentation: So könnte eine negative Korrelation im Zeitablauf entweder beim Risiko per se oder – unabhängig vom Risiko – bei der Risikoprämie vorliegen. Das bedeutet, daß das Risiko einer Aktie quasi pulsiert und einmal höher, einmal niedriger ist. In einem effizienten Markt wird die Rendite dieser Aktie entsprechend schwanken. Und wenn das Risiko nicht schwankt, könnte die Prämie für gleiches Risiko im Zeitablauf differieren. Oder es könnte eine Kombination beider Argumenten vorliegen.[195]

Problem: Keine der beiden Varianten läßt sich bislang „beweisen"!

Weitere Indizien für einen Markt, der neue Informationen eher ineffizient verarbeitet, sind seine Reaktionen auf Aktienrückkäufe und die „Seasonalities" bei Tages- und Monatsrenditen.

Die Reaktion auf Aktienrückkäufe

Ikenberry, Lakonishok und *Vermaelen* untersuchen die Renditeentwicklung um die Ankündigung eines Aktienrückkaufprogrammes.[196] Aktienrückkaufprogramme können aus 2 Gründen sinnvoll sein:

1. Das Management hält die eigenen Aktien für unterbewertet (etwas, was auf einem streng effizienten Kapitalmarkt eigentlich gar nicht sein kann). Dann sollte ein Rückkauf als entsprechendes Signal von Insidern (eben der Unternehmensführung) gewertet werden, daß eine solche Unterbewertung vorliegt und sofort nach der Ankündigung sollte der Kurs auf den „richtigen" Gleichgewichtskurs steigen.
2. Aktienrückkäufe sind eine Möglichkeit, steueroptimiert das Vermögen der Aktionäre zu erhöhen. Die Idee ist, statt Dividenden

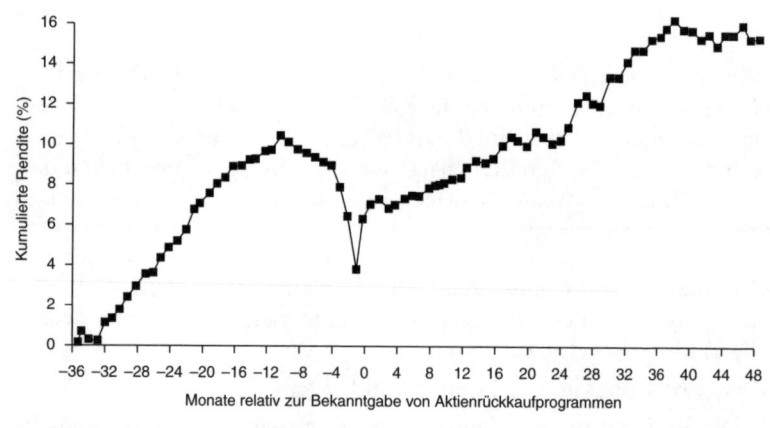

142 5. *Darum können Sie den Markt auf Dauer schlagen*

[Chart: Kumulierte Rendite (%) vs. Monate relativ zur Bekanntgabe von Aktienrückkaufprogrammen]

Quelle: *Ikenberry, D., Lakonishok, J., Vermaelen, T.*, 1993

Abbildung 74: Überrenditen um den Zeitpunkt der Ankündigung von Rückkaufprogrammen (USA)

auszuschütten, das Geld für Aktienrückkäufe zu verwenden, die zu Kurssteigerungen führen.

Wie sieht nun die Kursreaktion auf Rückkäufe aus? Sehen Sie Abbildung 74.

Offensichtlich sind die Aktien der Unternehmen, die Rückkäufe durchführen, in dem dreiviertel Jahr vor dem Rückkauf im Schnitt gefallen – während sie in den zweieinviertel Jahren davor einen deutlichen Anstieg hatten.[197]

Was passiert im Monat der Ankündigung (= Monat 0) eines Stock-Splits? Als erstes fällt auf, daß der Markt scheinbar den Stock-Split nicht vorhersieht – sonst würde die Rendite schon *vor* dem Monat 0 anziehen. Die Beobachtung wäre aber immer noch nichts besonderes, wenn im Monat der Ankündigung der Kurs im Schnitt um 12 % steigen würde. Dann würde der Markt die durch das Rückkaufangebot in den Markt transportierte Information zwar nicht antizipieren, aber zumindest schnell („effizient") verarbeiten. Das tut er aber nicht! Die Aktien brauchen 4 Jahre, um sich auf ihr neues Niveau einzupendeln!

Schaut man, welche Aktien besonders gut in diesen 4 Jahren laufen, und welche besonders schlecht, zeigt sich, daß das etwas mit dem Verhältnis von Marktwert zu Buchwert – also einer klassischen Anomalievariablen – zu tun zu haben scheint: Werfen Sie dazu einen Blick auf Abbildung 75.

Offensichtlich haben ganz besonders die Aktien mit einem kleinen MW/BW-Verhältnis eine auffällig hohe Rendite. Also die „Value-Stocks" oder „Substanzaktien". Im Gegensatz zu „Wachstumsak-

5.2 Was spricht für ineffiziente Märte?

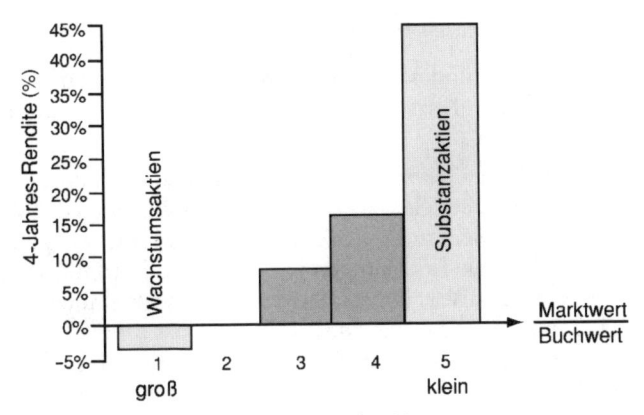

[Chart: 4-Jahres-Rendite (%) by Marktwert/Buchwert quintile, bars from groß (1) to klein (5): approximately -5%, ~0%, ~9%, ~17%, ~45%, labeled Wachstumsaktien (1) and Substanzaktien (5)]

Quelle: Ikenberry, D., Lakonishok, J., Vermaelen, T., 1993

Abbildung 75: Renditen von Aktien, die zurückgekauft werden, nach Marktwert zu Buchwert sortiert (USA)

tien" – hier ist als Auffälligkeit zu beobachten, daß die 4-Jahres-Rendite sogar negativ ist! Wir haben also quasi einen gesteigerten MW/BW-Effekt vor uns.

Eine plausible Interpretation wäre, daß Manager von Unternehmen mit Substanzaktien die Unterbewertung ihres Unternehmens erkennen, folglich ihre (zu billigen) Aktien zurückkaufen und damit gleich „zwei Fliegen mit einer Klappe schlagen":

Erstens tätigen sie eine gute Investition – die gekauften Aktien steigen ja mehr als der Markt: Realisiert wird der „Gewinn" dieser nicht ganz klassischen „Investition" allerdings erst in dem Moment, wenn das Unternehmen diese Aktie wieder am Markt verkauft.[198]

Zweitens sorgen sie dafür, daß die Information von der Unterbewertung auf eine *glaubhafte* Weise an den Markt gebracht wird.

Solche „Informationsverfahren" erhöhen zweifellos die Markteffizienz. Letztlich ist jedoch die *lange* Zeit der Überperformance dann wiederum *kein* Zeichen hoher Markteffizienz.

Beide Argumente gelten übrigens nicht für die Manager von Growth-Stock-Unternehmen. Hier gibt es offensichtlich keine Information von einer Unterbewertung, die durch die Ankündigung eines Rückkaufs in den Markt gebracht werden muß – zumindest spricht dafür die neutrale Wertentwicklung nach Bekanntgabe des Rückkaufs. Das ist auch nicht weiter verwunderlich: Growth-Stocks sind tendenziell eher über- als unterbewertet.

5. Darum können Sie den Markt auf Dauer schlagen

Seasonalities bei Monaten und Tagen

Wenn der Markt zumindest in seiner schwächsten Form effizient sein soll, dürften aus alten Kursinformationen keine Hinweise auf die Zukunft abzulesen sein.

Wie kommt es dann aber zu dem Januar-Effekt – also zur empirisch vielfach und praktisch weltweit bestätigten Beobachtung, daß der Januar ein ganz besonders starker Börsenmonat ist? Gut, es liegen mehr oder weniger plausible Erklärungen vor – aber mit Markteffizient haben sie wenig zu tun. Vergleichen Sie dazu ggf. noch einmal den Abschnitt „Erklärt „Windowdressing" und „Tax loss selling" den Januar-Effekt?" auf S. 127. Zur Erinnerung: Der Januar-Effekt ist vor allem ein Effekt der bei kleinen Unternehmen auftritt – das aber dafür äußerst international.

Auf Tagesbasis kann ebenfalls eine überraschende Beobachtung gemacht werden: Die Durchschnittsrenditen an den unterschiedlichen Wochentagen weisen schwer erklärliche Unterschiede auf: Der Montag ist der einzige Wochentag mit (im Schnitt) negativen Renditen, der Freitag ist der Tag mit den höchsten Renditen.

Die Abbildung 76 zeigt die Renditen – allerdings annualisiert; d.h. durchschnittliche Tagesrenditen auf ein Jahr hochgerechnet.[199]

So groß die Unterschiede im ersten Moment erscheinen mögen: Sie sind zwar statistisch signifikant und damit quasi „echt", aber viel zu klein, um in Realität als Trading-Rules ausnutzbar zu sein. Es funktioniert also *nicht*, Aktien „billig" am Montag zu kaufen, um sie dann am „teuren" Freitag wieder zu verkaufen. Dazu sind die Handelskosten viel zu hoch.[200] Immerhin lassen sich aus diesen Beobachtungen ein paar Tips ableiten:

Investmentempfehlung:

1. Wenn Sie eine Aktie kaufen wollen, sollten Sie das am ehesten am Montag gegen Ende oder am Dienstag zu Beginn des Börsenhandels tun. Dann haben Sie die beste Chance auf einen günstigen Einstieg.
2. Wenn Sie verkaufen wollen, eignen sich der Mittwoch und der Freitag abend besonders.

„Overreaction" – oder die „Überreaktionsfalle"

Weitere Hinweise auf einen nicht-effizienten Markt erhalten wir anhand von Beobachtungen, die es nahelegen, daß Anleger zu „Überreaktionen" neigen: Gewöhnlich versuchen sowohl Privatanleger als auch die Analysten der großen Häuser, die Zukunft von Unternehmen u.a. aus ihrer Vergangenheit abzulesen. Das scheint nur selten

5.2 Was spricht für ineffiziente Märte?

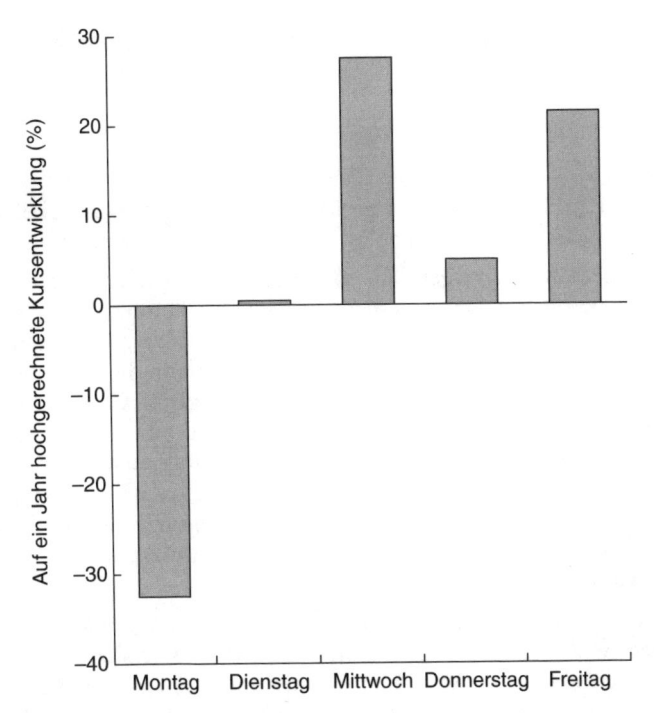

Quelle: *Gibbons, M.R., Hess, P.,* 1981

Abbildung 76: Durchschnittliche Tagesrenditen

gut zu gehen: „Alte" (und seien sie auch nur ein Jahr alt!) Gewinn- und/oder Umsatzwachstumsdaten sagen nur wenig über die Zukunft aus.

„Overreaction" oder einfach Überreaktionen zeigen sich folgendermaßen:
- Gute Nachrichten werden überbewertet => der Kurs steigt zu stark,
- schlechte Nachrichten ebenso => der Kurs fällt zu stark.

Der Grund: Gute Nachrichten oder auch schlechte Nachrichten werden von den Marktteilnehmern gedanklich in die Zukunft fortgeschrieben:

Reihen sich gute Nachrichten hintereinander, rechnen offenbar viele Marktteilnehmer damit, daß das (immer oder zumindest noch lange Jahre) so weiter geht. Folge: der Kursanstieg wird überzeichnet.

Werden gute Nachrichten durch schlechte abgelöst, wird das als totale Trendumkehr interpretiert und ebenfalls in die Zukunft fortgeschrieben. Folge: Der Kursabschlag fällt zu stark aus.

Werfen wir einen Blick auf einige Untersuchungen, die Hinweise auf dieses Verhalten geben.

Die Besten bleiben nicht die Besten!

Erinnern Sie sich an einen der Wirtschaftsbestseller der achtziger Jahre *Auf der Suche nach Spitzenleistungen* oder im amerikanischen Original „In Search of Excellence" von *Peters* und *Waterman*? Die Autoren wollten eigentlich wissen, *was* Unternehmen *erfolgreich* macht. Dazu galt es, *zuerst* die erfolgreichsten Unternehmen ausfindig zu machen und dann auf Gemeinsamkeiten hin zu untersuchen. Hinter den Gemeinsamkeiten vermutete man dann die Ursachen des Erfolges. Zweifellos prägte dieses Buch eine ganze Generation von Managern. Uns aber interessiert hier, wie sich die Finanzkennziffern und vor allem der Aktienkurs dieser mega-erfolgreichen Unternehmen weiter entwickelten – und zwar *nachdem* sie als hervorragende Unternehmen *mit allen Eigenschaften auch künftig hervorragender Unternehmen* erkannt worden waren! Die Antwort scheint auf der Hand zu liegen: Prächtig.

Aber warten Sie noch einen Moment. Sehen wir uns zunächst einmal an, was die Kriterien waren, um als *exzellent* eingeschätzt zu werden: Die Unternehmen mußten über 2 Jahrzehnte (!) zusätzlich zu einer hohen Innovationsfreude auf folgenden klassischen Finanz-Dimensionen sehr gute Werte erreichen:[201]

1. Wachstum der Bilanzsumme
2. Wachstum des Eigenkapitals (Buchwerte)
3. Verhältnis von Marktwert Eigenkapital zu Buchwert Eigenkapital („q")
4. Gesamtkapitalrendite
5. Eigenkapitalrendite (bezogen auf den Buchwert)
6. Umsatzrendite

1. Wachstum der Bilanzsumme
2. Wachstum des Eigenkapitals (Buchwerte)
3. Verhältnis von Marktwert Eigenkapital zu Buchwert Eigenkapital („q")
4. Gesamtkapitalrendite
5. Eigenkapitalrendite (bezogen auf den Buchwert)
6. Umsatzrendite

Tabelle 35: Die Top-Kriterien nach Peters und Waterman

5.2 Was spricht für ineffiziente Märte? 147

Die Aktienkursentwicklung der selektierten Unternehmen war – das überrascht nicht – ebenfalls überdurchschnittlich. Doch es sollte nicht so weitergehen. Die Autoren hatten ihr Buch ohne Berücksichtigung des Marktmechanismus geschrieben: Denn entweder

- konnten die identifizierten gemeinsamen Erfolgsfaktoren nicht aufrechterhalten werden oder aber
- diese vermochten den *Erfolg* der Unternehmen nicht zu sichern.

Clayman, eine Fondsmanagerin, untersuchte die Entwicklung der Unternehmen in den fünf Jahren, die auf ihre Klassifizierung als Top-Unternehmen folgten. Der Clou: Sie verglich die Stars mit solchen Unternehmen, die auf den Top-Kriterien (vgl. Tabelle 35) ganz besonders schlecht waren.[202, 203]

Sehen wir uns einmal in Abbildung 77 die Startvoraussetzungen der beiden Gruppen Ende 1980 an – den Top-Unternehmen und den Losern:

Aus ökonomischer Sicht liegen Welten zwischen diesen Daten! Und jetzt vergleichen wir die Aktienkursentwicklung in den fünf Jahren, die dieser Bestandsaufnahme folgten, anhand der Abbildung 78.

Unglaublich: Eine totale Überperformance der angeblich „schlechten" Unternehmen! Was war passiert?

1. Bei den Top-Unternehmen halbierten sich die hohen Wachstumsraten bei Bilanzsumme und Eigenkapital (Buchwert) in diesen fünf Jahren beinahe!

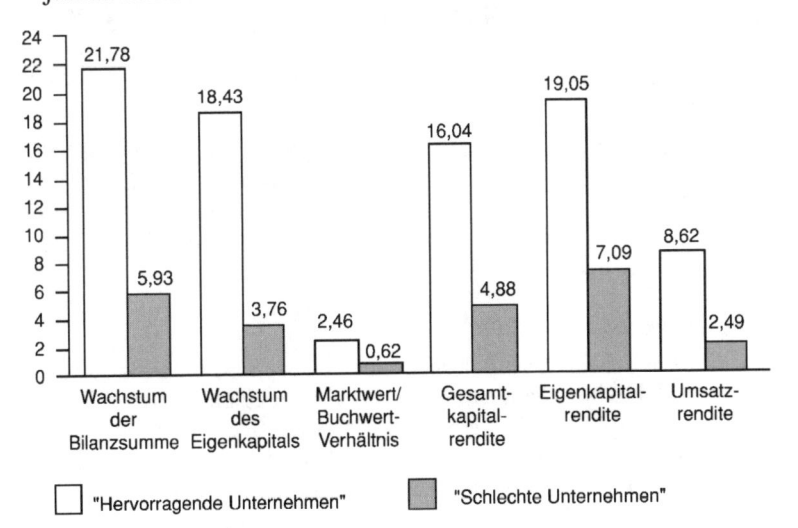

	Wachstum der Bilanzsumme	Wachstum des Eigenkapitals	Marktwert/Buchwert-Verhältnis	Gesamt-kapital-rendite	Eigenkapital-rendite	Umsatz-rendite
"Hervorragende Unternehmen"	21,78	18,43	3,76	16,04	19,05	8,62
"Schlechte Unternehmen"	5,93	2,46	0,62	4,88	7,09	2,49

Quelle: *Haugen, R.A.*, 1995, Abb. 5.1, S. 56

Abbildung 77: Eine Überreaktions-Falle: Finanzcharakteristika von hervorragenden und schlechten Unternehmen (USA, 1976–1980)

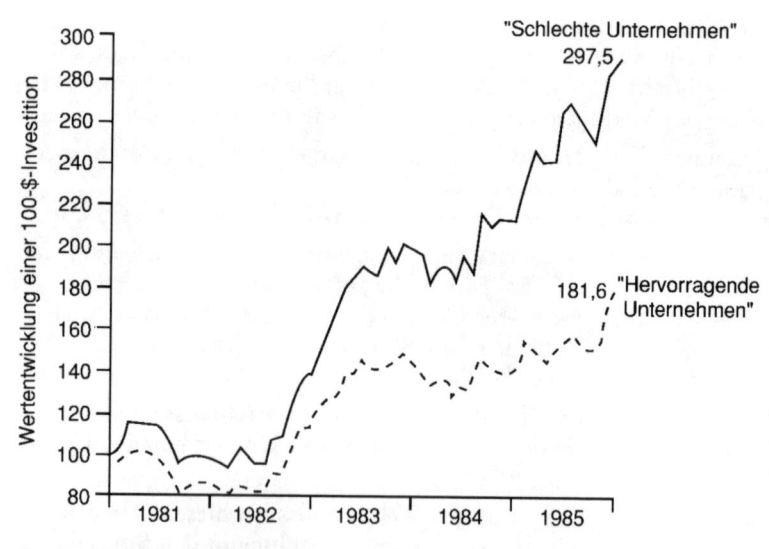

Quelle: *Cleyman, M.*, 1987, S. 63

Abbildung 78: Die Überreaktionsfalle schnappt zu: Performance ehemals hervorragender Unternehmen vs. schlechte Unternehmen (USA, 1981-1985)

2. Auch auf den anderen 4 Dimensionen ging es bei den Top-Unternehmen steil bergab.
3. Bei den Losern hingegen ging es auf allen 6 Dimensionen deutlich bergauf.

Das führte letztlich zu der für Anleger überraschenden, beinahe möchte man sagen erschreckenden Erkenntnis, daß die Aktienkursentwicklung *der hervorragenden Unternehmen deutlich schlechter war als die der schlechten Unternehmen!* Die Erklärung: Es gibt einen Trend zur Normalität!

Der „Trend zur Normalität"

Die Anleger scheinen schlichtweg nicht frühzeitig erkannt zu haben, daß es auch bei hervorragenden Unternehmen zu einer *Mean-Reversion*, zu einem Rückfall in eine zumindest relative Durchschnittlichkeit kommt. Ebenso wie sie es bei den als besonders schlecht identifizierten Unternehmen nicht erkannt haben, daß es auch bei ihnen zu einer Mean-Reversion, also jetzt einem Aufstieg in (mindestens) eine Durchschnittlichkeit kommt. In beiden Fällen reagierten die Anleger erst, als das eingetreten ist, was man schon vorher hätte ahnen können:

5.2 Was spricht für ineffiziente Märte?

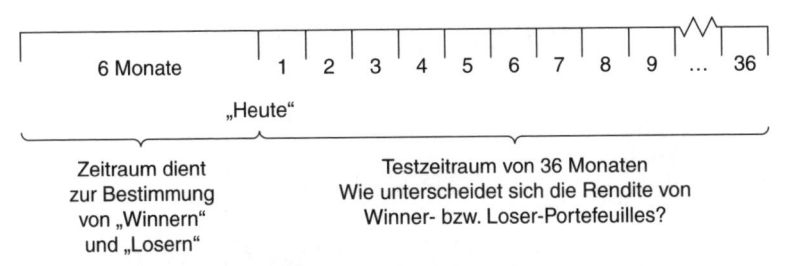

```
┌─────────┬───┬───┬───┬───┬───┬───┬───┬───┬╱╲╲┬────┐
│ 6 Monate│ 1 │ 2 │ 3 │ 4 │ 5 │ 6 │ 7 │ 8 │ 9 │... 36│
└─────────┴───┴───┴───┴───┴───┴───┴───┴───┴───┴────┘
              „Heute"
```

| Zeitraum dient zur Bestimmung von „Winnern" und „Losern" | Testzeitraum von 36 Monaten Wie unterscheidet sich die Rendite von Winner- bzw. Loser-Portefeuilles? |

Quelle: *Haugen, R.A..*, 1995, Abb. 5.1, S. 20

Abbildung 79: *Winner-Loser-Test: Das Vergehen von Jegadeesh und Titman*

In Wettbewerbsmärkten schaffen es nur sehr sehr wenige Unternehmen, auf längere Dauer exzellent zu sein!

Vielleicht kann man ja die Erkenntnis gleich auf den einfachen Faktor bringen, daß es – von Ausnahmen abgesehen – keine langen Phasen außerordentlicher Gewinne gibt?

Lange Phasen abnormer Gewinne sind selten

Jegadeesh und Titman untersuchen, ob der Kurserfolg der letzten 6 Monate (hier trennen sie in Winner bzw. Loser; vgl. dazu Abbildung 79) dazu in der Lage ist, die Gewinnentwicklung der kommenden 3 Jahre zu prognostizieren.[204]

Was würde man in effizienten Märkten erwarten? Der starke Kursanstieg der Winner sollte auch auf künftig erfreulich hohe Gewinne hinweisen – Kurse sollen bekanntlich die Zukunft antizipieren. Entsprechend sollten die Kursverluste der Loser auf unerfreuliche Gewinnentwicklungen deuten.

Was erkennt man aus Abbildung 80? Tatsächlich werden in den ersten 8 Monaten (*nach* den 6 Monaten, die verwendet wurden um Winnerbzw. Loseraktien zu klassifizieren) von den Winnern besonders gute und von den Losern besonders schlechte Gewinnbekanntmachungen publiziert.[205] Der Markt ist also von den Winnern noch einmal besonders positiv überrascht (und von den Losern noch einmal besonders negativ), daß die Winner deutlich besser als die Loser abschneiden.[206]

Nach gerade einmal 8 Monaten ändert sich aber die Szene: Plötzlich scheinen die Gewinnbekanntmachungen der Winner schlechter als erwartet auszufallen, die der Loser hingegen „besser". Der Markt ist plötzlich von den „Losern" positiv überrascht!

Der Markt hat mit hoher Wahrscheinlichkeit auf die Reihe von positiven Meldungen der Winner *überreagiert*. Nachfolgende weniger

5. Darum können Sie den Markt auf Dauer schlagen

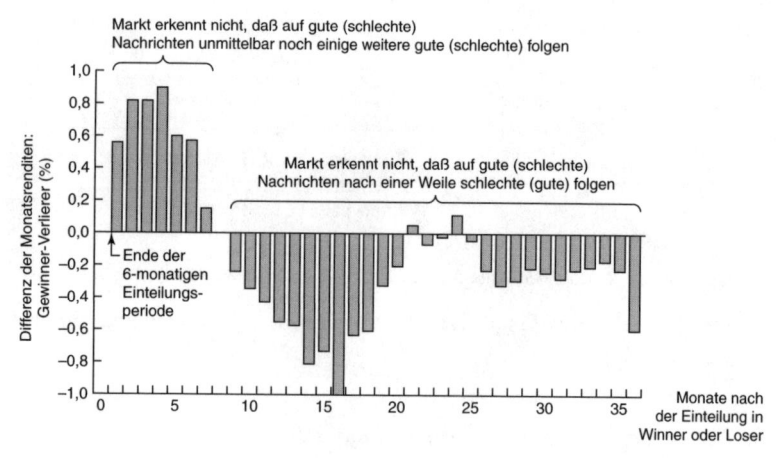

Quelle: *Jegadeesh, N., Titman, S.*, 1993

Abbildung 80: Nur kurzfristig folgen auf gute weitere gute und auf schlechte weitere schlechte Nachrichten – dann folgt wieder die „Überreaktionsfalle"

positive Meldungen führen zu einer Korrektur der Einschätzungen. Analoges gilt für die Loser: Sie werden anscheinend zu negativ eingeschätzt, bis sie – scheinbar überraschend – erfreuliche Gewinnentwicklungen melden können, was in Folge zu einer positiven Kurskorrektur führt.

Warum? Noch einmal: Der Trend zur Normalität!

Von (nicht eben häufigen) Ausnahmen abgesehen gibt es in der ökonomischen Welt einen *Trend zur Normalität*: Schnell wachsende, besonders erfolgreiche Winner werden durch neuentstehende Konkurrenz wieder „normal" wachsende und „normal" profitable Unternehmen.

> Langsam wachsende, unprofitable Loser werden durch den hohen Druck, der auf das Management ausgeübt wird, meist wieder zu (zumindest) „normal" wachsenden und „normal" profitablen Unternehmen.[207]

Wann setzt sich die Normalität durch – und zu wessen Gunsten?

Dauert es *im Normalfall* 20 Jahre, bis die Top-Unternehmen sich wieder in der Normalität wiederfinden, wie die Studie von *Clayman* oben andeuten könnte? Mitnichten!

5.2 Was spricht für ineffiziente Märte?

Dort hatte man nämlich in die Vergangenheit zurückgeschaut – und da mag es nicht verwundern, daß es tatsächlich unter vielen tausend US-amerikanischen Firmen eine Handvoll gibt, die tatsächlich über 20 Jahre und mehr top waren. Aber wer konnte das schon *zu Beginn* so langer Zeitabschnitte wissen? Solche Spitzenergebnisse sind jedoch nicht der Normalfall: Kumuliert man die Performanceunterschiede von Winnern und Losern, sieht man, daß im Schnitt *nach weniger als 17 Monaten* der Vorsprung der Winner vor den Losern wettgemacht wird und dann zu einem dauerhaften Vorsprung für die (jetzt muß man sagen ehemaligen) Loser wechselt: Siehe Abbildung 81. Und das ist nichts anderes als ein typischer Winner-Loser-Effekt!

Noch einmal im Überblick: In einem Zeitbereich von 6–14 Monaten kann man häufig eine positive Korrelation von Ereignissen und Kursen beobachten:

$$+ => +$$

und

$$- => -$$

Nennen wir diesen Effekt eine *Trendverstärkung im kurzfristigen Bereich*.

In längeren Zeiträumen ändert sich das Bild:

$$++ => -$$

und

$$-- => +$$

Diesen Effekt nennen wir *Trendumkehr im längerfristigen Bereich*. Und es ist eine dramatische Änderung: Schauen Sie sich noch einmal die letzte Graphik an, die deutlich zeigt, daß der $-- => +$ Effekt stärker ist als der $++ => -$ Effekt.

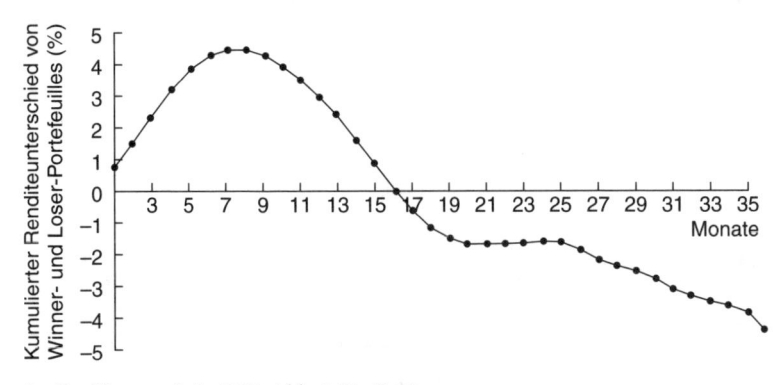

Quelle: *Haugen, R.A.*, 1995, Abb. 2.4B., S. 23

Abbildung 81: Der Winner-Loser-Effekt ist ein Überreaktionseffekt: Nach 17 Monaten ist der Vorsprung der Winner eliminiert (USA)

Also haben wir vorerst folgende Hypothese:
- Für Zeiträume bis etwas über ein Jahr: Trendverstärkung
- Für Mehrjahreszeiträume: Trendumkehr

(denken Sie an die *Peters* und *Waterman*-Studie bzw. die Ergebnisse von *Clayman*!) Bis jetzt ist aber alles noch nicht viel mehr als eine einfache Vermutung. Aber: Die Vermutung kann recht einfach weiter belegt werden.

Dazu überlegen wir uns, wie sich Aktien entwickeln würden, wenn es *keine* Trendverstärkung und *keine* Trendumkehr gäbe. Schauen Sie sich dazu die Abbildung 82 an: Sie zeigt eine hypothetische Aktie, bei der es nach jedem Monat in etwa gleich wahrscheinlich ist, daß ihr Kurs steigt bzw. fällt.[208]

Was sie sehen, ist die (potentielle) Streuung oder Volatilität von Aktien. Der dick eingezeichnete Pfad ist eine konkrete Aktie. Die Ausschläge nach oben und unten zeigen ihre Volatilität.

In einer Welt ohne Trends sind alle Pfade gleich wahrscheinlich. Verlängert man den Beobachtungszeitraum (in der Abbildung 82 die Anzahl der Perioden), steigt im Schnitt die Volatilität jeder beobachteten Aktie.

In einer Welt mit Trends sind *nicht* alle Pfade gleich wahrscheinlich: Gibt es wirklich die Trendverstärkung im kurzfristigen Bereich, sind

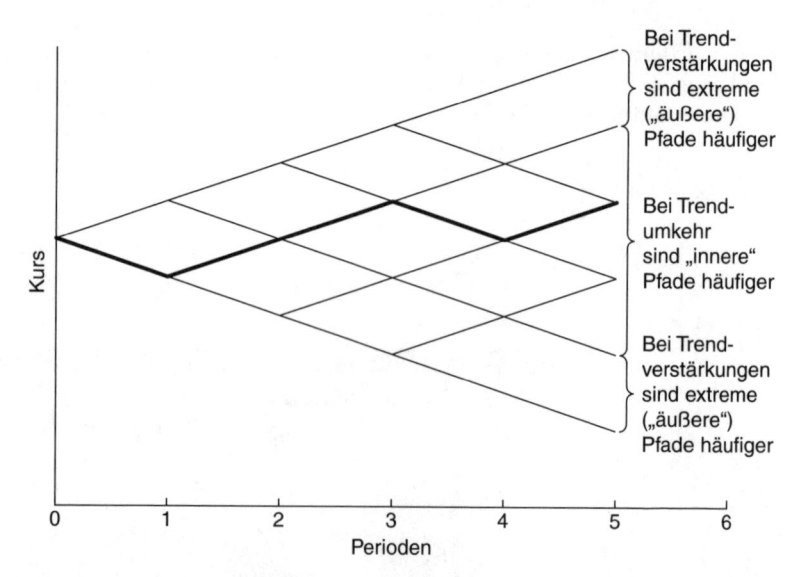

Abbildung 82: Ein Gedankenexperiment: Wie schaut eine Kursentwicklung bei Trendumkehr, wie eine bei Trendverstärkung aus?

5.2 Was spricht für ineffiziente Märte? 153

die Randpfade die wahrscheinlicheren – d.h. die durchschnittliche Volatilität müßte stärker steigen als in einer Welt ohne Trends (siehe Abbildung 82). D.h. interpretiert man die Perioden als Monate, dann sind die äußeren Pfade wahrscheinlicher.

Für den längerfristigen Bereich müßte genau das Gegenteil gelten: Die mittleren Pfade werden wahrscheinlicher als die Randpfade. Die Volatilitäten steigen im Schnitt längst nicht so stark, wie wenn es keine Trendumkehr gibt (siehe ebenfalls Abbildung 82). D.h. wenn man die Perioden z.b. als Halbjahre interpretiert, dann sind „innere" Pfade wahrscheinlicher.

Genau das zeigen *Lo* und *MacKinlay* – wenn auch nur mit US-amerikanischem Datenmaterial.[209] Die Abbildung 83 zeigt, daß die Volatilität im Bereich bis zu 16 Wochen deutlich höher ist als wenn es keine Trendverstärkung gäbe (100 % bedeutet in der Graphik die Volatilität, die sich völlig ohne Trendeffekte – quasi theoretisch – errechnen würde).

Für den längerfristigen Bereich (Jahre) zeigen *Poterba* und *Summers* in Abbildung 84, daß eine Trendumkehr einsetzt – und das sogar auf allen wichtigen Märkten.[210]

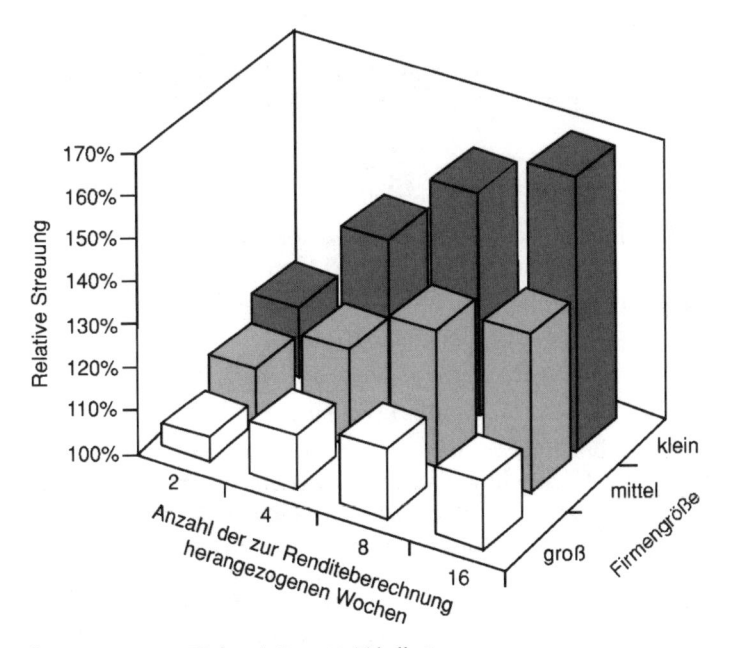

Quelle: *Lo, A.W., MacKinlay, A.C.*, 1988, Tabelle 2

Abbildung 83: Volatilität relativ zu einem Preisbildungsprozeß ohne Trendverstärkung und ohne Trendumkehr: Die kurzfristige Perspektive

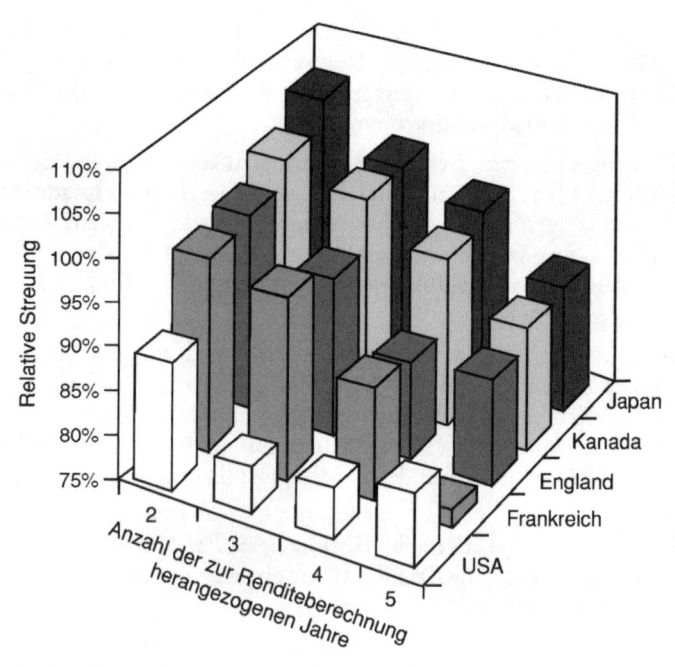

5. Darum können Sie den Markt auf Dauer schlagen

Quelle: *Poterba, J., Summers, L.*, 1988

Abbildung 84: Volatilität relativ zu einem Preisbildungsprozeß ohne Trendverstärkung und ohne Trendumkehr: Die langfristige Perspektive

Ergebnis: Im kurzfristigen Bereich
- ist Trend*verstärkung* ein normaler Effekt und
- diese ist umso stärker, je kleiner das Unternehmen ist!

Im längerfristigen Bereich
- ist Trend*umkehr* ein normaler Effekt, der
- auf allen wichtigen internationalen Aktienmärkten auftritt.

Was haben wir also für ein Marktverhalten?

Die Marktteilnehmer rechnen offensichtlich anfangs nicht damit, daß auf eine gute Nachricht noch ein paar weitere gute folgen. Sie werden von *(kurzfristigen) Trendbestätigungen* überrascht und ziehen den Kurs zu stark nach oben. „Zu stark" deswegen, weil sie zu glauben beginnen, daß die guten Nachrichten für eine lange Zeit immer wieder kommen – die Firma wird als eine Top-Firma interpretiert. Es kommt aber nicht wie erwartet, das Unternehmen entpuppt sich – im Schnitt – schon bald als eines, das normalen Marktgesetzen unterliegt. Die Marktteilnehmer erkennen die *Trendumkehr* und damit ihren Fehler; der Kurs fällt wieder. Analoges gilt für schlechte Nachrichten.

5.2 Was spricht für ineffiziente Märte?

Und in der Terminologie Wachstums- vs. Substanzaktien heißt das: Substanzaktien gewinnen!

Kritikern keine Chance: Wir kennen die langfristige Trendumkehr seit langer Zeit!

Kritiker mögen einwenden: Das alles sind relativ junge Untersuchungen. Vielleicht sind sie einfach den einflußreichen Börsenteilnehmern noch nicht bekannt gewesen? Und vielleicht bestand daher noch wenig Gelegenheit, daß sich dieses unvernünftige Verhalten gibt? Mein Gegenargument: Schon 1962 stellte *I.M.D. Little* fest:[211]

„*My impression is that many stockholders, financial journalists and investors believe that past growth behavior is some sort of guide to future growth.*"

Damit hat er Recht. Auch heute noch! Und dann beginnt *Little* zu untersuchen, ob das historische Gewinnwachstum pro Aktie auch tatsächlich Prognosecharakter für künftiges Wachstum hat.

Mit dem Wissen der vorhergehenden Abschnitte ahnen Sie das Ergebnis: Das historische Wachstum der EPS, der Earnings per Share, hat auf etwas längere Sicht wenig oder nichts mit dem künftigen Wachstum zu tun![212]

Wahrscheinlich ist das auch schon länger bekannt: Der Hinweis nämlich, daß ein P/E-Verhältnis eher „klein", zumindest aber (auch für stark wachsende Unternehmen!) nicht zu groß sein sollte, ist mindestens 70 Jahre alt: 1934 stellen *Graham* und *Dott* in einem damals sehr einflußreichen Aktienanalysebuch sogar fest, daß ein P/E-Verhältnis von *kleiner als 12 ein notwendiges Kriterium* zur Selektion von Aktien ist.[213]

Vielleicht hatte sich schon damals in den Köpfen von Praktikern und Forschern der Verdacht festgesetzt, daß die hohen, prognostizierten Wachstumsraten ja vielleicht gar nicht eintreten? Am besten kann man diese Überzeugung mit einer Graphik wie z.B. in Abbildung 85 belegen.[214]

Abgetragen sind das (durchschnittliche) Wachstum der Gewinne pro Aktie in der ersten Hälfte der fünfziger Jahre (= Ordinate) und das (durchschnittliche) Wachstum in der zweiten Hälfte der fünfziger Jahre (= Abszisse): Ein Punkt in der oberen rechten Ecke repräsentiert ein Unternehmen, das sowohl in der ersten Hälfte zu den 10 % der Firmen mit dem höchsten EPS-Wachstum gehörte und auch in der zweiten Hälfte. Ein Punkt rechts unten ist ein Unternehmen, das in der ersten Hälfte zu denen mit dem geringsten EPS-Wachstum gehörte, aber in der zweiten Hälfte zu denen mit dem höchsten usw.

Wo *müssten* die Punkte liegen, wenn das historische EPS-Wachstum ein guter Schätzer für das zukünftige EPS-Wachstum sein sollte? Auf einer Diagonalen von links unten nach rechts oben.

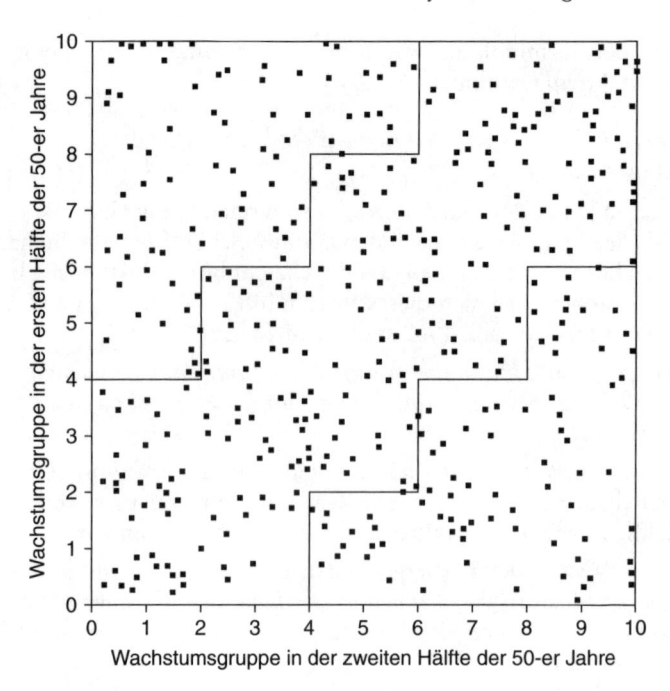

Quelle: *Rayner, A.C., Little, M.D.*, 1966

Abbildung 85: Das vergangene Wachstum der Gewinne pro Aktie hatte auch früher nichts mit dem künftigen Wachstum der Gewinne pro Aktien zu tun!

Man sieht aber nicht einmal eine Häufung von Punkten in der Gegend dieser Diagonalen. Vergangenes EPS-Wachstum hat nichts mit künftigem EPS-Wachstum zu tun!

Spätestens nach dieser Arbeit – also bereits in den sechziger Jahren – mußten das auch die Portefeuille-Manager wissen. Diese sind nämlich an solchen Ergebnissen naturgemäß sehr interessiert.[215]

Fassen wir zunächst kurz zusammen:

1. *Traditionelle Gütemaße wie buchhalterische Wachstumsraten* (der Bilanzsumme oder des Eigenkapitals) oder buchhalterische Renditen (Gesamtkapitalrendite oder Eigenkapitalrendite) *sagen wenig über die Zukunft aus.* Es gibt eine Tendenz zur Mitte – bei guten und bei schlechten Unternehmen. Die Kurse sind überzogen in der „guten" Phase und spiegeln, nachdem die Tendenz zur Mitte eingesetzt hat, diesen neuen Trend verstärkt wider.
2. *Gleiches gilt – wenig überraschend – für Unternehmensgewinne.* Phasen aufeinanderfolgender überdurchschnittlicher Gewinne (bzw. Verluste) werden zwar als Indizien interpretiert, daß der

Trend anhält, was sich an entsprechend entwickelnden Kursen zeigt. Die Überraschung folgt jedoch auf dem Fuß und die Kurse reagieren wiederum entsprechend. Auch wenn man das Gewinnwachstum normiert und ein Gewinnwachstum pro Aktie berechnet, wird der Prognosecharakter nicht besser.

3. *Gemessen an den Kursen*, die vielleicht schon mehr Informationen beinhalten als buchhalterische Wachstumsraten und Gewinnschätzungen, *gibt es im kurzfristigen* (Monate bis etwas über ein Jahr) *Bereich eine Tendenz zur Trendverstärkung, im langfristigen Bereich eine zur Trendumkehr.* Also auch hier *längerfristig* ein Mean Reverting-Effekt.

Können wir – oder die Börsianer allgemein – also nicht in die Zukunft schauen? Im ersten Moment überrascht die Antwort: Doch, wir können – zumindest ein bißchen!

Der „Weihnachtsbaum": Anleger können doch in die Zukunft schauen – aber nicht sehr weit!

Im Kurs/Gewinnverhältnis (KGV) spiegeln sich tatsächlich *künftige* Gewinnwachstumsraten wider. Wir erinnern uns kurz: Ein *hohes* KGV wird schon immer als ein Hinweis auf *hohe* Wachstumsraten der Gewinne pro Aktie interpretiert. Wir erinnern uns weiter: Die Regel für eine erfolgreiche Anlage lautet aber: Kaufe die Aktien mit einem *niedrigen* KGV! Wie paßt das zusammen?

Ganz einfach: Es ist tatsächlich so, daß Aktien mit einem hohen KGV in den folgenden Jahren ein überdurchschnittliches Wachstum der Gewinne pro Aktie (Earnings per Share, EPS) aufweisen. Entsprechend haben Aktien mit einem niedrigen KGV niedrigere Wachstumsraten der EPS.

Werfen Sie dazu einen Blick auf die Abbildung 86, den *„Weihnachtsbaum"*: Nach oben sind die Jahre abgetragen; nach links die negativen Abweichungen von einer durchschnittlichen EPS-Wachstumsrate (also kleineres als durchschnittliches EPS-Wachstum), nach rechts die positiven Abweichungen (also überdurchschnittliches EPS-Wachstum).

Ein Beispiel macht die Darstellung wahrscheinlich transparenter: Zunächst (im „Einteilungsjahr") werden die Unternehmen nach ihrem KGV in Quintile eingeteilt: Dann wachsen die Gewinne pro Aktie der Unternehmen, die im Einteilungsjahr zu den 20% (d.i ein Quintil) mit dem höchsten KGV (oder P/E-Verhältnis) gehören, im folgenden Jahr um knapp 9% schneller, als die von Firmen im mittleren Quintil, also Unternehmen mit mittlerem KGV.

Der Markt kann also die Entwicklung der Gewinne pro Aktie doch prognostizieren. Bisher kann jedoch niemand genau sagen, *wie* der Markt diese Prognose erstellt.

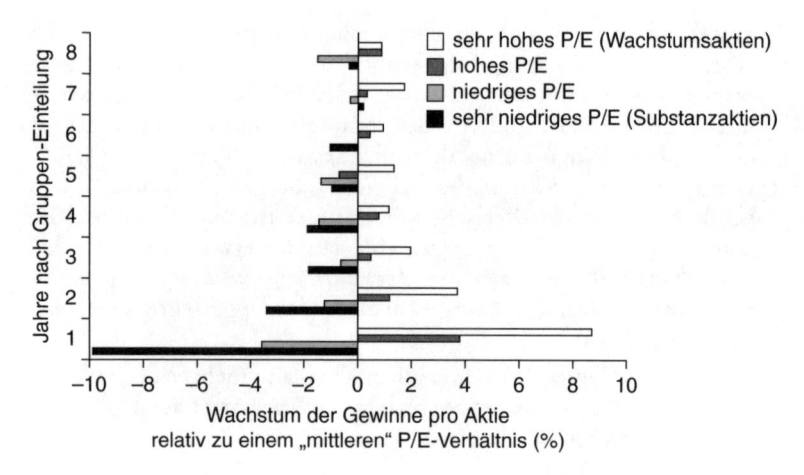

158 5. Darum können Sie den Markt auf Dauer schlagen

[Balkendiagramm: Jahre nach Gruppen-Einteilung (1-8) vs. Wachstum der Gewinne pro Aktie relativ zu einem „mittleren" P/E-Verhältnis (%), von -10 bis 10. Legende: sehr hohes P/E (Wachstumsaktien), hohes P/E, niedriges P/E, sehr niedriges P/E (Substanzaktien)]

Quelle: *Fuller, R., Huberts, L., Levinson, M.*, 1993

Abbildung 86: Der „Weihnachtsbaum" oder die Frage „Wie gut prognostizieren P/E-Verhältnisse künftige Wachstumsraten der Gewinne?"

Wir wissen nur, daß er es kann und daß die Grundlage mehr sein muß als Buchhaltungszahlen, Gewinne bzw. ihre Prognosen oder der bisherige Kursverlauf. Vorstellen könnte man sich alles mögliche wie z.B. Managementqualität, Marktführerschaft, Patente, Know-how, Markennamen usw. – oder die Prognose solcher Charakteristika.

Das Problem: Beides, sowohl die vom „Markt" prognostizierten hohen als auch die niedrigen EPS-Wachstumsraten treten zwar ein, *aber viel zu kurz!* D.h. es gibt auch bei den Wachstumsraten der Unternehmen, die der Markt als „Schnellwachser" – wie auch immer! – identifiziert hat, eine deutliche Tendenz zu einem durchschnittlichen, „normalen" Wachstum.

Das Beobachtung von P/E-Verhältnissen ist also tatsächlich ein praktikables, sehr einfaches Verfahren, um relativ gute Prognosen über künftiges Wachstum zu erstellen.

Aber: Schnellwachser (bzw. auch Langsamwachser) sind zu wenige Jahre Schnell- (bzw. Langsam-)wachser, um ihre hohen (bzw. niedrigen) KGV's (P/E-Ratios) tatsächlich zu rechtfertigen.

Auch hier haben wir einen Hinweis auf eine „Overreaction" des Marktes. Es lohnt sich, diese Überreaktion in's Kalkül zu ziehen. Es mag aus Sicht der Kapitalmarkttheorie ein Zeichen von Marktineffizienz – im Sinne schlechter Verarbeitung von Informationen – sein,

5.2 Was spricht für ineffiziente Märte?

daß systematische Überbewertungen (von Schnellwachsern) und Unterbewertungen (von Langsamwachsern) vorkommen. Aus Sicht von Anlegern kann es aber durchaus effizient – im Sinne von „für den Anleger ökonomisch sinnvoll" – sein, die *Marktineffizienz* für sich zu nutzen!

Ergebnis:
Substanzaktien schlagen Wachstumaktien!
So könnte man knappestmöglich die Ergebnisse der empirischen Kapitalmartkforschung zusammenfassen. Und das widerspricht völlig dem, was wir erwarten würden.

Wahrscheinlich ist ein *systematisches Fehlverhalten* der Investoren dafür verantwortlich, daß Sie mit diesem Wissen
- den Markt systematisch schlagen können
- und das auch noch mit wenig riskanten Aktien!

Einen Haken hat das System jedoch – allerdings mehr für den Wissenschaftler, weniger für den Anleger: Die Verhaltensregeln könnten von dem abweichen, was Ihnen die „moderne" Kapitalmarkttheorie rät.

In der Welt der Fondsmanager wird seit Jahrzehnten unterschieden zwischen solchen, die *Growth Funds* managen und solchen, die sich auf *Income Funds* konzentrieren.

Bei *Growth Funds* wird der Wert darauf gelegt, daß eine möglichst große Kurssteigerung erzielt wird. Die Manager richten ihr Augenmerk auf sog. Growth Stocks – zu deutsch Wachstumsaktien. Dem hingegen favorisieren *Income Funds* Manager Aktien, die eine permanente Ausschüttung z.B. durch eine hohe Dividendenrendite erlauben und/oder gemessen an Kriterien wie einem niedrigen P/E-Verhältnis, einem niedrigen MW/BW-Verhältnis oder anderen „fundamentalen" Kriterien „günstig" sind. Diese Aktien heißen *Value Stocks* – zu deutsch Substanzaktien.

Es sind mit schöner Regelmäßigkeit die Substanzaktien, die die höheren Renditen bringen. Nicht die vielversprechenden Wachstumsaktien! Auch wenn es kaum glaubhaft erscheint. Und auch wenn „Wachstumsfonds" und ihre Manager jetzt genauso wie früher en vogue sind!

Fassen wir in Tabelle 36 zusammen, wie sich Wachstums- von Substanzaktien unterscheiden.

Warum sollte so ein großer und vor allem systematischer Renditeunterschied zwischen den beiden – zugegebenermaßen krude getrennten – Aktiengattungen bestehen?

Und wenn, würden wir nicht damit rechnen, daß dann die mit dem hohen Wachstum und dem hohen Risiko im Durchschnitt die höhe-

Wachstumsaktien =	Substanzaktien =
Aktien, von denen der Markt *meint*, daß sie in Zukunft ein *über*durchschnittlich hohes Wachstum der • Gewinne und/oder • der Cash-flows haben	Aktien, von denen der Markt *meint*, daß sie in Zukunft ein *unter*durchschnittlich hohes Wachstum der • Gewinne und/oder • der Cash-flows haben
Zeigt sich in hohen Bewertungskennziffern, wie • einem hohen P/E-Verhältnis • einem hohen Marktwert/Buchwert-Verhältnis • einem hohen Preis/Umsatz-Verhältnis • einem niedrigen Cash-flow/Kurs-Verhältnis	Zeigt sich in niedrigen Bewertungskennziffern, wie • einem niedrigen P/E-Verhältnis • einem niedrigen Marktwert/Buchwert-Verhältnis • einem niedrigen Preis/Umsatz-Verhältnis • einem hohenen Cash-flow/Kurs-Verhältnis
Der (anfangs) starke Kursanstieg führt zu: • einer geringen Dividendenrendite • einem hohen β	Der (anfangs) geringe Kursanstieg führt zu: • einer hohen Dividendenrendite • einem niedrigen β
Wird begründet mit: • einem hohen (überdurchschnittlichen) Gewinnwachstum[1] • einem starken Wachstum der Bilanzsumme • einer hohen Gesamtkapitalrendite • einer hohen Eigenkapitalrendite (Basis: Buchwerte) • einer hohen Umsatzrendite (jeweils in der Vergangenheit)	Wird begründet mit: • einem niedrigen (unterdurchschnittlichen) Gewinnwachstum • einem geringen Wachstum der Bilanzsumme • einer niedrigen Gesamtkapitalrendite • einer niedrigen Eigenkapitalrendite (Basis: Buchwerte) • einer niedrigen Umsatzrendite (jeweils in der Vergangenheit)
„Echte" Aussichten: auf kurze Sicht (Monate) weiter positive Entwicklung, auf längere Sicht (Jahre) „Reversal Patterns"; d.h. enttäuschend	„Echte" Aussichten: auf kurze Sicht (Monate) weiter unterdurchschnittliche Entwicklung, auf längere Sicht (Jahre) „überraschend" gut

[1] Meist als Wachstum des Gewinns pro Aktie verstanden

Tabelle 36: Eigenschaften von Wachstums- und Substanzaktien

5.2 Was spricht für ineffiziente Märte?

ren Renditen erbringen sollten? Weit gefehlt. Das Gegenteil scheint der Fall zu sein.

Schauen Sie sich die fogende Aufzählung gut an: Sie ist eine Art Essenz der modernen Kapitalmarkttheorie – und gleichzeitig eine vehemente Kritik an ihr.

1. Viele großen Portefeuilles sind ähnlich aufgebaut wie große Referenzmaßstäbe (z.B. DAX, S&P 500, Dow Jones etc.)
   - Die Kurse werden von institutionellen Vermögensverwaltern – Aktien- und Pensionsfond-Managern deutlich beeinflußt. Sie verfügen über die dazu nötigen Geldmittel.
   - Die Bezahlung dieser Verwalter ist – zumindest im angelsächsischen Raum – an die Leistung, und das ist bei einem Portfeuillemanager die Performance, gekoppelt. Und damit an die Wertentwicklung ihres Portefeuilles im Verhältnis zu einem Referenzindex.
   - Die Evaluation von Fondsmanager geschieht anhand von 1–3, höchstens 5-Jahreszeiträumen.
   - In solch relativ kurzen Zeiträumen ist es riskant für Fondsmanager, eigenständige Strategien zu fahren.
   - Wesentlich sicherer erscheint es, indexorientiert zu arbeiten. D.h. das eigene Portfeuille ähnlich dem Index zusammenzustellen und damit der Entwicklung des Referenzindex nahe zu sein. Die Portefeuillemanager halten deshalb häufig ein (nationales oder internationales) *Marktportefeuille* bzw. eine diesem Portefeuille sehr ähnliche Kombination von Wertpapieren. Das gilt natürlich nicht für die Manager von „Spezialitätenfonds" wie Branchen-, Dividenden-, Wachstums-, Small-Cap-Fonds etc.
2. Das Marktportefeuille ist zwar theoretisch eine der besten Investitionsalternativen – aber halt nur theoretisch.
   - In der Portfeuilletheorie von *Harry Markowitz* wird ein Weg gezeigt, wie Aktien so kombiniert werden können, daß bei einem vorgegebenen Streuungsrisiko die erwartete Rendite maximiert wird – d.h. man kann optimale Portefeuilles zusammenstellen.[216] Nennen wir dieses Verfahren kurz das *Kombinationsverfahren*. Es ist ein zentraler Baustein der Kapitalmarkttheorie.
   - Die Kapitalmarkttheorie unterstellt jetzt zwei Dinge:
     1. alle vernünftigen Investoren wenden das Kombinationsverfahren an
     2. in den Aktienkursen spiegeln sich praktisch immer ohne Zeitverzögerung alle verfügbaren Informationen über das Unternehmen wieder.

In der Sprache der Kapitalmarktexperten heißt das, daß die Marktteilnehmer *rational handeln* und daß der Markt *effizient* ist.

- Führt man jetzt die Möglichkeit ein, sich Geld zu leihen und Geld festverzinslich anzulegen zeigt sich, daß eines dieser optimalen Portefeuilles alle anderen dominiert: Und dieses Portefeuille ist das *Marktportefeuille*. Folglich sind im Marktportefeuille alle Aktien so gewichtet, daß es keine Kombination von Aktien gibt, die dieselbe Rendite mit weniger Risiko erwirtschaftet.
- Theoretisch kann man sich also die Arbeit sparen, selbst das Kombinationsverfahren anzuwenden. Für fest an die Kapitalmarkttheorie glaubende Investoren ist es schlichtweg ausreichend das Marktportefeuille zu kaufen – und je nach persönlicher Risikopräferenz entweder einen Teil seines Vermögens auch in festverzinslichen Anlagen investiert zu haben (für den eher risikoscheuen Typ) bzw. Kredite aufzunehmen und dieses Geld *zusätzlich* in das Marktportefeuille zu investieren (etwas für den risikofreudigen Typ).

So weit so gut. Diese wenigen Sätze stellen die Essenz der Kapitalmarkttheorie dar. Sie ist in sich schlüssig und eine runde Sache. Nicht umsonst war sie nobelpreiswürdig. Aber stimmt sie auch?

Zumindest haben auch die Theoretiker erkannt, daß man so gut wie nie Privatpersonen antrifft, die das Kombinationsverfahren anwenden. Privatanleger handeln also nicht rational: Einerseits nicht im Sinne der Theorie, und oft auch nicht im Sinne dessen, was Otto Normalverbraucher unter rational oder vernünftig versteht: Privatanleger werden von Trends angesteckt, sie handeln oft emotional.

Nicht weiter schlimm, argumentierten die Kapitalmarkttheoretiker, schließlich machen die institutionellen Anleger im wesentlichen die Kurse – und die handeln doch auf jeden Fall rational!

Pech ist nur, daß auch diese Hoffnung sich nicht erfüllt: Auch institutionelle Fondsmanager wenden das Kombinationsverfahren nur selten an.[217] Aber das müßten sie, besonders wenn sie Spezialitätenfonds managen – also nicht ein einfaches Marktportefeuille halten (dazu bräuchte man auch keinen Portfoliomanager) sondern einen Technologiefonds, einen Branchenfonds, einen Small-Cap-Fonds, einen Wachstumsfonds usw.

Und das könnte z.B. daran liegen, daß eben die bestmögliche Rendite eines Portefeuilles *die* Zielgröße eines Fondsmanagers ist – und nicht ein möglichst kleines Risiko.[218]

Aber damit stimmt die Annahme, daß das Marktportefeuille ein optimales Portefeuille ist, nicht mehr: Wenn die von den kursbestimmenden Personen zusammengestellten Portefeuilles nicht die jeweils bestmöglichen sind, dann ist auch das Portfeuille aus allen diesen Portefeuilles – das Marktportefeuille eben – kein optimales!

> **Ergebnis:**
> Es wäre schon sehr überraschend, wenn es keine Portefeuilles gäbe, die bei gleichem Risiko eine höhere Rendite als das Marktportefeuille, bzw. dieselbe Rendite mit einem geringeren Risiko erwirtschaften.
>
> Mit ziemlicher Sicherheit ist es uns mit den „Anomalien" gelungen, Verfahren aufzudecken, die zu *systematisch* besseren Portefeuilles führen.

Bewertung von Unternehmen und Märkten

Wenige professionelle Anleger werden sich alleine auf die intensiv besprochenen Anomalievariablen wie Größe, P/E-Verhältnis, MW/BW-Verhältnis usw. verlassen.[219]

Es ist mit Sicherheit sinnvoll, zusätzlich für

- Einzelaktien eine „*Fundamentalanalyse*" und für
- Märkte eine „*Marktbewertung*"

durchzuführen.

Sie werden hier einen ersten Eindruck bekommen, auf welche Größen Sie – zusätzlich zu den Anomalievariablen – unbedingt achten sollten.

6. Die Bewertung von Unternehmen mit „Fundamentalanalyse"

Die *Fundamentalanalyse* ist eine intensive Betrachtung und Prognose der Finanzdaten der Anlagekandidaten. Ziel der Fundamentalanalyse ist es, herauszufinden, ob ein Unternehmen fundamental mehr wert ist, als es der aktuelle Börsenkurs momentan widerspiegelt. Solche Aktien sind dann Kaufkandidaten. Verkaufskandidaten sind solche, die momentan an der Börse zu hoch bewertet werden.

Zur Fundamentalanalyse gibt es viele hervorragende Bücher. Daher wird hier nur kurz – quasi exemplarisch – auf den fundamentalen Hintergrund von P/E-und MW/BW-Verhältnis eingegangen.

Am Anfang einer Fundamentalanalyse steht das Ihnen bisher als Anomalievariable bekannte P/E-Verhältnis.[220] Was ist das also überhaupt für ein Verhältnis, das KGV oder auch P/E-Ratio?

Dazu muß man ein bißchen ausholen. Wir müssen uns erst darüber Gedanken machen, was den Wert eines Unternehmens ausmacht und kehren dann wieder zu dieser Kenngröße zurück.

6.1 Der Wert eines Unternehmens

Mit Aktien erwirbt man Anteile an einem Unternehmen. Und der Preis dafür wird permanent an den Börsen neu bestimmt. Kurssteigerungen bedeuten also Wertsteigerungen des Unternehmens. Doch wie bestimmt man den Wert?

Im wesentlichen gibt es nur drei Verfahren:
1. Der Wert ergibt sich aus Vermögen und Schulden. In Abbildung 87 ist das die Alternative 1.
2. Der Wert hängt mit den *künftigen Erträgen* zusammen, die die Eigentümer aus dem Unternehmen ziehen *können*. Die Amerikaner sprechen von den Free-Cash-flows, die (zumindest potentiell) für eine Ausschüttung zur Verfügung stehen werden. In Abbildung 87 ist das die Alternative 2.
3. Das dritte Verfahren ist eigentlich nur eine Variante des zweiten: Der Kurs einer Aktie ist identisch mit den (leider noch unsicheren) zukünftigen, abdiskontierten Dividenden, die diese Aktie abwerfen wird.[221] Die schwer zu prognostizierenden Free-Cash-flows werden also ersetzt durch künftige Dividenden (die leider auch nicht einfach zu schätzen sind).

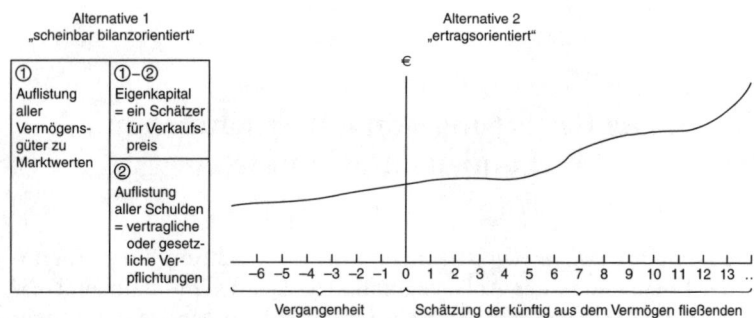

Alternative 1		Alternative 2
„scheinbar bilanzorientiert"		„ertragsorientiert"

① Auflistung aller Vermögensgüter zu Marktwerten

①–② Eigenkapital = ein Schätzer für Verkaufspreis

② Auflistung aller Schulden = vertragliche oder gesetzliche Verpflichtungen

−6 −5 −4 −3 −2 −1 0 1 2 3 4 5 6 7 8 9 10 11 12 13 …

Vergangenheit

"Traditionelle" aber dennoch nur scheinbar bilanzorientierte Methode:
Die **Bewertung** der Vermögensgüter und der Schulden wird bei einer Verkaufspreisschätzung deutlich von einer Bewertung nach deutschem HGB (Vorsichts- u. Imparitätsprinzip), aber auch von einer „True and fair view"–Bewertung nach dem amerikanischen GAAP oder den internationalen IAS abweichen: Es werden die Marktbewertungen aller Vermögensgüter (also auch z.B. eines Namens oder einer innovativen Belegschaft) und aller Schulden aufgelistet.

Schätzung der künftig aus dem Vermögen fließenden Zahlungen an die Eigenkapitalgeber (nachdem alle vertraglichen und gesetzlichen Verpflichtungen erfüllt wurden).

Früher orientierte sich diese Schätzung sehr stark an den in der Vergangenheit an die Eigenkapitalgeber geleisteten Zahlungen. Dies ließ i.d.R. große Wachstumschancen unberücksichtigt.

Heute orientiert man sich häufig an Wachstumsprognosen, die früher als völlig unrealistisch (hoch) eingeschätzt worden wären.

Abbildung 87: 2 Sichtweisen bestimmen den Wert eines Unternehmens: Eine scheinbar bilanz- und eine ertragsorientierte

Methode 1: Vermögen und Schulden bestimmen den Wert (Bilanzorientierte Alternative)

Noch einmal der Grundgedanke: Wer ein Unternehmen kauft, bezahlt die Differenz der Vermögenswerte des Unternehmens abzüglich der Schulden, die das Unternehmen hat.

Vermögen − Schulden = Preis[222]

Juristisch ausgedrückt heißt die Differenz von Vermögen und Schulden „Eigenkapital" des Unternehmens. Und für den Wert des Eigenkapitals haben die Ökonomen überraschenderweise *drei* – ziemlich unabhängige – Ansätze:

1. Das, was die *Bilanz* als Wert des Eigenkapitals *ausweist*.[223]
2. Das, was eine Bilanz als Wert des Eigenkapitals ausweisen *würde*, wenn Vermögen und Schulden mit den Marktwerten und nicht mit den Werten, die sich durch die Bewertung gemäß HGB oder anderen gesetzlichen Quellen ergibt.
3. Das, was der *Aktienmarkt* als Wert des Eigenkapitals *schätzt*.[224]

Warum gibt es drei Ansätze? Weil die Einschätzung von Vermögen und Schulden viel mit Rechten und Pflichten zu tun hat – und die werden unterschiedlich interpretiert.

Wichtige Rechte sind

1. die *Kontrolle über das Vermögen* (Grundstücke, Gebäude, Maschinen, Software, Patente, Personal, Know-how etc.) bzw. dem Umgang damit und

6.1 Der Wert eines Unternehmens

2. die Entscheidung, was mit dem betrieblichen Erfolg, dem Jahresüberschuß, passiert; d.h. wieviel davon als *Bilanzgewinn* an die Aktionäre ausgeschüttet wird (die *Dividende*) und wieviel im Unternehmen verbleibt und damit *thesauriert* wird (die *Gewinnrücklage*).[225]

Ökonomen nennen die in Geldeinheiten bewerteten Rechte *Vermögen*.

Wichtige Pflichten für das Unternehmen sind

1. die Einhaltung geschlossener Verträge. Solche Verträge können Kreditverträge mit den Banken sein, aber auch Einhaltung von Pensionszusagen oder Abnahme und Bezahlung von Warenlieferungen,[226]
2. die Einhaltung geltenden Rechtes. Das kann z.b. der Rückbau eines Kernkraftwerkes zur „grünen Wiese" am Ende der Nutzungsdauer sein.

Ökonomen nennen die in Geldeinheiten bewerteten Pflichten *Schulden*.[227]

Jetzt noch etwas deutlicher: Die erste Schätzung, was ein Unternehmen wert ist, gibt die für die Öffentlichkeit bestimmte Bilanz: Sie stellt eigentlich Rechte und Pflichten nebeneinander – oder vielleicht etwas vertrauter ausgedrückt: in einer Bilanz steht im wesentlichen nichts anderes als Vermögen und Schulden nebeneinander. Und den Betrag, um den das Vermögen größer ist als die Schulden bezeichnet man als *Eigenkapital*.[228]

Noch einmal zur Verdeutlichung: Es wäre unsinnig, wenn man bei einem Unternehmenskauf nur das Vermögen betrachten würde, nicht aber die Schulden. Da man diese mit allen Verpflichtungen übernimmt, kauft man nicht nur juristisch, sondern auch ökonomisch nur die Differenz – das Eigenkapital.

Die Bilanz (und zwar egal welche!) ist aber bei weitem nicht das letzte Wort: Der Markt (hier ist das die Börse bzw. die Börsenteilnehmer) bewertet ebenfalls den Wert des Unternehmens. Und zwar prinzipiell auf dieselbe Art und Weise wie dies in der Bilanz geschieht. Werfen Sie noch einmal einen Blick in Abbildung 87: Sie zeigt als Alternative 1 auch eine Art Bilanz, wie sie implizit von den Börsenteilnehmern aufgestellt wird. „Einsehen" kann man diese Bilanz nirgendwo, nur die Bewertung des Eigenkapitals: Sie ist identisch mit dem Börsenwert des Unternehmens; also Kurs mal Anzahl der Aktien.[229]

Die Bewertung des Marktes – sie heißt auch *Marktwert des Eigenkapitals* – unterscheidet sich meist vehement von der bilanzrechtlichen – dem *Buchwert des Eigenkapitals* – und das sind die Varianten wie in Abbildung 88!

6. „Fundamentalanalyse"

„Handelsbilanz"		„Steuerbilanz"		„Bilanz nach US-amerikanischen GAAP"	
Aktiva	Passiva	Aktiva	Passiva	Aktiva	Passiva
Vermögen 90	Eigenkapital 18	Vermögen 87	Eigenkapital 12	Vermögen 94	Eigenkapital 24
	Schulden bei Banken 50 Rückstellungen 22		Schulden bei Banken 50 Rückstellungen 25		Schulden bei Banken 50 Rückstellungen 20
Bewertung nach deutschem HGB (öffentlich)		Bewertung nach deutschem Steuerrecht (nur für Steuerbehörden)		Bewertung nach US-amerikanischem GAAP	

Abbildung 88: Handelsbilanz, Steuerbilanz oder US-Gaap: Die Bewertungsvorschrift ist ausschlaggebend für das Ergebnis

In Abbildung 89 sehen Sie an einer realen Unternehmung (Daimler Chrysler), wie diese Bewertungen abweichen können. Das Verhältnis von Marktwert des Eigenkapitals zu Buchwert des Eigenkapitals ist übrigens identisch mit unserer MW/BW-Anomalievariablen!

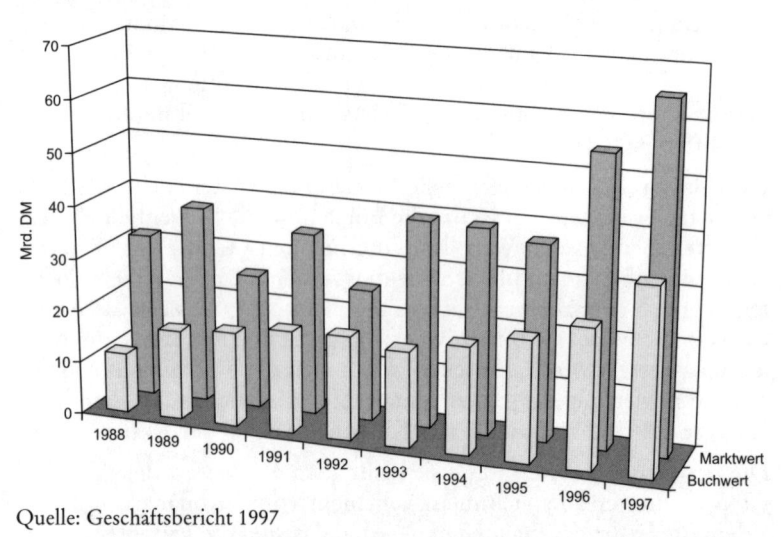

Quelle: Geschäftsbericht 1997

Abbildung 89: Marktwert und Buchwert des Eigenkapitals am Beispiel von DaimlerChrysler (1988–1997)

6.1 Der Wert eines Unternehmens

Woran liegt das? Die Bilanzierung muß sich nach dem HGB (Handelsgesetzbuch) richten (in Deutschland), nach dem US-GAAP (in erster Linie für US-amerikanische Unternehmen; neuerdings können auch deutsche Unternehmen einen Abschluß nach US-GAAP erstellen, der dann von einem HGB-Abschluß entbindet) oder einer anderen nationalen Vorschrift. Die Bewertung durch den Markt ist an *keine Vorschriften nationaler oder anderer Art* gebunden.

Der deutliche Unterschied von Marktwert und Buchwert des Eigenkapitals ist übrigens dafür verantwortlich, daß der Bilanzierung (deren Ergebnis letztlich der Buchwert des Eigenkapitals bzw. seine Veränderung ist) von Börsianern oft nicht besonders viel Glauben geschenkt wird.

Jetzt muß man nur noch wissen, daß der Aktienkurs nichts anderes ist als:

$$\text{Aktienkurs} = \frac{\text{Marktwert des Eigenkapitals}}{\text{Anzahl der Aktien}}$$

oder alternativ:

$$\text{Unternehmenswert} = \text{Anzahl der Aktien} * \text{Aktienkurs}$$

In aller Regel ist der Buchwert deutlich kleiner als der Marktwert. Wenn das nicht der Fall sein sollte, kann das – wie oben gezeigt – als günstige Kaufgelegenheit interpretiert werden: MW/BW < 1!

Beispiel:

Der folgende Abschnitt stammt aus dem WWW und zeigt die Interpretation einer Unternehmenssituation. Der (unbekannte) Verfasser interpretiert, daß der Börsenkurs unter dem Buchwert liegt und daß damit bei einer hypothetischen Auflösung der Firma der Verkaufserlös höher als der Buchwert des Eigenkapitals sein sollte. Der Markt müßte das bald erkennen, was zu einem Anstieg des Kurses *mindestens* auf das Buchwertniveau führen müßte.

Beispiel: die Firma VGT, die im Bereich Industriekeramik, Anlagenbau und Kunststoffverarbeitung tätig ist. Zum Zeitpunkt der Entnahme aus dem WWW (August 1998) betrug der Aktienkurs 472 DM.

„(...) Das gesamte Vermögen kommt (...) auf einen Wert von DM 803,00 je Aktie. Nun kann man die VGT AG ja nicht isoliert betrachten, sondern muß auch die Werte der Töchter einbeziehen. Legt man also die Konzernbilanz zugrunde, kommt man auf folgende Zahlen: (...) Das Gesamtvermögen des Konzerns beträgt sage und schreibe 2.570,00 je Aktie."

Der Autor dieser Zeilen stellt im Netz die Frage, was andere Anleger dazu meinen und ist selbst der Meinung, daß es sich um eine gute Kaufgelegenheit handelt.

Methode 2: Künftige Erträge bestimmen den Kurs

Wie bestimmt nun aber der „Markt" die „Marktwerte"? Außer der (etwas angestaubten) Beurteilung von Vermögen und Schulden zu Marktwerten gibt es noch eine zweite Methode zur Bestimmung des „Marktwertes des Eigenkapitals".

Die Idee ist, daß Personen, die Finanzanlagen tätigen, folgende Sichtweise haben:

Finanzanlagen sind Investitionen.
Daher wird der Preis der Anlage unmittelbar von den aus dieser Anlage kommenden Erträgen[230] bestimmt.

Daher heißt diese zweite Methode auch *Ertragswertverfahren*; siehe Abbildung 87, Alternative 2.

Nun gibt es eine intensive Diskussion darüber, was genau „künftige Erträge" sind, wie sie zu prognostizieren sind und wie genau Erträge, die in weiter Zukunft liegen, den heutigen Unternehmenswert und damit den Kaufpreis beeinflussen. Wann immer Sie von

- Gewinnvielfachen,
- Dividendendiskontierungsmodellen,
- Discounted Cash-flows (= abgezinste Cash-flows) oder
- abgezinsten (Free) Cash-flows

hören – immer ist eine Variante des Ertragswertverfahrens gemeint!

Eine Anwendungsmethode zeichnet sich vor allem durch ihre Einfachheit aus – das sogenannte *Gewinnvielfache*. Es hat sich nämlich seit langen herausgestellt, daß bei der Bestimmung des Kaufpreises für ein Unternehmen als *eine* Hilfsgröße ein bestimmtes Vielfaches des Gewinnes des Unternehmens herangezogen wird. Und dieses Gewinnvielfache führt direkt zum Kurs/Gewinn-Verhältnis (KGV) oder P/E-Ratio.

6.2 Exkurs: Das Kurs/Gewinn-Verhältnis (KGV) im Wandel der Zeit

Um das KGV richtig interpretieren zu können, ist es sinnvoll, sich den Wandel in den Köpfen der Investoren vor Augen zu halten.

Vom Anfang bis in die zwanziger Jahre: Die Konservativen

Bis in die Mitte der zwanziger Jahre glaubten alle, und zwar auch und besonders die professionellen Börsenteilnehmer, daß nur die *nachweislich erzielten früheren und aktuellen* Gewinne (quasi „echte" Gewinne") den Unternehmenswert ausmachen. Alles andere, insbeson-

Periode	KGV (Durchschnitt)	Dividenden-rendite (%)	Jährliche Wachstumsrate (%)	
			Gewinne	Dividenden
1901–1910	13,1	4,2	+ 6,91	+ 5,33
1911–1920	10,0	5,8	+ 3,85	+3,94
1921–1930	13,3	5,1	+ 2,84	+ 2,29
1931–1940	17,0	5,1	– 2,15	– 0,23
1941–1950	9,5	6,3	+ 10,60	+ 3,25
1951–1960	13,1	4,2	+ 6,74	+5,90
1961–1970	17,1	3,2	+ 5,80	+ 5,40

Quelle: *Graham, B.*, 1975, Analyse und Strategie langfristiger Aktienanlage, S. 30. Das KGV ist berechnet als Kurs dividiert durch die Gewinne der vergangenen 12 Monate; also eher in Richtung „groß" verzerrt. Dividendenrendite auf Basis Dividende durch Kurs.

Tabelle 37: *Historische KGV, Dividendenrenditen und Wachstumsraten (USA, 1901–1970)*

dere *künftige* Gewinne, sei schließlich rein spekulativ und keine seriöse Basis – und das passte nicht zu dem Personenkreis, der damals an der Wall Street tätig war. Dies waren häufig Leute mit einer traditionellen Bankausbildung. Wahrscheinlich mussten diesen Personen hohe KGV's zwangsläufig dubios vorkommen. Das Denkmuster hielt sich bis in die zwanziger Jahre, die Aktien verkauften sich mit einem KGV von im Schnitt 10 bis 13 (vgl. Tabelle 37). Extrem hohe KGV waren zwar selten, aber es gab sie: siehe Tabelle 38.

Von 1925 bis 1935: Die Zukunftsdenker

E.L. Smith räumte mit seinem Bestseller aus dem Jahr 1925 mit diesem Gedanken auf. Er repräsentiert eine der seltenen Entwicklungen auf den Finanzmärkten, wo jemand erst als skurriler Querdenker verlacht und schließlich als Bestsellerautor hoch gefeiert wurde. Seine These:

Die *erwarteten, künftigen* Gewinne seien es, die den Wert einer Aktie bestimmen. Die Ansicht setzte sich durch – und glich einer Revolution. Die folgenden Zeilen stammen aus einer Börsenzeitung – was meinen Sie aus welchem Jahr?

„(…) Ich habe meine Erziehung an der Wall Street zwanzig Jahre zu früh bekommen. Die Jungen machen sich nichts aus den Renditen der Vergangenheit. Sie denken nicht mehr an die vielen panikartigen Zustände und die Stressphasen wie wir Alten. Sie schauen in die Zukunft. Wir schauen in die Vergangenheit. Sie haben jede Menge Phantasie. Unsere Vorstellung ist durch die Ereignisse der Vergangenheit geprägt. Wir haben einen Fehler gemacht und müssen es zugestehen (...)."

Die Zeilen stammen von einem Kommentator aus dem Wall Street Journal vom März 1929![231] Erst jetzt verstand man besser, warum das KGV bzw. die P/E-Ratio eine ganz wichtige Beurteilungsgröße für Aktien darstellt – und warum es sich von Aktie zu Aktie stark unterscheiden konnte, *ohne* daß eine zu billig oder zu teuer war:

Es waren schlichtweg die unterschiedlichen Wachstumsaussichten der Gewinne, die sich da widerspiegelten. Noch einmal ein Zitat:

„It's not so much what a company is earning now as what average earnings will be in years to come."[232]

Die neue Investmentphilosophie hörte – passend zur neuen Zeit – auf den Namen *„New Era Theory"*. Allerdings war diesem Denkmuster anfangs kein langes Leben beschert: Oktober 1929 kollabierte die Wall Street und läutete den Beginn der Großen Depression ein – eine ökonomische Krise von bis dahin unbekanntem Ausmaß.

Wahrscheinlich war es kein Wunder, daß die Frustration und Unsicherheit in der Krise wieder zur althergebrachten Sicht ökonomischen Erfolges führte; die „Konservativen" kamen zurück.

1935–1950: Die Rückkehr der Konservativen

1934 erscheint von *Graham* und *Dott* ein Buch, das sich zu einer neuen Investmentbibel entwickelte. Die Autoren schreiben:

Eine Aktienbewertung, die sich am künftigen Trend der Gewinne orientiert, ist willkürlich und spekulativ und führt daher unvermeidbar zu Übertreibungen und später zum Kollaps.[233]

Diese Meinung zieht sich so oder ähnlich durch die Neuauflagen des Buches bis in die fünfziger Jahre – und war gleichzeitig Spiegelbild der Meinung der meisten Analysten. Achten Sie auf die niedrigen KGV in den vierziger Jahren in der Tabelle 37!

Auch wenn heute praktisch kein Analyst mehr diese Auffassung teilt – der als Börsenguru beinahe verehrte Multimilliardär *Warren Buffet* empfiehlt heute immer noch allen Börseneinsteigern einen Ableger dieses Buches, nämlich den „Intelligent Investor" von *Benjamin Graham*.[234]

Vom Big Bull Market der 50er bis heute: Wieder Zukunftsdenker

Wieder war es eine Phase starken ökonomischen Aufschwungs, die zu einer Meinungsänderung der Analysten führte: Je stärker der Aufschwung am Aktienmarkt, desto mehr begann sich eine angeblich

	20er Jahre			60er Jahre			
Jahr	Kurs R.C.A. (High)	Gewinn pro Aktie	KGV	Jahr	Kurs Syntex (High)	Gewinn pro Aktie	KGV
1925	77 7/8	1,32	59,0	1962	11	0,14	78,6
1926	66 5/8	2,85	23,4	1963	67 1/2	0,47	143,6
1927	101	6,15	16,4	1964	95 1/4	0,91	104,7
1928	420	15,98	26,3	1965	109	1,18	92,4

Quelle: *Sobel, R.*, 1968, S. 121 und eigene Berechnungen

Tabelle 38: Hohe P/E-Verhältnisse auch in alten Zeiten: Beispiele aus den 20-ern und 60-ern

neue Sicht der Dinge durchzusetzen: Aktienkurse sind das Spiegelbild *künftiger* Wachstumsaussichten! In Wahrheit war das nichts anderes als die Renaissance der vergessenen „New Era Theory" der zwanziger Jahre.

In den sechziger Jahren war dann die Weltwirtschaftskrise vergessen. Hohe P/E-Verhältnisse waren kein Problem mehr – ja sie wurden sogar mit historisch hohen P/E-Verhältnissen begründet. Vergleichen Sie auch dazu die KGV in der Tabelle 37.

Zur Illustration ein Vergleich zwischen R.C.A. (Radio Corporation of America), einem Börsenliebling der zwanziger Jahre mit Syntex, einer ähnlichen Gesellschaft, die in den sechziger Jahren zum Liebling avancierte.

Was ist jetzt und was ist wahr?

Eine ökonomische Ausbildung, wie man sie heute an Universitäten und Business Schools erhält, als auch der „gesunde Menschenverstand" (der zugegebenermaßen auch ein Spiegelbild der Zeit ist, in der man lebt) sagen einem, daß die Zukunftsdenker (eigentlich) Recht haben müßten.

Mein psychologischer Background suggeriert mir jedoch, daß es nicht nur wichtig ist, was *rational wahr* ist, sondern auch, was als *wahr empfunden* wird.

Scheinbar sind Krisen dazu geeignet, Veränderungen von Sichtweisen herbeizuführen. Insofern würde es mich nicht wundern, wenn wir (irgendwann) wieder einmal eine konservativere Phase durchleben würden.[235] Daß sie aber in noch fernerer Zukunft auch wieder von einer „zukunftsdenkerischen" abgelöst werden wird, halte ich für ebenso sicher. Momentan jedenfalls stellen die Zukunftsdenker den weitaus größten Teil der Analysten.

Einer der prominentesten Vertreter derjenigen, die hohe P/E-Verhältnisse an der Wall Street für gerechtfertigt halten, ist *Jeremy J. Siegel*, Professor an der renommierten Wharton Business School und Autor des 1994 erschienenen höchst einflußreichen Buches „Stocks for the Long Run".[236] Seine Leitfrage lautet:

„Wenn wir heute davon sprechen, daß die aktuellen Bewertungen (an der Wall Street, Erg. d. Autors) aus historischer Sicht Überbewertungen darstellen, müssen wir uns fragen, ob die heutige Situation eine ist, die wir in der Geschichte schon einmal hatten!"[237]

Dazu stellt er das durchschnittliche Gewinnwachstum sowohl der 20 absolut größten US-amerikanischen Aktien als auch das der 500 im S&P 500 vertretenen Aktien von 1998 und 1964 gegenüber. Das Ergebnis sehen Sie in Tabelle 39.

	1964				1998		
	Wachstum der Gewinne pro Aktie	durchschn. P/E-Verhältnis	Marktwertanteil der Top 20 am S&P 500		Wachstum der Gewinne pro Aktie	durchschn. P/E-Verhältnis	Marktwertanteil der Top 20 am S&P 500
Top 20	8 %	20,6	48,4 %	Top 20	15,2 %	30,4	29,35 %
S&P 500	10,5 %	21,0	100 %	S&P 500	14,8 %	23,5	100 %

Daten: *Siegel J.*, 1994

Tabelle 39: 5-Jahres Wachstum und P/E-Verhältnis der 20 größten amerikanischen Aktien sowie der S&P 500 Gesamtheit: 1964 vs. 1998

1964 war das durchschnittliche P/E-Verhältnis im S&P 500 21; 1998 ist es mit 23,5 vergleichbar hoch (man achte auf die Werte, die *Graham* für die sechziger Jahre nennt; sie sind deutlich geringer, vor allem was das Gewinnwachstum anbetrifft: Vgl. Tabelle 37). Und das, obwohl das Gewinnwachstum 1998 um über 40 % höher liegt! Noch extremer wird es, wenn man nur die Top 20 Werte betrachtet: 1998 ist das Wachstum fast doppelt so hoch wie 1964 – aber das P/E-Verhältnis nur um 50 % höher.

Interessant ist auch, daß die Top-Companies 1964 eine viel größere Rolle gespielt haben als 1998 – damals repräsentierten sie fast 50 % des S&P 500 und damit rd. 45 % des US-Gesamtmarktes; 1998 sind es nur noch rd. 30 % des S&P 500 oder nicht einmal mehr 20 % des Gesamtmarktes. Das bedeutet, daß einzelne Unternehmen keinen so großen Einfluß mehr haben als noch vor über 30 Jahren. Dies *könn-*

6.2 Exkurs: Das Kurs/Gewinn-Verhältnis

te die Gesamtwirtschaft weniger anfällig bei Problemen einzelner Unternehmen machen.

Alan Greenspan, der Chef der amerikanischen Zentralbank FED und bestimmt kein Freund extrem hoher P/E-Ratios, ist skeptisch, aber nicht völlig ablehnend gegenüber der Argumentation von *Siegel:*

„I always have great scepticism about new eras and changing structures of the way the world functions. But ... I'm not wholly alien to this particular point of view."[238]

Übrigens: Auch 1987 fand ein Crash an den Weltbörsen statt. Lesen Sie kurz den folgenden Abschnitt, der eine (Teil-)Begründung dafür liefern soll:

„Jedoch darf man bei der Analyse des Krachs vom 19. Oktober 1987 ein Phänomen nicht vergessen, welches allein schon eine Korrektur herbeiruft: Die Überbewertung der Aktienkurse. Anfang 1987 ist der Dow Jones-Index schon um 144% gestiegen gegenüber seinem tiefsten Punkt von 1982 (Index 776) und hat bis August 1987 unaufhörlich zugenommen (Index 2722).

Dies ergab ein Verhältnis zwischen Reingewinn und Aktienpreis in New York, das 23 betrug, verglichen mit einem Mittelwert von seit dem zweiten Weltkrieg von 14."[239]

KGV sind länderspezifisch

Betrachtet man z.b. das KGV japanischer Aktien, fällt auf, daß sie im Durchschnitt ein deutlich höheres KGV aufweisen als europäische oder angelsächsische Aktien. Aber auch zwischen den Börsen der westlichen Welt bestehen deutliche Unterschiede, siehe Tabelle 40.

Kurs-Gewinn-Verhältnis									
USA	GB	Japan	BRD	Frankreich	Schweiz	Niederlande	Italien	Kanada	Schweden
28	24	55	32	30	13	33	53	15	48

Quelle: *Morgan Stanley Capital International,* Business Week, 1998, 13. Juli, S. 47. Die genaue Berechnung der KGV ist der Quelle nicht zu entnehmen.

Tabelle 40: Internationale Kurs-Gewinn-Verhältnisse (Juli 1998)

Was kann Tabelle 40 erklären? Eine erste Ursache liegt darin, daß die Jahresabschlußvorschriften (Bewertungsvorschriften etc.) nicht vergleichbar sind. Damit ergeben sich allein durch die unterschiedliche Art der Bilanzierung andere Gewinne, was wiederum zu systematisch unterschiedlichen KGV führt.

Ein weiterer Grund kann in der besonderen Zinssituation z.b. auf dem japanischen Markt liegen: Dort sind die Renditen für festverzinsliche Anlagen extrem niedrig, was Aktien immer noch eine *vergleichsweise* interessante Investitionsalternative sein läßt.[240, 241]

Eine dritte Ursache kann darin liegen, daß unterschiedliches Gewinnwachstum in den verschiedenen Ländern unterstellt wird.

Oder einfach auch, daß manche Länder mehr im Anlegerinteresse liegen als andere.

KGV sind abhängig von der (Wachstums-)Phase, in der sich Unternehmen befinden und damit oft auch von der Branche

Schnellwachsende Branchen haben hohe KGV

Da sich das Wachstum jüngerer Branchen (wie der Telekommunikation, Softwareentwicklung, Internet) in der Regel höher ist als das reifer Branchen (wie Bergbau, Stahl), weisen die Unternehmen der jüngeren Branchen in der Regel ein höheres KGV als die der alten auf.

Die nächste Darstellung zeigt ganz deutlich, daß zwischen Wachstumsaussichten und Unternehmenswert tatsächlich ein starker Zusammenhang besteht:

Abgetragen sind die tatsächlich realisierten Kauf- und Verkaufpreise von (nicht notwendigerweise börsengehandelten) Gesellschaften – gemessen in Vielfachen (*Multiplier*) ihres letzten Jahresgewinnes. Beispiel: Für ein pharmazeutisches Unternehmen wurde als Kaufpreis das 8–15-fache des letzten Gewinnes bezahlt.

Versicherungen, Energieversorgern und Softwarehäusern wird somit ein starkes Gewinnwachstum (P/E-Ratio hoch) unterstellt, während für die Möbel-, Bau-, Bekleidungs- und Nahrungsmittelunternehmen

Branche	Gewinnvielfaches (P/E-Multiplier)
Versicherungen	10–20
Energieversorger	10–15
Pharmazie	8–15
Softwarehäuser	3–12
Möbel	4–7
Bau	3–6
Bekleidung	4–7
Nahrungsmittel	4–8

Quelle: Wirtschaftswoche, Nr. 50, vom 4.12.1997, S. 174.

Tabelle 41: Zu welchen Gewinnvielfachen Unternehmen verkauft werden

6.2 Exkurs: Das Kurs/Gewinn-Verhältnis

die niedrigen P/E-Verhältnisse auf ein geringes (erwartetes) Gewinnwachstum hindeuten.

Aber aufgepaßt: Nicht wenige der ehemals in alten Branchen tätigen Firmen erneuern sich, indem sie in neue Branchen einsteigen oder Firmen aus solchen Branchen aufkaufen.

> **Tip:**
> Achten Sie beim Vergleich von KGV aus verschiedenen Branchen darauf in welchen Bereichen scheinbar „alte" Unternehmen wie Thyssen, Preussag, RWE oder Mannesmann ihr Geschäft machen; d.h. wie sie ihre Unternehmensportfolios „umstricken". Hierbei hilft der Geschäftsbericht, in dem oftmals Spartenergebnisse genannt werden, zumindest aber die einzelnen Unternehmensbereiche beschrieben sind.

KGV's sind abhängig vom Marktsegment

Im Neuen Markt, einem 1997 neu gegründeten deutschen Börsensegment das vor allem sehr jungen Unternehmen offensteht, können im Frühjahr 1999 sehr hohe KGV beobachtet werden – *manchmal mehr als doppelt so hoch wie in „traditionsreicheren" Marktsegmenten* wie dem Amtlichen Handel. Im großen und ganzen werden zwei Ansichten vertreten:

Die erste Gruppe meint, daß man sich am Neuen Markt auf völlig neue, auch mittel- und langfristig sehr hohe Kurs/Gewinnverhältnisse einzustellen habe. Sie wären quasi dann für dieses Marktsegment „normal". Eine logische Erklärung fehlt meistens. Das einzig plausible Argument für diese Behauptung wären sehr hohe erwartete Gewinnwachstumsraten. Die wären damit zu erklären, daß es sich bei vielen Unternehmen in diesem Marktsegment um junge Firmen aus schnell wachsenden Branchen handelt.

Die zweite Gruppe hält die KGV am Neuen Markt für völlig überzogen. Sie weisen auf Unternehmen hin, die nachweislich schon länger ein echtes, sehr starkes Gewinnwachstum vorgelegt haben und die in anderen Marktsegmenten gehandelt werden. Ein Beispiel wäre in Deutschland SAP, im nördlichen Ausland Nokia und Ericsson. Auch diese Aktien weisen zwar mit oft über 50 ein hohes KGV auf, sind aber im Vergleich zu Aktien auf dem Neuen Markt regelrecht günstig bewertet. Das Argument dieser Meinungsvertreter ist, daß eine Mark Gewinn auf dem Neuen Markt prinzipiell nichts anderes darstellen würde als eine Mark Gewinn bei Aktien aus größeren Marktsegementen. Also müßte sich auch das KGV der Neuen-Markt-Aktien an den (vergleichsweise konservativen) KGV's z.B. der DAX–100-Gesellschaften orientieren – sprich: deutlich sinken.

6. „Fundamentalanalyse"

Genau hinschauen, warum KGV's extrem sind!

Nicht nur schnell wachsende Unternehmen, sondern auch solche mit nur kurzfristigen Gewinneinbrüchen haben hohe KGV's:

Tasai Corp. ist ein Bauunternehmen aus Japan. 1996 und 1997 war der Gewinn negativ, für 1998 wurde ein kleiner positiver Gewinn erwartet. Da der Kurs bereits wieder angezogen hat, errechnet sich im April 1998 ein sehr hohes KGV von 156,2. Für die Zukunft würde man nicht erwarten, daß das KGV auf diesem Niveau bleibt. Der Kurs könnte zwar weiterhin zulegen, wenn sich die positive Geschäftsentwicklung fortsetzt. Aber das Gewinnwachstum wird deutlich stärker als das Kurswachstum sein, was letztlich zu einem erheblich niedrigeren KGV führen wird. Nur wenn der Gewinn in der Richtung „schwarze Null" verharrt, kann das hohe KGV Bestand haben.

Die Meinung eines Nobelpreisträgers: Modigliani

Ende April 1998 wagt der Wirtschaftsnobelpreisträger *Modigliani* eine interessante Aussage: Er behauptet, daß an der amerikanischen Börse die Aktien allgemein zu hoch bewertet sind. Die Bewertung läge bei den wichtigen Werten in der Größenordnung von 30. Als „normal" bezeichnet Modigliani jedoch eine KGV für diese Aktien von 20–22 – also etwa das Crash-Niveau von 1987. Modigliani warnt aber gleichzeitig davor, daß der notwendige Anpassungsprozeß nicht passieren wird, indem man sich langsam, sozusagen von oben, diesem neuen Gleichgewicht anpaßt. Vielmehr sei damit zu rechnen, daß es auch nach „unten" zunächst einmal zu einer Übertreibung kommt.[242]

Zusammenfassung

Was Sie bisher mitgenommen haben sollten:

1. P/E-Verhältnisse sind eine komplexe Sache und hängen von vielen Dingen ab; letztlich beeinflussen diese aber das künftige *Wachstum der Erträge* (oder zumindest die *Wahrnehmung* des geschätzten Wachstums).
2. Damit kann man aber *eigentlich* nicht sagen, daß ein P/E-Verhältnis gut oder schlecht ist im Sinne von „Weist auf eine gute bzw. schlechte Investitionsalternative hin": Wenn die Leute vernünftig handeln, ist es einfach nur eine Schätzung künftig hoher (=> hohes P/E-Verhältnis) bzw. niedriger (=> niedriges P/E-Verhältnis) Wachstumsraten. Und die spiegelt sich eben in den Kursen wider.
3. Die Beobachtung von *Nicholson* u.a., daß Aktien mit *niedrigen* P/E-Verhältnissen besonders *hohe* Renditen erzielen („P/E-Effekt") ist wahrscheinlich auf eine Überbetonung historischer (schlechter) Ertragsverläufe zurückzuführen.
4. Überbetonungen sind ebenso bei hohen P/E-Verhältnissen immer

6.3 Kriterien für die sichere Aktienanlage

eine latente Gefahr – auch oder gerade wenn die Aktie momentan „in" ist. Daher sind bei vergleichsweise hohen P/E-Verhältnissen in besonderem Maß kritische Erkundigungen und damit fundamentale Untersuchungen nötig!
Daher nun zu weiteren fundamentalen Kriterien, die gecheckt werden sollten, bevor Sie sich zu einem Aktieninvestment entschließen.

6.3 Zusammenfassung: Kriterien für die sichere Aktienanlage

Eine Investition in eine Aktie sollte immer von einer Analyse der fundamentalen Situation der Gesellschaft begleitet sein. Noch einmal die dringende Warnung davor, eine Aktie allein aufgrund einer Anomalievariablen zu kaufen!

Und noch eine Warnung: Hier erhalten Sie einen *Überblick*, den ich gerne als „*Eine kurze Fundamentalanalyse für den interessierten Laien*" bezeichnen würde. Research-Abteilungen können wesentlich mehr tun – insbesondere künftige *Free Cash-flows* prognostizieren. Dieser Aspekt ist sehr komplex und wird daher hier nicht berücksichtigt.

Fundamentale Checkpunkte vor einem Invest

Frauenfelder – ein Portfeuillemanager der Zürcher Bank *Julius Bär*, der zu „Qualitätsaktien" rät – empfiehlt die folgenden kritischen Fragestellungen:

1. Verbessert sich das Verhältnis Eigenkapital zur Bilanzsumme oder bleibt es zumindest konstant?[243]
2. Hält sich das Unternehmen von Märkten mit geringer Gewinnmarge fern?
3. Ist das Unternehmen Marktführer oder zeichnet es sich wenigstens durch eine starke Marktstellung aus?
4. Besteht Kontinuität bei den Gewinnen oder kommt es zu Ausreißern?
5. Wie resistent ist das Unternehmen gegenüber Rezessionen?
6. Amtiert ein Management, das bereits Erfolge nachweisen kann?
7. Bleibt der Anteil der Ausgaben für Forschung und Entwicklung am Gesamtbudget konstant? Oder werden diese Aufwendungen in falscher Auslegung des Shareholder-Value-Gedankens zugunsten kurzfristiger Gewinn- und damit Kurssteigerungen auf Kosten der Zukunftssicherung gekürzt?
8. Werden riskante Neuausrichtungen getätigt?[244]

Es muß keinesfalls sein, daß ausnahmslos alle Fragen für den Anleger „positiv" beantwortet werden. Es geht vielmehr darum, zentrale Risiken zu kennen und zu überwachen. Und das ist eine Aufgabe für jeden Investor!

Die Sicht von Benjamin Graham aus dem Buch „Analyse und Strategie langfristiger Aktienanlage"

Graham, einer der „Altväter" der Aktienanalyse, unterteilt seine Tips (die hier in Auszügen widergegeben sind) in solche für *alle* Anleger, für eher *defensive* und für eher *risikofreudige* Anleger. Wundern Sie sich nicht, wenn Ihnen manche seiner Tips bekannt vorkommen! Zusätzlich weist er auf die *Wichtigkeit der Marktsituation* hin.

Hinweise für alle Anleger

Eine Warnung geht an alle Anleger (heute wären wahrscheinlich viele Internet-Aktien-Anleger davon betroffen):
- Immer Werte kaufen, nicht Zukunftshoffnungen! Daher besondere Achtung vor Neuemissionen – besonders in einer (späten) Hausseperiode: Die Qualität der Papiere verschlechtert sich, die Emissionskurse dagegen steigen stark.
- Die Börse vollzieht spekulative Kursbewegungen, d.h. Übertreibungen nach oben und nach unten. Das gilt manchmal für den gesamten Markt, immer aber für einzelne Wertpapiere.
- Mischung festverzinsliche und Aktien: zwischen 50:50 bis max. 75:25 für Aktien
- Kaufe keine – besonders nicht in einer Hausse – qualitativ schlechten Aktien
- Vergleichende Analysen schaden nie. Behalten Sie im Auge:
  1. Buchrentabilitäten (Eigenkapital, Gesamtkapital und Umsatzrentabilitäten)
  2. Stabilität der Gewinne innerhalb der letzten 10 Jahre
  3. Wachstumsraten im Vergleich zu einem Index
  4. Finanzstatus (Die „Current ratio", das Verhältnis von Umlaufvermögen zu den kurzfristigen Verbindlichkeiten, sollte größer als 2 sein)
  5. Dividendenrendite und Kontinuität
- Alarmzeichen sind:
  6. Geringe Zinsdeckung (=Nettogewinn vor Steuern/Zinslast < 5)
  7. Einstellung von Steuerzahlungen
  8. Schlechte Betriebsergebnisse
  9. „Seltsame" Bilanzvorgänge
  10. Extrem *hohe* MW/BW-Relationen
  11. Hohe P/E- und MW/BW-Relationen bei gleichzeitig mehrjähriger Gewinnminderung
  12. Dubiose Neuemissionen gegen Ende einer Hausse

6.3 Kriterien für die sichere Aktienanlage

Tips für defensive Anleger

Defensive Anleger werden wahrscheinlich nicht überdurchschnittliche Ergebnisse erzielen. Sie müssen sich auf Gesellschaften mit *langfristig bewiesener Ertragskraft* konzentrieren. Und damit z.b. nicht auf Neuemissionen.

- Lassen Sie sich nicht anstecken von der Masse! Vor allem: Ändern Sie ihre konservative Einstellung nicht urplötzlich während einer Hausse (man weiß nie, wann sie zu Ende geht)!
- Regeln für den konservativen Anleger:
  1. Mindestens 10, höchstens 30 Positionen
  2. Nur bedeutende Gesellschaften
  3. Gewinnstabilität: Kein Verlust in den vergangenen 10 Jahren!
  4. Konservativ finanziert (die „Current Ratio" sollte größer als 2 sein; außerdem sollten die langfristigen Verbindlichkeiten nicht größer sein als das Nettoumlaufvermögen)
  5. Gewinnverbesserung pro Aktie in den vergangenen 10 Jahren um mindestens 30%
  6. Seit 20 Jahren sollten die Dividendenzahlungen nicht unterbrochen worden sein
  7. P/E nicht größer als des 25-fache der Gewinne der vergangenen 7 Jahre, nicht mehr als das 15-fache des Durchschnitts der vergangenen 3 Jahre und nicht mehr als das 20-fache des Gewinns des vergangenen Jahres
  8. Kurs nicht mehr als 50% über Buchwert (d.h. MW/BW nicht über 1,5)
  9. Wenn P/E oder MW/BW zu hoch ist, sollte zumindest gelten: P/E * (MW/BW) kleiner als 22,5
- Allgemein sollte das durchschnittliche P/E-Verhältnis zu dem man kauft nicht größer sein als der reziproke Wert der Anleihenrendite (z.B. Anleihenrendite = 7,5% => KGV nicht größer als 13,3)

Tips für risikofreudigere Anleger

- „Buy low P/E" – aber nur von großen Aktien (Dow-Jones-Titeln): Zwischen 1936 und 1969 – also in 34 Jahre, war das Low-P/E-Depot nur in 3 Jahren schlechter, in 6 Jahren gleich und in 25 Jahren eindeutig besser. Wertentwicklung von 10.000 $: Investiert in den Dow Jones Endvermögen 44.000 $, mit Low-Strategie 66.900 $.
- Kaufe Aktien mit MW/BW < 2/3! Achtung: Das allein ist kein Anlagekriterium! Es müssen auch die Bilanz, die Stabilität der Gewinne und das KGV stimmen. Nur am Ende von Haussephasen gibt es keine solchen Aktien (z.B. fielen Ende 1970 fast die Hälfte der Dow Jones-Werte darunter).
- Bewertung von Wachstumsaktien:

Kurs = Laufende normale Gewinne * (8,5 + (2*erwartete jährliche Gewinnwachstumsrate für 7–10 Jahre))
- Schließe keine Gesellschaft aus, weil sie vor ein paar Jahren mal einen Verlust hatte
- Kaufe zyklische Aktien (vgl. Tabelle 42) im „Tal".
- Kaufe auch zweitrangige Gesellschaften
- Weitere Regeln:
  10. Umlaufvermögen > 1,5 kurzfr. Verbindlichkeiten
  11. Verbindlichkeiten < 1,1 * Nettoumlaufvermögen
  12. Kein Defizit in den vergangenen 5 Jahren
  13. Kurs < 120 % des Buchwertes
  14. Prominente Unternehmen mit niedrigem KGV
  15. Unternehmen mit hoher Dividendenrendite
  16. Lange Zeit ohne Unterbrechung der Dividendenzahlung (das müssen aber keine 20 Jahre sein!)
  17. Marktwert des Eigenkapitals („Size") eher klein
  18. niedriger optischer Kurs
  19. niedriger Kurs im Verhältnis zum jemals erreichten Höchstkurs

6.4 Exkurs: Zyklische und nicht-zyklische Aktien: Wann welche halten?

Zur Empfehlung von *Graham,* zyklische Aktien (d.h. solche, die stark von der Konjunktur abhängig sind und „gut" laufen, wenn die Wirtschaftslage gut ist bzw. schlecht, wenn sie schlecht ist) im „Tal" zu kaufen, hier noch ein paar Ergänzungen.

Früher hielt man es für möglich mit „Branchenrotation" besonders hohe Renditen zu erwirtschaften. Die Idee war, daß im Verlaufe eines Konjunkturzyklus unterschiedliche Branchen quasi der Reihe nach besonders profitieren und sich damit ihre Kurse entsprechend der Konjunkturphase entwickeln würden. Den Anfang würden Automobilwerte machen, die dann, wenn die Wirtschaft angesprungen ist, von den vor einem Gewinnschub stehenden Chemieunternehmen abgelöst werden würden; und schließlich würden in der reifen Phase des Zyklus Nachzüglerbranchen wie Bau- und Stahl besonders profitieren. Im Abschwung, bei sinkenden Zinsen, würde die Finanzbranche, also Banken und Versicherungen, interessant werden.

Zumindest in Deutschland kann so ein „Abwechseln" *nicht* empirisch bestätigt werden – es scheint nur eine „Geschichte" zu sein, die gerne erzählt wird.[245]

Andererseits gelingt es *Berlejung* von der SMH & Co., zumindest zwischen konjunkturabhängigen Unternehmen (solchen, die oft Ge-

6.4 Exkurs: Zyklische und nicht-zyklische Aktien

winn- und Verlustzone wechseln) und Unternehmen mit stabilen Erträgen zu unterscheiden. Und interessanterweise rentierten die Nicht-Zykliker zumindest in Deutschland zwischen 1980 und 1996 besser – wenn man eine Haltestrategie verfolgt hat![246]

Jetzt erkennt man auch, warum *Graham* den Tip zyklische Aktien im Tal zu kaufen für den risikofreudigen Investor gibt. Wer die Konjunkturphasen einigermaßen vorhersehen kann, mag mit so einer Kauf- und Verkaufsstrategie Erfolg haben. Wer nicht – und das dürften die meisten sein – und wer außerdem eher eine stetige Depotentwicklung anstrebt, ist vielleicht mit weniger zyklischen Werten besser bedient. Vgl. dazu die Tabelle 42.

Zykliker	Nicht-Zykliker
• Automobil • Chemie • Eisen und Stahl • Elektro und EDV	• Versorger • Bauwirtschaft • Waren- und Handelshäuser
Es gibt Hinweise darauf, daß die nicht-zyklischen Branchen in Deutschland zwischen 1980 und 1996 besser rentieren als die zyklischen Branchen.	

Quelle: *Sabine Berlejung*, 1996, SMH-Bank, zitiert aus der Wirtschaftswoche 15, 4.4.1996, S. 147.

Tabelle 42: Was sind zyklische, was nicht-zyklische Branchen?

Noch einmal zurück zu *Graham*: Neben unternehmensspezifischen Hinweisen empfiehlt *Graham*, auch das *wirtschaftliche Gesamtumfeld* im Auge zu behalten – denn:

Alle Crashs haben seiner Ansicht nach eines gemeinsam:
1. Ein historisches Hoch
2. Hohe KGV's
3. Niedrige Dividendenrenditen im Vergleich zu Rentenrenditen

Der auch von *Graham* so betonte gesamtwirtschaftliche Aspekt ist das Thema des nächsten Kapitels – denn Einzelaktien entziehen sich selten völlig einer Markttendenz!

7. Die Bewertung von Märkten – oder: Wann ist ein Markt ausgereizt, wann bietet er Chancen?

Anleger sollten sich nicht nur mit einzelnen Aktien, sondern mit ganzen Märkten beschäftigen: Das Argument lautet, daß es nur begrenzt sinnvoll ist, auf einem Markt mit insgesamt schlechten Perspektiven nach guten Aktien zu suchen. Denn auch die stehen in Gefahr, mit dem Gesamtmarkt nach unten gerissen zu werden.

Besonders wichtig ist diese Perspektive für die Anleger, die ihr Geld bisher fast ausschließlich auf dem eigenen, nationalen Markt investiert haben. In welchen Aktienmarkt also sollte man sein Geld investieren?

Zwei grundsätzlich verschiedene Sichtweisen beherrschen die Diskussion:

1. **Die Perspektive der Wissenschaft.** Stark vereinfacht ausgedrückt, orientiert man sich an zwei Vorstellungen:
   - Zunächst die **eher traditionelle Sicht:** Aktienkurse, auch die von Indizes und damit dem Gesamtmarkt, sind „random walks". D.h., daß ein neuer Indexstand ein *reines Zufallsprodukt* ist – oder besser: der Verlauf eines Kurses von einem Zufallsprodukt *nicht unterschieden* werden kann.
   Am plakativsten kann diese für den Investor frustrierende Feststellung mit zwei einfachen Bildern dokumentiert werden. Sie zeigen zwei Kurven: Die eine ist ein („echter") 5-Jahres-Chart des S&P 500, also eines breiten amerikanischen Index. Die zweite Kurve ist die graphische Wiedergabe eines simulierten „Random Walk"-Prozesses mit einem positiven Drift.[247] Vgl. Abbildung 90.
   Die simulierte Kurve ist weder für den Laien, noch für den Statistiker oder den Aktienprofi vom echten S&P 500 zu unterscheiden. Natürlich hat sie einen völlig anderen Verlauf – doch von außen ist nicht ersichtlich, welches ein echter Indexverlauf ist und welches ein simulierter Index ist.
   Wenn diese Unterscheidung aber nicht möglich ist, deutet das darauf hin, daß der Prozeß, mit dem man den Index simuliert hat, und der (wahrscheinlich äußerst komplexe) Prozeß, der zum echten Indexverlauf führt, letztlich im Ergebnis ähnlich sind – und damit (und das ist das Problem!) ähnlich gut bzw. schlecht prognostizierbar. Vgl. dazu Abbildung 90.

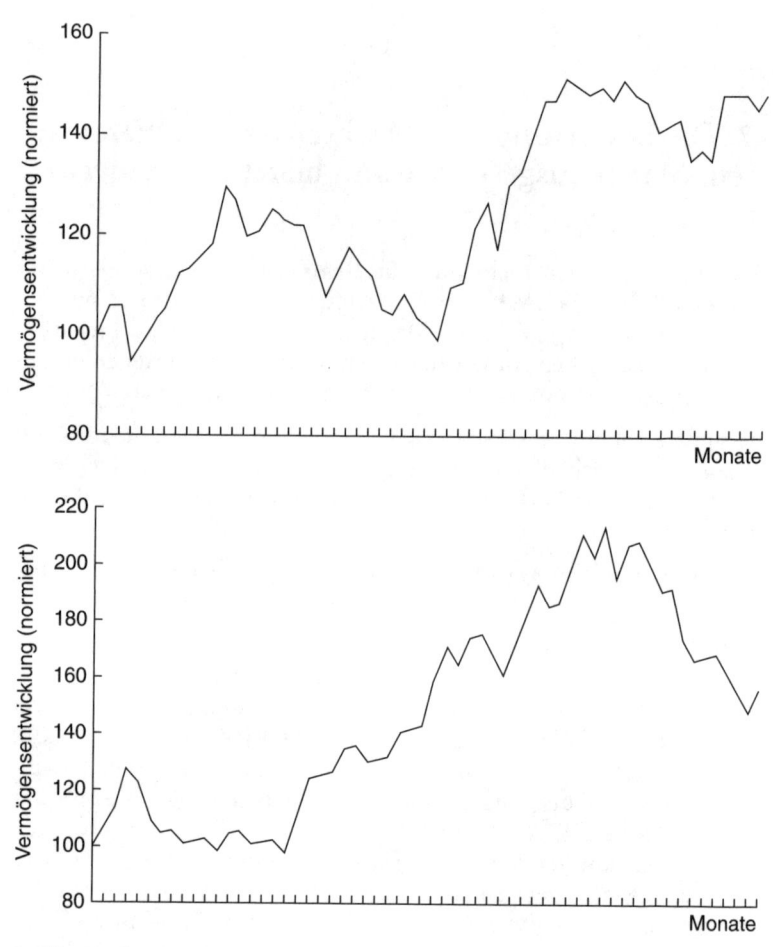

Quelle: *Brealey, R., Myers, S.*, 1988, S. 283

Abbildung 90: Welche Reihe ist der „echte" S&P500 und welche die simulierte Renditereihe?

In so einer Welt sind Gesamtmarktprognosen ein müßiges Geschäft: Sie sind – zumindest auf Basis des historischen Kursverlaufes! – unmöglich.
- **Jüngere Arbeiten** widersprechen dieser traditionellen Sichtweise. Sie bilden den Schwerpunkt dieses Kapitels. Die Arbeiten zeigen, daß auf individueller Aktienebene „funktionierende" Kennzahlen auch für den Gesamtmarkt funktionieren. Das sind – im wesentlichen – die drei Kennziffern „Durchschnittliches P/E-Verhältnis", „Durchschnittliche Dividendenrendite" und

„Durchschnittliches Marktwert/Buchwert-Verhältnis". Hier lassen sich die unten eingehend diskutierten Arbeiten von *Cole/Helwege/Laster* (1996) und *Campbell/Shiller* (1998) einordnen. Sie bekommen Schützenhilfe von Autoren, die zeigen, welche volkswirtschaftlichen (*Kane* (1996) und *Park* (1997)) und demographischen (*Erb* (1997)) Faktoren den Renditen am Markt (vielleicht) zugrundeliegen.

2. **Die Sicht der Praktiker.** Hier wird – vor allem in den USA – eine schier endlose Reihe von technischen Indikatoren gebildet, die etwas über die Marktsituation aussagen bzw. aussagen sollen. Zu den bekanntesten gehören z.B. die „Put/Call-Ratio" (Puts = Anzahl von Verkaufsoptionen = Indikator für die Meinung, daß es demnächst mit dem Markt nach unten geht, zu den Calls = Kaufoptionen = Indikator für die Meinung, daß es demnächst mit dem Markt nach oben geht), der Auftragseingang der Industrie (bzw. dessen Änderungsrate), die Veränderung der Zinssituation und vieles andere.

Auf den Zusammenhang dieser Ziffern mit dem Geschehen am Aktienmarkt wird hier *nicht* eingegangen, da *keine verläßlichen Studien* darüber vorliegen.

Schauen wir uns die Sache etwas genauer an und modifizieren die Ausgangsfrage ein bißchen: Statt „In welchen Aktienmarkt sollte man sein Geld investieren?" fragen wir „Gibt es Hinweise darauf, daß das Verhalten eines *Marktes* einigermaßen verläßlich prognostiziert werden kann?" Dazu wenden wir uns den neueren, optimistischeren Arbeiten zu.

7.1 Die Marktbewertung 1999 – Teil 1: Der US-Markt ist gemessen an bisher aussagekräftigen Bewertungskennzahlen überteuert

1996 veröffentlichen *Cole, Helwege* und *Laster* einen Artikel, der in eine neue Richtung deutet.[248] *Helwege* und *Laster* sind Mitarbeiter in der Forschungs- und Marktanalyseabteilung der Federal Reserve Bank von New York, also der amerikanischen Zentralbank. Sie gehen von der einfachen Hypothese aus, daß die Größen, die auf aktienindividueller Ebene eine Aussage über die künftige Performance erlauben, auch auf Ebene des Gesamtmarktes eine Prognose erlauben sollten.

In Ihrer Arbeit beschränken sie sich auf 3 Größen:
- Die Markt-Dividendenrendite (d.i. die durchschnittliche Dividendenrendite)

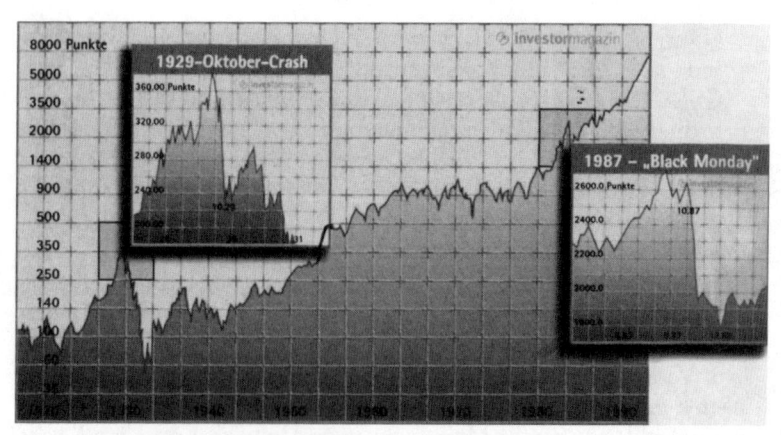

Quelle: *Direkt Investor* 10, 1998, S. 28

Abbildung 91: Der Dow Jones von 1910 bis 1998 und seine 2 größten Crashs

- Das Markt-P/E-Verhältnis
- Das Markt-Marktwert/Buchwert-Verhältnis

Wie verwenden wir bisher diese Informationen?

Die Marktdividendenrendite

Bisher vergleichen wir eine individuelle Dividendenrendite mit den Dividendenrenditen der anderen Aktien am Markt. Ist die einzelne Dividendenrendite vergleichsweise hoch, werten wir das als positives Indiz für die Zukunft, ist sie eher niedrig, als negatives.

Nun werden die Informationen wie folgt verarbeitet: Jetzt wird z.B. aus den Einzeldividendenrenditen die *durchschnittliche Dividendenrendite des Marktes* (z.B. von Deutschland oder den USA) berechnet. Diese wird dann verglichen mit der *historischen* durchschnittlichen Dividendenrendite eben dieses Marktes.[249] Siehe in Abbildung 92 die Situation in den USA als Beispiel.

Es liegen Ergebnisse vor, daß

- wenn die aktuelle Marktdividendenrendite *unter* ihrem langfristigen Durchschnitt liegt, im *Folgejahr* die Marktrendite eher unterdurchschnittlich ist
- wenn hingegen die Marktdividendenrendite *über* ihrem langfristigen Durchschnitt ist, im *Folgejahr* die Marktrendite eher überdurchschnittlich ist.

Siehe dazu Abbildung 94.

Diese Ergebnisse werden von *Cole/Helwege/Laster* für den Zeitraum von 1927 bis 1994 noch weiter konkretisiert:[250] Teilt man diese 68 Jahre nach ihrer realisierten Dividendenrendite in vier Gruppen (Quar-

7.1 Die Marktbewertung 1999 – Teil 1

tile) zu je 17 Jahren ein, zeigt sich, daß die Durchschnittsrendite nach den Jahren mit niedrigen Dividendenrenditen (Quartil 1) nur 6,4 % beträgt, während sie nach Jahren mit hoher Dividendenrendite (Quartil 4) bei 17,4 % liegt. Vergleiche Abbildung 93. Betrachtet man die Situation in der ersten Hälfte der 90 Jahre in den USA, fällt auf, daß die Dividendenrendite auf einem historischen Tief ist: 2,24 % z.B. im Jahr 1995. Will man die Aussichten für das kommende Jahr abschätzen, zeigt Abbildung 94, daß man mit einer überdurchschnittlichen Marktperformance nur dann rechnen sollte, wenn

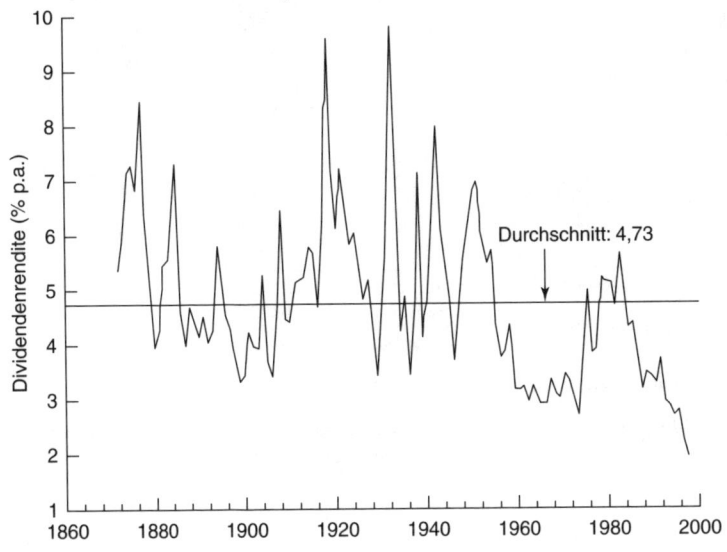

Quelle: *Campbell, J., Shiller, J.*, 1988, S. 12

Abbildung 92: Die Dividendenrendite als Marktbewertungsindikator (USA, 1872–1997)

	1927–1994	1872–1997
Marktrendite	12,2 %	–
Dividendenrendite	rd. 4,4 %	rd. 4,7
Ausschüttungsquote	rd. 55 %	–
Marktwert/Buchwert	rd. 2,0	–
P/E-Verhältnis	rd. 15	14,20[1] 15,33[2]

[1] konventionell berechnet
[2] berechnet als Preis zu *Gewinndurchschnitt* der vergangenen 10 Jahre

Tabelle 43: Bewertungsdaten des S&P 500 von 1926–1994 bzw. von 1872–1997

190   7. Die Bewertung von Märkten

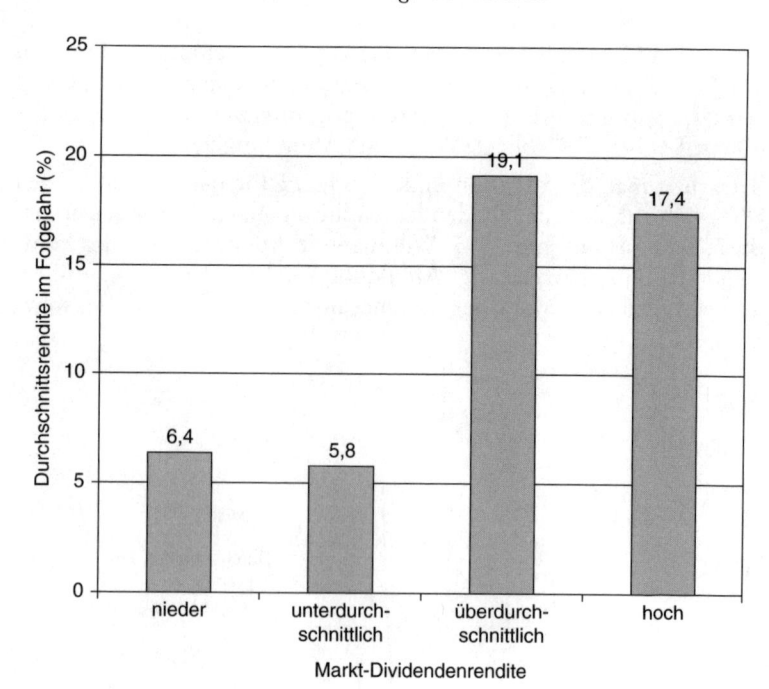

Quelle: Cole, K., Helwege, J., Laster, D., 1996

Abbildung 93: Markt-Dividendenrendite und durchschnittlich realisierte Marktgesamtrendite im Folgejahr (USA, 1927–1994)

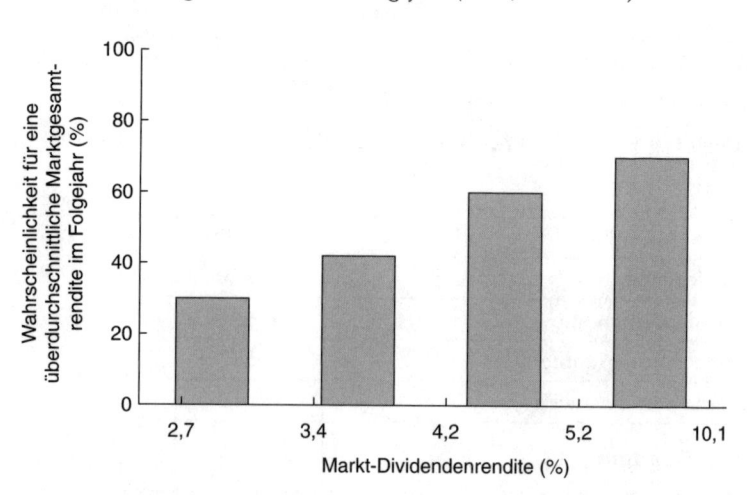

Quelle: Cole, K., Helwege, J., Laster, D., 1996

Abbildung 94: Markt-Dividendenrendite und Wahrscheinlichkeit für eine überdurchschnittliche Entwicklung des S&P500 im Folgejahr (USA, 1927–1994)

die Markt-Dividendenrendite deutlich über 4, besser noch über 5 % beträgt!

Häufig jedoch hört man die Einschätzung, daß die aktuellen Marktdividendenzahlen die Realität unterschätzen: Denn Aktienrückkäufe (Rückkäufe eigener Aktien durch das Unternehmen) sind deutlich wichtiger geworden als früher.

Und Aktienrückkäufe sind nichts anderes als eine Alternative (zur Dividende), um den Aktionären Geld zukommen zu lassen: Man kann entweder den Aktionären einen Teil des Gewinns *direkt als Dividende* zukommen lassen. Oder man kauft (alternativ oder zusätzlich) eigene Aktien am Markt zurück. Durch die erhöhte Nachfrage und die Verteilung künftiger Gewinne auf weniger Aktien steigt der Kurs, die Aktionäre werden (indirekt) ebenfalls reicher.[251]

Dieses Rückkaufvolumen kann als *zusätzliche* Dividende interpretiert werden. Neben steuerlichen Gründen spricht vor allem die Möglichkeit, bei knapper Kasse Rückkäufe (ohne große Öffentlichkeitswirkung) einzustellen für dieses Verfahren. Demgegen werden Dividendenkürzungen (bisher) ungleich sensibler stark negativ wahrgenommen.

Vor den achtziger Jahren haben Rückkäufe praktisch keine Rolle gespielt. Abbildung 95 zeigt die Veränderungen, die sich ergeben, wenn man die Dividendenrendite um die Rückkaufeffekte erhöht. Auch nach der Berücksichtigung der Rückkäufe liegt die um diesen Effekt bereinigte Dividendenrendite immer noch historisch niedrig.[252]

Die Interpretation müsste also heißen: Ab etwa der Mitte der achtziger Jahre liegt die Markt-Dividendenrendite deutlich unter dem historischen Schnitt. Wir hätten mit schlechten Marktrenditen gerechnet. Allerdings: Das Gegenteil war der Fall. Doch wie lange soll es noch so weitergehen? Bevor wir näher auf dieses Problem eingehen, zunächst noch ein Blick auf weitere Indikatoren für die Marktsituation.

Das Markt-Marktwert/Buchwert-Verhältnis

Hier wird genauso vorgegangen wie bei der Dividendenrendite. Das aktuelle Marktwert/Buchwert-Verhältnis des Marktes wird in Abbildung 96 in Relation zum historischen Durchschnitt betrachtet:

In der Vergangenheit folgten auf Jahre mit einem hohen MW/BW-Verhältnis des Gesamtmarktes durchschnittlich niedrige Renditen des S&P im kommenden Jahr; vgl. Abbildung 97.

In den 11 Jahren in denen die niedrigsten Marktwert/Buchwert-Verhältnisse gemessen wurden (= Cluster 1, MW/BW-Verhältnis kleiner als 1,3), beträgt die Rendite des Folgejahres im Schnitt 19,5 %, in den elf Jahre mit den höchsten Marktwert/Buchwert-Verhältnissen (Clu-

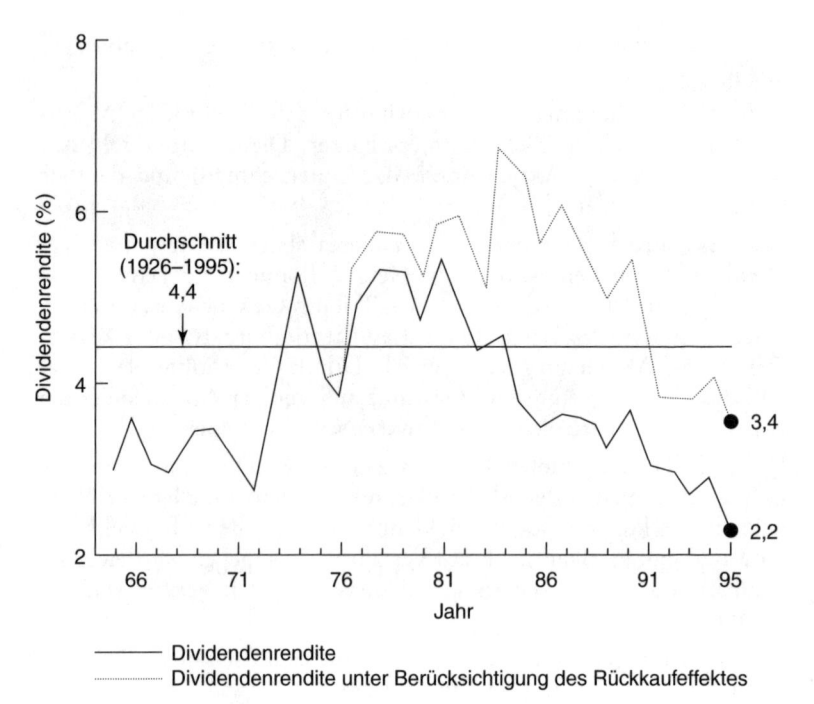

Quelle: *Cole, K., Helwege, J., Laster, D.*, 1996, Fig. 3

Abbildung 95: Markt-Dividendenrendite mit und ohne Berücksichtigung von Aktienrückkaufeffekten (USA, 1965–1994)

ster 4, MW/BW-Verhältnis größer als 2,2) nur 8,5 %. Noch niedriger ist die Rendite im Cluster 3.

Die Abbildung 96 zeigt, daß sich das Marktwert/Buchwert-Verhältnis seit Beginn der neunziger Jahre weit von seinem historischen Durchschnitt von 2 entfernt hat. Ein Teil dieser Abweichung ist auf eine neue Buchhaltungsvorschrift zurückzuführen (FAS 106), die die Bewertung von Pensionsrückstellungen betrifft. Sie führt im Vergleich zu früher zu niedrigeren Buchwerten für das Eigenkapital.[253] Aber auch nach einer Anpassung an den alten status quo sind die Marktwert/Buchwert-Verhältnisse der neunziger Jahre ungewöhnlich hoch.

Ergebnis: Ebenso wie bei der Dividendenrendite kann man seit Beginn der neunziger Jahre von einer sehr hohen Bewertung ausgehen.

Wie schon bei der Dividendenrendite eigentlich ein deutlicher Hinweis auf niedrige zu erwartende Jahresrenditen! Und das, wo die neunziger Jahre eine der längsten Hausse-Phasen am amerikanischen

7.1 Die Marktbewertung 1999 – Teil 1

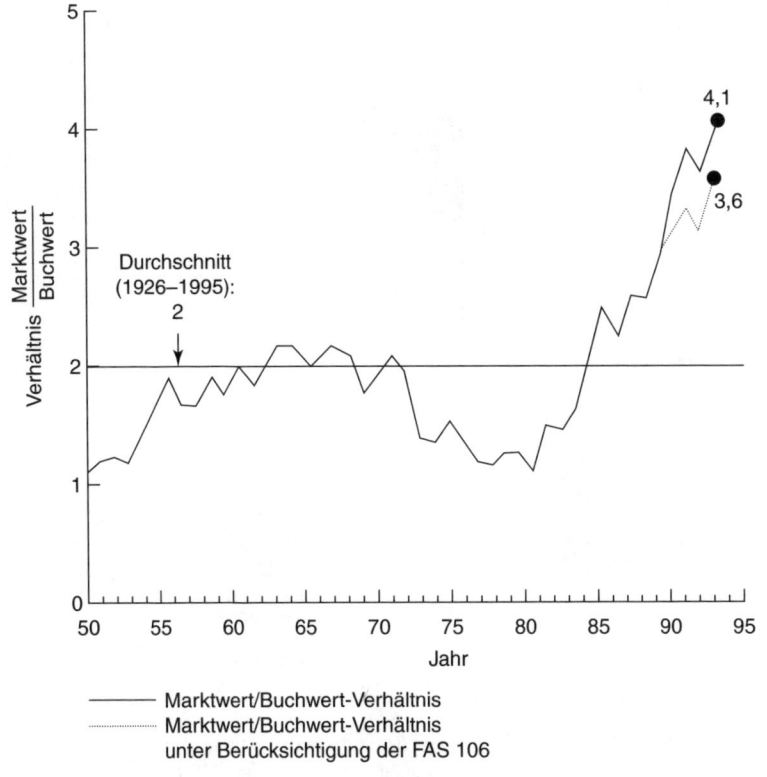

Quelle: Cole, K., Helwege, J., Laster, D., 1996, Fig. 1

Abbildung 96: Das Marktwert/Buchwert-Verhältnis als Marktbewertungsindikator (USA, 1950–1995)

Markt überhaupt repräsentieren! Sollte auch dieses Instrument an Wirkung verloren haben?

Eine alleinige Konzentration auf zwei Dimensionen – Dividendenrendite und Marktwert-Buchwert-Verhältnis – ist zweifellos kritisch. Dies allein schon deswegen, weil das Argument, daß die Relationen in einem gewissen „Normalbereich" liegen sollten, etwas impliziert:

Daß sie nämlich sehr stark mit fundamentalen Werten zu tun haben. Das vermuten wir zwar, wissen es aber nicht mit Sicherheit. Daher *muß* eine Überprüfung der Aussagen anhand weiterer bedeutender Bewertungsmaßstäbe stattfinden. Wir konzentrieren uns im folgenden auf das Markt-P/E-Verhältnis.

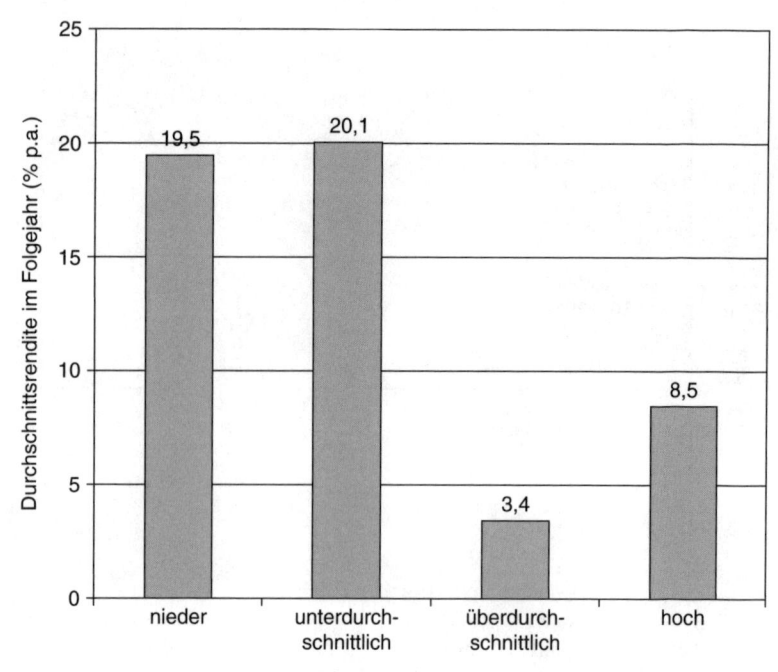

194   7. Die Bewertung von Märkten

[Bar chart: Durchschnittsrendite im Folgejahr (% p.a.) vs. Markt-Marktwert/Buchwert-Verhältnis. nieder: 19,5; unterdurchschnittlich: 20,1; überdurchschnittlich: 3,4; hoch: 8,5]

Quelle: *Cole, K., Helwege, J., Laster, D.*, 1996, S. 58, Fig. 2

Abbildung 97: Markt-Marktwert/Buchwert-Verhältnis und durchschnittliche realisierte Marktgesamtrendite im Folgejahr (USA, 1950–1995)

Das Markt-P/E-Verhältnis

In einem ersten Schritt kann man einen „einfachen" Durchschnitt der am Markt gemessenen P/E-Verhältnisse betrachten. Dabei erweist sich die Situation Ende 1997 zwar als hoch, nicht jedoch als extrem; vgl. Abbildung 98.

Allerdings gibt es auch alternative Berechnungsmethoden, die deutlich stärker auf eine kritische Phase hindeuten:

In dem schon mehrfach zitierten Buch „Security Analysis" von *Graham* und *Dodd* schlagen die Autoren vor, Bewertungsrelationen modifiziert zu berechnen: Bei solchen, in denen Gewinne vorkommen, soll nicht nur ein (aktueller) Gewinn-Wert verwendet werden, sondern ein Durchschnitt historischer Gewinne – und zwar nicht weniger als 5, besser noch 7–10 Jahre.[254]

Das bedeutet, daß ein aktueller Preis (= „P") durch die durchschnittlichen Gewinne der vergangenen 10 Jahre (= „E") geteilt werden kann. Es erfolgt damit eine *Glättung* des Markt-P/E-Verhältnisses,

7.1 Die Marktbewertung 1999 – Teil 1

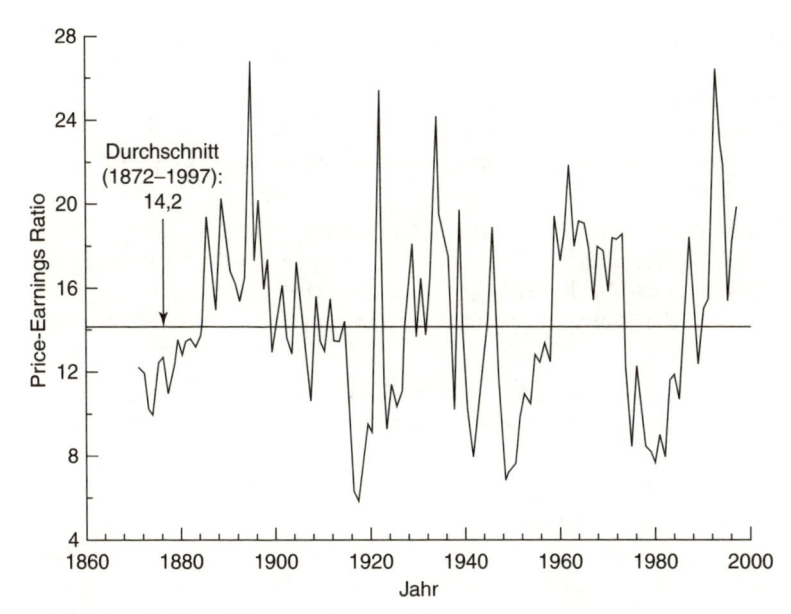

Quelle: Campbell, J., Shiller, J., 1998, S. 14

Abbildung 98: Das Markt-P/E-Verhältnis als Marktbewertungsindikator (USA, 1872–1997)

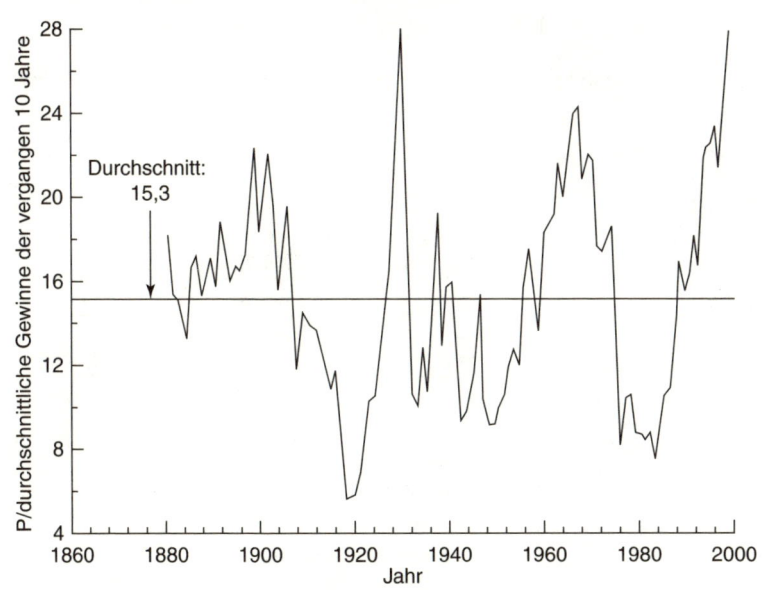

Quelle: Campbell, J., Shiller, J., 1998, S. 14

Abbildung 99: Das geglättete Markt-P/E-Verhältnis als Marktbewertungsindikator (USA, 1882–1997)

die die durch nur kurzfristige Gewinnänderungen (meist Einbrüche) entstehenden Schwankungen eliminiert. Die Bandbreite ändert sich gegenüber einer herkömmlichen Markt-P/E-Ratio kaum, der langjährige Durchschnitt (jetzt von 1882–1997, weil 10 Jahre für die Durchschnittsbildung benötigt werden) steigt leicht von 14,2 (nicht geglättet) auf 15,3.

Vergleichbar mit der Markt-Dividendenrendite und dem Markt-MW/BW-Verhältnis stellt man hier eine extrem hohe Bewertung des Marktes fest: Die Ratio liegt auf einem All-Time-High – nur 1929, kurz vor der Weltwirtschaftskrise, war eine ähnlich hohe Bewertung festzustellen!

Abbildung 100 zeigt, mit welchen Renditen man im Folgejahr rechnen muß, wenn das Markt-P/E-Verhältnis in einem bestimmten Bereich liegt.

Auf ein niedriges Markt-P/E-Verhältnis (< 10, wobei der historische Durchschnitt zwischen 14 und 15 beträgt) folgt im Folgejahr eine durchschnittlich realisierte Rendite von 18,9 % (Cluster 1, umfaßt 17 Jahre). Im Gegensatz dazu beträgt in den 17 Jahren mit den höchsten Markt-P/E-Verhältnissen (zwischen 18 und 28) die durchschnittliche darauffolgende Jahresrendite nur 7,5 % (Cluster 4, ebenfalls 17 Jahre).

Letztlich weisen also alle Markt-Bewertungsziffern auf eines hin: Eine extrem hohe Marktbewertung in den späten neunziger Jahren. Die

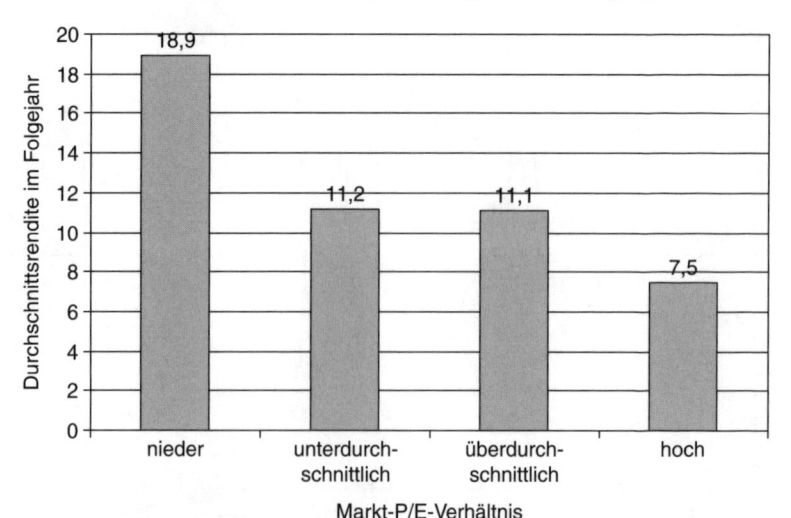

Quelle: *Cole, K., Helwege, J., Laster, D.*, 1996, S. 58, Abb. 2

Abbildung 100: Markt-P/E-Verhältnis und durchschnittlich realisierte Marktgesamtrendite im Folgejahr (USA, 1927–1995)

Beobachtung der Vergangenheit läßt darauf schließen, daß die nähere Zukunft eher unterdurchschnittliche Gewinne erwarten läßt. Dieser Fragestellung wenden wir uns im folgenden Abschnitt zu.

7.2 Die Marktbewertung 1999 – Teil 2: Bei Überbewertung gemessen an traditionellen Bewertungskennzahlen passen sich die Kurse an, nicht die Dividenden oder Gewinne

Wenn der Aktienmarkt sehr hoch bewertet ist, d.h. – jeweils relativ zum historischen Durchschnitt –

- die durchschnittliche Dividendenrendite des Marktes ungewöhnlich klein oder
- das durchschnittliche P/E-Verhältnis groß oder
- das durchschnittliche Marktwert/Buchwert-Verhältnis groß ist,

dann gibt es *zwei* Möglichkeiten, um die Verhältnisse wieder in den „Normalbereich" zu bringen:

1. die Kurse müssen fallen und/oder
2. Gewinne und Dividenden müssen stark steigen.

Cole, Helwege und *Laster* gingen fast *wie selbstverständlich* davon aus, daß die Anpassung *über die Kursveränderung* passiert.[255] Die in Abbildung 93, Abbildung 97 und Abbildung 100 dargestellten Zusammenhänge stützen diese Annahme.

Problem: Das ist aus Sicht der gängigen „Theorie der effizienten Märkte (Efficient Market Theory)" nicht möglich: Es würde nämlich bedeuten, daß Kurse vorhersehbar sind – und das dürfen sie gemäß dieser Theorie nicht sein. Also müsste die Anpassung – zumindest aus Sicht der Theorie – über die Gewinne, Dividenden und Buchwerte passieren!

Dieser Fragestellung widmen sich *Campbell* und *Shiller*, Professoren aus Harvard bzw. Yale.[256] Im Mittelpunkt ihrer Arbeit steht die Frage, *wie* die „Normalisierung" von Markt-Dividendenrendite und Markt-P/E-Verhältnis geschieht.

Beleg 1: Die Marktdividendenrendite

Campbell/Shiller nehmen solche Momente aus der Historie der amerikanischen Aktien von 1872 bis 1997, in denen die Dividendenrendite vom Durchschnitt abwich – also die Kurse besonders „hoch" oder besonders „niedrig" waren. Dann schauen sie, wann sich die Bewertung wieder dem historischen Durchschnitt (bei der Dividendenrendite waren das in diesen 125 Jahre 4,73 %) angenähert hat und wie die

Anpassung erfolgte: Über gefallene Kurse oder gestiegene Dividenden.

Die Abbildung 101 und die Abbildung 102 zeigen deutlich, daß es die Kurse sind, die für die Anpassung sorgen:

- Bei unterdurchschnittlicher Markt-Dividendenrendite (D/P < 4,73 %) fallen die Kurse deutlich, bis das Verhältnis wieder „normal" (d.h. in der Nähe des langfristigen Durchschnittes von 4,73 %) ist. Entsprechend steigen die Kurse, wenn die Dividendenrendite überdurchschnittlich (D/P > 4,73 %) hoch ist. Das R^2 der Regression ist mit 0,67 für ökonomische Verhältnisse außergewöhnlich hoch und demonstriert eindrucksvoll, daß hier wahrscheinlich ein sehr starker und stabiler Zusammenhang besteht.
- Die Dividenden bzw. ihre Wachstumsrate zeigen praktisch *keinen* Zusammenhang mit dem Niveau der Dividendenrendite.

> **Interpretation der Abbildung 101 für den Beginn des Jahres 1997:**
> Damals betrug die Markt-Dividendenrendite etwa 1,9 %. Das korrespondiert mit einem Wert von etwa –1 auf der Ordinate, die als logarithmische Skala mit Basis 2 dargestellt ist. Das bedeutet, daß das Kursniveau *über 63 %* verlieren müßte, damit die Dividendenrendite wieder zum „Normalniveau" zurückfindet.

Ein *zentrales Problem* bleibt in diesem Zusammenhang allerdings bestehen: *Man kennt den Zeitraum nicht, der benötigt wird, bis die Anpassung erfolgt!*

Die bisher längste Abweichung dauerte von 1955 bis 1975. Aktuell liegt die Dividendenrendite seit 1984 (deutlich) unterhalb des Durchschnittes.

Um das Problem des Zeitraumes in den Griff zu bekommen, wird in einem zweiten Schritt die Analyse auf Ein-Jahres- und Zehn-Jahres-Zeiträume beschränkt. Wieder lautet die Frage: Was paßt sich an, wenn eine Markt-Dividendenrendite vom Durchschnittsniveau abweicht?

Jetzt zeigen sich zwei *scheinbar* entgegengesetzte Effekte:

1. Im *Ein-Jahres-Zusammenhang* zeigt sich, daß eine in einem Jahr niedrige Dividendenrendite im kommenden Jahr eine hohe Dividendensteigerung nach sich zieht – und andersherum: eine hohe Dividendenrendite in einem Jahr zieht ein negatives Dividendenwachstum im kommenden Jahr nach sich: Siehe Abbildung 103.[257]
Kurzfristig – über ein Jahr – paßt sich also die Dividende und nicht der Preis an. *Der Markt vermag also kurzfristig in die Zukunft zu sehen!*

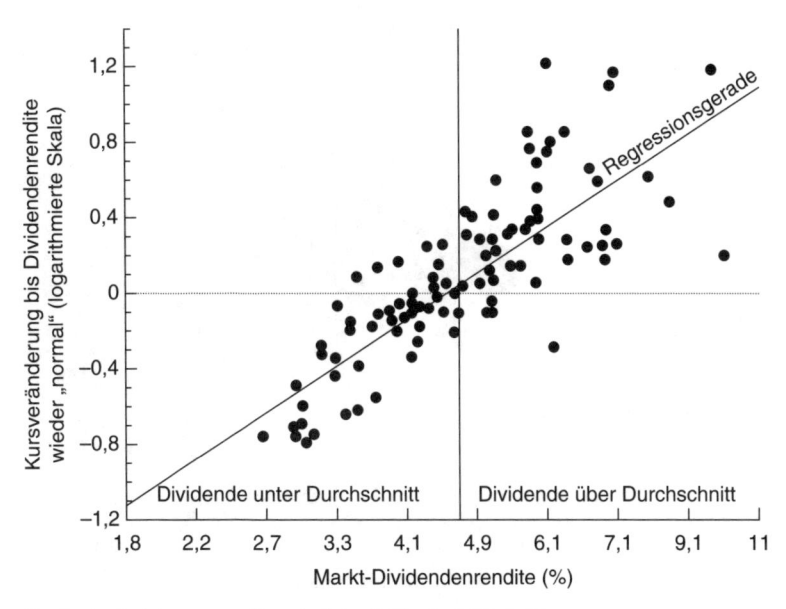

7.2 Die Marktbewertung 1999 – Teil 2

Quelle: In Anlehnung an Campbell, J., Shiller, J., 1998, S. 12

Abbildung 101: Die Kurse und nicht die Dividenden passen sich an, wenn die Markt-Dividendenrendite vom langfristigen Mittel abweicht (USA)

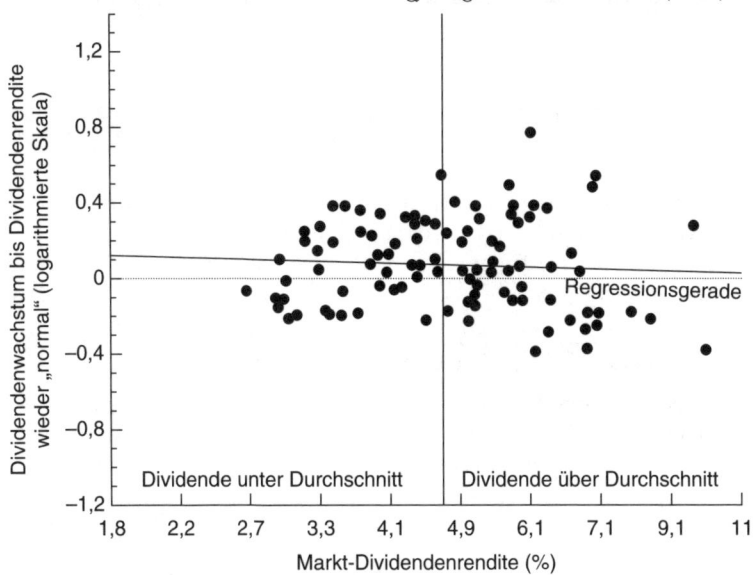

Quelle: In Anlehnung an Campbell, J., Shiller, J., 1998, S. 12

Abbildung 102: Dividendenwachstumsraten passen sich nicht an, wenn die Markt-Dividendenrendite vom langfristigen Mittel abweicht (USA)

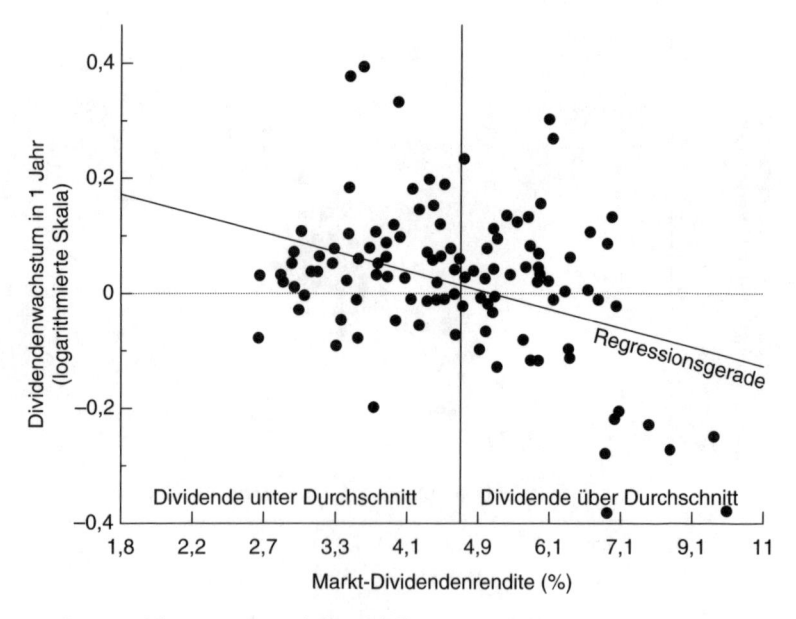

Quelle: In Anlehnung an Campbell, J., Shiller, J., 1998, S. 14

Abbildung 103: Kurzfristig (1 Jahr) passen sich die Dividenden an, wenn die Markt-Dividendenrendite vom langfristigen Mittel abweicht (USA)

2. **Über zehn Jahre** wandelt sich das Bild: Jetzt ist es wiederum der Preis, der sich durchsetzt und nicht die Dividende: Siehe Abbildung 104.[258]
  Längerfristig scheint der Markt also nicht in die Zukunft schauen zu können – und korrigiert daher die überschätzten Dividendensteigerungen (bei niedrigem Dividenden/Preis-Verhältnis) mit einem Kursabschlag.

> **Interpretation für die Situation Anfang 1997:**
> Die bei 1,9 liegende Dividendenrendite korrespondiert mit einem Wert von – 0,475 auf der logarithmierten Ordinate der Abbildung 104. Das bedeutet einen zu erwartenden Kursabschlag von knapp 38 % innerhalb der kommenden 10 Jahre!

Das Zeitproblem ist somit zwar nicht vollständig gelöst, aber doch eingegrenzt: Es scheint so zu sein, daß man innerhalb von 10 Jahren mit einer relativ weitgehenden Anpassung rechnen kann bzw. rechnen muß!

7.2 Die Marktbewertung 1999 – Teil 2

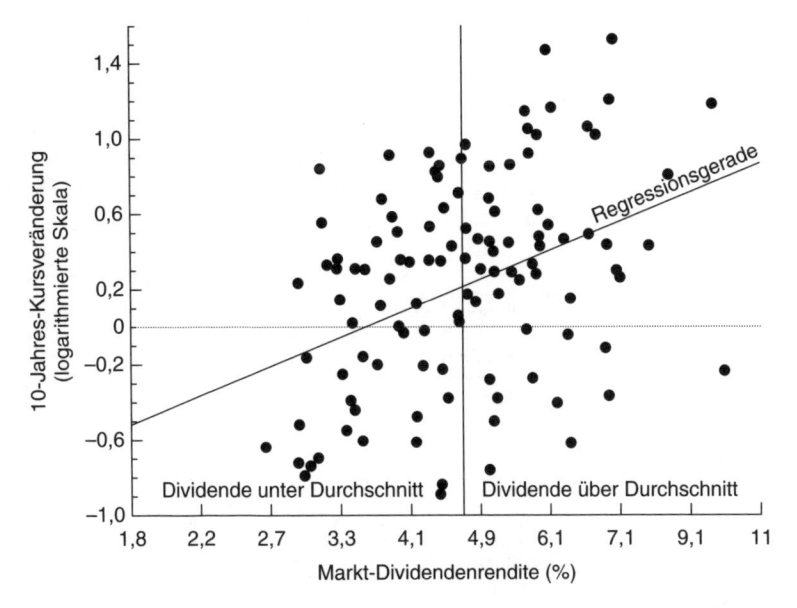

Quelle: In Anlehnung an *Campbell, J., Shiller, J.*, 1998, S. 14

Abbildung 104: *Längerfristig (10 Jahre) passen sich die Kurse an, wenn die Markt-Dividendenrendite vom langfristigen Mittel abweicht (USA)*

Ein Einwand kann jedoch diesen Überlegungen gegenübergestellt werden: Es könnte sein, daß sich an dem, was *Campbell* und *Shiller* als durchschnittliche Marktdividende bezeichnen und was historisch in der Größenordnung von 3 bis 7 % (Durchschnitt 4,73 %) liegen soll, „etwas" geändert hat: Seit den Fünfziger Jahren liegt die Dividendenrendite (mit Ausnahme des Beginns der Achtziger Jahre) fast permanent weit *unter* diesem langfristigen Durchschnitt![259] Siehe dazu noch einmal die Abbildung 92. Ende 1998 (nicht mehr in der Abbildung vertreten) liegt die Dividendenrendite gar auf einem totalen historischen All-Time-Low.[260]

Die internationalen Ergebnisse für die Art der Anpassung bei Abweichungen von der Markt-Dividendenrendite

Der Analyse des amerikanischen Marktes folgt in aller Regel die Untersuchung weiterer „entwickelter" Börsenplätze. So auch hier. Untersucht werden Australien, Deutschland, England, Frankreich, Holland, Italien, Japan, Kanada, die Schweiz, Schweden und Spanien. Leider liegen für diese Länder keine so langen Beobachtungsreihen für Gewinne, Dividenden und Kurse wie in den USA vor: So beginnt der Untersuchungszeitraum Anfang der siebziger Jahre, so daß weniger als dreißig Beobachtungsjahre zur Verfügung stehen. Dieses vergleichsweise knappe Datenangebot führt zu einer Veränderung des Untersuchungsdesigns: Da man zu wenig Beobachtungspunkte erhalten hätte, wenn man den Kursen, Dividenden bzw. Gewinnen wie oben 10 Jahre Zeit gelassen hätte um sich anzupassen, begnügten sich die Autoren mit 4 Jahren. Die Ergebnisse sind dreigeteilt und in Tabelle 44 wiedergegeben.

Land	Die Anpassung des Markt-D/P-Verhältnisses erfolgt bei ...	
	... unterdurchschnittlichem D/P-Verhältnis	... überdurchschnittlichem D/P-Verhältnis
	folgendermaßen:	
Australien, England, Kanada, USA	Kursniveau geht zurück Dividende ändert sich wenig	Kursniveau steigt, Dividende ändert sich wenig
Frankreich, Deutschland, Italien	Dividende steigt an, Kursniveau ändert sich wenig	Dividende fällt, Kursniveau ändert sich wenig
Japan	Dividenden steigen *und* Kursniveau geht zurück	Dividenden sinken *und* Kursniveau steigt

Quelle: *Campbell, J., Shiller, J.*, 1998

Tabelle 44: *Internationale Ergebnisse: Was paßt sich bei einer vom Mittelwert abweichenden Markt-Dividendenrendite an: Das Kursniveau, die Dividende oder beides? (Anpassungszeitraum 4 Jahre)*

Insgesamt liegt hier zumindest in den englischsprachigen Ländern wahrscheinlich (wieder) ein Beispiel von „*Overreaction*" vor – die langfristigen Dividendensteigerungen werden ebenso überschätzt, wie die langfristigen Dividendensenkungen zu dramatisch gesehen werden. Die Steigerungen treffen nicht (zumindest nicht im erwarteten Umfang) ein und werden mit niedrigeren Kursen „bestraft", genauso wie die Senkungen nicht im befürchteten Umfang einsetzen und daher mit erhöhten Kursen „belohnt" werden.

> Die großen kontinentaleuropäischen Länder Deutschland, Frankreich und Italien weichen von diesem Bild ab. Hier scheint es so, als ob die (aus Sicht der Theorie der effizienten Märkte) „logischere" Anpassung über die Dividenden erfolgt. Japan spielt mit einer „doppelten Anpassung" eine Sonderrolle.

Eine Warnung muß diesen Ergebnissen mitgegeben werden: Da die zugrundeliegenden Datenreihen vergleichsweise „kurz" sind, ist ihre Aussagekraft beschränkt. Zudem sind die Ergebnisse für Frankreich

7.2 Die Marktbewertung 1999 – Teil 2

und Deutschland sehr sensibel auf einige wenige Beobachtungen, die mit dem Gewinnverfall während der Ölkrise zusammenhängen.

Beleg 2: Das Markt-P/E-Verhältnis

Wenden wir uns jetzt aber der Frage zu, *was* sich anpaßt, wenn die Markt-P/E-Ratio außerhalb des „Normalbereiches" liegt. *Campbell/Shiller* beziehen sich dabei auf die von Graham/Dott empfohlene „geglättete" Markt-P/E-Ratio, vgl. Abbildung 105.

Wiederum gibt es zwei Möglichkeiten:
1. Entweder paßt sich der Kurs an – d.h. bei hohen Markt-P/E-Verhältnissen sinkt er, bei niedrigen steigt er; oder
2. die Gewinne (genauer: die langfristige Ertragskraft) steigt bei hohen Markt-P/E-Verhältnissen – und andersherum.

Das Ergebnis ist schnell berichtet: Es sind (wieder) die Kurse, die zu einer Anpassung führen. Und das unabhängig davon, ob eine kurz- (1-Jahre) oder eine langfristige (10 Jahre) Betrachtung durchgeführt wird. Bei der 10-Jahres-Betrachtung ist der Effekt allerdings deutlich ausgeprägter: Siehe Abbildung 105.

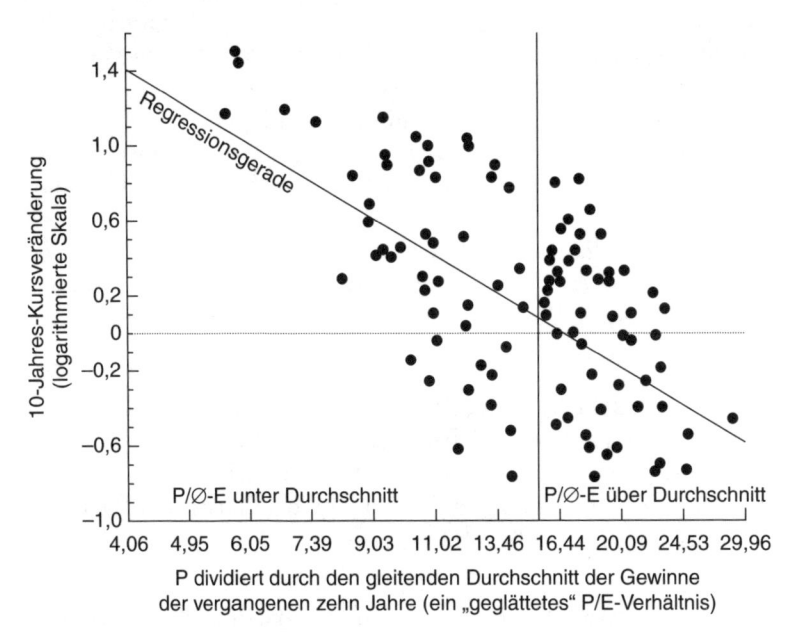

Quelle: In Anlehnung an *Campbell, J., Shiller, J.*, 1998, Valuation Rations and the Long-Run Stock Market Outlook, Journal of Portfolio Management, Winter, S. 17

Abbildung 105: Es passen sich die Kurse an, wenn das geglättete Markt-P/E-Verhältnis vom langfristigen Mittel abweicht (USA)

> **Interpretation der Abbildung 105:**
> 1997 weist die geglättete Markt-P/E-Ratio ein historisches Hoch von 28 auf, siehe Abbildung 99. Dies korrespondiert über die Regressionsgerade mit einem Wert von −0,5 auf der (logarithmiert dargestellten) Ordinate. Dies bedeutet einen Rückgang des (realen) Marktes auf etwas über 60 % des aktuellen Niveaus – oder anders ausgedrückt: Eine Korrektur um -40 %, die nötig wäre, um „normale" Verhältnisse wieder herzustellen.

Beleg 3: Historische Analogie: 1981 – 1995 vs. 1949–1963

Man kann ergänzend auch einen *historischen Vergleich* anstellen und *die letzte vergleichbare lange Periode mit ähnlichen Renditen* heranziehen und dann schauen, welche Renditen sich *danach* ergeben haben! Wann gab es bereits einmal eine ähnlich hohe Durchschnittsrendite wie in den vergangenen 14 Jahren (gemeint ist 1982–1995) – und was passierte danach? Stellt man einen solchen Vergleich an, zeigt sich, daß die letzte Periode, in der mit rd. 16 % p.a. eine ähnlich hohe Durchschnittsrendite erzielt worden ist, die 14 Jahre von 1949 bis 1963 waren. Die folgenden 14 Jahre bis Anfang 1979 erbrachten nur eine Durchschnittsrendite von 5,4 %! Gewiß, nur ein nicht von einer Theorie unterstützter Hinweis, aber dennoch interessant.

Die Fragen „Wie" und „Wann" die Anpassung erfolgt, sollten nun durch die Frage „Warum" erweitert werden. Gibt es einen Grund, warum die Anpassung über die Preise und nicht über die Gewinne, die Dividenden oder den Buchwert erfolgt?

Dieser Fragestellung widmet sich der kommende Abschnitt. Ja, es gibt Gründe – und sie sind hauptsächlich volkswirtschaftlicher Natur!

7.3 Die Marktbewertung 1999 – Teil 3: Solange die den Index bestimmenden fundamentalen Faktoren in die richtige Richtung zeigen, ist auch die historisch extreme Bewertung in Ordnung: Wachstum, Inflation, Zinsniveau und Beschäftigung

Hier geht es darum herauszufinden, ob es Umfeldbedingungen oder Konstellationen gibt, bei denen extreme Marktbewertungen quasi „normal" sind.

Das Wissen um solche Bedingungen würde es erlauben, die Frage des „Wann" beim Anpassungsvorgang besser abschätzen zu können –

7.3 Die Marktbewertung 1999 – Teil 3

nach dem Motto: Wenn sich die Umfeldbedingungen in einer bestimmten Art ändern, wird die Anpassung wahrscheinlich.

Eine Reihe von Autoren glaubt diese Umfeldbedingungen „entdeckt" zu haben, die *ursächlich* für hohe/niedere Bewertungen am Markt sein sollen.

Genannt werden dabei vor allem die folgenden „Basisgrößen":

1. Die ökonomische Aktivität, speziell das Wachstum der Produktion (oder der Gesamtwirtschaft) und das Wachstum der Gewinne,
2. die Inflation und damit zusammenhängend
3. das Zinsniveau und
4. neuerdings die Veränderung der Beschäftigung.

Diese 4 Punkte sind stark miteinander verknüpft – beginnen wir die Argumentation mit der Inflation.

Die Inflation

Es gibt viel Literatur, die auf einen deutlichen Zusammenhang von Aktienkursen und Inflation hinweist. Die wichtigsten Erkenntnisse sind wohl die von *Fama* und *Schwert*.[261]

Der Zusammenhang von Inflation und Kursniveau erweist sich als invers; d.h.

- bei niedriger Inflation sind die Aktienrenditen (und Kurse) tendenziell hoch,
- bei hoher Inflation tendenziell niedrig.

Hinterfragt man diesen Zusammenhang, wird er zurückgeführt auf vier Argumentationsketten, die wiederum einen Zusammenhang von Aktienmarkt-Niveau und Inflation herstellen:

1. Das Verhalten der Anleger bei niedrigen nominalen Zinssätzen
2. Das Verhalten der Unternehmen bei niedrigen nominalen Zinssätzen
3. Die gegenseitige Beeinflussung von Inflation und ökonomischer Aktivität
4. Die falsche Anwendung des Dividendendiskontierungsmodells

Das Verhalten der Anleger bei niedrigen nominalen Zinsen

Dieser Effekt ist leicht erklärt: Anleger präferieren Anleihen gegenüber Aktien, wenn ihre Verzinsung hoch ist; ist die Anleihenverzinsung niedrig, weichen sie auf andere Investitionsmöglichkeiten wie Aktien aus.

„Hoch" und „niedrig" orientiert sich dabei irrationalerweise an der *nominalen* Verzinsung der Anleihen und nicht an der für rationale Anleger an sich relevanten realen Verzinsung – also der Differenz von nominaler Rendite und Inflationsrate![262]

Dazu ein Beispiel: Bundesanleihen mit nur einigen Jahren Restlaufzeit rentieren Anfang 1999 mit weniger als 4 %. Diese 4 % Rendite sind die Kompensation für den Konsumverzicht *und* die Geldentwertung – und wird als *wenig empfunden*. Bei nur einem Prozent Inflation ist das aber immer noch eine reale Verzinsung von rd. 3 %. Ist die Verzinsung der Anleihen aber z.B. über 7 %, stellen sie für viele Anleger ein attraktives Anlagemedium dar – und zwar fast unabhängig davon, wie hoch die Inflation ist! In einer Situation mit 5 % Geldentwertung und 7 % Zins ist z.B. die (an sich entscheidungsrelevante!) reale Verzinsung rd. 2 % und damit – *obwohl die nominale Rendite „optisch" hoch wirkt* – *kleiner* als in der Situation Anfang 1999!

Also: Ein „optisch" geringes Zinsniveau führt zu einer besonders starken Nachfrage nach Aktien. Ein guter Name für diesen Effekt ist *„Nominalverzinsungsillusion"*.

Das Verhalten der Unternehmen bei niedrigen nominalen Zinsen

Ähnlich wie Anleger scheinen auch Unternehmen einer *Nominalverzinsungsillusion* zu unterliegen. So sind Unternehmen eher bereit, bei einem niedrigen Zinsniveau Kredite zur Finanzierung von Erweiterungs- und Wachstumsinvestitionen aufzunehmen als bei einem hohen Niveau – auch wieder uneingedenk der Beachtung des realen Zinses!

Im Gegensatz zu Privatinvestoren kann man aber zumindestens aus einer Cash-flow Perspektive verstehen, wenn Unternehmen so handeln: Die Zinsen sollen ja wenn möglich aus dem Cash-flow, also den Einzahlungsüberschüssen des Unternehmens bezahlt werden können – und aus dieser Perspektive ist nun einmal ein niedriges Zinsniveau besser als ein hohes.

Fama weist diesen Zusammenhang empirisch nach, indem er das Aktivitätsniveau bei unterschiedlichem inflationären Umfeld mißt.[263] Dabei zeigt sich, daß

- hohe Inflation mit geringem unternehmerischen Aktivitätsniveau (und oft niedrigen *realen* Kursrenditen), während
- niedrige Inflation mit hohem Aktivitätsniveau (und oft hohen *realen* Kursrenditen) einhergeht.

Die gegenseitige Beeinflussung von Inflation und ökonomischer Aktivität

Ein hohes unternehmerisches Aktivitätsniveau (Investitionen, Auslastungen etc.) ist aber per se noch kein vernünftiger Grund für Kurssteigerungen – schließlich kann Geld ja auch fehlinvestiert werden oder der Output nicht gewinnbringend an den Mann gebracht werden. Es zeigt sich jedoch in weiteren Untersuchungen, daß die hohen

7.3 Die Marktbewertung 1999 – Teil 3

Renditen häufig nur künftige höhere (Cash-flow erhöhende) Wachstumsraten in der Produktion vorwegnehmen.²⁶⁴ Somit stellt es sich so dar (wir werden gleich sehen, daß dieser Zusammenhang nur in einem noch nicht boomenden Umfeld der Fall ist):

Szenario 1: In einem noch nicht boomenden Umfeld gilt:
Niedrige (nominale) Zinsen bedeuten niedrige Inflation → diese führt zu einem hohem Aktivitätsniveau → das wiederum zu hohen Aktienrenditen, die hohe Cash-flow-Zuwächse vorwegnehmen

So weit, so gut. Allerdings: Man kann auch *negative* Zusammenhänge zwischen ökonomischer Aktivität und Aktienrenditen beobachten. Wie kommt es dazu?

Die Argumentationskette läuft wiederum über die Inflation: Hohe ökonomische Aktivität geht oft einher mit einer sehr hohen Nachfrage nach Konsum- (privater Bereich) und Investitionsgütern (unternehmerischer Bereich). Hohe Steuereinnahmen regen auch die öffentliche Nachfrage an. Die Unternehmen befinden sich in einem boomenden Umfeld. Dieses erlaubt es Unternehmen, egal ob sie an Endverbraucher oder andere Unternehmen liefern, die Preise zu erhöhen. So entsteht Inflation. Die Zentralbanken wollen dieser Verringerung des Geldwertes entgegenwirken und haben eigentlich nur ein Mittel: Die Verteuerung des Geldes – sprich die Anhebung der nominalen Zinsen. Das wiederum bremst die ökonomische Aktivität durch Verringerung der Investitionslust der Unternehmen und der Kauflust der Abnehmer, was letztlich zu schrumpfenden unternehmerischen Cash-flows und damit zu sinkenden (oder gar negativen) Renditen am Aktienmarkt führt.²⁶⁵

Szenario 2: In einem boomenden Umfeld gilt demnach:
Von einem bereits hohen Aktivitätsniveau aus steigen Angebot und Nachfrage noch weiter → die hohe Nachfrage führt zur Inflation der Preise → dies veranlaßt Notenbanken dem Wirtschaftskreislauf Liquidität zu entziehen, d.h. das Zinsniveau zu erhöhen → das führt zu schrumpfender ökonomischer Aktivität und Nachfrage → das führt zu sinkenden Cash-flows für die Unternehmen → das erkennen die Anleger und bewerten die Aktien niedriger

So ergeben sich praktisch zwei Szenarien.²⁶⁶
Leider ist es aber damit noch nicht getan: Die Anleger können nämlich die Aktienrenditen schon schmälern, wenn sie *nur glauben*, daß

das Szenario 2 vor der Türe steht. Und wie schwierig es ist vorherzusagen, ob eine Notenbank die Zinsen verändert oder nicht, kann praktisch im Vorfeld aller Zentralbanksitzungen beobachtet werden!

Dennoch gibt es Hinweise darauf, wann der Sprung von Szenario 1 auf Szenario 2 zu erwarten ist: Es ist – überraschenderweise! – *der Anstieg der Beschäftigung*!

Park weist mit amerikanischem Datenmaterial den in Tabelle 45 dargestellten Zusammenhang zwischen Beschäftigung, Bruttoinlandsprodukt und Kursniveau nach.[267]

Wie kann es zu so einer unterschiedlichen Wirkung von zwei ökonomischen Aktivitätsvariablen (Beschäftigung und Bruttoinlandsprodukt) auf die Aktienkurse kommen? Die Antwort ist einfach und in Tabelle 46 dargestellt:

Der Anstieg der Beschäftigung ist *das* Warnsignal, daß die Wirtschaft in die Phase des Szenarios 2 eintritt: Denn mit dem Anstieg der Beschäftigung sinken – mit einem Jahr Verzögerung – die Cash-flows der Unternehmen. Zusätzlich beginnt – ebenfalls mit einem Jahr Verzögerung – die Inflation anzusteigen. Die Anleger antizipieren dieses Verhalten mit hoher Wahrscheinlichkeit, was zu Kursrückgängen führt.

Die deutlichen Auswirkungen auf Cash-flows und Inflation sind wahrscheinlich durch zwei Reaktionen zu erklären:

1. Neu Beschäftigte haben wahrscheinlich einen großen Hang zum Konsum, der in der Aggregation einer Volkswirtschaft das Preisniveau anheben kann und/oder
2. in einer Situation steigender Beschäftigung haben die Arbeitnehmer die Möglichkeit hohe Lohnforderungen zu stellen, was die Cash-flows der Unternehmen eher schrumpfen läßt.

Die falsche Anwendung des Dividendendiskontierungsmodells durch die Anleger

Ende der siebziger Jahre schrieb der spätere Nobelpreisträger *Modigliani* zusammen mit *Cohn* einen wahrscheinlich wegweisenden Artikel: „Inflation, Rational Valuation, and the Market".[268] Die Autoren vertraten damals die Ansicht, daß die Marktteilnehmer den Kurs einer Aktie anhand des Dividendendiskontierungsmodells bestimmen würden – eine auch aus heutiger Sicht wahrscheinlich durchaus korrekte Annahme. Das Bepreisungsmodell sehen Sie in Gleichung 7. Das ist die analytische Darstellung einer sehr eng mit der Alternative 2 in Abbildung 87 zusammenhängenden Idee. Allerdings – und das war neu – vermuteten sie, daß die Investoren dabei irrationalerweise reale (d.h. *nicht* um die Inflation erhöhte) Dividendenschätzungen mit nominalen (d.h. um die Inflation erhöhten) Zinssätzen abdiskon-

7.3 Die Marktbewertung 1999 – Teil 3

Welche Wirkung habe wichtige gesamtwirtschaftliche Einflußgrößen auf das Kursniveau des Marktes?	
Beschäftigung steigt um 1 %	Gleichzeitig *sinkt* das Kursniveau um rd. 4,3 %
Bruttoinlandsprodukt steigt um 1 %	Gleichzeitig *steigt* das Kursniveau um rd. 3,4 %

Quelle: *Park, S.*, 1997, S. 54, Tabelle 1, Modell 13.

Tabelle 45: Die Wirkung makroökonomischer Daten auf das Kursniveau

Welche Auswirkungen hat ein Anstieg der Beschäftigung in *einem* Jahr?	
Beschäftigung steigt um 1 %	→ die Cash-flows der Unternehmen sinken um 1,5 %
	→ die Inflation steigt um 0,6 %

Quelle: *Park, S.*, 1997, S. 54, Tabelle 2, Modell 23 und S. 55, Tabelle 3, Modell 33.

Tabelle 46: Die Wirkung einer Zunahme der Beschäftigung auf Cash-flows und Inflation

tieren würden. Richtig wäre es reale Dividendenschätzungen mit realen Zinssätzen abzudiskontieren! Durch diesen Fehler ergeben sich besonders bei hohen nominalen Zinsen (gleichbedeutend meist mit hoher Inflation) systematisch *zu geringe* Kurse. *Modigliani* und *Cohn* schätzten damals (Ende der 70er Jahre) die Unterbewertung des Marktes auf rd. 50 %.

$$Kurs_0 = \frac{D_1}{1+r} + \frac{D_2}{(1+r)^2} + \frac{D_3}{(1+r)^3} + \frac{D_4}{(1+r)^4} + \ldots + \frac{D_n}{(1+r)^n}$$

Gleichung : Das Dividendendiskontierungsmodell

Dieser Artikel legte einen (zwar akademischen, aber vielbeachteten) Grundstein für das in Folge – unterbrochen nur durch den bald wieder ausgebügelten Crash von 1987 – zumindest bis Drucklegung 1999 stark steigende Kursniveau in den USA.

Heute – Mitte 1999 – könnte man zur Erklärung – nicht zur Rechtfertigung! – des hohen Kursniveaus unterstellen, daß vielleicht nominale Dividenden mit realen Zinsen abdiskontiert werden: Dies würde zu systematisch zu hohen Kursen führen.

Zusammenfassend muß man sagen:

Der Zusammenhang von Kursen und Inflation ist durchaus verzwickt. Eigentlich *dürfte* Inflation *keine* Rolle spielen, weil man am besten mit realen (d.h. inflationsbereinigten) Daten arbeitet. Sie wirkt aber dennoch; und zwar weil entweder

- Unternehmer und/oder Anleger der Nominalverzinsungsillusion unterliegen oder
- Anleger Fehler in der von *Modigliani* und *Cohn* angedeuteten Art (falsche Anwendung des Dividendendiskontierungsmodells) machen.

Achten Sie darauf:

Die wesentlichen „Zutaten" für eine Crash von einem hohen Niveau sind:

- Die Gefahr einer Abnahme der ökonomischen Aktivität und damit der Wachstumsraten – aus welchem Grund auch immer
- Stark steigende Beschäftigung
- Wieder ansteigende Inflation (je schneller, desto kritischer)
- Restriktiver werdende Geldpolitik; d.h. Zinsen steigen (je schneller, desto kritischer)

7.4 Ist eine neue Bewertungs-Zeit angebrochen? Werden historische „Abnormitäten" normal?

Seit den neunziger Jahre ist das MW/BW-Verhältnis auf einem sehr hohen und die Dividendenrendite auf einem sehr niedrigen Stand. Solche Situationen führten in der Vergangenheit zu einer unterdurchschnittlichen Performance des Gesamtmarktes. Nur das P/E-Verhältnis ist Mitte der neunziger Jahre auf einem einigermaßen „normalen" Niveau.[269] Allerdings ist das geglättete Markt-P/E-Verhältnis ebenfalls auf einem historischen und damit kritischen Rekordniveau.[270] Demgegenüber steht die hervorragende Performance des Marktes, die zumindest bis Mitte des Jahres 1999 anhielt.

Ich würde nicht davon ausgehen, daß sich grundlegende Parameter auf Dauer von ihren langfristigen Durchschnitten entfernen. Es werden jedoch immer wieder (und immer wieder dieselben) Argumente genannt, wenn es darum geht, diese Abweichungen von den historischen Normalitäten als künftig „normal" zu bezeichnen.

7.4 Ist eine neue Bewertungs-Zeit angebrochen?

Die Nachfrage durch Private Altersvorsorge und die „Baby Boom Generation"

Es wird argumentiert, daß es eine Art umfassenden Wandel in den Investitionsgewohnheiten der Bevölkerung in ökonomisch entwickelten Ländern gibt:

In den USA wäre die mehr und mehr ins Wirtschaftsgeschehen eingreifende junge, „Baby Boom Generation" bereit, hohe Preise für Aktien zu zahlen – deutlich höhere, als ihre mehr risikoaversen Eltern. Ein Grund könnte darin liegen, daß diese Bevölkerungsgruppe bisher nur einen Bullenmarkt bei den Aktien erlebt hat. Obwohl durch die sinkenden Zinsen auch der Markt für Anleihen stark gestiegen ist, scheint dies nicht in vergleichbarem Maß ins Bewußtsein gedrungen zu sein. Letzteres vielleicht auch deswegen, da beim Zinsniveau eine Art natürliche Untergrenze besteht, und man dieser Untergrenze schon ziemlich nahe sein könnte. Viel Raum für weitere Kurssteigerungen bei Anleihen gibt es somit also nicht. Außerdem schrecken die jetzt entsprechend niedrigen nominellen Zinsen vor einer Investition ab. Die Gefahr eines Kursverfalles ist außerdem besonders groß, eben weil sich die Zinsen auf so einem historisch niedrigen Niveau befinden (Steigende Zinsen wären – siehe oben – allerdings auch für Aktien schädlich, was das Gewicht dieses Argumentes schmälert).

In Deutschland scheint sich das Anlageverhalten nichtzuletzt nach der gelungenen Telekom-Börseneinführung ebenfalls in Richtung Aktie zu wandeln. Außerdem entsteht hier – ebenso wie in den anderen europäischen Ländern – eine skeptische Stimmung was die künftige Leistungsfähigkeit der staatlichen Rentenversicherungssysteme betrifft.

Diese Argumente jedoch sind wahrscheinlich nur beschränkt gültig: Denn eine hohe Nachfrage ändert noch nichts am wesentlichen Element eines Aktienkurses:

Es sind die künftigen Erträge, die ihn bestimmen – zumindest auf mittlere und lange Frist!

Und wenn der Kurs bereits jetzt durch hohe Nachfrage über seinen (aktuell) angemessenen Preis getrieben wurde, gibt es für die Zukunft nur zwei Alternativen:

1. Entweder bedeutet es geringere, evtl. sogar negative Renditen für die Zukunft (wenn man eine „Rückkehr" zum Gleichgewichtspreis unterstellt) oder
2. die Nachfrage nimmt – aus welchen Gründen auch immer – weiter zu, so daß die Aktie weiter über ihrem Gleichgewichtspreis notiert und entsprechend hohe Renditen abwirft.

Der letztere Zustand wird mit ziemlicher Sicherheit kein Dauerzustand sein! Dennoch gibt es Beispiele für solche ungewöhnlichen, nichtsdestotrotz aber bisweilen auch langfristigen Abweichungen von „realistischen" Preisen: Z.B. die Wohnungs- und Hauspreise in Süddeutschland. Sie befinden sich in den attraktiven Gegenden auf einem so hohen Niveau, daß die Rendite, die ein Vermieten mit solchen Objekten erzielen kann, trotz der verhältnismäßig hohen Mieten sehr gering ist. Nachfrage nach diesen Objekten besteht dennoch nach wie vor, da die Vermieter zwar nicht mit hohen Mietsteigerungen, wohl aber mit einem hohen Wertzuwachs rechnen. Die *erwartete* Gesamtrendite aus Miete und Wertsteigerung scheint immer noch für eine Kapitalanlage reizvoll zu sein. Doch woher soll dieser hohe Wertzuwachs kommen, wenn nicht durch eine hohe erwartete Ertragssteigerung aus dem Objekt – sprich den Mieteinnahmen? Letztlich scheint das Preisniveau auf diesem Immobilienmarkt seit langen hauptsächlich durch eine (nicht oder nur schwer klassisch ökonomisch erklärbare) Nachfrage gehalten und getrieben zu werden.

Geringere Ausschüttungsquoten erlauben höhere Gewinnwachstumsraten

Deutlich höhere Bewertungen als in der Vergangenheit – und eine auch in Zukunft permanent hohe Rendite sind dann kein Problem, wenn die Gewinne ein dauerhaft höheres Wachstum als in der Vergangenheit aufweisen würden.

Allerdings gibt das folgende Rechenexempel zu denken: Unter der Annahme, daß

- das Wachstum der Gewinne (und analog der Dividenden) mit den 7 % der 14 Jahre von 1981–1995 so anhält,
- die Bewertungen nicht noch weiter steigen, sondern (auf dem hohen Niveau) verharren,

errechnet *Bernstein* für die 14 Jahre von 1996 bis zum Jahr 2010 eine (durchschnittliche) *Marktrendite von 9 %*![271]

Um also höhere Renditen zu ermöglichen, müsste das langfristige Wachstum (der Gewinne) deutlich *über* 7 % liegen – was nicht einfach zu schaffen sein wird!

Gerne wird argumentiert, daß ein so hohes Wachstum durch den (in den USA ersichtlichen) *Trend zu niedrigen Ausschüttungsquoten* ermöglicht werden würde: Den Unternehmen stände so mehr Geld für renditeerhöhende Investitionen zur Verfügung. Vgl. dazu Abbildung 106.

Dieses Argument hält – abgesehen davon, daß zwar die Ausschüttungsquote zurück, aber dafür das in Aktienrückkäufe investierte Geld stark gestiegen ist – keiner empirischen Überprüfung stand: Der

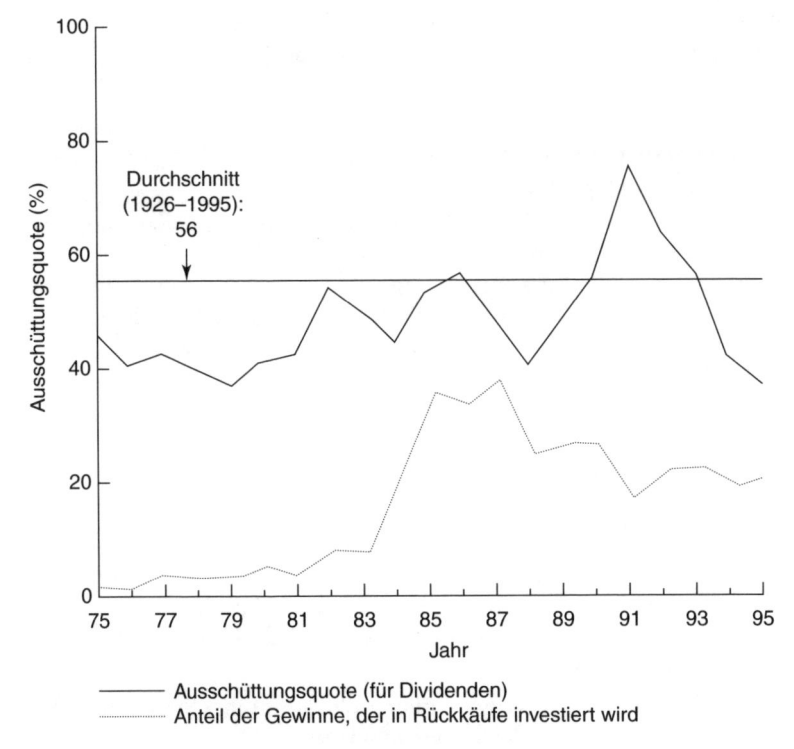

7.4 Ist eine neue Bewertungs-Zeit angebrochen? 213

——— Ausschüttungsquote (für Dividenden)
·········· Anteil der Gewinne, der in Rückkäufe investiert wird

Quelle: Cole, K., Helwege, J., Laster, D., 1996, S. 61, Fig. 4

Abbildung 106: Die Ausschüttungsquote (USA, 1975–1995)

Zusammenhang zwischen Payout Ratio und dem Gewinnwachstum ist statistisch nicht sicher nachzuweisen. Wenn es aber einen Zusammenhang gibt, dann ist er eher andersherum:

Niedrige Ausschüttungsquoten führen zu sinkenden Gewinnwachstumsraten![272]

Der Grund dafür könnte sein, daß Unternehmen, die Gewinne thesaurieren, weniger Rechenschaft über die Verwendung abgeben müssen als solche, die hohe Ausschüttungsquoten haben und sich daher für Neuinvestitionen häufiger neues Geld vom Kapitalmarkt besorgen müssen![273]

Stellt die hohe Bewertung nur eine einmalige Anpassung der Kurse für künftig niedrigere Renditen dar?

Zu dieser Fragestellungen sind die Antworten – wie zu erwarten – wiederum zwiegespalten.

Persönlich neige ich zu der Ansicht, daß allein der Konkurrenzmechanismus keine permanenten Renditen deutlich über 10–12 % gestattet.

Aber wie gesagt, es werden auch andere Argumente vertreten. Grob kann man sie folgendermaßen gliedern:

1. Das Risiko der Aktienmärkte nimmt ab, daher ist die *Kursanpassung eine einmalige Sache*, die nicht zu permanent hohen Renditen in der Zukunft führt.
2. Auch wenn die Bewertungen auf dem hohen Niveau verbleiben, können sich unter normalen Wachstumsannahmen für die Erträge künftig keine so hohen Aktienmarktrenditen mehr einstellen.
3. Weitere historische Vergleiche legen ebenfalls die Vermutung nahe, daß den dicken Jahren eher magere Jahre folgen werden.

Geht das Risiko der Aktienmärkte zurück? Und was bedeutet das für die Renditen?

Von *Bernstein* stammt die folgende Überlegung: Die von Investoren geforderte Rendite ist abhängig von der *Volatilität des Gesamtmarktes* (Achtung: Des *Gesamtmarktes* – von der Volatilität der Einzelaktie wissen wir, daß sie weder theoretisch noch in der Praxis etwas mit der Rendite zu tun hat!).

Diese Volatilität hat als Folge größerer ökonomischer Stabilität im historischen Langzeitvergleich abgenommen:

„*Economic activity – and the stock market in particular – has been much less volatile during the past 50 years than during the late 19th and early 20th century.*"[274]

Den Zusammenhang zwischen der vergleichsweise stabilen Nachkriegswirtschaftslage und den entsprechend stabilen Aktienrenditen erkennt man am besten an der größeren Stabilität *längerfristiger* Durchschnittsrenditen; in Abbildung 107 am Beispiel von 4-Jahres-Durchschnittsrenditen demonstriert: Seit dem Ende des zweiten Weltkrieges gibt es nur noch kurze Abschnitte mit negativen 4-Jahres-Renditen.

Das Bild ändert sich allerdings, wenn man die Analyse auf die vielleicht repräsentativere Zeit nach der Weltwirtschaftskrise beschränkt: So beträgt die durchschnittliche 4-Jahres-Rendite (in Prozent p.a.) 10 %; anstelle von 8 % für den historischen Zeitraum von 1805–1995. Und zwischen 1936 und 1995 gab es wiederum lange Zeiträume mit geringeren 4-Jahres Renditen als 10 %! Es könnte also durchaus so sein, daß die größer gewordene Stabilität mit einem allgemeinen Renditeanstieg Hand in Hand geht. Dennoch treten aber lange Zeiträume mit niedrigen Durchschnittsrenditen auf, wie z.B. von 1967 bis 1985: Siehe Abbildung 108.

7.4 Ist eine neue Bewertungs-Zeit angebrochen?

Wie jedoch paßt die Argumentation daß *kleiner* gewordenes Risiko mit *höheren* Renditen einhergeht zusammen? Alle Gleichgewichtsmodelle argumentieren doch genau andersherum!
Zwei Argumentationen gibt es:
1. Im Rahmen von Gleichgewichtsmodellen läuft die Antwort über den Anpassungsprozeß: Stellen Sie sich vor, daß die Aktienbewertung tatsächlich so funktioniert, wie in Gleichung 7 angedeutet. Weniger Risiko bedeutet, daß der Diskontierungszinssatz *sinkt*. Dadurch *steigt* der Kurs – aber nur *einmalig*! – bis er das neue Gleichgewichtsniveau erreicht hat. Künftig ist dann die erwartete Kurssteigerung niedriger – eben dem niedrigeren Risiko angemessen, genauso wie weniger riskante Anleihen eine geringere Verzinsung aufweisen als riskante Anleihen. Nur die Marktteilnehmer, die quasi den Zeitraum der Umstellung mitmachen, profitieren also durch überdurchschnittliche Renditen von dem Wechsel des Risikos!
2. Im Rahmen von stabilitätsorientierten Betrachtungen kann argumentiert werden, daß größere ökonomische Stabilität mit größerer Planungssicherheit einhergeht und damit auch höhere Kapitalver-

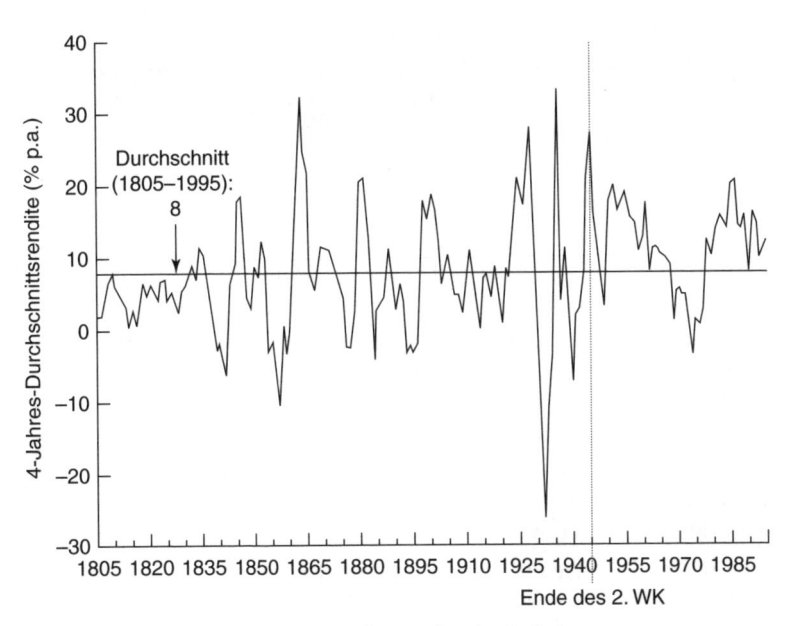

Bemerkung: Eingezeichnet sind die Endzeitpunkte der Perioden
Quelle: *Bernstein, P.,* 1997, S. 22

Abbildung 107: Stabile Wirtschaftslage seit dem 2. Weltkrieg am Beispiel von 4-Jahres-Marktdurchschnittsrenditen (USA, 1805–1995)

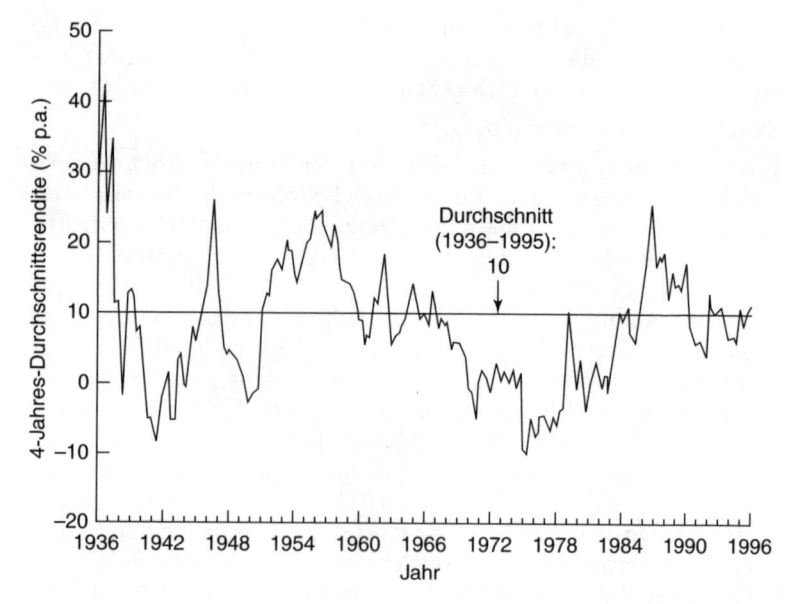

Bemerkung: Eingezeichnet sind die Endzeitpunkte der Perioden
Quelle: *Bernstein, P.,* 1997, S. 22

Abbildung 108: Das erhöhte Renditenniveau seit der Weltwirtschaftskrise ist nicht stabil zu halten: Vier-Jahres-Marktdurchschnittsrenditen (USA, 1936–1995)

zinsungen möglich werden. Diese Argumentation konfligiert allerdings mit der ersten.

Die Marktdaten in Tabelle 47 lassen es mich als unwahrscheinlich einschätzen, daß wir in einer Phase sind, die Argumentation 2 widerspiegelt.

Die Bewertungskennzahlen des Aktienmarktes haben sich in den 14 Jahren von 1981 bis 1995 verdoppelt bis verdreifacht. Die Basis – d.h. das Gewinnwachstum – hat bei weitem nicht Schritt gehalten. Vorsicht dürfte also geboten sein!

Hier ist das Buch eigentlich zu Ende. Aber noch nicht ganz: Bevor Sie versuchen die Anregungen selbst in „Ihre" Wertpapierstrategie umzusetzen, sollten Sie (wenn nicht längst passiert) klären, ob Sie überhaupt *wirklich* ein „Aktientyp" sind!

7.1 Die Marktbewertung 1999

	Markt-P/E-Verhältnis	Markt-Dividenden-Rendite	Markt-MW/BW-Verhältnis	Durchschnittsrendite	Durchschnittswachstum	Rendite langfristiger Staatsanleihen
1981	8	5,4	1,25 %	16,3 %[1]	7 %[2]	14
1995	18	2,5	4,05	–	–	6,9

[1] S & P 500; 14 Jahre: 1981–1995
[2] Gewinn; 14 Jahre: 1981–1995

Quellen: *Bernstein, P.*, 1997, S. 57.

Tabelle 47: Die Veränderung von Markt-Bewertungskennzahlen, Durchschnittswerte für Aktienrenditen, Gewinnwachstum und die Rendite am Anleihenmarkt (USA, 1981–1995)

8. Ein letztes: Investorenpsychologie oder: Werden Sie reif für Investitionen am Aktienmarkt!

Menschen sind unterschiedlich. Daher ist es nicht nur eine Frage, was *rein rational* das vernünftigste Investitionsverhalten ist, sondern *wie wohl man sich mit seinem individuellen Investitionsverhalten fühlt.* An dieser Stelle sollten Sie bereits viel über Aktien und ihr Verhalten gelernt haben. Aber: Wir sitzen immer noch gerne allzu menschlichen Vorstellungen auf – wie z.B. daß Wachstumsaktien toll sind. Es zeigt sich, daß das Wissen über solche Illusionen nicht genügt, um Illusionen zu eliminieren.

Illusionen wiederum führen – wen wundert es – zu einer Reihe von Verzerrungen. Ein paar wichtige werden hier dargestellt (wenngleich auch diese Darstellung vielleicht nur wenig hilft, um die Verzerrungen zu eliminieren).

Wahrnehmungsverzerrungen:

Die folgenden Beispiele lehnen sich an *Kahneman* und *Riepe* an.[275] Sie betreffen nicht nur Personen die sich mit Investitionsentscheidungen befassen, sondern Menschen in alltäglichen Entscheidungssituationen. Viel Spaß!

Über-Vertrauen:

Bittet man Investoren, den Bereich anzugeben, in dem sich eine Aktie oder ein Index mit 98 % Wahrscheinlichkeit in einem Monat befinden wird, werden die Grenzen viel zu eng angegeben. In Wahrheit befindet sich das Kursniveau nur mit etwa 80 % Wahrscheinlichkeit im angegebenen Bereich, nicht mit 98 %. *Das Vertrauen in Ihre eigene Urteilskraft ist sehr wahrscheinlich deutlich zu hoch!*

Optimismus:

Die Meinungen vieler Leute über Ihre eigenen Fähigkeiten sind stark in Richtung Optimismus verzerrt. So meinen rd. 80 % der Autofahrer, besser als der Durchschnitt zu fahren, was kaum eine realistische Einschätzung sein kann. Und bei Aktien mit toller Performance wird das Ergebnis nur dem eigenen Können zugeschrieben. Auch oft nicht realistisch!

Übervertrauen und Optimismus lassen Sie das eigene Wissen überschätzen, die Risiken unterschätzen und dadurch Ihre Fähigkeit, Ereignisse zu kontrollieren, wiederum überschätzen.

Empfehlungen:
Versuchen Sie, Ihre Entscheidungen kurz schriftlich niederzulegen und mit Ihrem Wissensstand querzuchecken. Bewahren Sie diese Entscheidungen auf! Prüfen Sie, welche Konsequenzen Ihre Entscheidungen hatten! Sie unterliegen sonst der Gefahr, sich eher an gute als an schlechte Beurteilungen zu erinnern (→ Optimismus und Über-Vertrauen!). *Machen Sie sich deutlich, daß auch Verluste normal sind und investieren sie daher nur soviel in riskante Anlageformen, wie es zu Ihrer Person und zu Ihrer persönlichen Situation „paßt".*

Hellseherische Fähigkeiten:

Vielen Investoren erscheint ein Ereignis (wie eine Veränderung der Zinspolitik, ein Crash usw.) *nachdem* es passiert ist als quasi natürlich und vorhersehbar. Daher können Sie nach solchen Ereignissen immer eine Reihe von Experten in den Medien beobachten, die glasklar analysieren, warum dies so und nicht anders passieren mußte.

Man kann aber nachweisen, daß die Meinung derselben Experten vor dem Ereignis durchaus nicht eindeutig war (und wahrscheinlich auch nicht sein konnte) – *denn das Verhalten von Märkten ist eben nicht so klar, wie es diese klaren Analysen glauben lassen.*

Empfehlung:

Glauben Sie diesen „Nachrationalisierern" nicht. Hören Sie auf die Argumente, glauben sie aber nicht, daß die Person die Zukunft vorhersagen kann, nur weil sie so gut die Vergangenheit erklären kann!

Überreaktion auf zufällige Ereignisse: Pseudo-Mustererkennung

Werfen Sie einen Blick auf die Ergebnisse von zwei Reihen von je 6 Münzwürfen:

Reihe 1: Kopf – Kopf – Kopf – Zahl – Zahl – Zahl
Reihe 2: Zahl – Kopf – Kopf – Zahl – Kopf – Zahl
Welche ist wahrscheinlicher?

Richtig: Beide sind gleich wahrscheinlich – auch wenn uns unser Innerstes im ersten Moment weismachen will, Reihe 1 wäre unwahrscheinlicher und wenn sie sich so ergäbe wie sie ist, müsse eine Ursache dahinter stecken.

Woran liegt das? *Unser Verstand ist darauf trainiert, Muster zu erkennen. Bedauerlicherweise findet er sie auch dort, wo es keine gibt.*

8. Ein letztes: Investorenpsychologie

Empfehlung:

Denken Sie daran, daß Aktienrenditen statistisch ähnlich sind wie Münzwürfe – auch wenn es oftmals nicht so ausschaut! Nicht hinter jedem Trend steckt eine Ursache – häufig ist er nur Zufall.

Überbewertung aktueller Ereignisse:
Aussagen über Aktien können realistischerweise nur über längere Zeiträume getroffen werden. Kurzfristprognosen sind praktisch unmöglich. Unsicherheit ist ein normales Charakteristikum jeder Aktienanlage.

Viele Anleger behaupten einen langfristigen Investitionshorizont zu haben, handeln aber ausgesprochen kurzfristig; d.h. kaufen und verkaufen viel mehr als notwendig, in der Meinung damit besser zu fahren.

Empfehlung:

Nur langfristig können Aussagen mit einigermaßen realistischen Wahrscheinlichkeiten getroffen werden. Seien Sie sich dessen bewußt!

Machen Sie sich nicht wahnsinnig durch tägliches Beobachten Ihrer Investitionen. Sie haben auf Tagesereignisse praktisch keinen Einfluß.

Lernen Sie mit Verlusten zu leben. Sie hätten sie wahrscheinlich nie verhindern können, weil Sie (wahrscheinlich) nicht hellzusehen vermögen. Sie tragen oft keine Schuld an diesen (kurzfristigen) Verlusten.

Genausowenig sind sie aber genial, wenn Sie kurzfristig hohe Gewinne zu verzeichnen haben! Werden Sie daher nicht übermütig (und investieren sie gerade dann nicht viel Geld in riskante Anlageformen wie Optionen), auch oder gerade wenn Sie sich so gut fühlen!

Anmerkungen

[1] DAX ist der Deutsche Aktienindex. Er symbolisiert die Renditeentwicklung von dreißig sehr großen deutschen Unternehmen, den sogenannten „Blue Chips". Rendite heißt, daß der Index nicht nur die Kursveränderungen der zugrundeliegenden Aktien berücksichtigt, sondern auch die Dividendenausschüttungen und andere geldwerte Vorteile.

[2] Natürlich immer unter der (stets kritisierbaren) Annahme, daß die Vergangenheit überhaupt eine Aussage über die Zukunft erlaubt.

[3] Ein Portefeuille besteht aus mehreren Aktien. Man bildet in der empirischen Kapitalmarktforschung praktisch immer Portefeuilles aus Aktien, die sich in bestimmten Dingen ähnlich sind, um Besonderheiten im Verhalten dieser Aktien auf das Bildungskriterium der Fonds zurückzuführen. Die zufallsbedingten Kursschwankungen einer *einzelnen* Aktie sind meist viel zu groß, um eine Verbindung zwischen der Rendite und *einer (oder mehrerer)* Eigenschaft(en) der Aktie herzustellen. In Portefeuilles sollen sich die zufallsbedingten Schwankungen gegenseitig zumindest teilweise eliminieren, damit treten die systematischen renditebeeinflussenden Faktoren deutlicher hervor.

[4] Achtung: dieses Vermögen ist nicht vollständig vergleichbar mit dem Ergebnis des „Geschwisterbeispiels" im Vorwort auf S. VII. Nicholson rechnet ohne Dividenden. Seine Gesamtperformance wäre bei Berücksichtigung also noch besser, und zwar um rd. 3 % p.a.

[5] „Hauptsächlich" deswegen, weil durch deutsches Recht deutsche *Gewinne* anders berechnet werden als amerikanische *Earnings*, denen US-amerikanisches Recht (US-GAAP) zugrundeliegt.

[6] Natürlich könnte man mit einer ähnlichen Argumentation auch einen aktuellen Kurs z.B. durch die erwarteten Durchschnittsgewinne der kommenden zwei, drei usw. Jahre dividieren. Nur – das wird nicht gemacht!

[7] Übrigens sind mit dem Wort Gewinn im Zusammenhang mit dem KGV immer „Jahresüberschüsse" gemeint. Warum es dann nicht Kurs/Jahresüberschuß-Verhältnis heißt, liegt an der Übersetzung des englischen Begriffes „Earnings" mit dem deutschen Wort „Gewinn", obwohl die Earnings dem deutschen Jahresüberschuß entsprechen.

[8] Vom Beginn der Weltwirtschaftskrise 1929 bis Ende der fünfziger Jahre gab es noch einmal einen Rückfall in eine andere, „Alte Denke", die künftigem Gewinnwachstum keine große Bedeutung zumißt. Seither ist man aber wieder einhellig derselben Meinung, wie sie bereits einmal in der zweiten Hälfte der zwanziger Jahre kurz en vogue war: Der Wert eines Unternehmens wird von seinem künftigen Gewinnwachstum bestimmt. Vgl. Abschnitt Die Bewertung von Unternehmen mit „Fundamentalanalyse", Seite 165 ff.

⁹ Genaugenommen müßte man für die beiden Unternehmen annehmen, daß sie sich nur im Gewinnwachstum unterscheiden und alle sonstigen Parameter wie Finanzierungsstruktur, Volatilität des Geschäftes etc. zumindest sehr ähnlich sind.

¹⁰ Vgl. Seite 1.

¹¹ Man muß also die P/E-Portefeuilles nicht jedes Jahr neu bilden. Das reduziert die Transaktionskosten, die mit einer P/E-Strategie verbunden sind, deutlich.

¹² CAPM heißt Capital Asset Pricing Model. Wie der Name andeutet, eignet es sich nicht nur zur Beschreibung des Risiko-Rendite-Zusammenhanges am Aktienmarkt, sondern eigentlich für die Preisfeststellung jedes beliebigen Wertgegenstandes. Bis heute findet es aber fast ausschließlich eine Verwendung am Aktienmarkt.

¹³ Beachten Sie den Renditeabstand im Vergleich zu den Ergebnissen von Nicholson (USA) und Wallmeier (Deutschland): Die Ergebnisse sind sehr ähnlich!

¹⁴ Wer genau hinsieht wird erkennen, daß seltsamerweise alle P/E-Portefeuilles eine höhere Duchschnittsrendite als der Gesamtmarkt haben. Dies ist weder ein Druck- noch ein Rechenfehler, sondern ein Hinweis auf einen weiteren Anomalieeffekt, den Size- oder auch Größeneffekt. Relevant ist dabei, daß die Rendite des Gesamtmarktes als marktwertgewichtete Rendite berechnet ist (große Gesellschaften beeinflussen das Ergebnis mehr als kleine), während die der P/E-Portefeuilles jeweils als gleichgewichtete Renditen (jede Gesellschaft hat gleichen Einfluß auf die Portefeuillerendite) berechnet sind.

¹⁵ Übrigens: Die Risikobereinigung erfolgte hier als „Portefeuillerisikoprämie dividiert durch Portefeuillerisiko". Man hätte auch die Risikoprämien einzelner Aktien nehmen können, um sie dann durch ihre individuelle Schwankung zu dividieren. Die Ergebnisse hätten sich kaum verändert.

¹⁶ Die weltweit bekannteste dürfte die von Fama/French aus dem Jahr 1992 sein, zwei der renommiertesten Herren auf dem Gebiet der Kapitalmarktforschung überhaupt. Wir werden uns später noch sehr intensiv mit dieser Studie beschäftigen. Sie wird wahrscheinlich einen Paradigmenwechsel in der Kapitalmarkttheorie auslösen: Nichts mehr war danach so wie vorher. Vgl. Fama, E., French, K., 1992, The Cross-Section of Expected Stock Returns, Journal of Finance 47, S. 427–465.

¹⁷ Um nur die renommiertesten und vergleichsweise neuesten Autoren zu nennen: Keim, D.B., 1990, A New Look at the Effekts of Firm Size and E/P Ratio on Stock Returns, Financial Analysts Journal 46, März-April, S. 56–67, Fuller, R.J., Huberts, L.C., Levinson, M.J., 1993, Returns to E/P Strategies, Higgledly-Piggedly Growth, Analysts' Forecast Errors, and Omitted Risk Factors, Journal of Portfolio Management 19, Winter, S. 13–24 und Fluck, Z., Malkiel, B.G., Quandt, R.E., 1994, The Predictability of Stock Returns: A Cross-sectional Simulation, New York University Salomon Center, Arbeitspapier Nr. S-95–9, Dezember.

¹⁸ Vgl. Jaffe, J.F./Keim, D.W./Westerfield, R., 1989, Earning Yields, Market Values, and Stock Returns, The Journal of Finance 44, S. 135–148. Die Auto-

ren berichten von einem U-förmigen Zusammenhang von E/P-Verhältnis und durchschnittlicher Rendite; was nichts anderes heißt, als daß sowohl Firmen mit negativen Earnings als auch solche mit hohen E/P- (und damit niedrigen P/E-)Verhältnissen hohe Renditen aufweisen.

[19] „Extreme" Renditen treten bei Aktien häufiger auf als bei echt normalverteilten Größen. Man spricht von „dicken Schwänzen" bei der empirischen Verteilung der Aktienrenditen. Außerdem ist der linke Ast der Verteilung abgeschnitten – eine Aktie kann schlechtestenfalls eine Rendite von -100% haben. Renditen über 100% sind demgegenüber möglich.

[20] Der Korrelationskoeffizient von Einzelaktien ist kleiner als 1, da (Zufalls-) Ereignisse auf Ebene der individuellen Unternehmen dazu führen, daß Erfolge und damit auch Renditen nicht vollständig zusammenhängen.

[21] Zumindest ist das so in Zeiten, in denen der Markt nicht von einem Crash heimgesucht wird. Und letztere sind nicht an der Tagesordnung.

[22] Das ist typisch für Wirtschaftswissenschaftler: Sie bekommen ihre Nobelpreise fast immer viele Jahrzehnte nach ihren eigentlich wichtigen Arbeiten.

[23] Im Sinne der Kapitalmarkttheorie „vernünftig" handelnde Personen heißen in der Sprache der Kapitalmarktexperten „Rationale Anleger". Es besteht ein gewisser Verdacht, daß es nur sehr wenige solche Personen wirklich gibt.

[24] Der Grad, wie sehr Aktien entgegengesetzt schwanken, kann mit dem Korrelationskoeffizient oder der Kovarianz gemessen werden. Zur Berechnung des Portefeuilles mit der geringsten Schwankung bei gegebener Rendite muß man die Kovarianzen aller Aktien zu allen anderen Aktien kennen. Dazu muß man sie schätzen. Problematisch ist nicht nur die richtige Schätzung. Schwierig ist vor allem die Stabilität der Daten für die Zukunft: Eigentlich bräuchte man ein Verfahren, das aus den anhand der Vergangenheit geschätzten Daten die Bestimmung der in der Zukunft eintretenden Varianzen und Kovarianzen, die in die Rechnung eingehen sollten, erlaubt. Bisher werden solche Verfahren eher selten angewandt.

[25] Einen vernünftigen deutschen Namen für das „Efficient Set" gibt es nicht.

[26] Das gilt dann, wenn alle Anleger im Sinne der Kapitalmarkttheorie vernünftige Anleger sind.

[27] Zur Erinnerung: Der Marktwert ist der aktuelle Kurs einer Aktie multipliziert mit der Anzahl der ausstehenden Aktien.

[28] Für den, der es genau wissen will: β erklärt den folgenden Zusammenhang: Aktienrendite = Risikoloser Zins + β * (Rendite des Marktportefeuilles – Rendite des Risikolosen Zinses). Zur Berechnung von β kann man eine Regressionsgerade durch eine Punktewolke legen, wobei die Punkte historische Kombinationen von Aktienrendite und Marktportefeuillerenditen sind. Die Punktewolke wird dabei in ein Koordinatensystem eingetragen, dessen Abszisse die Marktrendite und dessen Ordinate die Aktienrendite darstellt. Berechnet man z.B. β aus Monatsdaten und die Januarrendite des Marktportefeuilles betrug 10%, die der Aktie aber -3%, dann ist (+10, -3) *ein* Punkt der Punktewolke. Die Steigung der Regressionsgeraden ist dann ein Schätzer für β. Für eine vernünftigen Schätzung braucht man zwischen 36 bis 60 Daten-

punkte – also eine Börsennotiz von mindestens 3–5 Jahren bei monatlichen Renditedaten.

[29] Daß das Marktportefeuille gerade ein β von 1 hat, ergibt sich zwingend aus der zugrundeliegenden Mathematik.

[30] Achtung: Das gilt nur für unsere hypothetische festverzinsliche Anlage, die immer sicher ihre Zinsen zahlt. Es gibt durchaus riskante festverzinsliche Anlagen wie z.B. russische Staatsanleihen, bei denen eben nicht ganz sicher ist, ob Zinsen pünktlich gezahlt werden oder ob die Rückzahlung überhaupt stattfindet. Die Russen mögen mir das Beispiel verzeihen!

[31] Zwei spezielle Probleme gibt es beim Test des CAPM:
1. Das Modell erklärt *erwartete Renditen* und nicht die tatsächlich realisierten, beobachtbaren Renditen. Man hilft sich mit der Argumentation, daß im (längerfristigen und über mehrere Aktien betrachteten) Durchschnitt die erwarteten gleich den realisierten Renditen sind.
2. Zum Test braucht man *die* Marktrendite. Uns liegt aber bisher nur eine Aktienmarktrendite vor. Eigentlich bräuchte man aber die Renditen eines Portefeuilles, in dem alle Wertgegenstände entsprechend ihrem Marktwert vertreten sind – d.h. Aktien, Immobilien, Grundstücke, Rohstoffe etc.
Vgl. zu diesen Testproblemen Roll, R., 1977, A Critique of the Asset Pricing Theory's Tests; Part 1: On Past and Potential Testability of the Theory, Journal of Financial Economics 4, März, S. 129–176.

[32] Black, F., Jensen, M.C., Scholes, M., 1972, The Capital Asset Pricing Model: Some Empirical Tests, in: Studies in the Theorie of Capital Markets, Hrsg. Jensen, New York, Praeger. Die Studie wurde schon bald kritisch beurteilt, da Renditen und β-Schätzungen zeitgleich geschehen. Dieses Manko weist die nächste vielbeachtete Studie, Fama, E.F., MacBeth, J., 1974, Tests of a Multiperiod Two Parameter Model, Journal of Political Economy 81, nicht mehr auf. Auch diese Autoren finden (übrigens mit denselben Daten wie Black/Jensen/Scholes) eine zwar nicht 100%-ige, aber immerhin weitgehende Übereinstimmung von ihren Testergebnissen mit dem CAPM: Der Zusammenhang von β und Rendite ist linear und andere Risikomaße außer β scheinen tatsächlich keine Rolle zu spielen. Sie schätzen übrigens die Marktrisikoprämie auf 0,85% pro Monat oder 10,20% p.a. (Tab. 4, S. 626). Die beiden Studien sind ein gutes Beispiel dafür, wie Unterschiede in der Vorgehensweise bei identischem Datenmaterial zu Ergebnisveränderungen führen können.

[33] Friend und Blume (1979, Measurement of Portfolio Performance under Uncertainty, American Economic Review, September) können sich nach dem Test ihrer Daten nicht sehr positiv über das Modell äußern.

[34] In der angelsächsischen Nomenklatur heißt diese Linie „Security Market Line"; in Deutschland wird entweder der angelsächsische Ausdruck oder eben der Begriff *Wertpapiermarktlinie* verwandt.

[35] Richtiger wäre, davon zu sprechen, daß das CAPM „nicht falsch" sei – eine für Statistiker wichtige Unterscheidung. Die Korrektheit eines Modells kann nämlich nicht bewiesen werden; nur seine Nicht-Korrektheit. Kann die Nicht-Korrektheit nicht bewiesen werden, *gilt* das Modell erst einmal als richtig, ohne daß damit seine Korrektheit bewiesen oder beweisbar wäre.

[36] Sharpe war sich der Weltfremdheit dieser Annahmen natürlich bewußt. Er sprach in diesem Zusammenhang von einem „Never-never Land" (z.b. William F. Sharpe, Investments, 1985, Prentice-Hall, S. 148).

[37] Alle Kapitalmarktmodelle haben solche Annahmen. Ansonsten ist es praktisch unmöglich, mathematisch sauber Bepreisungsmodelle abzuleiten. Je weniger Annahmen gemacht werden und je offener sie formuliert sind, desto schwieriger ist die Ableitung eines Modells. Ohne Fundament (= Annahmen) gibt es quasi kein Haus (= Modell)!

[38] Diese Alternative würde ich Ihnen wirklich nur ungerne empfehlen!

[39] Basu, S., 1983, The Relationship between Earnings' Yield, Market Value and Return for NYSE Common Stocks, Journal of Financial Economics 12, S. 129–156.

[40] Was es bedeutet, daß alle P/E-Portefeuilles ein besseres Treynor-Maß als der Gesamtmarkt aufweisen, liegt an einem quasi versteckten Size-Effekt, der durch die Gleichgewichtung bei der Berechnung der Portefeuillerenditen zutagetritt. Diesen werden wir später noch kennenlernen.

[41] Die Steigung dieser Geraden ist identisch mit der Marktrisikoprämie.

[42] Anders ausgedrückt: Aktien *über* der Wertpapiermarktlinie sind *zu billig* (der Anleger darf für das eingesetzte Geld einen hohen Return erwarten), Aktien *darunter zu teuer* (der Anleger darf für sein investiertes Geld nur einen kleinen Return erwarten).

[43] Vgl. Kuhn, T., 1970, The Structure of Scientific Revolutions, University of Chicago Press, S. 52–53.

[44] Wallmeier, M., 1997, Prognose von Aktienrenditen und -risiken mit Hilfe von Mehrfaktorenmodellen, Bad Soden/Ts., Uhlenbruch.

[45] Um nicht in Verlegenheit durch Nichtberücksichtigung von Umstrukturierungskosten zu kommen, wird die Zusammensetzung der Portefeuilles nur einmal jährlich überprüft und angepaßt. Denn die weitaus meisten Untersuchungen vernachlässigen Umstrukturierungskosten der Portefeuilles: Würde man die (theoretischen) Aktienportefeuilles in der Realität nachbilden wollen, würden natürlich bei jeder Änderung der Portefeuillezusammensetzung An- und Verkaufsspesen entstehen. Viele frühe Studien haben (manchmal auch unabsichtlich implizit) eine monatliche Überprüfung und Neubildung ihrer Portefeuilles vorgenommen. So wurde z.B. in einem Low-P/E-Portefeuille eine Aktie sofort entfernt, wenn sie durch Kurs- oder Gewinnveränderung nicht mehr zu ihrem alten Portefeuille gehörte. Spätere Studien zeigen, daß die dadurch entstehende Verzerrung im Verhältnis zu einem echten Portefeuille keinen ausschlaggebenden Einfluß auf die erzielten Ergebnisse hat. Manche Forscher wollen sich aber nicht vor entsprechenden Angriffen aus der Praxis rechtfertigen müssen und führen daher in ihren Testportefeuilles nur ein jährliches „Rebalancing" durch. Bei einem solchen Vorgehen entstehen deutlich geringere Transaktionskosten als bei einem monatlichen Rebalancing. Der Vorwurf, bestimmte Kosten nicht berücksichtigt zu haben, schwindet daher nochmals. Auch bei dieser Art der Vorgehensweise ergeben sich nur geringfügig andere Ergebnisse als bei monatlichen Rebalancing. Insgesamt scheint das Problem eher von geringer Praxisrelevanz zu sein.

⁴⁶ Interpretation und Berechnungweise von geometrischen und arithmetischen Mittelwerten können Sie im „Exkurs: Renditedurchschnitt ist nicht gleich Renditedurchschnitt" auf Seite 57 ff. nachlesen.

⁴⁷ Zitiert aus der Homepage der Wirtschaftwoche Nr. 32 vom 31.7.1997. Rubrik Geld&Kapital. Titel der Veröffentlichung: „Sklavisch durchhalten".

⁴⁸ Top-Down bedeutet, daß man sich zuerst Märkte, dann Branchen und schließlich Unternehmen anschaut. Dieser quasi Standard-Ansatz scheint momentan allerdings in die Kritik zu geraten: Denn die starke Europäisierung bzw. Globalisierung führt dazu, daß nicht mehr der Heimatmarkt relevant für den Erfolg eines Unternehmens ist, sondern der Weltmarkt. Und mit dem seien praktisch alle Unternehmen einer Branche gleichermaßen konfrontiert. Aus meiner Sicht eine etwas gewagte Position – unterschlägt sie doch z.b. die Wirkung von Wechselkursen.

⁴⁹ Diese Vorgehensweise soll sicherstellen, daß keine wesentlichen Faktoren außer acht gelassen werden: So gehen durch die Betrachtung von Währungsblöcken Zinstrends und Kapitalströme, durch die Betrachtung von Ländern politische Rahmenbedingungen und Börsenbewegungen, durch die Betrachtung von Industrien bzw. Branchen die Stellungen im Lebenszyklus und durch die Betrachtung von einzelnen Unternehmen deren spezifische Stärke (wie Produktpalette und deren Qualität) und Schwächen (z.b. hoher externer Finanzbedarf) in die Bewertung ein.

⁵⁰ Obwohl es immer wieder nur temporär auftretende Effekte zu geben scheint: So berichtet z.b. der „Investment-Guru" Graham von der DOW-Theorie, die zwar zwischen 1897 und 1933 sehr erfolgreich gewesen war, dann aber – zumindest bis in die siebziger Jahre – nicht mehr funktioniert hat. Vgl. Graham, B., 1975, Analyse und Strategie langfristiger Aktienanlage, S.16f.

⁵¹ So finden z.b. Jacobs/Levey (1988) in den USA einen im Vergleich zum Dividendenrendite-Effekt stärkeren E/P-Effekt, während Lakonishok, Shleifer und Vishny (1994) das Gegenteil berichten.

⁵² Wallmeier berechnet z.b. einen „Grad der Überdeckung" für verschiedene Merkmale. Diese Größe mißt den Zusammenhang zwischen zwei Variablen. Die Frage die Wallmeier stellt ist, inwieweit eine Sortierung von Aktien nach *einer* Größe zu einer *impliziten* Sortierung nach einer *anderen* Größe führt. Der mit Abstand größte Grad der Überdeckung besteht zwischen dem CF/Kurs-Verhältnis und dem Gewinn/Kurs-Verhältnis. Letzteres ist auch nur ein invertiertes P/E-Verhältnis. Vgl. Wallmeier, Martin, 1997, S.274f.

⁵³ Als Beispiel sei repräsentativ nur Wallmeier genannt. Vgl. Wallmeier, Martin, 1997, S.278 ff, insbes. S.280.

⁵⁴ Diese Feststellung trifft allerdings auch auf das Gros der weiteren Anomalievariablen zu!

⁵⁵ Andere Größenmeßzahlen wie z.B. Umsatz korrelieren jedoch sehr stark mit dieser Meßgröße.

⁵⁶ Das ist *der* Fama, der zusammen mit MacBath 1973 einen berühmten, sehr zu Gunsten des CAPM ausgefallenen Artikel verfaßt hat.

Anmerkungen

[57] Schon im ersten bekannt gewordenen Aufsatz zum Size-Effekt von Banz wurde ersichtlich, daß der Size-Effekt wahrscheinlich nicht völlig vom CAPM erklärt werden kann. Statt das CAPM in Frage zu stellen, widmeten sich weitere Studien zunächst Methoden, um das β-Risiko vor allem kleiner Aktien bzw. Portefeuilles aus kleinen Aktien besser berechnen zu können. Vgl. Banz, R.W., 1981, The Relationship between Returns and Market Value of Common Stock, Journal of Financial Economics Nr. 9, S. 3–18.

[58] Zumindest nicht in diesem Datenmaterial. Das ist allerdings eines der quantitativ und qualitativ besten, das überhaupt zur Verfügung steht.

[59] Keim, D.B., 1983, Size-Related Anomalies and Stock Return Seasonality: Further Empirical Evidence, Journal of Financial Economics 12, Juni, S. 13–32 und Roll, R. 1983, Was ist das? The Turn of the Year Effect and the Return Premia of Small Firms, Journal of Portfolio Management 9, Winter, S. 18–28.

[60] Gezeigt ist der Renditeunterschied von den 10% kleinsten Unternehmen von NYSE und AMEX abzüglich der Rendite des S&P 500. Vgl. Haugen, R., Lakonishok, J., 1988, The Incredible January Effekt, Homewood, Illinois, Dow Jones-Irwin.

[61] Keim, D.B., 1983, Size-Related Anomalies and Stock Return Seasonality: Further Empirical Evidence, Journal of Financial Economics 12, Juni, S. 13–32.

[62] Small Cap steht für Small Capitalisation, d.h. kleinen Marktwert. Gemeint ist der Marktwert des Eigenkapitals.

[63] Diese Interpretation ist nur gültig, wenn den bisher erzielten Renditen derselbe stabile renditeerzeugende Zufallsprozeß zugrunde liegt, der auch den zukünftigen Renditen zugrunde liegen wird.

[64] In den meisten Untersuchungen werden arithmetische Durchschnitte berichtet. Sie sind ein Schätzer für den Mittelwert einer Verteilung. Damit leisten sie gute Dienste, wenn man sagen will, wie groß wohl die nächste Periodenrendite sein wird. Haben zwei Verteilungen aber eine unterschiedliche Standardabweichung, ist das etwas schwerer zu berechnende geometrische Mittel der bessere Schätzer für eine künftige Wertentwicklung.

[65] 1969 versuchte der Volkswirt Tobin das Investitionsverhalten von Unternehmen anhand des Verhältnisses der Renditen ihrer Investitionen und den gegenüberstehenden Finanzierungskosten zu erklären. Unter bestimmten Annahmen kann dieses Verhältnis auch als Quotient von Marktwert zu Reproduktionskosten (= letzteres approximiert er mit dem Buchwert) aufgefaßt werden, dem „Tobins'q". Tobins'q hatte also ursprünglich nichts mit der Performancemessung von Aktien, sondern alleine mit der Erklärung des Investitionsverhaltens zu tun!

[66] Bei „Stillen Reserven" handelt es sich um Vermögenswerten, die in einer traditionellen Bilanz entweder gar nicht auftreten (z.B. Know-how von Mitarbeitern oder in vielen Fällen selbstentwickelte Patente) oder solche Vermögenswerte, die nicht mit dem Marktpreis, sondern mit einem geringeren Wert zu Buche stehen (z.B. viele Grundstücke oder Beteiligungen). Das in der deutschen Bilanzierung *noch* dominierende Vorsichtsprinzip stellt häufig einen impliziten Zwang zur Bildung Stiller Reserven dar.

[67] Während die Amerikaner gerne Marktwert/Buchwertverhältnisse bilden, bilden die Deutschen meist Buchwert/Marktwert-Verhältnisse. Ein tieferer Sinn steckt nicht dahinter. Hohe MW/BW-Verhältnisse sind gleichbedeutend mit (relativ) niedrigen BW/MW-Verhältnissen. Der Einfachheit halber werden wir hier nur noch von MW/BW-Verhältnissen sprechen, weil auch das P/E-Ratio und die P/S-Ratio die Marktwertperspektive im Zähler und die Buchhaltungsperspektive im Nenner haben.

[68] Diese Angaben beziehen sich auf den Zeitraum von 1969 bis 1991. Vgl. Sattler, R., S. 274.

[69] Würde man die Portefeuilles bereits zum 1.1. bilden, nähme man einen „Look-ahead bias" in Kauf; denn Anfang Januar kennt noch niemand (zumindest nicht die Öffentlichkeit) den Buchwert des Eigenkapitals des gerade abgelaufenen Jahres.

[70] Aufgepaßt: Es handelt sich hier um ein arithmetisches Mittel! Die Unterschiede der geometrischen Mittelwerte sind wahrscheinlich kleiner. Vgl. dazu den Abschnitt Exkurs: Renditedurchschnitt ist nicht gleich Renditedurchschnitt auf der Seite 57 ff.

[71] Kothari, S.P., Shanken, J., Sloan, R.G., 1995, Another Look at the Cross Section of Expected Stock Returns, Journal of Finance 50, März, S. 185–224.

[72] Die Autoren geben noch eine ökonomische Begründung, die zeigen soll, warum das MW/BW-Verhältnis keinen Erklärungsbeitrag für Renditen liefern dürfte: Die Buchwert-Größe (BW) könne durch unterschiedliche Abschreibungs- und Bilanzierungsmethoden „gestaltet" (oder deutlicher: quasi manipuliert) sein. Vergleichbares gelte beim Price/Earnings-Verhältnis für die Earnings, also die Gewinne. Gerade das letztere Argument führt dann übrigens zu neuen Untersuchungsgrößen, die weniger gestaltbar sind, wie z.B. Umsatz (pro Aktie)/Kurs.

[73] Kothari, Shanken und Sloan vertreten die Vermutung, daß die breite Datenbasis von Fama und French eine „Überlebens-Verzerrung" hat. Damit ist gemeint, daß beim Aufbau der Datenbank bestimmte Firmen, die wieder vom Markt verschwunden sind (und eine entsprechend geringe Rendite bei oft gleichzeitig niedrigem MW/BW-Verhältnis hatten), gar nicht in der Datenbank vertreten sind. Damit sind teilweise nur „Überleber" aufgenommen (vor allem vor 1978). Vgl. Kothari, S.P., Shanken, J., Sloan, R.G. (1995), Journal of Finance 50, Nr. 1, S. 185–224. Fama/French wiederum zeigen, daß die „Überlebens-Verzerrung" wahrscheinlich nicht so groß ist, wie von Kothari, Shanken und Sloan angenommen. Vgl. Fama, E.F. und French, K.R., 1995, Journal of Finance 50, Nr. 1, S. 131–155.

[74] Jetzt muß man von einer Anomalie sprechen, da das CAPM verletzt ist. Auch für die USA ist die Verletzung des CAPM nachgewiesen; vgl. z.B. Hawawini und Keim, 1993, Tabelle 4.

[75] Vgl. Sattler, R., 1994, Renditeanomalien am deutschen Aktienmarkt, S. 264. Das Datenmaterial von Sattler ist weitaus umfassender als das von Capaul, Rowley und Sharpe.

[76] Capaul, C., Rowles, I. und Sharpe, W.F., 1993, International Value and Growth Stock Returns, Financial Analysts Journal, Januar-Februar, S. 27–36.

Anmerkungen

[77] Handelsrechtliche Vorschriften machen eine reine Fremdfinanzierung unmöglich: Aktiengesellschaften benötigen mindestens 100.000 DM Eigenkapital bei der Gründung, GmbH's mindestens 50.000 DM.

[78] Der zweite Teil des Kapitals ist das Fremdkapital, die *Schulden*. Das sind
1. in erster Linie Bankkredite, aber auch
2. Schulden in Form von (künftig) zu zahlenden Pensionen (*Pensionsrückstellungen*) und
3. künftige Aufwendungen, die man jetzt bereits im Prinzip kennt, aber von denen man die genaue Höhe und/oder das Datum noch nicht genau kennt. Die Merkposten für solche Aufwendungen heißen *Rückstellungen*, z.B. Rückstellungen für Gewährleistungen.

[79] In aller Regel führt ein Konkurs auch dazu, daß Fremdkapitalgeber zumindest einen deutlichen Teil ihrer Forderungen nicht mehr realisieren können. Daher steigt bei hohen Verschuldungsgraden auch das Risiko für die Fremdkapitalgeber und damit auch ihre Rendite- (= Zins-)forderung.

[80] Bhandari, L.C., 1988, Debt/Equity Ratio and Expected Common Stock Returns: Empirical Evidence, Journal of Finance 43, S. 507–528.

[81] Daran erkennt man den kapitalmarkttheoretisch geschulten Menschen. DaimlerChrysler verwendet eine ähnliche Größe zur Festlegung der Zielkapitalstruktur. Banker griffen und greifen in Ermangelung von Marktwerten in der Regel auf Buchwert- (= Bilanz-) Kennziffern zurück.

[82] Um präzise zu sein: Fama/French verwenden zur Messung des Verschuldungsgrades den logarithmierten, inversen Verschuldungsgrad, d.h. ln(Gesamtkapital/Buchwert Eigenkapital) und ln(Gesamtkapital/Marktwert Eigenkapital). Für die im Text genannte Argumentation ist dies jedoch ohne Belang.

[83] Fragen Sie mich bitte nicht, warum jeder Autor die Verschuldung anders mißt!

[84] In der Argumentation von Fama/French würden wir von einer „unfreiwilligen" Verschuldung sprechen.

[85] Damit tritt auch das Problem arithmetisches vs. geometrisches Mittel praktisch nicht auf. Vgl. dazu den Abschnitt „Exkurs: Renditedurchschnitt ist nicht gleich Renditedurchschnitt" auf Seite 57 ff.

[86] panorama, 1996, Focus Thema „Qualität und Aktienkursperformance", Investment Research Zürich, Bank Julius Bär, 3. Quartal, S. 25–28.

[87] In der Studie könnte eine „Ex-post-Auswahl-Verzerrung" vorliegen: Das Datenmaterial umfaßt von den 500 Aktien, die 1986 im S&P 500 vertreten waren, nur die 350, die auch noch 1996 in diesem Index vertreten waren. Die konnte man aber 1986 noch nicht kennen. Daher liegt der Verdacht nahe, daß gerade eine Reihe unwichtiger gewordener oder gar in Konkurs gegangener Unternehmen nicht berücksichtigt wurden. Es ist wahrscheinlich, daß diese Unternehmen eher mittlere bis schlechte als sehr gute Ratings hatten. Daher sind die Ergebnisse wahrscheinlich zugunsten der schlechter gerateten Unternehmen verzerrt, die gewonnenen Ergebnisse gelten also umso stärker. Vgl. zu einem ähnlichem Problem auch Endnote 69.

[88] Man muß sagen „noch intern". In Deutschland etablieren sich zur Zeit Rating-Agenturen, die Ratings auch für größere Mittelständler erstellen. Diese Dienstleistung kostet zwischen 40–60.000 DM; für Großunternehmen sind sechsstellige Beträge normal.

[89] Fundamentaldaten sind besonders wichtig bei Schulden, die nicht z.B. durch Grundschulden oder Hypotheken gesichert sind.

[90] Diese Liste stammt von Moody's; die Ähnlichkeit der Kriterien bei anderen Ratingagenturen ist jedoch sehr hoch.

[91] Stand 1996.

[92] Und im Schnitt sollten Versprechungen und Realität nahe beieinander liegen.

[93] Besonders überrascht dabei, daß im Zuge eines Ratingverfahrens natürlich der Verschuldungsgrad (und zwar traditionell, d.h. auf Basis von Buchwerten gemessen) eine zentrale Rolle spielt. Und oben wurde gezeigt, daß mit einem hohen Verschuldungsgrad im Schnitt eine hohe Aktienrendite einhergeht, mit einem niedrigen eine niedrige (das gilt nur, wenn Verschuldung als Vermögen/Marktwert des Eigenkapitals gemessen wird. Wenn die Verschuldung als Vermögen/Buchwert Eigenkapital gemessen wird, sinken mit steigender Verschuldung die Aktienrenditen. Siehe oben Kapitel „Verschuldungs- bzw. Leverage-Effekt").

[94] Eduard Frauenfelder, Vizedirektor Investment Research bei Bank Julius Bär, zitiert aus der Wirtschaftswoche vom 12.09. 1996, Nr. 38, Qualität lohnt, S. 140.

[95] Vgl. z.B. Jacobs, B.I, und Levy, K.N., 1988, Disentangling Equity Return Regularities: New Insights and Investment Opportunities, Financial Analysts Journal 44, Heft 3, S. 18–43 sowie Chan, L.K.C., Hamao, Y. und Lakonishok, J., 1993, Can Fundamentals Predict Japanese Stock Returns?, Financial Analysts Journal 49, Heft 4, S. 63–69.

[96] Die Wichtigkeit einer Umsatzgröße ist in der ökonomischen Theorie nicht eindeutig geklärt. Hinweise darauf, daß der Umsatz von Bedeutung ist, geben vor allem Beobachtungen, die dem relativen Marktanteil (d.h. dem Quotienten aus eigenem Marktanteil zu Marktanteil des größten Konkurrenten) eine hohe Bedeutung zukommen lassen: Hier zeigt sich, daß in einer Reihe von Branchen nur einige wenige Unternehmen, und zwar die mit den höchsten relativen Marktanteilen, erfolgreich sind. Ökonomischer Hintergrund scheinen vor allem Erfahrungskurveneffekte zu sein. Zwischen relativem Marktanteil und dem Umsatz dürften *innerhalb einer* Branche hohe Korrelationen herrschen.

[97] Ein Hinweis noch zur methodischen Vorgehensweise: Im Normalfall wird die Marktkapitalisierung in diesem Zusammenhang als Aktienkurs gemessen, nicht wie bisher üblich als Kurs multipliziert mit der Anzahl der Aktien. Dafür wird aber auch der Umsatz als Umsatz pro Aktie gerechnet. Also eine Vorgehensweise, die der beim P/E-Effekt vergleichbar ist.

[98] Fisher, K.L., 1984, Super Stocks, Dow Jones-Irwin, Homewood, Illinois.

[99] Fisher, K.L., 1984, Super Stocks, Dow Jones-Irwin, Homewood, Illinois, S. 237.

Anmerkungen 233

¹⁰⁰ Senchack, A., Martin, J., 1987, The Relative Performance of the PSR and the PER Investment Strategies, Financial Analyst Journal, März-April, S. 46–56.

¹⁰¹ Jacob, B., Levy, K., 1988, Disentangling Equity Return Regularities: New Insights and Investment Opportunities, Financial Analyst Journal, Mai-Juni, S. 18–43.

¹⁰² Barbee, W.C. Jr., 1989, Forecasting the Performance of a Company's Common Stock with a Model Based on the Sales/Price Ratio, Spectrum, Herbst, S. 45–49.

¹⁰³ Gemeint ist Kurs zu Umsatz pro Aktie.

¹⁰⁴ Beachten Sie: O'Shaughnessy kombiniert ein Winner-Kriterium (Winner des *letzten* Jahres!) mit dem Preis/Umsatz-Effekt. Demgegenüber gibt es einen ausgeprägten Loser-Effekt; d.h. die Loser (der *vergangenen 4–5* Jahre!) zeigen besonders hohe Renditen. Vergleichen Sie dazu den Abschnitt „Der Winner-Loser-Effekt" auf Seite 90 ff.

¹⁰⁵ In der Textquelle wird gar eine Rendite von 18 % p.a. über 43 Jahre genannt, die zu einem Endvermögen von 8 Millionen $ führt. Eine Rendite von 18 % würde jedoch zu einem Endvermögen von über 12.300.000 $ führen. Um auf der sicheren Seite zu bleiben, ist der niedrigere Wert von 8 Millionen $ genannt, der einer durchschnittlichen Rendite von 16,82 % entspräche. Vgl. O'Shaughnessy, zitiert aus der Wirtschaftwoche Nr. 32 vom 31.7.1997. Rubrik Geld&Kapital. Titel der Veröffentlichung: „Sklavisch durchhalten". Wahrscheinlich liegt eine geometrische vs. arithmetrische Mittel-Problematik vor. Siehe dazu Abschnitt 3.7 „Exkurs: Renditedurchschnitt ist nicht gleich Renditedurchschnitt".

¹⁰⁶ Aggerwal, R., Rao, R., Hiraki, T., 1990, Equity Return Regularities Based on the Price/Sales Ratio: An Empirical Study on the Tokyo Stock Exchange, in: Rhee, S.G., Chang, R.P. (Hrsg.), Pacific-Basin Capital Markets Research, Volume I, North Holland.

¹⁰⁷ Die Dividende ist mit 30 % Körperschaftssteuer belastet. Damit keine doppelte Besteuerung (beim Unternehmen in Form von Körperschaftssteuer und bei den Privatanlegern in Form von Einkommenssteuer) erfolgt, erhalten Inländer die auf ihren Aktienanteil entfallende Körperschaftssteuer vergütet. Sie müssen jedoch die sich so ergebende Bruttodividende mit ihrem persönlichen Einkommenssteuersatz versteuern. Zur besseren Vergleichbarkeit mit dem Zins von Anleihen macht es Sinn, die Rendite auf Basis der Bruttodividende zu bestimmen: Denn auch „normale" Zinserträge sind zu versteuern, wenn sie außerhalb der Freibeträge liegen.

¹⁰⁸ Litzenberger, R., Ramaswamy, K., 1979, The Effekts of Personal Taxes and Dividends on Capital Asset Prices: Theory and Empirical Evidence, Journal of Political Economics, S. 163–195.

¹⁰⁹ Andererseits können amerikanische Unternehmen (und seit dem neuen Kapitalaufnahmeerleicherungsgesetz von 1998 auch deutsche AG's) statt Dividenden auszuschütten ihre eigenen Aktien zurückkaufen, was den Kurs nach oben treiben *soll*. Warum sollte also eine Gesellschaft die für ihre Anleger ungünstigere Alternative der Dividendenzahlung wählen, wenn mit dem

Rückkaufprogramm dem Aktionär – wenn auch nur indirekt über die Kurssteigerung – die Dividende zufließen kann? Diese Frage ist weitgehend ungeklärt.

[110] Wobei Ausschüttungen in Deutschland zwar zu niedrigeren Steuerzahlungen auf Seiten der Unternehmen führen, letztlich aber entscheidend für den Anleger ist, ob sein Steuersatz unter dem Steuersatz der Unternehmung für thesaurierte Gewinne liegt. Der Anleger muß nämlich seine Dividenden mit seinem privaten Steuersatz versteuern, wobei die schon bezahlte Unternehmenssteuer angerechnet wird: Aus steuerlicher Perspektive sollte eigentlich die Gesamtsteuerzahlung von Unternehmen und Anlegern optimiert werden – nicht nur die einer der beiden Seiten! Für Anleger mit hohen Steuersätzen ist es wahrscheinlich günstiger, die Unternehmen thesaurieren ihre Gewinne.

Ausschüttungen führen aus Sicht des Unternehmens zu einem weiteren Problem: Für betriebliche Vorhaben stehen nun weniger Mittel zur Verfügung. Damit muß notwendiges Kapital vom Kapitalmarkt besorgt werden – was einerseits aufgrund der Beschaffungskosten eine teure Angelegenheit ist (= eher negativ für Unternehmen und Anleger), andererseits eine stärkere Kontrolle der Mittelverwendung für die Kapitalgeber ermöglicht und damit die Unternehmensführung stärker fordert (= eher positiv für Unternehmen und Anleger).

[111] So z.B. von der Wirtschaftswoche regelmäßig im Kapitel Geld & Kapital unter der Rubrik Börsenwoche.

[112] So hat z.B. Merrill Lynch für den amerikanischen, den europäischen und den deutschen Markt Zertifikate, deren Kursentwicklung auf Aktien mit besonders hohen Dividenden beruht: In den USA sind es die – jeweils an der Dividende gemessen – stärksten Aktien aus dem Dow Jones-Index, für Europa die 20 aus dem Financial Times Eurotop 100 Index und für Deutschland die 12 dividendenstärksten DAX-Werte. Merrill Lynch baut direkt auf den Ergebnissen von Ofek auf.

[113] Bei den Indizes ist eine Marktwertgewichtung unterstellt – eine sehr „saubere" Methode.

[114] E. Ofek, zitiert aus Börse online 1997, Nr. 51, S. 98.

[115] Anlageerfolg mit System – Das Dividendenmodell, 1996, Direkt Investor Aktien, S. 5.

[116] Bei dieser Argumentation bleibt auf der Strecke, daß die Geschäftsleitung nur ein Vorschlagsrecht über die Ausschüttungs- bzw. Thesaurierungsquote hat. Letztlich befindet darüber die Hauptversammlung. Allerdings muß zugestanden werden, daß in der Regel dem Vorschlag der Geschäftsführung nicht widersprochen wird.

[117] Zitiert aus der Homepage der Wirtschaftwoche vom 31.7.1997, Nr. 32, Rubrik Geld&Kapital. Titel der Veröffentlichung: „Sklavisch durchhalten". Die Dividendenrenditestrategie mit Dow Jones-Aktien erweist sich seit über 70 Jahren (!) als ein lukratives Investment.

[118] Es ist durchaus vorstellbar, daß es eine Verbindung zwischen dieser Form der Dividendenrendite-Strategie und dem Stock Split-Effekt gibt: Vielleicht

Anmerkungen 235

sind die „billigen" Aktien gerade die, die einen Split vor noch nicht allzulanger Zeit hinter sich gebracht haben.

[119] DeBondt und Thaler gehen von einem Modell der kognitiven Psychologie aus, das beschreibt, wie Menschen zu intuitiven Vorhersagen kommen.

[120] DeBondt/Thaler haben dieses Verfahren 46 mal durchgeführt – mit Datenmaterial von 1933 bis 1978.

[121] Allerdings weisen andere Wissenschaftler darauf hin, daß gerade bei der Schätzung von Loser-ß-Werten wahrscheinlich leicht Schätzfehler auftreten, da diese Aktien ein stark schwankendes β-Risiko (d.h. eigentlich ein zunehmendes) aufweisen sollten.

[122] Vgl. Sattler, R., 1994, Renditeanomalien am deutschen Aktienmarkt, S. 256–258.

[123] Vgl. Sattler, R. 1994, Renditeanomalien am deutschen Aktienmarkt, S. 256.

[124] Zitiert aus der Homepage der Wirtschaftwoche vom 31.7.1997, Nr. 32. Rubrik Geld&Kapital. Titel der Veröffentlichung: „Sklavisch durchhalten".

[125] Vgl. Sattler, R., 1994, Renditeanomalien am deutschen Aktienmarkt, S. 256.

[126] Zitiert aus der Homepage der Wirtschaftwoche Nr. 32 vom 31.7.1997. Rubrik Geld&Kapital. Titel der Veröffentlichung: „Sklavisch durchhalten".

[127] Baumann, M., 1997, Lukrative Kosmetik, Wirtschaftswoche Nr. 16, S. 185.

[128] Es gibt eine Reihe von Untersuchungen, die im Gegenteil nachweisen, daß die Situation für den Anleger nach einem Stock Split nicht nur besser (durch den niedrigeren Kurs), sondern oft auch deutlich schlechter wird. Letzteres weil das Volumen an gehandelten Aktien sich nicht wie erwartet mehr als verdoppelt, sondern unterproportional zulegt. Außerdem steigen – für gleichgroße investierte Beträge – die mit Käufen und Verkäufen verbundenen Spesen und die Differenz von Kauf- und Verkaufskurs (= Spread, eine amerikanische Eigenart, die es in Deutschland nicht gibt) wird ebenfalls höher. Vgl. z.B. Copeland, T.E., 1979, Liquidity Chances Following Stock Splits, Journal of Finance, März.

[129] Bar-Josef, S., Brown, L.D., 1977, A Re-examination of Stock Splits Using Moving Betas, Journal of Finance, September.

[130] Vgl. Fama, E., Fisher, L., Jensen, M., Roll, M., 1969, The Adjustment of Stock Prices to New Information, International Economic Review, Februar und Charest, G., 1978, Split Information, Stock Returns and Market Efficiency – I, Journal of Financial Economics, Juni/September.

[131] Strube, J., 1996, Kaufe eigene Aktien, zitiert aus dem Direkt Investor Nr. 9, S. 2. Strube philosophiert über die ab 1998 auch für deutsche Unternehmen bestehende Möglichkeit, Aktien zurückzukaufen.

[132] Ofek, E., 1997, Mit fetten Dividenden den Markt schlagen, Börse online, Nr. 61

[133] Allerdings muß man sich um weiterklicken zu können registrieren lassen. Das ist jedoch kostenfrei.

[134] Von der Webseite: http://www.wsbi.com
Die Unterstreichungen im Text wurden durch den Autor eingefügt.
Auf dieser Seite finden sich auch die folgende Hinweise, die nähere Auskunft über Zusammenstellung des 5-Star-Portefeuilles, den eventuellen Zusammenhang mit dem Größeneffekt und die Berechnung der Rendite geben:
„*Performance results of the 5, 4, 3, 2, 1 STARS and Master List stock groups have been calculated using standard time-weighted performance formulae. Since such results are exclusive of transaction costs, dividend income, and subscription costs to The OUTLOOK, the actual results obtained by investors may be different. Investors are advised not to rely on The OUTLOOK as their sole source of investment advice. Because recommendations are made with intent of maximizing gains in the case of 5 STARS and identifying well below average performance in the case of 1 STARS, the volatility of these groups is likely to be higher than that of the 4, 3, 2 STARS groups, as well as higher than that of the S&P 500 Index. In the nine-year period from 1987 to 1995, the S&P Index, exclusive of dividends, increase 154% (including dividends, it increased 237%). In addition, comparisons of past performance of the 5 STAR Portfolio to general stock market indicators such as the S&P 500 Index should be considered in light of the fact that the 5 STAR Portfolio has historically contained a number of small capitalization stocks and, unlike the S&P 500 Index, is not capitalization weighted. As such, such comparison may in part reflect the performance of small capitalization stocks, which have also generally outperformed the S&P 500 Index during the period in question. There is no assurance that any future 5 STARS or Master List recommendations will be profitable, and you should understand that such recommendations do not account for all relevant circumstances, such as your tolerance for risk, investment goals or access to investment capital. A complete list of the recommendations set forth in The OUTLOOK in the last year is available on request.*
The OUTLOOK and STARS are products of Standard & Poor's Equity Services Group. Standard & Poor's Equity Services Group operates independently from, and has no access to information obtained by, Standard & Poor's Rating Services, which may in the regular course of business obtain information of a confidential nature."
Weitere Fragen können gerichtet werden an: speqwebmaster@mcgraw-hill.com

[135] Sharpe, Investments, S. 464 und Fischer Black, 1973, Yes Virginia, there is Hope: Tests of the Value Line Ranking System, Financial Analysts Journal 29, Nr. 5, Sept./Okt.

[136] Beide sind Professoren an der Wharton Business School der University of Pennsylvania.

[137] Bekannt ist vor allem der absolute Stand des ACSI. Er gibt an, wie zufrieden die Kunden von 200 großen amerikanischen Unternehmen sind.

[138] Eine Sammlung bisheriger Artikel erhalten Sie unter Telefon (USA) 800–248–1946 (das ist die „Amerikanische Gesellschaft für Qualität", ASQ Customer Service Department).

Anmerkungen 237

[139] Letzteres stimmt nur indirekt. Der Selektionsmechanismus ist praktisch immer computerisiert und daher exakt beschreibbar, allerdings hat der Wissenschaftler auch Spielräume; z.b. was das Datenmaterial angeht.

[140] Merrill Lynch weisen in ihrem Anlageprospekt selbst darauf hin, daß der „Performancevergleich theoretisch-historischer Natur" ist und nur begrenzte Schlüsse auf die Zukunft erlaubt. Das ist aber bei praktisch allen Anomalien der Fall!

[141] Die Ansicht von O'Shaugnessy, daß ehemalige Loser auch in Zukunft Loser bleiben, ist sehr wahrscheinlich auf seine andere Definition von „Losern" zurückzuführen: Für O'Shaugnessy sind Loser Aktien, die *im vergangenen Jahr* besonders schlecht waren, bei den meisten anderen Autoren sind Loser solche, die *in den vergangenen 5 Jahren* besonders schlecht waren.

[142] Vgl. Reinganum, M.R., 1981, Misspecification of Capital Asset Pricing – Empirical Anomalies Based on Earnings' Yields and Market Values. Journal of Financial Economics 9, S. 19–46. Auf die Situation im Sommer 1998 an der deutschen Börse (mit ungewöhnlich hohen Bewertungen von Blue Chips) geht Busch, Andreas ein: Vgl. „Kleine günstiger", Wirtschaftswoche Nr. 25 vom 11.06.1998, S. 184.

[143] Vgl. Wallmeier, Martin, 1997, Prognose von Aktienrendite und -risiken mit Mehrfaktorenmodellen, S. 274.

[144] Vgl. Cook, T.J. und Rozeff, M.S., 1984, Size- and Earnings/Price Ratio Anomalies: One Effect or two, Journal of Financial and Quantitative Analysis 19, S. 449–466.

[145] Vgl. Reinganum, M.R., 1981, Misspecification of Capital Asset Pricing – Empirical Anomalies Based on Earnings' Yields and Market Values, Journal of Financial Economics 9, S. 19–46.

[146] Vgl. Reinganum, M.R., 1981, Misspecification of Capital Asset Pricing – Empirical Anomalies Based on Earnings' Yields and Market Values, Journal of Financial Economics 9, S. 19–46.

[147] Vgl. die Studie von Drexel Harriman Ripley Inc. von 1963.

[148] Vgl. Jaffe, J.F., Keim, D.W., Westerfield, R., 1989, Earning Yields, Market Values, and Stock Returns, The Journal of Finance 44, S. 135–148. Die Autoren berichten von einem U-förmigen Zusammenhang von E/P-Verhältnis und durchschnittlicher Rendite.

[149] Vgl. Jaffe, J.F., Keim, D.W., Westerfield, R., 1989, Earning Yields, Market Values, and Stock Returns, The Journal of Finance 44, S. 135–148. Das Ergebnis widerspricht übrigens einem Ergebnis von Basu aus dem Jahr 1977. Vgl. Basu, S., 1977, Investment Performance of Common Stocks in Relation to Their Price-Earnings Ratio; The Journal of Finance 32, S. 663–682.

[150] Vgl. Cook, T.J., Rozeff, M.S., 1984, Size- and Earnings/Price Ratio Anomalies: One Effect or two, Journal of Financial and Quantitative Analysis 19, S. 464.

[151] Wohl weil es sich um die beiden zuerst entdeckten Anomalien handelt, hegte man lange den Verdacht, daß hinter solchen Beobachtungen ein quasi *gemeinsamer* Risikofaktor sitzt, der sowohl mit dem P/E-Verhältnis als auch

dem Marktwert verbunden ist. Bisher allerdings gelang es jedoch nicht – falls das Argument überhaupt richtig ist – diesen auszumachen! Der jüngste Versuch in dieser Hinsicht stammt von Keim. Er stellt fest, daß

1. eine Sortierung nach dem Marktwert eine implizite Sortierung nach dem *Preis* (= Kurs) einer Aktie ist: Kleine Aktie, kleiner Preis, große Aktien, großer Preis. Gemeint ist jeweils der Preis für eine Aktie.
2. Ebenso zieht eine Sortierung nach dem P/E-Verhältnis ebenfalls eine (implizite) Sortierung nach dem Kurs nach sich: Je niedriger das P/E-Verhältnis, desto niedriger ist der Kurs.
3. Mit niedrigen Kursen gehen hohe Renditen einher.

Eine vernünftige Erklärung für diese in USA häufig gemachte Beobachtung steht bisher aus. Es ist kaum vorstellbar, daß das *absolute* Kursniveau tatsächlich ursächlich für die längerfristige Rendite sein kann. In Deutschland sind übrigens Zusammenhänge zwischen (absoluter) Kurshöhe und Rendite nicht bekannt.

[152] Für den der es genau wissen will: Das Verfahren heißt „Zeitreihe von Querschnittsregressionen" und wird z.b. von Fama/French 1992 auf hohem Niveau angewandt.

[153] Gemeint ist eine *statistisch signifikante* Größe. Im Text wird auf diese Bezeichnung verzichtet, da sie in der Alltagssprache nicht verwandt wird. Statistische Signifikanz wird mit unterschiedlichsten Verfahren getestet, die für Laien schwierig zu verstehen sind. Im Prinzip geht es immer darum, mit einigermaßen Sicherheit auszusagen, ob eine Erscheinung zufällig ist – oder eben nicht. So eine Erscheinung kann z.b. die Frage sein, ob die Selektion von Aktien nach ihrem P/E-Verhältnis tatsächlich dazu führt, daß später die Aktien mit einem niedrigen P/E-Verhältnis hohe, die mit einem hohen P/E-Verhältnis niedrige Renditen haben – oder ob die beobachteten Renditeunterschiede auch (rein) zufälliger Natur sein können. Die Tests, die zu dieser Entscheidung herangezogen werden, sind für statistische Laien nur schwer verständlich. Außerdem gibt es eine Vielzahl quasi konkurrierender Testverfahren, die mitnichten immer zu einem einheitlichen Ergebnis kommen. Es ist also durchaus vorstellbar, daß nach einem Verfahren das Ergebnis z.B. lautet „Das P/E-Verhältnis ist eine für die künftige Rendite wichtige (d.h. „signifikante") Größe", während nach einem anderen Verfahren das P/E-Verhältnis *keine* Signifikanz aufweist; d.h. für Renditeüberlegungen schlichtweg unwichtig ist. Standards für statistische Tests im Finanzbereich entwickeln sich nur zögerlich.

[154] Vgl. Fama, E.F., French, K.R., 1992, The Cross-Section of Expected Stock Returns, Journal of Finance 47, S.439.

[155] Hier gibt es das in USA angewandte Verfahren nicht mit dem P/E- (bzw. E/P-)Verhältnis. Statt dessen wurde das CF/Kurs-Verhältnis verwandt. Da E/P- und CF/Kurs- hoch korrelierende Größen sind, dürfte das für das Ergebnis nicht problematisch sein. Vgl. Wallmeier, Martin, 1997, Prognose von Aktienrendite und -risiken mit Mehrfaktorenmodellen, S.280.

[156] Vgl. Wallmeier, Martin, 1997, Prognose von Aktienrendite und -risiken mit Mehrfaktorenmodellen, S.354. Das Verschwinden der Signifikanz muß nicht unbedingt auf ein Verschwinden der Effekte zurückgehen, sondern

kann auch ein rein statistisches Problem sein: Die Zeitreihe von nicht ganz 6 Jahren könnte zu kurz sein, um zu signifikanten Ergebnissen zu kommen.

Ein typisches Problem in der Statisitik bei Anwendungen im Aktienresearch: Lange Zeitreihen bringen die Gefahr mit sich, veraltete Effekte zu beinhalten und mit kurzen, jungen Zeitreihen ist es statistisch nicht möglich, die Hypothese der Nicht-Signifikanz abzulehnen.

[157] Einwenden könnte man freilich, daß die Betrachtung einer zusätzlichen, eventuell unsinnigen Größe die Anzahl der für den Anleger interessanten Aktien verringert. Damit gehen zumindest Diversifikationsmöglichkeiten verloren.

[158] Barbee, W.C., Mukherji, S., und Raines, G.A., 1996, Financial Analysts Journal 52, Heft 2, S. 56–60.

[159] Das Verfahren heißt „Zeitreihe von Querschnittsregressionen". Für die Durchführung stehen eine ganze Reihe unterschiedlicher Vorgehensweisen zur Auswahl: So können die Koeffizienten z.b. mit OLS (Ordinary Least Squares), mit GLS (Generally Least Squares) geschätzt werden; alternativ kann auch das SUR-Verfahren (Seemingly Unrelated Regressions) oder noch entwickeltere Verfahren angewandt werden. Eine letzliche Klärung, welches das geeignetste ist, gibt es bisher nicht.

[160] Ähnliche Überlegungen werden auch bezüglich des P/E-Effektes angestellt. Dort sollen es die hochrentierlichen Aktien mit den niederen P/E-Verhältnissen sein, deren Risiko falsch gemessen wird.

[161] In aufeinanderfolgenden Monaten gleicht sich dieser Fehler wieder aus; so daß die Durchschnittsrendite schon richtig ist – nur die einzelnen Monatsrenditen sind verzerrt.

[162] Die Rendite der kleinen Aktien wirkt stärker entkoppelt von der Marktrendite als sie wirklich ist. Dieser Eindruck entsteht, weil in einem alten Kurs sich noch keine zwischenzeitlich neuen Informationen widerspiegeln können, die zwischen letztem Handel und Monatsende bekannt werden. Eine *Entkoppelung von der Marktrendite* ist im CAPM gleichbedeutend mit einem *kleinen* β-Risiko.

[163] Ähnliche Beobachtungen kann man auf allen größeren Aktienmärkten machen. Die einzig mir bekannte Ausnahme stellt Taiwan dar. Dort sinkt das β-Risiko sowohl kleiner (von 0,79 auf 0,55) als auch großer Unternehmen (von 0,99 auf 0,72) wenn man eine β-Bereinigungsmethode (in Taiwan Scholes-Williams-β, das dem Dimson-β jedoch sehr verwandt ist) anwendet. Vgl. Ma, T. und Chow, T.W., 1990 und Hawawini, G., Keim, D.B., 1993, On the Predictability of Common Stock Returns: World Wide Evidence, Working Paper, Universität Pennsylvania (Wharton School)

[164] Vgl. Stehle, R., Sattler, R., 1991, Der „Size"-Effekt am deutschen Aktienmarkt, Working Paper, Universität Augsburg.

[165] Vgl. Rubio, G., 1988, Further International Evidence on Asset Pricing – The Case of the Spanish Capital Market, Journal of Banking and Finance 12, S. 221–242.

[166] Reinganum, M. (1990), Market Microstructure and Asset Pricing, Journal of Financial Economics 28, S. 127–147.

[167] NASDAQ ist die Abkürzung für National Association of Security Dealers Automatic Quotation System. Das ist sozusagen eine USA-weite Computerbörse und ein im Vergleich zum traditionellen Parketthandel recht fortschrittliches Handelssystem.

[168] Und das obgleich die Unterschiede des Streubesitzanteils dramatisch sind: Der durchschnittliche Streubesitz in der Klasse mit dem wenigen Streubesitzanteil beträgt weniger als 10 %, der der Klasse mit dem hohen Streubesitzanteil knapp 90 %. Vgl. Sattler, R., 1994, S. 239–245 und 296.

[169] Vgl. Haugen, R.A., Lakonishok, J., 1987, The Incredible January-Effect, Dow Jones-Irwin und besonders Ritter, J., Chopra, N., 1989, Portfolio Rebalancing and the Turn-of-the-Year Effect, Journal of Finance 44, S. 149–166.

[170] Der Großteil der Untersuchungen zum Tax Loss Selling fand in den achtziger Jahren statt. Ein guter Einstieg ist Roll, R. 1983, Vas (sic!) ist das? The Turn of the Year Effect and the Return Premia of Small Firms, Journal of Portfolio Management 9, Winter, S. 18–28, und Jones, C.P., Pearce, D.K., Wilson, J.W., 1987, Can Tax Loss Selling Explain the January Effect?, Journal of Finance 42, S. 453–461.

[171] Roll, R. 1983, Vas (sic!) ist das? The Turn of the Year Effect and the Return Premia of Small Firms, Journal of Portfolio Management 9, Winter, S. 20.

[172] „Rational" im Sinne der Kapitalmarkttheorie; d.h. vor allem emotionslos und ausschließlich in den logisch-mathematisch hergeleiteten Risiko-Rendite-Strukturen.

[173] Menschen, die diese Verzerrungen ausnützen, handeln auch rational – allerdings nicht im Sinne der Kapitalmarkttheorie, sondern im Sinne vernünftigen Handelns in einer unvernünftigen Welt.

[174] Natürlich sind noch andere „Wirklichkeiten" denkbar. Wir beschränken uns hier aber auf die beiden wichtigsten.

[175] D.h. aber z.B., daß die technische Aktienanalyse – also die charttechnische Analyse früherer Kurse – *keine* sinnvolle Vorgehensweise darstellt! Nichtsdestotrotz gehört die technische Analyse weiterhin zu einem Standardinstrumentarium bei Profis und oft auch bei privaten Anlegern.
Die mittelstrenge Effizienz wird häufig etwas genauer anhand von 4 Charakterisiken beschrieben:
1. Es darf weder profesionelle noch private Investoren geben, denen es gelingt, durch realisierte Trading Rules entweder individuell oder als Gruppe Überrenditen zu erwirtschaften.
2. Die Wertpapierkurse reagieren (unendlich) schnell und genau auf neue Informationen. Kursänderungen sind dabei Ausdruck neuer Einschätzungen über die künftig mit einem Wertpapier zu erzielenden *erwarteten Renditen*.
3. Die Änderungen der Einschätzung über künftige erwartete Renditen beruhen ausschließlich auf einer neuen Risikoeinschätzung der Aktie, einer Änderung der Risikoprämie oder neuen Zinsstrukturen. Alle anderen Einflußfaktoren haben nur zufälligen Einfluß.
4. Es darf keine (wiederholbaren) Simulationsexperimente geben, die zu besonders hohen Renditen (quasi „Überrenditen") führen.

[176] Vergessen wird dabei, daß auch das Verhalten emotional beeinflußbarer Menschen zu systematischen, d.h. wiederkehrenden Mustern führen kann.

[177] In der englischen Ausdrucksweise wird von Event-Studies gesprochen.

[178] Außerdem werden – wenn auch etwas seltener – die Reaktionen auf Übernahmen bzw. Fusionen sowie auf Blockkäufe und Verkäufe untersucht.

[179] Problematisch wird die Sache dadurch, daß nicht nur relevant ist, *was* gemeldet wird, sondern wie die Meldung im Verhältnis zu den *Erwartungen* steht.

[180] Hier kann man natürlich geteilter Meinung sein, ob das Minuten, Tage oder Monate sein dürfen!

[181] „Sofort" ist ein relativer Begriff. Es soll nur ausdrücken, daß die Reaktionszeit nicht länger ist, als es die schnellstmöglichen Verfahren der Informationsgewinnung, Verarbeitung und anschließenden Reaktion erlauben.

[182] Man spricht vom „Stock Split" als einem Leading Indicator für eine anstehende Dividendenerhöhung.

[183] Fama, C.F., Fisher, L., Jensen, M., Roll, R., 1969, The Adjustment of Stock Prices to New Information, International Economic Review, Februar. Die Studie ist so etwas wie eine Pionierarbeit und daher noch mit einigen Unzulänglichkeiten behaftet. Die wesentlichsten dürften erstens das monatliche Datenmaterial sein – Tagesdaten zumindest um den Event-Zeitpunkt herum wären wesentlich aussagekräftiger. Zweitens ist es die Wahl des Datums des Stock-Split als „Event". Aus heutiger Sicht würde man bestimmt den Tag der Bekanntgabe des Splits als Event-Moment und damit den relevanten „Zeitpunkt 0" verwenden.

[184] Die verzögerte Information ist vielleicht relativ: Das Datenmaterial der Untersuchungen umfaß die meisten Splits an der NYSE zwischen 1929 und 1959.

[185] Wenn Markteffizienz in ihrer starken Form verliegen würde, wäre die firmenintern bestimmte bekannte Überlegung Dividendenerhöhung ja/nein bereits im Kurs verankert. Eine weitere Anpassung wäre dann nicht mehr nötig.

[186] Die hier gezeigt Studie von Fama, C.F., Jensen, M., Roll, R., 1969 ist leider nicht völlig unwidersprochen geblieben. Eine Studie bestätigt im wesentlichen ihre Resultate, eine widerspricht ihnen. Zuerst zur widersprechenden Studie: Bar-Yosef und Brown kommen zu dem Ergebnis, daß zwar in den 54 (!) Monaten *vor* dem Split die entsprechenden Aktien eine Überrendite von rd. 30% (insgesamt, nicht per annum) erwirtschaftet haben. In den 30 Monaten nach dem Split wird jedoch eine negative Überrendite von beinahe 10% erzielt. Vgl. Sasson Bar-Yosef und Lawrence D. Brown, 1977, A Re-examination of Stock Splits Using Moving Betas, Journal of Finance, September.
Im Gegesatz dazu bestätigt Charest im wesentlichen die Ergebnisse von Fama, Jensen und Roll. Vgl. Charest, G., 1978, Split Information, Stock Returns and Market Efficiency – I, Journal of Financial Economics, Juni-September.

[187] Rendleman, R.J., Jones, C.P., Latané, H.A., 1982, Empirical Anomalies Based on Unexpected Earnings and the Importance of Risk Adjustments, Journal of Financial Economics, November.

[188] In einer Folgestudie von Foster, Olsen und Shevlin wird hier ein Vorlaufwert von sogar über 50 Tagen ermittelt. Vgl. Foster, G., Olsen, C., Shevlin, T., 1984, Earnings Releases, Anomalies and the Behavior of Security Returns, The Accounting Review, Oktober.

[189] In der Folgestudie von Foster, Olsen und Shevlin wird nur ein Nachlauf von rd. 60 Tagen ermittelt. Vgl. Foster, G., Olsen, C., Shevlin, T., 1984, Earnings Releases, Anomalies and the Behavior of Security Returns, The Accounting Review, Oktober.

[190] Das Value-Investment-Phänomen wie auch andere Effekte wie z.b. die negativen 5-Jahres-Rendite-Korrelationen weisen darauf hin, daß Überreaktionen – wenn überhaupt – tendenziell eher im Mehr-Jahresbereich anzutreffen sind.

[191] Mit dieser Argumentation ist ein entscheidender Haken verbunden: Wenn sie richtig ist, müßte sie ähnlich auch auf *alle* anderen Effekte zutreffen. Letztlich dürfte es dann keine ausbeutbaren Effekte mehr geben. Das scheint jedoch nicht der Fall zu sein!

[192] Mit dem „normalen" Anleger ist ein Anleger gemeint, der An- und Verkaufsspesen hat. Es treten nämlich geringe, aber immerhin statistisch nachweisbare Korrelationen auf. Für jemanden, der Spesen zahlen muß, sind sie aber nicht ökonomisch ausbeutbar.

[193] Kapitalmarktexperten sprechen von einem „Random Walk" mit positivem Erwartungswert.

[194] Fama, E.F., French, K.R., 1988, Permanent and Temporary Components of Stock Prices, Journal of Political Economy, April.

[195] Sie sehen, hier gibt es Probleme. Solche und ähnliche Schwierigkeiten haben eine Gruppe von Wissenschaftlern um Richard Roll dazu veranlaßt, von der Nichttestbarkeit des CAPM zu sprechen. Ein untragbarer Zustand für jeden Forscher!

[196] Ikenberry, D., Lakonishok, J., Vermaelen, T., 1993, Market Underreaction to Open Market Share Repurchases, Working Paper, zitiert nach Haugen, R.A., 1995, The New Finance, S. 134.

[197] Es ist denkbar, daß hier ein „normaler" Fall einer längerfristigen Mean-Reversion vorliegt. Vgl. Haugen, R.A., 1995, The New Finance, S. 134.

[198] In den USA sind solche Formen der Kapitalerhöhung im Gegensatz zu Deutschland „normal".

[199] Vgl. Gibbons, M.R., Hess, P., 1981, Day of the Week Effekt and Assets Returns, Journal of Business, Oktober.

[200] Die geringe Montagsrendite ist umso verwunderlicher, da man argumentieren könnte, daß an diesem Tag das Wochenende „bezahlt" werden sollte – also eine eher hohe Rendite vorherrschen sollte. Daß diese am Freitag quasi „vorausgezahlt" wird, erscheint unwahrscheinlich, wäre aber immerhin auch denkbar.

[201] Die zwei Jahrzehnte waren die Zeit von 1961 bis 1980.

[202] Konkret handelte es sich um die 39 „schlechtesten" Unternehmen, die im S&P 500 vertreten waren.

Anmerkungen 243

[203] Clayman, M., 1987, In Search of Excellence: The Investor's Viewpoint, Financial Analysts Journal, Mai-Juni. Der angesprochene Vergleichszeitraum ist von 1981 bis Ende 1985.

[204] Jegadeesh, N., Titman, S., 1993, Returns to Bying Winners and Selling Losers: Implications for Stock Market Efficiency, The Journal of Finance, März.

[205] Da es sich um eine US-amerikanische Untersuchung handelt, geht es hier um die Quartalsergebnisse amerikanischer Unternehmen, denen traditionell ein hoher Stellenwert zuerkannt wird. In Deutschland werden nur Halbjahresergebnisse berichtet, von kleinen Unternehmen oft gar nur Jahresergebnisse.

[206] Das Untersuchungsdesign ist so gewählt, daß der Fokus auf die 2 Tage vor und den Tag der Gewinnbekanntmachung gelegt wird.

[207] Den Druck machen die Aktionäre; besonders in Form von Fondsmanagern und Gruppen, die an einer Übernahme des Unternehmens interessiert sind.

[208] Die Wahrscheinlichkeit für „Steigen" ist (etwas) höher als die Wahrscheinlichkeit für „Fallen", sonst würden Aktien im Schnitt nicht – zumindest auf längere Sicht – im Kurs steigen. Kapitalmarkttheoretiker beschreiben dieses Verhalten von Aktien als einen „Random Walk mit positivem Erwartungswert".

[209] Lo, A.W., MacKinlay, A.C., 1988, Stock Prices do not follow Random Walks: Evidence from a Simple Specification Test, Review of Financial Studies 1.

[210] Poterba, J., Summers, L., 1988, The Persistance of Volatility and Stock Returns: Evidence and Implications, The Journal of Financial Economics 22.

[211] Little, I.M.D., 1962, Higgledy Piggledy Growth, Institute of Statistics, Oxford, S. 391.

[212] Fairerweise muß man darauf hinweisen, daß in der Studie nur englische Unternehmen berücksichtigt sind. Immerhin aber waren es 441 Firmen, die in die Untersuchung eingingen.

[213] Etwas präziser ausgedrückt meinten sie, daß das P/E-Verhältnis zwar ein notwendiges, aber kein alleinig ausreichendes Kriterium sei. 12 sei ein „Suitable Multiplier" und mehr als ein P/E-Verhältnis von 20 sollte man niemals zahlen. Man bräuchte aber für eine vernünftige Anlage noch weitere Informationen.

[214] Die Graphik ist einer späteren Veröffentlichung zum selben Thema entnommen: Rayner, A.C., Little, I.M.D., 1966, Higgledy Piggledy Growth Again, Basil Blackwell, S. 50.

[215] Kurze Zeit nach Rayner/Lintner führen zwei Harvard Professoren, Lintner und Glauber, eine ähnliche Studie mit amerikanischem Datenmaterial durch: Lintner, J., Glauber, R., 1967, Higgledy Piggledy Growth in America, Unveröffentlichtes Arbeitspapier, Universität Chicago. Die Ergebnisse decken sich praktisch vollständig mit denen von Rayner und Little.

[216] Alternativ kann eine Aktienkombination so gewählt werden, daß die gewünschte erwartete Rendite vorgegeben wird und das Portefeuille so gestaltet wird, daß die Streuung des Portefeuilles möglichst gering ist – sprich das Risiko möglichst klein. Das so generierte Portefeuille heißt Minimum-Varianz-Portefeuille.

[217] Wenn, dann wird das Kombinationsverfahren angewandt, um die Anteile zu bestimmen, die große Pensionsfonds (bislang vornehmlich in den USA) in Aktien, Anleihen, Immobilien etc. investieren. Aber *Aktienfondsmanager*, die das Kombinationsverfahren anwenden, sind selten. Und wenn, dann werden von den quantitativ beeinflußten Managern sogenannte Faktormodelle angewandt. Sie funktionieren aber ganz anders als das Markowitz'sche Kombinationsverfahren zur Risikominimierung. Vgl. Haugen, R., 1995, The New Finance, S. 11 und S. 17.

[218] Pedanten mögen einwenden, daß auch bei einer hohen vorgegebenen Rendite das Markowitz'sche Kombinationsverfahren ein sinnvolles Werkzeug wäre, diese unter relativ kleinstem Risiko zu erwirtschaften. Die Beschränkungen, denen viele Portefeuillemanager unterliegen (z.b. keine Leerverkaufsmöglichkeiten und bestimmte Mindest- und Maximalgewichtungen einzelner Werte), führen dazu, daß schon aus technischen Gründen keine Risikominimierungsstrategie gefahren werden kann.

[219] Ausgenommen sind die Manager von Fonds, die in ihren Anlagerichtlinien ein alleiniges Vorgehen nach diesen Variablen dokumentieren. So gibt es z.b. von Merrill Lynch Fonds, die aus den Dow Jones- oder den DAX-Werten die dividendenstärksten auswählen.

[220] Sie erinnern sich: Die Aktien der Gesellschaften, die man als unterdurchschnittlich langsam wachsend eingestuft hatte und die daher „billig", d.h. mit einem niedrigen P/E-Verhältnis gekauft werden konnten, weisen viel höhere Renditen auf als die der dynamisch eingeschätzten Unternehmen mit hohem P/E-Verhältnis.

[221] „abdiskontiert" werden Zahlungen, wenn sie in der Zukunft liegen, um sie vergleichbar mit Zahlungen in der Gegenwart zu machen. So kann man leicht zeigen, daß bei einem Zinsniveau von 8% für vernünftige Investoren 1.080 DM in genau einem Jahr genausoviel wert sind wie 1.000 DM jetzt sofort. Oder anders ausgedrückt: Der abdiskontierte Wert von 1.080 DM ist 1.000 DM.

[222] Denken Sie einfach an einen Hauskauf: Wenn Sie ein gebrauchtes Haus erwerben, das vom Vorgänger noch mit einer Hypothek belastet ist, die Sie übernehmen wollen, bezahlen Sie auch nur die Differenz vom „Wert" des Hauses abzüglich der Hypothek.

[223] Eigenkapital ist also eine Schätzung des Saldos von Vermögen und Schulden. Dem Schätzprozeß können Regelwerke wie das deutsche Handelsgesetzbuch, das Einkommenssteuergesetz oder entsprechende ausländische Regelsammlungen wie z.b. die amerikanischen GAAP (Generally Accepted Accounting Principles) oder die internationalen IAS (International Accounting Standards) zugrundeliegen.

[224] Das ist Aktienkurs mal der Anzahl der Aktien.

[225] Die Kontrolle über das Vermögen ist bei Kapitalgesellschaften eine indirekte, denn die Geschäftsführung obliegt dem Vorstand bzw. den Geschäftsführern. Der Vorstand schlägt aber bezüglich der Frage Ausschüttung vs. Thesaurierung etwas vor.

[226] Keine Angst: Das Aktienrecht ist so geregelt, daß eine erworbene Aktie schlimmstenfalls gar nichts mehr wert ist. Auch wenn das Vermögen nicht ausreichen würde um die Schulden zu bezahlen, erfolgt dennoch kein Rückgriff auf das Privatvermögen des Aktionärs.

[227] Schulden sind also nicht nur Schulden bei Kreditgebern, wie man vielleicht im ersten Moment meinen möchte, sondern deutlich mehr!

[228] In den Bilanzen wird aus verschiedenen Gründen das Eigenkapital noch in verschiedene Konten aufgeteilt. Bei Aktiengesellschaften sind dies im wesentlichen das Gezeichnete Kapital, die Kapitalrücklagen und die Gewinnrücklagen. An der Argumentation ändert sich dadurch jedoch nichts.

[229] Auf die Anzahl der Aktien kommt man sehr einfach, wenn man den unter der Bilanzposition „Gezeichnetes Kapital" stehenden Betrag durch den Nennwert der Aktien dividiert. Den Nennwert kann man der Zeitung entnehmen; er steht meist in Klammern neben dem Gesellschaftsnamen. Im Falle nennwertloser Aktien ist die Anzahl im Geschäftsbericht vermerkt.

[230] Gemeint sind eigentlich Zahlungen, also echter Geldfluß!

[231] Charles Schwab, The Journal, 8. März 1929.

[232] „Broad Street Gossip"-Kolumne des „Journals", 15. 6. 1929

[233] Graham, B./Dott, D., 1934, Security Analysis, New York, McGraw-Hill

[234] Graham hat auch Ideen, die wir heute als modern empfinden würden. So empfiehlt er, die Irrationalität vieler Anleger – also z.b. Übertreibungen auf gute oder schlechte Nachrichten – für sich zu nutzen. Diese Irrationalität würde sich in Kursen niederschlagen, die je nach Art der Übertreibung deutlich über oder unter ihrem „inneren" Wert liegt. Der innere Wert ist quasi ein echter Firmenwert, wie er sich einem rational analysierenden Anleger zeigt. Ein Problem bleibt: Wie ein rationaler Anleger rechnen soll, diese Ansicht ändert sich mit der Zeit!

[235] Der Börsenabschwung im August/September 1998 und die ihn begleitenden Kommentare hätten als ein erstes Zeichen interpretiert werden können.

[236] Die ganze Sache ist umso spannender, da Robert R. Shiller von der Yale University und John Y. Campbell von Harvard genau die gegenteilige Ansicht vertreten: Aus ihrer Perspektive sind die aktuellen P/E-Verhältnisse zu hoch. Shiller hält das Verhalten der Investoren für irrational. Gemeinsam sind sie der Ansicht, daß es schon sein könnte, daß die aktuellen P/E-Verhältnisse ökonomisch zu rechtfertigen sind. Allerdings hätte man bis jetzt immer, wenn die P/E-Verhältnisse extrem waren, eine ökonomische Begründung dafür gehabt. Nichtsdestotrotz hätten sich die P/E-Verhältnisse danach immer wieder normalisiert. Und zwar durch niedrigere Kurse, nicht durch steigende Gewinne – letztlich also zu Kosten derer, die an die „neuen Zeiten" geglaubt hätten. Vgl. Business Week, European Edition, 13. Juli 1998, S.38f.

[237] Übersetzt aus Business Week, European Edition, 13. Juli 1998, S.38.

[238] Aus einer Rede Alan Greenspans vor der American Society of Newspaper Editors am 2. April 1998.

[239] Vgl. F. Ginet, 1987, Folgerungen für das Financial Engineering, das Bankgeschäft und den Investor von morgen, in: Ch. Hirszowicz (Hrsg.), 1989, Der Oktober-Crash 1987, S. 78.

[240] Dem Zinsargument kann entgegengehalten werden, daß den Japanern auch bessere Zinsalternativen z.b. in den USA offenstehen, wenn sie ein gewisses Wechselkursrisiko bereit sind einzugehen. Und tatsächlich befinden sich große Mengen US-amerikanischer Staatsanleihen in japanischer Hand, was wiederum die Zinsängste in den USA schürt: Würden nämlich die Japaner ihre US-Anleihen in großem Stil verkaufen, fiele der Kurs dieser Anleihen, was wiederum einer Zinssteigerung entsprechen würde – etwas, worauf die Industrie und die Wertpapiermärkte mit größter Sensibilität, um nicht zu sagen Angst, achten.

[241] Die Investitionsalternative ist nur unter Mitbetrachtung eventueller Kursgewinne interessant, denn die Dividendenrendite japanischer Aktien ist sowohl absolut als auch in Vergleich zu anderen Ländern sehr gering.

[242] Modigliani in ntv (Telebörse) am 28.4.1998.

[243] Aller Wahrscheinlichkeit nach meint Frauenfelder damit den Buchwert des Eigenkapitals zum Buchwert Gesamtkapital, also *eine* Meßgröße des Verschuldungsgrades. Da die Größe aus Buchwerten und nicht aus Marktwerten gebildet wird, ist sie die inverse Darstellung eines der zwei Verschuldungsgrade von Fama und French: Nämlich der Größe Buchwert des Vermögens zu Buchwert Eigenkapital. Und Fama/French zeigen, daß mit Anstieg dieser Verschuldung die Aktienrendite zurückgeht. Insofern besteht eine deutliche Übereinstimmung beider Untersuchungen: Der so quasi herkömmlich gemessene Verschuldungsgrad ist nämlich auch eine wichtige Größe bei der Festlegung des Ratings – und mit schlechterem Rating (= höherem Verschuldungsgrad) nimmt auch die Rendite in der Julius Bär-Untersuchung in der Tendenz ab.

[244] Eduard Frauenfelder, Vizedirektor Investment Research bei Bank Julius Bär, zitiert aus der Wirtschaftswoche vom 12.09.1996, Nr. 38, Qualität lohnt, S. 140.

[245] Sienel, W., 1996, Nicht bewiesen – Die Banken raten, an der Börse die Pferde zu wechseln. Doch was bringt ein Sprung in die andere Branche?, Wirtschaftswoche 14, S. 147. Gegen einen Rotationseffekt sprechen sich Hutmann, W., Chefvolkswirt der SMH & Co., Mainert, I., Deutschland Stratege bei der Commerzbank und Kirchhain, G. von der Deutschen Bank aus.

[246] Berlejung, A., 1996, zitiert aus: Sienel, W., 1996, Nicht bewiesen – Die Banken raten, an der Börse die Pferde zu wechseln. Doch was bringt ein Sprung in die andere Branche?, Wirtschaftswoche 14, S. 147.

[247] So ein Prozeß ist einfach zu beschreiben: Für die Simulation der prozentualen Tagesveränderung wird einfach auf eine Normalverteilung mit einem positiven Erwartungswert zurückgegriffen. Die Größe dieses Erwartungswertes entspricht – da man Tagesrenditen simuliert – einfach der aus der Vergangenheit errechneten durchschnittlichen Rendite des S&P 500.

Anmerkungen 247

[248] Cole, K., Helwege, J., Laster, D., 1996, Stock Market Valuation Indicators: Is This Time Different?, Financial Analysts Journal, Mai/Juni, S. 56–64.

[249] Denkbar wäre freilich auch, diese Marktdividendenrendite mit der durchschnittlichen Dividendenrendite anderer Märkte zu vergleichen. Ein solcher Vergleich wird aber hier nicht gemacht. Mit P/E-Verhältnissen ist dies aber durchaus üblich, um etwas über die Preiswürdigkeit eines Marktes aussagen zu können. Nicht endgültig geklärt ist jedoch – ähnlich wie auf Einzelaktienniveau – ob unterschiedliche durchschnittliche P/E-Verhältnisse nur Hinweise auf unterschiedliche Gewinnwachstumserwartungen geben. Der Verdacht liegt wohl nahe, daß es auf Gesamtmarktsicht nicht anders ist wie auf Einzelaktiensicht: D.h. daß ein auf einem Markt extrem hohes durchschnittliches P/E-Verhältnis (im Vergleich zu anderen Märkten) ein Hinweis auf eine systematische Überschätzung des künftigen Gewinnwachstums darstellt. Ein typisches Beispiel gibt Japan mit seinem extrem hohen durchschnittlichen P/E-Verhältnis in den achziger Jahren.

[250] Cole, K., Helwege, J., Laster, D., 1996, Stock Market Valuation Indicators: Is This Time Different?, Financial Analysts Journal, Mai/Juni, S. 56–64.

[251] Dieses Verfahren kann zweierlei Vorteile haben:
- Es ist steuerlich interessanter: Dividenden müssen von den Anteilseignern versteuert werden, Kurszuwächse – solange sie nicht realisiert werden – nicht. Zumindest entsteht so ein Steuerstundungseffekt beim Aktionär.
- Rückkäufe sind flexibler zu handhaben als Dividenden. Einmal erhöhte Dividenden sollten auf diesem Niveau gehalten werden, will man negative Effekte auf den Kurs vermeiden. Ein vermehrtes oder vermindertes Rückkaufverhalten ist ein deutlich weniger intensives Signal für die Märkte und damit für den Kurs.

[252] Und das obwohl die Ausschüttungsquote weiterhin im Rahmen der „normalen" (= historischen) Größenordnung liegt.

[253] Die neue Vorschrift betrifft nicht nur das Eigenkapital, sondern auch die Gewinne und damit auch die Steuern. Einen Überblick erhält man in Warshawsky, M., Mittelstaedt, F., Cristea, C., 1992, Estimates of the Effects of FAS 106 on Corporate Earnings, Federal Reserve Board, Finance and Economics Discussion Series, Nr. 184.

[254] Das Argument ist dabei, daß Gewinne sehr starken Schwankungen unterliegen können, die sich auf die P/E-Verhältnisse übertragen. Wichtiger als ein Gewinn sei daher die durch den Durchschnitt mehrerer Gewinne demonstrierte dauerhafte Ertragskraft.

[255] Vgl. Cole, K., Helwege, J., Laster, D., 1996, Stock Market Valuation Indicators: Is This Time Different?, Financial Analysts Journal, Mai/Juni, S. 56–64 und den Abschnitt „Die Marktbewertung 1999 – Teil 1: Der US-Markt ist gemessen an bisher aussagekräftigen Bewertungskennzahlen überteuert".

[256] Campbell, J., Shiller, J., 1998, Valuation Ratios and the Long-Run Stock Market Outlook, Journal of Portfolio Management, Winter, S. 11–26.

[257] Das Bestimmtheitsmaß R^2 beträgt 15 %.

[258] Das Bestimmtheitsmaß R^2 beträgt 15 %.

²⁵⁹ Sicherlich haben Cole, K., Helwege, J., Laster, D., 1996, Stock Market Valuation Indicators: Is This Time Different?, Financial Analysts Journal, Mai/Juni, S. 56–64, darauf hingewiesen, daß die (sozusagen neue Mode der) Aktienrückkäufe zusätzlich als Quasi-Dividende berücksichtigt werden muß (Siehe oben, Kapitel „Die Marktbewertung 1999 – Teil 1: Der US-Markt ist gemessen an bisher aussagekräftigen Bewertungskennzahlen überteuert"). Allerdings führt auch die Berücksichtigung der Rückkäufe zu keinem grundlegend anderen Bild: Sie erhöht die Dividendenrendite in der zweiten Hälfte der neunziger Jahre um rd. 80 Basispunkte, d.h. 0,8 %. Zu einem vergleichbaren Ergebnis kommen auch Shulman, Brown und Narayanan, 1997. Allerdings gehen diese Berechnungen von der Annahme aus, daß sowohl die Rückkäufe als auch die Neuemissionen zu Marktpreisen stattfinden. Das ist aber besonders bei den Neuemissionen nicht unbedingt der Fall: Viele Unternehmen emittieren im Rahmen ihrer „Stock Options Incentive"-Pläne für ihre Angestellten Aktien unter Marktpreis. 1997 könnte dieser schwer meßbare Effekt so stark gewesen sein, daß eine Anpassung der gemessenen Dividendenrendite nach unten und nicht nach oben gerechtfertigt gewesen sein könnte. Vgl. Shulman, D., Brown, J., Narayanan, N., 1997, Share Repurchases: Less Than Meets the Eye, Salomon Brothers, New York, 29. Mai.

²⁶⁰ Im September 1929, unmittelbar vor dem Oktober-Crash, betrug die Dividendenrendite des S&P 2,92 %. Der Index verlor im Rahmen dieses Crashes über 85 %.

²⁶¹ Fama, E.F., Schwert, G.W., 1977, Asset Returns and Inflation, Journal of Financial Economics 5, Nr. 2., S. 115–146 und Schwert, G.W., 1981, The Adjustment of Stock Prices to Information about Inflation, Journal of Finance 36, Nr. 1, S. 15–29.

²⁶² Will man ganz korrekt rechnen, ergibt sich die Realverzinsung als ((1 + Nominalverzinsung/100)/(1 + Inflationsrate/100) −1) * 100. Für kleine Inflationsraten und Zinssätze kann man aber gut mit Nominalverzinsung minus Inflationsrate rechnen.

²⁶³ Fama, E.F., 1981, Stock Returns, Real Activity, Inflation, and Money, American Economic Review 71, Nr. 4, S. 545–565.

²⁶⁴ Fama, E.F., 1990, Stock Returns, Expected Returns, and Real Aktivity, Journal of Finance 45, Nr. 4, S. 1089–1108 und Schwert, G.W., 1990, Stock Returns ans Real Activity: A Century of Evidence, Journal of Finance 45, Nr. 4, S. 1237–1257.

²⁶⁵ Vgl. z.B. Kaul, G., 1987, Stock Returns and Inflation: The Role of the Monetary Sector, Journal of Financial Economics 18, Nr. 2, S. 253–276.

²⁶⁶ Genau für diese zwei Szenarien gibt es eine empirische Bestätigung von McQueen, G., Roley, V., 1993, Stock Prices, News, and Business Conditions, Review of Financial Studies 6, Nr. 3, S. 683–707. Einschränkend muß bemerkt werden, daß die statistische Signifikanz eher schwach ist.

²⁶⁷ Park, S., 1997, Rationality of Negative Stock-Price Responses to Strong Economic Activity, Financial Analysts Journal, September-Oktober, S. 52–56.

[268] Modigliani, F., Cohn, R, 1979, Inflation, Rational Valuation, and the Market", Financial Analysts Journal, März/April, S. 24–44.

[269] Vgl. Cole, K., Helwege, J., Laster, D., 1996, Stock Market Valuation Indicators: Is This Time Different?, Financial Analysts Journal, Mai/Juni, S. 56–64.

[270] Campbell, J., Shiller, J., 1998, Valuation Ratios and the Long-Run Stock Market Outlook, Journal of Portfolio Management, Winter, S. 11–26.

[271] Bernstein, P., 1997, What Rate of Return Can You Reasonably Expect ... or What Can the Long Run Tell Us about the Short Run?, Financial Analysts Journal, März/April, S. 23

[272] Bernstein, P., 1997, What Rate of Return Can You Reasonably Expect ... or What Can the Long Run Tell Us about the Short Run?, Financial Analysts Journal, März/April, S. 23

[273] Viele würden in Deutschland die Siemens AG als Beispiel für so ein Unternehmen sehen.

[274] Bernstein, P., 1997, What Rate of Return Can You Reasonably Expect ... or What Can the Long Run Tell Us about the Short Run?, Financial Analysts Journal, März/April, S. 21

[275] Kahnemann, D., Riepe, M., 1998, Aspects of Investor Psychology, Journal of Portfolio Management, Sommer, S. 52–65.

Glossar

Ad hoc-Publizität Das Wertpapierhandelsgesetz verpflichtet die Emittenten zur „Ad hoc-Publizität", also zur sofortigen Veröffentlichung wichtiger Nachrichten im Bereich des Unternehmens, die den Börsenkurs erheblich beeinflussen könnten. Dies soll ausschließen, daß kursrelevante Nachrichten nur »Insidern« bekannt sind, die diesen Wissensvorsprung zu ihrem Vorteil ausnutzen. Die Nachrichten müssen zunächst dem Bundesaufsichtsamt für den Wertpapierhandel und den Börsengeschäftsführungen gemeldet werden, die darüber entscheiden, ob der Kurs der Aktie ausgesetzt werden muß.

Agio (Aufgeld) Der Betrag, der bei der Neuausgabe von Wertpapieren den Nennbetrag übersteigt.

Aktie Die Aktie ist eine Urkunde, die ihrem Inhaber einen bestimmten Anteil am Gesamtvermögen einer Aktiengesellschaft verbrieft (im römischen Recht actio = Anteilsrecht). Der Inhaber einer Aktie (Aktionär) ist also »Teilhaber« – Miteigentümer – am Vermögen der Aktiengesellschaft. Seine Rechte werden durch die Bestimmungen des Aktiengesetzes geschützt.

Aktienanalyse Um den Anlegern die Anlageentscheidung zu erleichtern, werden von Fachleuten Aktien, Aktiengesellschaften und Aktienmärkte analysiert. Aufgaben der Aktienanalyse sind einerseits Information, andererseits Prognose. Die Fundamentalanalyse wertet wichtige Unternehmensdaten zur Beurteilung einer Aktie aus und berücksichtigt auch wirtschaftliche Größen wie den Auftragseingang, die Lohnentwicklung und die Wechselkurse. Unter Chartanalyse versteht man eine Methode zur Analyse des Kursverlaufs einer Aktie oder einer Gruppe von Aktien, bei der die Kurswerte graphisch dargestellt und bestimmte Entwicklungen (Formationen, Trends) besser erkennbar werden.

Amtlicher Handel Dieser Markt stellt die höchsten Ansprüche an kapitalsuchende Unternehmen. Bei Börseneinführung ist ein ausführlicher Prospekt mit genauen Angaben über die Gesellschaft erforderlich. Außerdem müssen Zwischenberichte sowie jährlich eine Bilanz in einem Börsenpflichtblatt veröffentlicht werden. Die Kursfeststellung erfolgt durch die amtlichen Kursmakler. Die Auftraggeber haben einen Anspruch auf Ausführung

	der Aufträge zum festgestellten Kurs. Die meisten Geschäfte werden auf diesem Markt abgewickelt. Siehe → Börse
Anleihe	Die Anleihe gehört wie der Pfandbrief, die Industrieobligation oder die Kommunalobligation zu den verzinslichen Wertpapieren. Anleihen verbriefen ein Gläubigerrecht. Meist garantiert sie ihrem Inhaber gleichbleibenden Zinsen und die Rückzahlung eines bestimmten Betrages.
Anrechnungs– verfahren	Das mit der Körperschaftssteuerreform (in Kraft seit 1. Januar 1977) begründete Recht des Aktionärs, die auf seine Dividende entfallende Körperschaftsteuer in vollem Umfange auf seine Einkommensteuerschuld anzurechnen. Ist er nicht einkommensteuerpflichtig oder ist seine Stuerschuld geringer als das Steuerguthaben, wird ihm die Körperschaftsteuer ganz oder teilweise erstattet. Es sind Bestrebungen im Gange, im Zuge einer Neugestaltung des Einkommenssteuerrechtes auch das Anrechnungsverfahren zu überdenken bzw. abzuschaffen.
Arithmetisches Mittel	(arithm. Mittelwert): Die durchschnittliche Verzinsung, die sich errechnet, wenn man den Mittelwert der (z.B. jährlichen) Renditen bildet. Ein Vermögen, das sich im ersten Jahr verdoppelt (+ 100 %) und im zweiten Jahr halbiert (– 50 %) ist zwar wieder so groß wie zu Beginn des ersten Jahres. Das arithmetische Mittel beträgt jedoch (+ 100–50)/2 =25 %. Das arithmetische Mittel wird gerne als (geschätzter) Mittelwert der dem renditeerzeugenden Prozeß zugrundeliegenden Verteilung interpretiert und ist demnach ein *Schätzer für die in der kommenden Periode zu erwartende Rendite.* Demgegenüber zeigt das → geometrische Mittel im selben Beispiel eine durchschnittliche Verzinsung von 0 %.
Aufsichtsrat und Vorstand	An der Spitze der Verwaltung einer Aktiengesellschaft stehen Aufsichtsrat und Vorstand. Der Aufsichtsrat ernennt den Vorstand, überwacht und berät ihn bei der Geschäftsführung. Der Vorstand leitet die laufenden Geschäfte des Unternehmens.
Ausschüttungs– quote	Der Teil des Jahresüberschusses, der den Aktionären in Form der Dividende zufließt. Gerne wird auch der Begriff *Payout Ratio* verwandt.
Baisse	Stärkerer, meist länger anhaltender Kursrückgang an der Börse. Gegensatz: → Hausse.
Belegschaftsaktie	Zahlreiche Aktiengesellschaften bieten ihren Mitarbeitern Aktien des eigenen Unternehmens zum Erwerb an. Der Kaufpreis liegt üblicherweise unter dem Börsenkurs. Belegschaftsaktien bieten dieselben Rechte wie andere Aktien, sind aber unter bestimmten Voraussetzungen steuerbegünstigt. Will man die steuerli-

chen Vergünstigungen in Anspruch nehmen, müssen die Belegschaftsaktien zeitweilig festgelegt werden, d.h. sie können vor dem Ablauf der Sperrfrist nur unter Verlust der Vergünstigungen verkauft werden.

Berichtigungsaktie (»Gratisaktie«) Diese werden ausgegeben, wenn eine Aktiengesellschaft offene Rücklagen in Grundkapital umwandelt. Die Eigenmittel der Gesellschaft werden dadurch nicht verändert, so daß die Beteiligung eines Aktionärs gleich bleibt, sich aber auf eine größere Anzahl von Aktien verteilt.

Bezugsrecht Das Recht des Aktionärs, bei einer Kapitalerhöhung seiner Gesellschaft neue (= »junge«) Aktien zu erwerben. Die Aktionäre können auf die Ausübung ihres Bezugsrechts verzichten und die Bezugsrechte an der Börse verkaufen.

Bilanz Gegenüberstellung von Aktiva und Passiva, also »Soll« und »Haben« oder »Vermögen« und »Schulden« zum Ende des Geschäftsjahres, woraus der Vermögensstand der Aktiengesellschaft hervorgeht. Bestandteil des Jahresabschlusses.

Bilanzanalyse Verfahren, nach denen der Jahresabschluß (d.h. im wesentlichen die Bilanz und die Gewinn- und Verlustrechnung) mehrerer aufeinanderfolgender Jahre systematisch untersucht werden, um weitreichendere Aussagen über die wirtschaftliche Situation des Unternehmens machen zu können, als dies vom Unternehmen selbst geschieht.

Bonus Zusätzlich zur Dividende gewährte Sondervergütung an die Aktionäre. Mögliche Anlässe: Firmenjubiläum, Sondererträge.

Börse Die Börse ist der Markt (Treffpunkt von Angebot und Nachfrage) für Wertpapiere; früher ein physischer, heute oft ein elektronischer »Ort«. Der Börsenhandel findet in der Bundesrepublik Deutschland zu bestimmten Zeiten statt. Die deutschen Wertpapierbörsen unterliegen der staatlichen Aufsicht. Über die Zulassung von Personen zum Börsenhandel entscheidet der Börsenvorstand. Über die Zulassung von Wertpapieren zum Börsenhandel entscheidet eine vom Land überwachte Zulassungsstelle. An den deutschen Wertpapierbörsen gibt es drei Teilmärkte, auch Marktsegmente genannt: → Amtlicher Handel, → Geregelter Markt und der → Freiverkehr. Der → Neuer Markt ist kein eigenes Segment; die dort gehandelten Aktien werden dem amtlichen oder dem geregelten Markt zugerechnet.

Börsenbewertung Siehe → Marktwert
Börsenkurs → Kurswert
Buchwert Der Wert, mit dem ein Vermögens- oder ein Schulden-

	posten in der Bilanz eines Unternehmens steht. Oftmals sind Bewertungen in der Bilanz sehr unterschiedlich zu denen am Markt; wie z.b. häufig bei der Bewertung des Eigenkapitals.
Bundesaufsicht für den Wertpapierhandel (BAWe)	Das Bundesaufsichtamt soll die ordnungsgemäße Durchführung des Wertpapierhandels überwachen. Insbesondere ist es für den Schutz gegen verbotenen Insiderhandel zuständig.
Capital Asset Pricing Model	Siehe → CAPM.
Capital Market Line	Kapitalmarktlinie
CAPM	Das Capital Asset Pricing Model. Es erlaubt es, das Risiko eines Vermögensgutes (meist einer Aktie) zu messen (das Risikomaß ist das »Systematische Risiko« oder auch »→ ß-Risiko«) und dann Aussagen über eine Über- oder Unterbewertung zu treffen. Die Über- bzw. Unterbewertung wird als → *Jensens Alpha* bezeichnet und stellt die Abweichung von der Wertpapiermarktlinie dar. Außerdem wird das CAPM verwendet, um Eigenkapitalkosten zu schätzen: Die »Eingabe« des ß-Risikos in das Modell ergibt als »Ausgabe« eine geforderte Eigenkapitalverzinsung, die mittel- und längerfristig mit der Summe von Dividenden- und Kursgewinnrendite übereinstimmen sollte. Für die Ableitung des Modells erhielt Sharpe den Nobelpreis.
Cash-flow/Kurs-Effekt	Aktien mit einem niedrigen Verhältnis von Cash-flow (pro Aktie) zu Kurs rentieren besser als Aktien mit einem hohen Cash-flow/Kurs-Verhältnis.
Cash-flow	Gemeint ist der Zahlungsmittelüberschuß, der in einem Unternehmen (theoretisch) zur Ausschüttung an die Eigenkapitalgeber (Aktionäre) zur Verfügung steht. Zur Berechnung von Cash-flow/Kurs-Effekten wird der Cash-flow häufig durch die Berechnung Cash-flow = Jahresüberschuß + Abschreibungen + Veränderung der langfristigen Rückstellungen approximiert.
CF/K-Verhältnis	→ Cash-flow/Kurs-Verhältnis
Courtage	Gebühr des Kursmaklers, der ein Wertpapiergeschäft vermittelt.
Current ratio	Eine Relation, die gerne im Rahmen einer Bilanzanalyse verwendet wird. Dabei wird das Umlaufvermögen zu den kurzfristigen Verbindlichkeiten ins Verhältnis gesetzt. Die Quote erlaubt eine Aussage über die Liquidität eines Unternehmens. Graham empfiehlt eine Quote von über 2.
DAX	Der Deutsche Aktienindex (DAX) spielt die Wertsteigerung der 30 wichtigsten deutschen Aktien wieder. Außer den Kurswerten gehen hier auch die Dividendenzahlungen ein. Der DAX startete Ende 1987 mit einem Wert von 1000.

Glossar

Depot	Einrichtung der Kreditinstitute zur Verwaltung von Wertpapieren für ihre Kunden. Wertpapiere können für jeden Kunden gesondert in einem Streifband (Streifbanddepot) oder mit Zustimmung des Kunden auch bei einer Wertpapiersammelbank (Girosammeldepot) verwahrt werden. Letzteres ist die übliche und kostengünstigere Form. In beiden Fällen werden die Kundendepots von den Eigenbeständen der Bank getrennt gehalten und unterliegen nicht dem Zugriff der Gläubiger der Bank.
Dimson-ß	Ein von Dimson entwickeltes Verfahren, um das ß-Risiko von Unternehmen, deren Aktien nicht täglich gehandelt werden, dennoch korrekt zu schätzen. Siehe auch: → ß-Risiko, → CAPM, → *Jensens Alpha*
Dividende	Jeder Aktionär hat Anspruch auf einen – der Höhe seines Aktienbesitzes entsprechenden – Teil des *ausgeschütteten* Jahresgewinns (= Bilanzgewinn) seiner Gesellschaft. Dieser Teil des Gewinns heißt Dividende (im lateinischen dividere = aufteilen, verteilen).
Dividendenrendite-Effekt	Aktien mit einer hohen Dividendenrendite haben eine bessere *Gesamtrendite* als Aktien mit einer niedrigen Dividendenrendite.
Effekten	Bezeichnung für Wertpapiere, die an der Börse handelbar sind.
Efficient Set	In einer Graphik, in der alle Wertpapiere und alle Kombinationen von Wertpapieren eingezeichnet sind, sind das *die* Wertpapiere bzw. -kombinationen, die bei einer vorgegebenen Rendite das geringste Streuungsrisiko haben. In der Theorie ist das Marktportefeuille ein Punkt des Efficient Sets.
Einheitskurs (Kassakurs)	Für viele Wertpapiere wird während der Börsenzeit der Kurs nur einmal festgesetzt und nicht fortlaufend. Zu diesem Einheitskurs werden alle nicht oder entsprechend limitierten Geschäfte abgewickelt. Einheitskurse werden berechnet a) für Wertpapiere, die nicht zur variablen Notierung zugelassen sind; b) bei zur variablen Notierung zugelassenen Wertpapieren für solche Aufträge, die die vorgeschriebene Mindeststückzahl (gewöhnlich 50 oder 100 Stück) nicht erreichen.
Emission	Ausgabe von Wertpapieren durch öffentliches Angebot; geschieht in der Regel durch Vermittlung einer Gruppe von Kreditinstituten (Emissionskonsortium).
Emittent	Emittenten sind in der Regel Unternehmen oder Behörden, die Wertpapiere ausgeben.
Erfahrungskurve	Ein in verschiedensten Bereichen der Betriebswirtschaft zu beobachtender Effekt: Alle mit einem Produkt (unabhängig ob es ein physisches Produkt oder eine Dienstleistung ist) zusammenhängenden Kosten können mit jeder Verdoppelung der ausgebrachten Menge potentiell um eine bestimmten Prozentsatz sinken.

Freimakler	Freimakler sind Börsenmakler, die Handelsgeschäfte über Wertpapiere zwischen Kreditinstituten vermitteln. Sie die Kurse für die Wertpapiere des geregelten Marktes und des Freiverkehrs fest. Siehe auch → Kursmakler.
Freiverkehr	Hier werden solche Wertpapiere gehandelt, die weder zum amtlichen Handel noch zum Geregelten Markt zugelassen sind. Die Einbeziehung in den Freiverkehr erfolgt bei den einzelnen Börsen auf Antrag eines Kreditinstitutes. Voraussetzung ist, daß ein ordnungsgemäßer Börsenhandel gewährleistet erscheint. Die Preise werden durch spezielle Makler festgestellt und börsentäglich veröffentlicht.
Genußschein	Ein Wertpapier, das Vermögensrechte an einer Gesellschaft (in der Regel auf Gewinnanteile und/oder Liquididationserlös) verbrieft, aber nicht mit Mitglieds-, insbesondere Stimmrechten verbunden ist. In der Börsensprache »Genüsse«.
Geometrisches Mittel	(geom. Mittelwert): Die durchschnittliche Verzinsung, die man empfangen hätte müssen, um aus einem gegebenen Anfangswert eines Vermögens genau den realisierten Endwert zu machen. Beispiel: Ein Vermögen, das sich im ersten Jahr verdoppelt (+ 100 %) und im zweiten Jahr halbiert (– 50 %) ist wieder so groß wie zu Beginn des ersten Jahres. Der geometrische Mittelwert der Verzinsung beträgt 0 %. Das → arithmetische Mittel ist demgegenüber + 25 %.
Geregelter Markt	Der Geregelte Markt bietet gegenüber dem amtlichen Handel den Unternehmen einen erleichterten Zugang zum Börsenhandel. Der Börseneinführungsprospekt (»Unternehmensbericht«) kann kürzer sein. Die Pflichtveröffentlichung muß nicht unbedingt in der Börsenpresse erfolgen, sondern kann auch an den Schaltern der Kreditinstitute zur Einsicht ausgelegt werden. Durch diese und andere Erleichterungen soll vor allem mittelständischen Unternehmen die Möglichkeit geboten werden, kostensparend an die Börse zu gehen. Der Handel folgt den gleichen Regeln wie der amtliche Handel.
Geschäftsbericht	Jährlicher Rechenschaftsbericht einer Aktiengesellschaft über den Geschäftsverlauf und die Lage der Gesellschaft. Im Geschäftsbericht wird außerdem der Jahresabschluß abgedruckt und erläutert. Der Geschäftsbericht steht allen Aktionären zur Verfügung.
Größeneffekt	Aktien von Unternehmen mit einem kleinen Marktwert rentieren besser als Aktien von Unternehmen mit einem hohen Marktwert. Häufig wird die Bezeichnung Size-Effekt synonym verwendet.
Grundkapital	Das in der Satzung einer Aktiengesellschaft festgelegte Kapital. Die Satzung bestimmt auch, in wieviele Antei-

le das Grundkapital eingeteilt ist. In Höhe ihres Grundkapitals gibt die Gesellschaft Aktien aus (siehe → Nennwert)

Hauptversammlung Mindestens einmal jährlich versammeln sich die Aktionäre einer Aktiengesellschaft zur Hauptversammlung. Diese wählt den Aufsichtsrat und den Abschlußprüfer, faßt Beschlüsse über die Verwendung des ausgewiesenen Jahresgewinns, über Maßnahmen der Kapitalbeschaffung, über Satzungsänderungen und andere grundsätzliche Fragen; nur sie kann den Aufsichtsrat und den Vorstand entlasten.

Hausse Stärkerer, meist länger anhaltender Kursanstieg an der Börse. Gegensatz: → Baisse.

Index Kennziffer, die Veränderungen bestimmter Größen zum Ausdruck bringt und Vergleiche, insbesondere von Wert- oder Preisveränderungen ermöglicht. Ein Aktienindex spiegelt den Kursverlauf eines Wirtschaftszweiges oder eines nationalen Marktes wider. Für den deutschen Aktienmarkt werden Indices u.a. von der Deutsche Börse AG, von einigen Kreditinstituten und von verschiedenen Presseorganen ermittelt. Siehe auch → DAX.

Insider Im Börsenhandel Bezeichnung für Personen, die wegen ihrer beruflichen Stellung einen Informationsvorsprung haben. Dessen Ausnutzung zum eigenen Vorteil bei Wertpapiergeschäften ist verboten; Verstöße können mit Freiheits- oder Geldstrafen geahndet werden.

Investmentzertifikate Bezeichnung für Anteilscheine, die eine Beteiligung am Vermögen eines Investmentfonds verbriefen. Zu diesem Vermögen gehören neben Bankguthaben (Liquidität) vor allem Wertpapiere, also je nach Art des Fonds festverzinsliche Wertpapiere oder Aktien, beide in breiter Streuung.

Jahresabschluß Der Jahresabschluß einer AG umfaßt die Bilanz, die Gewinn- und Verlustrechnung und den Lagebericht eines Unternehmens. Im Falle eines Abschlusses nach US-GAAP ist zudem noch ein Cash-flow Statement Pflicht. Bei einer Aktiengesellschaft wird er vom Vorstand aufgestellt, durch einen staatlich vereidigten Wirtschaftsprüfer auf seine Ordnungsmäßigkeit geprüft und durch den Aufsichtsrat überprüft.

Januar-Effekt Viele Überrendite-Effekte sind besonders stark im Monat Januar; so z.B. der P/E-Effekt, der Größen-, der Leverage-, der MW/BW-, der Winner-Loser- und der Dividendenrenditeeffekt.

January-Effekt Siehe → Januar-Effekt

Jensens Alpha heißen die Abweichungen von der → Wertpapiermarktlinie des → CAPM. Sie können als → Über- bzw.

Unterrenditen (gemessen in %) einer Aktie im Risiko-Rendite-Zusammenhang des CAPM interpretiert werden: So hat eine Aktie mit einem *Jensens Alpha* von 2 % eine um 2 % höhere Rendite, als das CAPM ihr aufgrund ihres ß-Risikos zugestehen würde. Graphisch ist *Jensens Alpha* der vertikale Abstand von der Wertpapiermarktlinie.

Kapitalkosten Die Kapitalkosten eines Unternehmens werden im wesentlichen durch die Eigen- und Fremdkapitalkosten bestimmt. Während die Fremdkapitalkosten aus den Kreditverträgen bzw. der Ausstattung der emittierten Anleihen zu entnehmen sind, entsprechen die Eigenkapitalkosten den (durchschnittlichen) Erwartungen der Eigenkapitalgeber. Diese können z.b. dem → CAPM entnommen werden. Für das Unternehmen ist wichtig, daß die durchschnittlichen Kapitalkosten (= Weighted Averaged Costs of Capital = WACC), d.h. die mit dem jeweiligen anteiligen Marktwert von Eigen- bzw. Fremdkapital am Gesamtkapital gewichteten Kapitalkosten möglichst klein sind.

Kapitalmarktlinie In der Graphik, in der der → Efficient Set eingezeichnet ist eine Gerade, die vom risikolosen Zinssatz startet und dann eine Tangente an den Efficient Set bildet. Der Tangentialpunkt stellt in der Theorie das Marktportefeuille dar. Auf der Kapitalmarktlinie (»Capital Markt Line«) liegen a) alle Portefeuilles, die eine Kombination von Investition in die risikolose Anlagemöglichkeit und das Marktportefeuille darstellen bzw. b) alle Portefeuilles, die »gelevergte« Marktportefeuilles darstellen. Das sind Investitionen in das Marktportefeuille, die teilweise mit Kredit finanziert sind (Kreditfinanzierung = in diesem Modell Geld*aufnahme* zum risikolosen Zins).

KGV Das Kurs/Gewinn-Verhältnis (Kurs dividiert durch Gewinn pro Aktie). Oft auch als P/E-Ratio bezeichnet (*Price* dividiert durch *Earnings per Share*).

Kulisse Berufsmäßiger Wertpapierhandel der Makler und Kreditinstitute, wenn diese für eigene Rechnung am Börsengeschehen teilnehmen.

Kundenzufriedenheitseffekt Aktien von Unternehmen, deren Position sich auf der US-amerikanischen Kundenzufriedenheits-Skala (ACSI) verbessert, haben gute Renditechancen.

Kupon Besonderes Wertpapier, auch Dividendenschein genannt, das zur Aktie gehört und auf dessen Vorlage die Dividende ausgezahlt wird (siehe → Mantel und Bogen). Auch die den verzinslichen Wertpapieren beigegebenen Zinsscheine werden Kupon genannt.

Kurs/Gewinn-Verhältnis → KGV

Kursmakler	Die amtlichen Kursmakler sind Börsenmakler, die aufgrund staatlicher Bestellung für die im amtlichen Handel notierten Wertpapiere den Börsenkurs feststellen. Siehe auch → Freimakler
Kurswert	Der Preis der Aktie bildet sich nach Angebot und Nachfrage an der Börse. Der jeweilige Börsenpreis wird Kurs genannt. Zu unterscheiden vom → Nennwert.
Leverage-Effekt	Ein zumindest im Extremfall riskantes Verfahren um die Eigenkapitalrendite zu erhöhen, in dem die Verschuldung erhöht wird. Man hofft, daß die Rendite des neu aufgenommenen Kapitals deutlich höher als die bisherigen Kapitalkosten sind; nur dann steigt die Rendite für die Eigenkapitalgeber nachhaltig.
Limitieren	Festsetzen einer Preisgrenze beim Kauf- oder Verkaufsauftrag für Wertpapiere.
Makler	siehe → Freimakler und → Kursmakler
Mantel und Bogen	Zu jeder Aktienurkunde (»Mantel«) gehört ein Bogen mit 10 oder 20 Dividenscheinen und einem Erneuerungsschein (»Talon«), der zum Bezug eines neuen Bogens berechtigt. Die Dividende wird dem Aktionär gegen Vorlage des jeweils fälligen Dividendenscheins direkt von der Aktiengesellschaft, üblicherweise aber von dem Kreditinstitut ausgezahlt. Mäntel und Bögen werden aus Sicherheitsgründen bei den Kreditinstituten getrennt verwahrt.
Marktportefeuille	Ein Aktienportefeuille, in dem alle Aktien (in der Theorie die der ganzen Welt) vertreten sind. Die Gewichtung einer Aktie sollte sich darin nach ihrem Marktwert richten. Im → CAPM ist die Rendite des Marktportefeuilles wichtig, denn aus den Renditen des Marktportefeuilles und einer Einzelaktie (oder eines beliebigen anderen Portefeuilles) kann des → ß-Risiko berechnet werden. Praktisch nie wird den theoretischen Forderungen an das Marktportefeuille entsprochen; in der Praxis handelt es sich um nationale Indizes, die als Approximationen des Marktportefeuilles Verwendung finden; so z.B. in Deutschland der DAX oder in den USA der S&P 500.
Marktwert/Buchwert-Effekt	Aktien, bei denen das Verhältnis von Marktwert des Eigenkapitals zu Buchwert des Eigenkapitals klein ist, rentieren besser als Aktien, bei denen dieses Verhältnis groß ist. Besonders gut rentieren Aktien, bei denen das Marktwert/Buchwert-Verhältnis kleiner als 1 ist; d.h. der Marktwert des Eigenkapitals (→ Marktwert) kleiner ist als der → Buchwert des Eigenkapitals ist.
Marktwert	Der *Marktwert eines Unternehmens* ist der aktuelle Kurs der Aktie des Unternehmens multipliziert mit der Anzahl der Aktien, die emittiert sind. Oft spricht man auch von Börsenbewertung. Der *Marktwert eines*

260 Glossar

	Vermögensgegenstandes (oder, was ebenfalls interessieren kann, von Schulden) ist der Wert, zu dem der Vermögensgegenstand aktuell am Markt verkauft werden könnte bzw. der Betrag, den man heute aufwenden müßte, um eine Schuld zu begleichen. Besonders bei Vermögensgütern unterscheiden sich Marktwert und → Buchwert oft deutlich.
Masterportefeuille	Siehe → Marktportefeuille
Momentum-Effekt	Aktien mit – aus Sicht von Analysten – stark verbesserten Gewinnaussichten weisen besonders hohe Renditen auf.
MW/BW-Effekt	Siehe → Marktwert/Buchwert-Effekt
Nennwert	Auf vielen Aktien ist ein bestimmter Betrag in DM abgedruckt: der Nennwert. Er gibt an, mit welchem Anteil der Aktionär am Grundkapital und damit am gesamten Vermögen (und am Gewinn) »seiner« Aktiengesellschaft beteiligt ist. Lautete früher bei den meisten Aktien der Nennwert 50 DM, gibt es jetzt eine Reihe von Unternehmen mit 5 DM-Aktien. Immer mehr werden nennwertlose Stückaktien emittiert. Der Anteil des Aktionärs am Vermögen richtet sich dann nach dem Anteil seiner Aktien an allen emittierten Aktien. Zu unterscheiden vom Kurswert.
Neuer Markt	Der »Neue Markt« dient der Stärkung des Eigenkapitalmarktes für junge Hochtechnologieunternehmen. Die dort gehandelten Aktien werden rechtlich dem amtlichen Handel oder dem geregelten Markt zugerechnet. Daher ist der Neue Markt kein eigenständiges Börsensegment.
Option	Im Börsenhandel versteht man hierunter das Recht, gegen Zahlung einer Prämie innerhalb einer vereinbarten Frist z.b. Wertpapiere (Aktien oder Renten) zu einem im voraus bestimmten Kurs zu kaufen oder zu verkaufen, ohne hierzu auch verpflichtet zu sein.
Optionsanleihen	Wertpapiere, die dem Inhaber neben einer festen Verzinsung ein befristetes Bezugsrecht (Option) auf Aktien des betreffenden Unternehmens bieten. Bezugspreis und Bezugsverhältnis für die Aktie werden vor der Emission der Optionsanleihe festgelegt. Nach Ausübung des Bezugsrechts oder Trennung des Optionsrechts bleibt die Optionsanleihe als gewöhnliche Schuldverschreibung bis zu ihrer Rückzahlung bestehen. Es können auch Anleihen mit Optionsscheinen angeboten werden, die zum Bezug weiterer Anleihen berechtigen.
Optionsscheine	Das verbriefte, mit der Optionsanleihe ausgegebene Recht auf Bezug von Aktien oder – seltener – von Anleihen (näheres siehe Optionsanleihe). Optionsscheine können getrennt von der Optionsanleihe an der Börse

Glossar

	gehandelt werden. Durch Kauf eines Optionsscheins kann ein Anleger schon mit begrenztem Einsatz an den Kurschancen der Aktie teilhaben; sein Verlustrisiko bleibt auf den Einsatz beschränkt.
P/E-Effekt	Aktien mit einem niedrigen Verhältnis von Kurs (*Price,* »*P*«) zu Gewinn pro Aktie (*Earnings,* »*E*«) rentieren besser als Aktien mit einem hohen P/E-Verhältnis.
P/E-Ratio	Siehe → KGV
P/S-Ratio	Siehe Price/Sales-Ratio bzw. → Preis/Umsatz-Effekt
P/U-Effekt	Siehe → Preis/Umsatz-Effekt
Payout Ratio	Siehe → Ausschüttungsquote
Preis/Umsatz-Effekt	Wird auch als Price/Sales-Effekt (P/S-Effekt) oder Kurs/Umsatz-Effekt bezeichnet: In den USA und in Japan rentieren Aktien mit einem niedrigen Verhältnis von Kurs zu Umsatz pro Aktie deutlich besser als der Markt.
q	→ Tobin's q
Random Walk	Eine Beschreibung für den Zufallsprozeß, der Aktienrenditen zugrundeliegen soll: Die Bezeichnung geht zurück auf Maurice Kendall, einen Statistiker, der 1953 versuchte, »Preispfade« in Aktienkursen zu entdecken. Er fand jedoch keine – die Rendite einer Periode schienen nichts mit den Renditen vorausgegangener Perioden zu tun zu haben. Für diese Beobachtung bürgerte sich der Name »Random Walk« ein. Der Random Walk bei Aktienrenditen weist einen positiven Erwartungswert (»Positive Drift«) auf. Jüngere Arbeiten finden hingegen Pfade; vgl. z.B. Lo, A.W., MacKinlay, A.C., 1988, Stock Prices do not Follow Random Walks: Evidence from a Simple Specification Test, Review of Financial Studies 1.
Rating	Kreditwürdigkeits- bzw. Bonitätsbeurteilung durch eine private Rating-Agentur. Das Rating entscheidet über die zu zahlenden Zinsen für das Fremdkapital: Bei schlechtem Rating werden Kreditverträge und Anleihen mit einem höheren, bei gutem mit niedrigeren Zinsen vereinbart bzw. ausgestattet.
Ratingeffekt	Investitionen in Aktien von Unternehmen mit einem guten → Rating gehen einher mit guten Renditen bei geringen Kursschwankungen. Besonders meiden sollte man Aktien mit sich verschlechterndem Rating, während solche mit sich verbesserndem Rating besonders gute Renditechancen bieten.
Rendite	Bei Wertpapieren der in Prozenten des Erwerbspreises angegebene Ertrag, den das Papier bei Berücksichtigung *aller* Faktoren (Zins bzw. Dividende, Kurs, Laufzeit etc.) jährlich erbringt. Die Rendite ist also in aller Regel *nicht* mit dem Nominalzins oder dem Dividendenprozentsatz identisch.

Sharpe-Maß	Dieses Maß sagt aus, wieviel zusätzliche Rendite man über die Verzinsung einer risikolosen Investition pro in Kauf genommenes Streuungs-Risiko (gemessen mit Hilfe der Standardabweichung) bekommt. Das Sharpe-Maß ist *eine* Methode um → Überrenditen zu berechnen.
S&P 500	Ein US-amerikanischer Börsenindex, der die 500 größten US-amerikanischen Unternehmen umfaßt. S&P steht für Standard and Poor´s.
Security Market Line	Siehe → Wertpapiermarktlinie.
Sharpe-Maß	Dieses Maß sagt aus, wieviel zusätzliche Rendite man über die Verzinsung einer risikolosen Investition pro in Kauf genommenes Streuungsrisiko (gemessen als Standardabweichung) bekommt.
Size-Effekt	Siehe → Größeneffekt
ß-Risiko	Das theoretisch richtige Risikomaß für Unternehmen bzw. insbesondere deren Aktien. Eingesetzt in das → CAPM kann man vom ß-Risiko auf die vom Markt geforderte Verzinsung des Eigenkapitals (= Aktienrendite) schließen. Das ß-Risiko wird als Quotient berechnet; im Zähler steht dabei die Kovarianz mit der Aktienrendite des betreffenden Unternehmens mit der Rendite des Gesamt(aktien)marktes (→ Marktportefeuille), im Nenner die Varianz der Marktrendite. Das ß-Risiko wird auch als → Systematisches Risiko bezeichnet. Seine Relevanz erhält es aus der Argumentation, daß unsystematische Risikokomponenten (das sind solche, die nichts mit der Gesamtmarktentwicklung zu tun haben) durch Diversifikation eliminiert werden können und daher für die Bepreisung einer Aktie irrelevant sein sollten.
Stammaktie	So nennt man die stimmberechtigten Aktien ohne Vorzugsrechte im Unterschied zu den meist stimmrechtslosen — Vorzugsaktien, wenn eine Gesellschaft beide Aktienarten ausgegeben hat.
Steuerguthaben	siehe → Anrechnungsverfahren
Stimmrecht	Jeder Aktionär hat auf der Hauptversammlung sein gesetzlich verankertes Stimmrecht. Die Anzahl der Stimmen, die ein Aktionär auf sich vereint, richtet sich nach der Zahl der stimmberechtigten Aktien in seinem Besitz. Der Aktionär kann sein Stimmrecht auch von einem Dritten, z.B. seinem Kreditinstitut oder einer Aktionärsvereinigung ausüben lassen.
Stock Dividends	Ähnlich wie bei → *Stock-Splits* erhält der Aktionär hier neue Aktien ohne etwas zuzahlen zu müssen – im Gegensatz zur Situation bei einer Kapitalerhöhung. Da sich bei *Stock Dividends* ähnlich wie bei *Stock-Splits* der Unternehmenswert nach der Maßnahme auf

Glossar

	mehr Aktien aufteilt, sinkt der Kurs der Aktien. Allerdings weisen diese Aktien dann eine besonderes hohe Renditechance auf.
Stock-Split	Unternehmen führen gerne *Stock-Splits* durch, um ihren Aktienkurs niedrig zu halten. Dann erhalten die Aktionäre ohne Zuzahlung z.B. für eine alte Aktie eine zusätzliche neue Aktie (Split 2:1; d.h. ein Aktionär, der vor dem Split 1 Aktie hatte, hat nach dem Split 2). Im Beispiel halbiert sich der Kurs der Aktien.
Stock-Split-Effekte	Es gibt Hinweise darauf, daß Aktien von Unternehmen, die einen → Stock Split durchführen, (auch) nach dem Split besonders hohe Renditen aufweisen.
Tax loss selling	Ein vor allem Privatanlegern unterstelltes Verhalten. Es besagt, daß Privatanleger Verlustpositionen (vor allem von volatilen kleinen Aktien) aus steuerlichen Gründen im Laufe des Jahres realisieren, um dann im Laufe des Januars dieselben oder ähnliche Aktien wieder zu erwerben. Nachdem im Januar viele Anleger so verfahren, führt dies zu den → January-Effekten.
Terminhandel	Wertpapiertransaktionen, deren Erfüllung nicht alsbald (Kassageschäft), sondern erst zu einem späteren Termin erfolgt. In der Bundesrepublik findet der Terminhandel an der Deutschen Terminbörse (DTB) statt.
Tobin´s q	Oft auch nur als »q« bezeichnet stellt es das Verhältnis von Marktwert (des Eigenkapitals) zu Buchwert (des Eigenkapitals) dar. Tobin war ein Volkswirt, der das Maß zur Erklärung des Investitionsverhaltens verwandte. Heute ist es im Wesentlichen im Zusammenhang mit dem → Marktwert/Buchwert-Effekt relevant.
Treynor-Maß	Dieses Maß sagt aus, wieviel zusätzliche Rendite man über die Verzinsung einer risikolosen Investition pro in Kauf genommenes ß-Risiko (gemessen mit Hilfe des → CAPM) bekommt. Das Treynor-Maß ist eine Methode um → Überrenditen zu berechnen.
Turn-of-the-Effekt	Viele Überrenditeeffekte sind besonders stark im Januar. Dafür hat sich der Begriff Januar-Effekt eingebürgert. Im Januar selbst sind die ersten Tage nach dem Jahreswechsel besonders auffällig. diese Beobachtung nennt man turn-of-the-Year-Effekt.
Überendite	Damit werden eine Vielzahl unterschiedlich berechneter Renditen bezeichnet: Renditeabweichungen von der Marktrendite, besondere Treynor- und Sharpe-Maße, Jensens Alphas.
US-GAAP	So nennt man die Gesamtheit der amerikanischen Bilanzierungsvorschriften; quasi das US-amerikanische Handelsgesetzbuch. Die Abkürzung bedeutet *Generally accepted Accounting Principles*.
Value-Line-Effekt	Das »5-Stars-Portfolio« des amerikanischen Aktien-Research-Institutes Value-Line weist systematische

	Überrenditen auf. Es kann im Internet eingesehen werden.
Verschuldungs-effekt	Dieser Effekt ist etwas komplizierter als die anderen Überrenditeeffekte: Je höher die Verschuldung gemessen als Gesamtkapital zu Marktwert Eigenkapital wird, desto höher die Aktienrendite (»unfreiwillige, nicht geplante Verschuldung«). Je höher allerdings die Verschuldung gemessen als Gesamtkapital zu Buchwert Eigenkapital wird, desto niedriger die Aktienrendite (»freiwillige, geplante Verschuldung«).
Volatilität	Volatilität bedeutet Streuung der Rendite einer Aktie. Die Streuung wird meist mit der Standardabweichung oder der Varianz gemessen.
Vorstand	Der Vorstand leitet die Geschäfte des Unternehmens (siehe auch → Aufsichtsrat).
Vorzugsaktie	Vorzugsaktien haben in der Regel kein Stimmrecht. Zum Ausgleich dafür gewähren diese Aktien ihrem Besitzer andere Vorteile (Mindestdividende, Nachzahlungspflicht für etwa ausgefallene Dividende usw.). Siehe auch → Stammaktie.
WACC	bedeutet → Weighted Averaged Costs of Capital → Kapitalkosten
Wandelanleihe	Der Inhaber einer Wandelschuldverschreibung kann diese während der Laufzeit der Anleihe zu einem vorher festgelegten Verhältnis in Aktien umwandeln. Ob die Wandlungsmöglichkeit für den Inhaber interessant ist, hängt von der Entwicklung des Aktienkurses ab. Soweit das Wandlungsrecht nicht ausgeübt wurde, wird die Anleihe am Ende der Laufzeit zurückgezahlt (getilgt). Ähnlich: → Optionsanleihe.
Weighted Averaged Costs of Capital	→ bedeutet »gewichtete Kapitalkosten« → Kapitalkosten
Wertpapiermarkt-linie	Sie stellt im → CAPM den linearen Zusammenhang von ß-Risiko und Rendite dar. Oft wird sie als *Security Market Line* bezeichnet.
Window dressing	Ein Portfeuillemanagern unterstelltes Verhalten, das besagt, daß sie am Jahresende gerne große, bekannte Unternehmen in ihre Portefeuilles aufnehmen, um im Jahresbericht ein »seriöses« Portefeuille vorweisen zu können und danach im Januar wieder in kleinere Unternehmen mit höheren Kurschancen dagegen eintauschen.
Winner-Loser-Effekt	Aktien, die in den vergangenen 5 Jahren die schlechteste Renditeentwicklung (»Loser«) hatten, weisen danach eine besonders gute Rendite auf.
Zusatzaktie	Siehe → Berichtigungsaktie

Literaturverzeichnis

Bei der Suche nach Original-Quellen lohnt es sich, das Literaturverzeichnis zu Rate zu ziehen. Die Titel der Arbeiten beschreiben in der Regel das Thema recht gut. Bei der Fülle der Literatur ist es fast unmöglich, ein vollständiges Literaturverzeichnis zu erstellen. Das hier vorgestellte gibt einen Überblick über die wichtigsten und/oder aktuellsten Veröffentlichungen.
Dabei wurden folgende Leitlinien eingehalten:

1. Veröffentlichungen aus den 80er Jahren und davor werden nur noch genannt, wenn es sich um wegweisende Arbeiten handelt.
2. Oftmals beschäftigen sich Wissenschaftler und/oder Teams von Wissenschaftlern über mehrere Jahre mit ähnlichen Themen. In solchen Fällen wurden nur die jüngeren Arbeiten genannt; in ihnen finden sich in aller Regel Zusammenfassungen der älteren Arbeiten und/oder Verweise auf diese.

Die wichtigsten wissenschaftlichen Journals sind wohl das Journal of Finance, das Journal of Financial and Quantitative Analysis und das Journal of Financial Economics. Alle drei, besonders aber das Journal of Finance und das Journal of Financial and Quantitative Analysis stellen besonders in den jüngeren Jahrgängen einen gewissen Anspruch an die mathematische Vorbildung des Lesers und sind weniger als eine »leichte« Lektüre zu verwenden.

Wesentlich leichter und auch für mathematisch-statistische Laien zugänglich sind das Financial Analysts Journal und das Journal of Portfolio Management.

Deutsche Journals wie die Zeitschrift für Betriebswirtschaft oder die Zeitschrift für betriebswirtschaftliche Forschung sind ebenfalls oftmals gut lesbar; wenngleich auch hier, wie in weiten Bereichen der Kapitalmarktforschungsliteratur, eine Tendenz zur formalen, mathematischen Ableitung und Beschreibung zu erkennen ist.

Einzelne Aspekte lassen auch in den hervorragende Lehrbüchern von Haugen, Brealey/Myers und Sharpe (um ein paar amerikanische zu nennen) oder Perridon/Steiner bzw. Steiner/Bruns (als Vertreter des deutschen Lehrbuchs) entnehmen.

1. Wissenschaftliche Periodica und Lehrbücher

Adelberger, O.L., Lockert, G., 1994, Empirische Ergebnisse zur Anzahl und Bewertung der APT-Risikofaktoren am deutschen Aktienmarkt; Forschungsbericht für die Deutsche Forschungsgemeinschaft, Essen

Albrecht, P., Maurer, R., Mayser, J., 1996, Multi-Faktorenmodelle: Grundlagen und Einsatz im Management von Aktien-Portefeuilles, Zeitschrift für betriebswirtschaftliche Forschung 48, S. 3–29

Affleck-Graves, J., Mendenhall, R.R., 1990, The Relation between the Value Line Enigma and Post-Earnings-Announcement Drift, unveröffentlichtes Manuskript, College of Business Administration, University of Notre Dame

Aggerwal, R., Rao, R., Hiraki, T., 1990, Equity Return Regularities Based on the Price/Sales Ratio: An Empirical Study on the Tokyo Stock Exchange, in: Rhee, S.G., Chang, R.P. (Hrsg.), Pacific-Basin Capital Markets Research, Volume I, North Holland

Amihud, Y., Christensen, B., Mendelson, H., 1992, Further Evidence on the Risk-Return Relationship, unveröffentlichtes Arbeitspapier, FD 92–39, University New York

Arbel, R.A., Carvell, S., Strebel, P., 1983, Giraffes, Institutions and Neglected Firms, Financial Analysts Journal 39, May-June, S. 57–62

Asness, C.S., 1996, The Interaction of Value and Momentum Strategies, Working Paper, Goldman Sachs Asset Management, August

Badrinath, S.G., Kini, O., 1994, The Relationship between Securities Yields, Firm Size, Earnings/Price Ratios and Tobin´s q, Journal of Business Finance &Accounting, 21, S. 109–131

Ball, R., Kothari, S.P., 1989, Nonstationary Expected Returns: Implications for Tests of Market Efficiency and Serial Correlation in Returns, Journal of Financial Economics 25, S. 51–74

Ball, R, 1995, The Theory of Stock Market Efficiency: Accomplishments and Limitations, Journal of Applied Corporate Finance 8, No. 1, S. 4–17

Ball, R., Kothari, S.P., Wasley, C.E., 1995, Can We Implement Research on Stock Trading Rules?, Journal of Portfolio Management, 21, Winter, S. 54–63

Bamberg, G., Trost, R., 1996, Entscheidung unter Risiko: Empirische Evidenz und Praktikabilität, Betriebswirtschaftliche Forschung und Praxis 48, S. 640–662

Banz, R.W., 1981, The Relationship between Returns and Market Value of Common Stock, Journal of Financial Economics Nr. 9, S. 3–18

Barbee, W.C., Murkherji, S., Raines, G.A., 1996, Do Sales-Price and Debt-Equity Explain Stock Returns Better than Book-Market and Firm Size?, Financial Analyst Journal 52, Nr. 2, S. 56–60

Bar-Josef, S., Brown, L.D., 1977, A Re-examination of Stock Splits Using Moving Betas, Journal of Finance 32, September

Barry, C., Brown, S., 1985, Differential Information and Security Market Equilibrium, Journal of Financial and Quantitative Analysis 20, December, S. 407–422

Barry, C., Brown, S., 1986, Limited Information as a Source of Risk, Journal of Portofolio Management, Winter, 66–73

Basu, S., 1977, Investment Performance of Common Stocks in Relation to Their Price-Earnings Ratio; Journal of Finance 32, S. 663–682

Basu, S., 1983, The Relationship between Earnings´ Yield, Market Value and Return for NYSE Common Stocks, Journal of Financial Economics 12, S. 129–156

Bauer, C., 1991, Volatilitäten und Betafaktoren – geeignete Risikomaße?, Die Bank, S. 172–175

Beaver, W.H., Ryan, S.G., 1993, Accounting Fundamentals of the Book-to-Market Ratio, Financial Analysts Jornal 49, Nr. 6, S. 50–56

Beckers, S., u.a., 1992, The Relative Importance of Common Factors Across the European Equity Markets, Journal of Banking and Finance 16, S. 75–95

Beckmann, T., 1989, Die Erfassung von Tendenzen des Aktienmarktes: Eine methodisch-statistische Untersuchung, Betriebswirtschaftliche Schriftenreihe Band 44, Münster

Bernard, V.L., Thomas, J.K., 1989 Post-Earnings-Announcement Drift: Delayed Price Response or Risk Premium?, Journal of Accounting Research 27 (Supplement), S. 1–36

Bernstein, P., 1997, What Rate of Return Can You Reasonably Expect... or What Can the Long Run Tell Us about the Short Run?, Financial Analysts Journal, März/April, S. 22

Bhandari, L.C., 1988, Debt/Equity Ratio and Expected Common Stock Returns: Empirical Evidence, Journal of Finance 43, S. 507–528

Bitz, M., Oehler, A., 1993, Überlegungen zu einer verhaltenswissenschaftlich fundierten Kapitalmarktforschung (Teil I und II) Kredit und Kapital 26, S., 246–273 und 375–416

Black, F., 1986, Noise, Journal of Finance 41, S. 529–543

Black, F., Estimating Expected Return, Financial Analysts Journal 49, Nr. 5, S. 36–38

Black, F., Jensen, M.C., Scholes, M., 1972, The Capital Asset Pricing Model: Some Empirical Tests, in: Studies in the Theorie of Capital Markets (Hrsg.), Jensen, New York, Praeger

Blume, M.E., Stambaugh, R.F., 1983, Biases in Computed Returns: An Application to the Size Effect, Journal of Financial Economics 12, S. 387–404

Bodie, Z., 1995, On the Risks of Stocks in the Long Run, Financial Analysts Jornal 51, Nr. 3, S. 18–22

Brealey, R., Myers, S., 1988–1996, Principles of Corporate Finance, verschiedene Auflagen, New York u.a.

Brown, S.J., Goetzmann, W.N., Ross, S.A., 1995, Survival, Journal of Finance 50, S. 853–873.

Brown, P., Keim, D.B., Kleidon, A.W., Marsh, T.A., 1983, Stock Return Seasonalities, Journal of Fiancial Economics 12, S. 33–56

Bruns, C., Meyer-Bullerdieck, F., 1996, Professionelles Portfoliomanagement, Stuttgart

Campbell, J., Shiller, J., 1998, Valuation Ratios and the Long-Run Stock Market Outlook, Journal of Portfolio Management, Winter, S. 12

Campbell, J., 1996, Understanding Risk and Return, Journal of Political Economy 104, S. 298–345

Capaul, C., Rowley, I., Sharpe, W.F., 1993, International Value and Growth Stock Returns, Financial Analysts Journal 49, Nr. 1, S. 27–36

Chan, L.K.C., 1987, Can Tax-Loss Selling Explain the January Seasonals in Stock Returns? Journal of Finance 41, S. 1115–1125

Chan, L.K.C., 1988, On the Contrarian Investment Strategy, Journal of Business 61, S. 147–164

Chan, L.K.C., Chen, N., 1991, Structural and Return Characteristics of Small and Large Firms, Journal of Finance 46, S. 1467–1484

Chan, L.K.C., Hamao, Y., Lakonishok, J., 1993, Can Fundamentals Predict Japanes Stock Returns?, Financial Analysts Journal 49, Nr. 4, S. 63–69

Chan, L.K.C., Jegadeesh, N., Lakonishok, J., 1995, Evaluating the Performance of Value vs. Glamour Stocks – the Impact of Selection Bias, Journal of Financial Economics 38, S. 269–296

Chang, E.C., Pinegar, M.J., 1990, Stock Market Seasonals and Prespecified Multifactor Pricing Relations, Journal of Financial and Quantitative Analysis 25, S. 517–534

Charest, G., 1978, Split Information, Stock Returns and Market Efficiency – I, Journal of Financial Economics 6, Juni/September

Chen, N., 1991, Financial Investment Opportunities and the Macroeconomy, Journal of Finance 46, S. 529–554

Clayman, M., 1987, In Search of Excellence: The Investor´s Viewpoint, Financial Analysts Journal, Mai–Juni

Cole, K., Helwege, J., Laster, D., 1996, Stock Market Valuation Indicators: Is This Time Different?, Financial Analysts Journal, Mai/Juni

Connor, G., 1995, The Three Types of Factor Models: A Comparison of Their Explanatory Power, Financial Analysts Journal 51, Nr. 3, S. 42–46

Connor, G., Korajczyk, R.A., 1995, The Arbitrage Pricing Model and Multifactor Models of Asset Returns, Finance, Amsterdam, S. 87–144

Cook, T.J., Rozeff, M.S., 1984, Size- and Earnings/Price Ratio Anomalies: One Effect or Two, Journal of Financial and Quantitative Analysis 19, S. 449–466

Copeland, T.E., 1979, Liquidity Chances Following Stock Splits, Journal of Finance 34, March

Davis, J.L., 1994, The Cross-Section of Realized Stock Returns: The Pre-COMPUSTAT Evidence, Journal of Finance 49, S. 1579–1593
De Bondt, W.F.M., 1991, What Do Economists Know About the Stock Market? Journal of Portfolio Management 17, Winter, S. 84–91
De Bondt, W., Thaler, R., 1990, Do Security Analysts Overreact?, American Economic Review 80, S. 52–57
De Bondt, W., Thaler, R., 1985, Does the Stock Market Overreact?, Journal of Finance 40, S. 793–805
De Bondt, W.F.M., Thaler, R., 1987, Further Evidence on Investor Overreaction and Stock Market Seasonality, Journal of Finance 42, S. 557–581
DeMarche Associates, zitiert aus Haugen, New Finance, S. 59
Dempsey, W., 1996, On the Risk of Stocks in the Long Run: A Resolution to the Debate?, Financial Analysts Journal 52, Nr. 5, S. 57–62
Drummen, M., Zimmernmann, H., 1992, The Structure of European Stock Returns, Financial Analysts Journal 48, Nr. 4, S. 15–26
Erb, C.B., Harvey, C.R., Viskanta, T.E., 1994, Forecasting International Equity Correlations, Financial Analysts Journal 50, Nr. 12, S. 32–45
Fairfield, P.M., 1994, P/E, P/B, and the Present Value of Future Dividends, Financial Analysts Journal 50, Nr. 4, S. 23–31
Fama, E.F., 1981, Stock Returns, Real Activity, Inflation, and Money, American Economic Review 71, Nr. 4, S. 545–565
Fama, C.F., Fisher, L., Jensen, M., Roll, R., 1969, The Adjustment of Stock Prices to New Information, International Economic Review, Februar
Fama, E.F. French, K.R., 1988, Permanent and Temporary Components of Stock Prices, Journal of Political Economy 96, April, S. 246–273
Fama, E.F., French, K.R., 1992, The Cross-Section of Expected Stock Returns, Journal of Finance 47, S. 427–465
Fama, E.F., French, K.R., 1995, Size and Book-to-Market Factors in Earnings and Returns, Journal of Finance 50, Nr. 1, S. 131–155
Fama, E.F., French, K.R., 1996a, Multifactor Explanations of Asset Pricing Anomalies, Journal of Finance 51, S. 55–84
Fama, E.F., French, K.R., 1996b, The CAPM is Wanted, Dead or Alive, Journal of Finance 51, S. 1947–1958
Fama, E.F., French, K.R., 1997, Industry Costs of Equity, Journal of Financial Economics 43, S. 153–193
Fama, E.F., MacBeth, J., 1974, Tests of a Multiperiod Two Parameter Model, Journal of Political Economy 81
Fama, E.F., Schwert, G.W., 1977, Asset Returns and Inflation, Journal of Financial Economics 5, Nr. 2., S. 115–146
Ferguson, R., Leistikow, D., 1996, On the Risk of Stocks in the Long Run; A Comment, Financial Analysts Journal 52, Nr. 2, S. 67–68
Fisher, K.L., 1984, Super Stocks, Dow Jones-Irwin, Homewood, Illinois
Fischer Black, 1973, Yes Virginia, there is Hope: Tests of the Value Line Ranking System, Financial Analysts Journal 29, Nr. 5, September-October
Fluck, Z., Malkiel, B.G., Quandt, R.E., 1994, The Predictability of Stock Returns: A Cross-sectional Simulation, New York University Salomon Center, Arbeitspapier Nr. S–95-9, Dezember
Foster, G., Olsen, C., Shevlin, T., 1984, Earnings Releases, Anomalies and the Behavior of Security Returns, The Accounting Review, Oktober
Franks, J., Harris, R.S., Titman, S., 1991, The Postmerger Share Proce Performance of Acquiring Firms, Journal of Financial Economics 29, S. 81–96
Friend, Blume, 1979, Measurement of Portfolio Performance under Uncertainty, American Economic Review, September
Fuller, R., Huberts, L., Levinson, M., 1993, Returns to E/P-Strategies, Higgedley-Piggedley Growth, Analysts´ Forecast Errors, and Omitted Risk Factors, Journal of Portfolio Management 19, Winter, S. 13–24
Gehrke, N., 1994, Die Beziehung zwischen Markt- und Buchwerten deutscher Akti-

engesellschaften, Diss.
Gibbons, M.R., Hess, P., 1981, Day of the Week Effekt and Assets Returns, Journal of Business, Oktober
Ginet, F., 1987, Folgerungen für das Financial Engineering, das Bankgeschäft und den Investor von morgen, in: Ch. Hirszowicz (Hrsg.), 1989, Der Oktober-Crash 1987
Goetzmann, W.N., Jorion, P., 1995, A Longer Look at Dividend Yields, Journal of Business 68, S. 483–508
Goldman Sachs Research, August 1990
Graham, B., 1975, Analyse und Strategie langfristiger Aktienanlage
Graham, B./Dott, D., 1934, Security Analysis, New York, McGraw-Hill
Grinold, R.C., Kahn, R.N., 1994, Multiple Factor Models for Portfolio Risk, in: A Practitioner's Guide to Factor Models, the Research Foundation of the Institute of Chartered Financial Analysts (Hrsg.), Charlottesville, Virginia, S. 59–80
Gultekin, M., Gultekin, B., 1983, Stock Market Seasonality: International Evidence, Journal of Financial Economics 12, S. 469–481
Hackel, K.S., Livnat, J., Rai, A., 1994, The Free Cash Flow/Small-Cap Anomalie, Financial Analysts Journal 50, Nr. 5, S. 33–41
Hamerle, A., Rösch, D., 1996, Kapitalmarktanomalien und Rendite-Risiko-Beziehungen bei einem ineffizienten Marktindex, Finanzmarkt und Portfoliomanagement 10, S. 61–74
Harris, R.S., Marston, F.C., 1994, Value vs. Growth Stocks: Book-to-Market, Growth, and Beta, Financial Analysts Journal 50, Nr. 5, S. 18–24
Haugen, R.A., 1995, The New Finance
Haugen, R.A., 1997, Investment Theory
Haugen, R.A., Baker, N.L., 1996, Commonality in the Determinants of Expected Stock Returns, Journal of Financial Economics 41, S. 401–439
Haugen, R.A., Lakonishok, J., 1988, The Incredible January Effect, Dow Jones-Irwin
Haugen, R.A., Jorion, P., 1996, The January Effect: Still There After All These Years, Financial Analysts Journal 52, Nr. 1, S. 27–31
Hawawini, G., Keim, D.B., 1993, On the Predictability of Common Stock Returns: World wide Evidence, Working Paper, Universität Pennsylvania (Wharton School)
He, J., Ng, L-K., 1994, Economic Forces, Fundamental Variables, and Equity Returns, Journal of Business 67, S. 599–609
Hodrick, R.J., 1992, Dividend Yields and Expected Stock Returns: Alternative Procedures for Inference and Measurement, Review of Financial Studien 4, S. 357–386
Hösel, M., 1991, Konjunkturbedingtes Ausscheiden aus dem amtlichen Handel, Diplomarbeit, Augsburg
Hurley, W., Johnson, L.D., 1994, A Realisitic Dividend Valuation Model, Financial Analysts Journal 50, Nr. 4, S. 50–54
Hubermann, G., Kandel. S., 1990, Market Efficiency and Value Line's Record, Journal of Business 60, S. 577–589
Ikenberry, D., Rice University, Houston, zitiert aus Baumann, M., Lukrative Kosmetik, Wirtschaftswoche Nr. 16, 1997, S. 185–188
Ikenberry, D., Lakonishok, J., Vermaelen, T., 1993, Market Underreaction to Open Market Share Repurchases, University of Illinois, Working Paper, Oktober
Jacobs, B.I., Levy, K.N., 1988, Disentangling Equity Return Regularities: New Insights and Investment Opportunities, Financial Analysts Journal 44, Nr. 3, S. 18–43
Jaffe, J.F., Keim, D.W., Westerfield, R., 1989, Earning Yields, Market Values, and Stock Returns, The Journal of Finance 44, S. 135–148
Jagannathan, R., Wang, Z., 1996, The Conditional CAPM and the Cross-Section of Ecpected Stock Returns, Journal of Finance 51, S. 3–53
Jegadeesh, N., 1990, Evidence of Predictable Behavior in Security Returns, Journal of Finance 45, S. 881–898
Jegadeesh, N., Titman, S., 1993, Returns to bying Winners and Selling Losers: Implications for Stock Market Efficiency, Journal of Finance 48, S. 65–91
Jones, C.P., Pearce, D.K., Wilson, J.W., 1987, Can Tax Loss Selling Explain the January Effect?, Journal of Finance 42, S. 453–461

Kahnemann, D., Riepe, M., 1998, Aspects of Investor Psychology, Journal of Portfolio Management, Sommer, S. 52–65

Kaul, G., 1987, Stock Returns and Inflation: The Role of the Monetary Sector, Journal of Financial Economics 18, Nr. 2, S. 253–276

Keim, D.B., 1983, Size Related Anomalies and Stock Return Seasonality – Further Empirical Evidence, Journal of Financial Economics 12, S. 13–32

Keim, D.B., 1983, Size-Related Anomalies and Stock Return Seasonality: Further Empirical Evidence, Journal of Financial Economics 12, Juni, S. 13–32

Keim, D.B., 1989, Trading Patterns, Bid-Ask-Spreads, and Estimated Security Returns: The Case of Common Stocks at Calender Turnings Points, Journal of Financial Economics 25, S. 75–98

Keim, D.B., 1990, A New Look at the Effekts of Firm Size and E/P Ratio on Stock Returns, Financial Analysts Journal 46, März-April, S. 56–67

Kim, D., 1995, The Errors in the Variables Problem in the Crossection of Expected Stock Returns, Journal of Finance 50, S. 1605–1634

Kleeberg, J., International Minimum-Variance Strategies, Barra Newsletter 157, Sommer, S. 1–7

Kosfeld, R., 1996, Kapitalmarktmodelle und Aktienbewertung, Wiesbaden

Kothari, S.P., Shanken, J., Sloan, R.G., 1995, Another Look at the Cross Section of Expected Stock Returns, Journal of Finance 50, März, S. 185–224

Krueger, T. M., Johnson, K. H., 1991, Parameter Specification that Make Little Difference in Anomaly Studies, Journal of Business Finance & Accounting 18, S. 567–582

Kuhn, T., 1970, The Structure of Scientific Revultions, University of Chicago Press, S. 52–53

La Porta, R., 1996, Expectations and the Cross-Section of Stock Returns, Journal of Finance 51, S. 1715–1742

Lakonishok, J., Shleifer, A., Vishny, R.W., 1992, The Structure and Performance of the Money Management Industrie, Brooking Papers on Economic Activity: Microeconomics 23, S. 339–390

Lakonishok, J., Shleifer, A., Vishny, R.W., 1994, Contrarian Investment, Extrapolation, and Risk, Journal of Finance 49, S. 1541–1578

Lehmann, B.N., 1990, Fads, Martinmgales, and Market Efficiency, Quarterly Journal of Economics 105, S. 1–28

Lintner, J., Glauber, R., 1967, Higgledy Piggledy Growth in America, Unveröffentlichtes Arbeitspapier, Universität Chicago

Little, I.M.D., 1962, Higgledy Piggledy Growth, Institute of Statistics, Oxford

Litzenberger, R., Ramaswamy, K., 1979, The Effects of Personal Taxes and Dividends on Capital Asset Prices: Theory and Empirical Evidence, Journal of Political Economics 7, S. 163–195

Liu, P., Smith, S.D., Syed, A.A., 1990, Security Price Reaction to the Wall Streets Journal´s Securitites Recommendations, Journal of Financial and Quantitative Analysis 25, S. 399–410

Lo, A.W., MacKinlay, A.c., 1988, Stock Prices Do Not Follow Random Walks: Evidence from a Simple Specification Test, Review of Financial Studies 1

Lo, A.W., MacKinlay, A.C., 1990, An Econometric Analysis of Non-Synchronous Trading, Journal of Economics 45, S. 181–211

Lockert, G., 1996, Risikofaktoren und Preisbildung am deutschen Aktienmarkt, Heidelberg

Loughran, T., Ritter, J.R., 1996, Long-Term Market Overreaction: The Effect of Low-Priced Stocks, Journal of Finance 51, S. 1959–1970

Loeb, T.F., 1991, Is there a Gift from Small-Stock Investing?, Financial Analysts Journal 47 Nr. 1, S. 39–44

MacKinley, A.C., 1995, Multifactor Models Do Not Explain Deviations from the CAPM, Journal of Financial Economics 38, S. 3–28

May, A., 1991, Zum Stand der empirischen Forschung über Informationsverarbeitung am Aktienmarkt – ein Überblick, Zeitschrift für betriebswirtschaftliche Forschung 43, S. 313–335

McQueen, G., Roley, V., 1993, Stock Prices, News, and Business Conditions, Review of Financial Studies 6, Nr. 3, S. 683–707

Mei, J., 1993, Explaining the Cross-section of Returns via a Multi-Factor APT Model, Journal of Financial and Quantitative Analysis 28, S. 331–345

Meyer, B., 1995, Die langfristige Performance von »Gewinner-« und »Verlierer-« Aktien am deutschen Aktienmarkt, Finanzmarkt und Portfoliomanagement 9, S. 61–80

Modigliani, F., Cohn, R., 1979, Inflation, Rational Valuation, and the Market, Financial Analysts Journal 35, Nr. 2, S. 24–44

Möller, W., 1992, Bilanzinformation und Aktienbewertung, Frankfurt/M.

Nicholson, S.F., 1960, Price-Earnings Ratios, Financial Analysts Journal 16, Juli-August, S. 43–45

Nowak, T., 1994, Faktormodelle in der Kapitalmarkttheorie, Köln

Oehler, A., 1994, Verhaltensmuster individueller Anleger – eine experimentelle Studie, Zeitschrift für betriebswirtschaftliche Forschung 46, S. 939–958

Oertmann, P., 1994, Firm-Size-Effekt am deutschen Aktienmarkt, Zeitschrift für betriebswirtschaftliche Forschung 46, S. 229–259

Park, S., 1997, Rationality of Negative Stock-Price Responses to Strong Economic Activity, Financial Analysts Journal 53, September-Oktober

Perridon, L., Steiner, M., 1995, Finanzwirtschaft der Unternehmung, München

Pesran, M.H., Timmermann, A., 1995, Predictability of Stock Returns: Robustness and Economic Significance, Journal of Finance 50, S. 1201–1228

Poterba, J., Summers, L., 1988, The Persistance of Volatility and Stock Returns: Evidence and Implications, Journal of Financial Economics 22

Rayner, A.C., Little, M.D., 1966, Higgledy Piggledy Growth Again, Basin Blackwell, Oxford

Reichenstein, W., 1990, Another Look at Risk and Reward in January and Non-January Month, Journal of Portfolio Management 16, Summer, S. 79–81

Reichling, P., 1996, Warum ist die Wertpapierkennlinie zu flach?, Finanzmarkt und Portfoliomanagement 9, Nr. 1, S. 96–110

Reinganum, M.R., 1981, Misspecification of Capital Asset Pricing – Empirical Anomalies Based on Earnings´ Yields and Market Values, Journal of Financial Economics 9, S. 19–46

Reinganum, M., 1990, Market Microstructure and Asset Pricing, Journal of Financial Economics 28, S. 127–147

Rendleman R.J., Jones, C.P., Latané, H.A., 1982, Empirical Anomalies Based on Unexpected Earnings and the Importance of Risk Adjustments, Journal of Financial Economics 11, November

Ritter, J., Chopra, N., 1989, Portfolio Rebalancing and the Turn-of-the-Year Effect, Journal of Finance 44, S. 149–166

Roll, R., 1983, Was ist das? The Turn of the Year Effect and the Return Premia of Small Firms, Journal of Portfolio Management 9, Winter, S. 18–28

Roll, R., 1977, A Critique of the Asset Pricing Theory´s Tests; Part 1: On Past and Potential Testability of the Theory, Journal of Financial Economics 4, März, S. 129–176

Roll, R., Ross, S.A., 1994, On the Cross-sectional Relation between Expected Returns and Betas, Journal of Finance 49, S. 101–121

Rubio, G., 1988, Further International Evidence on Asset Pricing – The Case of the Spanish Capital Market, Journal of Banking and Finance 12, S. 221–242

Samuelson, P.A., 1994, The Long-Term Case for Equities, Journal of Portfolio Management 20, Fall, S. 15–24

Sasson Bar-Yosef, Lawrence D. Brown, 1977, A Re-examination of Stock Splits Using Moving Betas, Journal of Finance 32 September

Sattler, R., 1994, Renditeanomalien am deutschen Aktienmarkt, Aachen

Sauer, A., 1994, Faktormodelle und Bewertung am deutschen Aktienmarkt, Frankfurt

Schmidt-von-Rhein, A., 1996, die moderne Portfoliotheorie im praktischen Wertpapiermanagement, Bad Soden/Ts.

Schnittke, J., 1989, Überrenditeeffekte am deutschen Aktienmarkt, Diss., Köln

Schulte, J., 1996, Rechnungslegung und Aktienkursentwicklung, Wiesbaden

Schwab, Ch., 1929, The Journal, 8. März
Schwert, G.W., 1981, The Adjustment of Stock Prices to Information about Inflation, Journal of Finance 36, Nr. 1, S. 15–29
Schwert, G.W., 1990, Stock Returns and Real Activity: A Century of Evidence, Journal of Finance 45, Nr. 4, S. 1237–1257
Sharpe, W.F., 1985, Investments, Prentice-Hall
Shefrin, H., Statman, M., 1994, Behavioral Capital Asset Pricing Theory, Journal of Financial and quantitiative Analysis 29, 323–349
Shulman, D., Brown, J., Narayanan, N., 1997, Share Repurchases: Less Than Meets the Eye, Salomon Brothers, New York, 29. Mai
Siegel, J., Stock For the Long Run, 1994
Sinquefield, R., 1991, Are Small-Stock Returns Achievable?, Financial Analysts Journal 47, S. 45–50
Sobel, R., 1968, The Great Bull Market
Stehle, R. Hartmond, A., 1991, Durchschnittsrenditen deutscher Aktien, Kredit und Kapital 24, Nr. 3, S. 384
Stehle, R., 1995, Der »Size«-Effekt am deutschen Aktienmarkt, Discussion Paper 72/1995 des Sonderforschungsbereiches 373, Berlin
Stehle, R., Sattler, R., 1993, Renditeanomalien bei US-amerikanischen Aktien, Arbeitspapier, Universität Augsburg
Steiner, M., Bruns, C., 1996, Wertpapiermanagement, Stuttgart
Steiner, M., Nowak, T., 1994, Zur Bestimmung von Risikofaktoren am deutschen Aktienmarkt auf Basis der Arbitrage Pricing Theory, Die Betriebswirtschaft 54, S. 347–362
Taylor, R., Brown, D.J., 1996, On the Risks of Stocks in the Long Run: A Note, Financial Analysts Journal 52, Nr. 2, S. 69–71
Treynor, J.L., 1993, In Defense of the CAPM, Financial Analysts Journal 49, Nr. 3, S. 11–13
Wallmeier, M., 1997, Prognose von Aktienrenditen und -risiken mit Hilfe von Mehrfaktorenmodellen, Bad Soden/Ts.
Warfsmann, J., 1994, Das Capital Asset Pricing Model in Deutschland, Wiesbaden
Warshawsky, M., Mittelstaedt, F., Cristea, C., 1992, Estimates of the Effects of FAS 106 on Corporate Earnings, Federal Reserve Board, Finance and Economics Discussion Series, Nr. 184
Woolridge, J.R., 1995, Do Stock Prices Reflect Fundamental Values?, Journal of Applied Corporate Finance 8, Nr. 1, Spring, S. 64–69
Zarowin, P., 1989, Does The Stock Market Overreact to Corporate Earnings Information?, Journal of Finance 44, S. 1385–1399

2. Sonstige Quellen: Zeitungen/Jahrbücher/Geschäftsberichte:

Business Week, verschiedene Ausgaben
Daimler Benz AG, Geschäftsberichte verschiedener Jahrgänge
Direkt Investor Aktien, verschiedene Ausgaben
Financial Times, verschiedene Ausgaben
Handelsblatt, verschiedene Ausgaben
Ibbotson Associates, Stocks, Bonds, Bills, and Inflation Yearbook, Chicago Illinois, verschiedene Jahrgänge
Investor, verschiedene Ausgaben (Vorgänger von Direkt Investor Aktien)
Investment Research Zürich, Bank Julius Bär
Merrill Lynch, Verkaufsprospekt Euro-Zertifikate – EuroMomentum Index 1999
Morgan Stanley Capital International – Informationen aus dem www
Süddeutsche Zeitung, verschiedene Ausgaben
Wirtschaftswoche, verschiedene Ausgaben

Buchanzeigen

Uhlig
Finanzprognosen mit Neuronalen Netzen

Eine Einführung mit Anleitung

Von Dr. Hans Uhlig

1995. VIII, 135 Seiten.
Kartoniert DM 48,–
ISBN 3-8006-1958-X

Neuronale Netze gelten als eine der erfolgreichsten Technologieentwicklungen der letzten Jahre. Das Buch ist eine Einführung in Grundlagen und Technik der Finanzprognosen mit Neuronalen Netzen. Es dient vor allem dem privaten Investor, der diese Werkzeuge der »künstlichen Intelligenz« für seine Anlageentscheidungen nutzen möchte. Es wird gezeigt, warum Marktprognosen möglich sind und welche Vorteile die lernfähigen Neuronalen Netze dabei im Vergleich zu herkömmlichen regelbasierten Computerprogrammen aufweisen. Der Leser findet praktische Ratschläge und Anregungen für die Auswahl und Aufbereitung geeigneter Trainings- und Testdaten, erhält Vorschläge zu Design, Analyse und Optimierung der Netze sowie Beispiele Neuronaler Netze zur Prognose verschiedener Märkte: Aktienmarkt, Geldmarkt, Rentenmarkt, Devisenmarkt, Goldmarkt.

Das Buch regt den Leser an, mit Neuronalen Netzen zu experimentieren und sich kritisch mit Chancen und Risiken von Finanzprognosen mittels trainierter Neuronaler Netze auseinanderzusetzen.

Verlag Vahlen · 80791 München

Finanz- und Börsenlexikon im Taschenbuch und auf CD

Bestmann

Finanz- und Börsenlexikon

Über 3000 Begriffe
Mit allen wichtigen Gesetzestexten

Für Windows
Verlag Vahlen

Bestmann
Finanz- und Börsenlexikon
Über 3000 Begriffe mit allen wichtigen Gesetzestexten
1998. Eine CD-ROM in Jewelbox mit Programmanleitung 16 Seiten DM 69,–
ISBN 3-8006-2231-9

Systemvoraussetzungen:
IBM- oder vollständig kompatibler PC mit mindestens 80386-Prozessor und 8 MB Hauptspeicher, CD-ROM-Laufwerk und Windows 3.11, Windows 95, Windows NT.

VERLAG VAHLEN · 80791 MÜNCHEN

Finanz- und Börsenlexikon

Über 3000 Begriffe
für Studium und Praxis

Von Uwe Bestmann

3. Auflage

Beck-Wirtschaftsberater im dtv

Bestmann · Finanz- und Börsenlexikon
Von Prof. Dr. Uwe Bestmann
3. Auflage. 1997. VIII, 715 Seiten.
Kartoniert DM 29,80
(dtv-Band 5803)

Beck-Wirtschaftsberater im **dtv**

Die rasche Entwicklung der nationalen und internationalen Finanzmärkte, neue Finanzierungsinstrumente und -techniken sowie aktuelle Trends im Finanzmanagement erschließen neue Bereiche und prägen neue Begriffe, die im Buch und auf der CD-ROM kompetent und verständlich erläutert werden.
Alle wichtigen Gesetzestexte sind auf der CD-ROM im Volltext enthalten: AktG, AMR (Anweisung über Mindestreserven), BBankG, BGB, BörsG, BörsTermZulV, BörsZulV, DepotG, GmbHG, HGB, HypBankG, KAGG (Gesetz über Kapitalanlagegesellschaften), KWG, ScheckG, VAG (Versicherungsaufsichtsgesetz), WG und WpHG. Sie sind über zahlreiche Verweise mit dem Lexikon verknüpft und schaffen damit eine vielseitige Datenbank für Studierende, Geldanleger sowie Finanz- und Börsenprofis.

105789/VA 654